U0904151

江苏省高教学会组编系列教材

应用型本科系列教材

管理学

主　编　仲崇高

副主编　袁潮清　陈南新　凡院连

苏州大学出版社

图书在版编目(CIP)数据

管理学/仲崇高主编. —苏州：苏州大学出版社，2009.8（2013.1重印）
（江苏省高教学会组编系列教材.应用型本科系列教材）
ISBN 978-7-81137-331-8

Ⅰ.管… Ⅱ.仲… Ⅲ.管理学－高等学校－教材 Ⅳ.C93

中国版本图书馆 CIP 数据核字(2009)第 150473 号

管 理 学
仲崇高 主编
责任编辑 薛华强

苏州大学出版社出版发行
（地址：苏州市十梓街 1 号 邮编:215006）
扬州市文丰印刷制品有限公司印装
（地址：扬州北郊天山镇兴华路 25 号 邮编：225653）

开本 787 mm×1 092 mm 1/16 印张 20.25 字数 502 千
2009 年 8 月第 1 版 2013年 1 月第 5 次印刷
ISBN 978-7-81137-331-8 定价:30.00 元

苏州大学版图书若有印装错误,本社负责调换
苏州大学出版社营销部 电话:0512-65225020
苏州大学出版社网址 http://www.sudapress.com

应用型本科系列教材编审委员会

《管理学》编委会

编写说明

经过十年的建设，我省独立学院（二级学院）办学规模不断扩大。据统计，2008 学年度我省独立学院（二级学院）（本科）共 41 所，在校生近 26 万人，约占全省高校本科在校生总数的三分之一。独立学院是充分利用高等教育优质资源、迅速扩大高等教育规模的一种有效途径，对高等教育的大众化作出了重要的贡献，同时它也是新形势下我国高等教育办学体制、运行机制、办学模式改革的探索，对今后我国高等教育的持续、健康发展具有重大的意义。

目前，我省独立学院（二级学院）所开设的大多是一些市场针对性较强、应用特色明显，以培养应用型人才为目标的本科专业。但据调查了解，多年来，使用的教材基本上是直接选用原高校使用的教材，不符合独立学院（二级学院）人才培养目标的要求和学生的实际，影响了教育质量的提高。

2008 年 11 月，在省高教学会民办教育研究委员会召开的民办本科教学改革研讨会上，与会代表对编写适合独立学院（二级学院）使用的教材表现出强烈愿望，认为这项工作已经迫在眉睫，并希望由省高教学会出面组织实施。

鉴于上述情况，我会又于 2009 年 2 月底邀请部分独立学院（二级学院）分管教学的院长召开了座谈会，进一步了解了他们的教学需求。随后，在教育行政部门的支持下，我们开始组织独立学院（二级学院）具有丰富教学经验的教师，着手编写适合我省独立学院（二级学院）使用的教材。重点是公共基础课、专业基础课和部分技能实训课。

这些教材从独立学院（二级学院）学生的实际情况出发，基本概念、基本理论的阐述简明扼要，教学内容少而精，强调理论联系实际，并且增加了大量针对性强的实际案例，具有较强的应用性，对引导学生运用所学的专业理论知识去分析问题、解决问题有很大的帮助。这些教材既可作为高等教育教学用书，也可供社会各界人士自学和参考。

希望这些教材在促进独立学院（二级学院）教学改革、提高教学质量方面能发挥积极的作用。

江苏省高等教育学会

2009 年 6 月

序

管理是一项具有魅力、智慧和艺术性的活动,其智慧引人入胜、令人目不暇接,其规律传承古今、通行中外。如何用有限的篇幅和语言全方位地生动地描述和阐释管理活动与规律,是每一本管理学教材都面临的挑战。

2009年7月,我拿到了这本由南京几所大学一线教师专门为应用类本科学生编写的《管理学》原稿。我在思考,在目前国际和国内管理学原理教材众多的情况下,这本书该如何迎接这个挑战。细读之后,我发现,此书无论从定位、内容还是风格上,都让人耳目一新,与同类教材相比具有鲜明的特色,值得一读。

首先,该书的定位清晰、准确,针对性强。每本书都应该有自己的读者群,世界上不存在一本可以包罗万象、适合所有人的书。目前,虽然国外国内管理学教程众多,但以应用性作为写作目标的教材较少,国内针对应用型本科学生专门撰写的管理学教程目前更是甚少,该书在这方面做了很好的尝试。

其次,该书的内容系统、丰富,深入浅出。该书的内容遵从了目前流行的管理学体系,但在一些内容上根据现有的研究和管理实践进行了有益的调整,如第三章对企业承担社会责任的阐述,第四章对目标管理的介绍,最后一章对组织变革、创新与发展的探讨等。另外,该书试图在内容上做到系统、全面,如第六章决策部分对管理中定量分析方法的应用所作的详细介绍。

最后,该书的风格新颖、简洁,可读性强。该书采用了正文加案例的样式,并且是一章的正文加上三种不同类型的约六个案例的样式,这样,使教材变得更加丰富和富有趣味性。在阐述复杂的管理规律的时候,该书试图使用简洁的语言,对于刚刚学习管理的学生来讲,这是一种合适的做法,否则过多深奥的、抽象的语言只会将人拒于门外。如前所言,该书为应用类学生而写,但并非内容浅显;该书不仅仅适合应用型本科的学生,而且适合所有追求可读性的读者。

该书另一个鲜明的特点是,案例的类型丰富,且大部分案例选用的是当前最新的材料。

我相信,同学们读完本书后,会如作者期待的,“乘兴而来,有果而归”。一本教材,能做到这样,它的价值也就实现了。

东南大学国际经济与技术研究所所长 王文武

2009年7月

前　言

管理是一项富有激情和展现智慧的活动，如何使管理变得更有效率和富有艺术性则是每一位管理人员追求的目标。管理学是一门探讨管理规律的学科，管理学教材则是介绍管理科学理论的教科书。如何生动、精确地阐述管理的规律是每本管理学教科书需要解决的首要问题。每本优秀的管理学教材在处理这个问题的时候都有自己独特的方法，对于本书，作者希望达到的目标是，带着兴趣开始阅读的同学阅读完后会产生更大的兴趣和激情。

为了达成这个目标，作者对管理学的体系和学习与教学方法进行了认真的思考，几经修改，最终形成了读者手中的这本教材。对本书的体系和特点作以下几点说明：

第一，本书沿袭了目前管理学原理类教材通行的教学体系，即遵从管理学先驱法约尔把管理活动分为计划、组织、领导（原为指挥和协调）和控制四个过程的分类和教学方法。虽然，在实际的管理活动中，许多复杂的问题用管理的过程理论进行解释略显苍白，但对于管理学原理的入门级介绍，这样的体系还是必要而且成熟的。

第二，本书最大的特色是引入了大量较新的案例来加深对要讲解的原理的理解。简单枯燥和教条的说教往往会让人不知所云，而且会让人失去兴趣和热情。本书在每一章的开头安排了一个引入本章内容的引导性案例，每一节的结尾安排了一个讨论性案例，每一章的结束还安排了一个内容较为系统丰富的分析性案例。这些案例别具一格、形式各异，但都围绕要讲解的主题展开，大部分是企业管理的案例，还有一部分是管理寓言和管理的新现象等，全书合计约有100个案例。

本书是来自南京几所大学的一线管理学教师合作的成果，具体的分工如下：

编写：仲崇高，负责第一、二、三、四、五、六、九、十章；袁潮清，负责第七、八章；陈南新，负责第十一、十二、十三章。

校对：熊高强，负责第一、二、三章；蒋善涛，负责第四、五、六章；李建都，负责第七、八章；唐保庆，负责第九、十章；凡院连，负责第十一、十二、十三章。总校对：仲崇高。

感谢为本书辛勤劳动和提供过帮助的每一位老师、同学。首先，特别要感谢的是南京信息工程大学的贾名清老师,本书的框架体系是由他提出的;其次,要感谢为本书提供技术支持的蒋刚老师,以及我的研究生导师王文武老师在百忙中对本书的关注并为本书作了序;最后,要感谢为本书资料收集和整理做了大量工作的我的学生,他们分别是:黄宝华、施鸣健、陶莹、高俊杰、邵雪君、虞佳、徐波、陈俊洵、白璐、杨佳、张超、钟方祥、朱磊等。

此外,向本书引用的资料的作者致谢,感谢他们提供的原始素材;当然,没有组织者和出版社就不会有此书,感谢江苏省高等教育学会和苏州大学出版社以及所有为本书的编辑出版提供过帮助的人员。

请同学们和同行在学习和教学过程中提出宝贵意见,你们的意见将会使本书获得帮助从而进行更好的改进,感谢你们的关注,意见和交流请发至我的邮箱:zcg@ seu. edu. cn。

仲崇高

2009 年 7 月于南京

Contents 目录

第一篇　管理基础

第二篇　计　划

第三篇　组　　织

第四篇　领　　导

第五篇　控　　制

第六篇　发　　展

第一篇

管理基础

在认真学习管理理论的内容之前，读者需要了解和学习有关管理的基础知识，因为后面的内容主要围绕管理的过程而展开，掌握这一部分章节将为学习后面的内容打下基础。

首先，介绍给读者的是关于组织、管理与管理者的内容，这一部分内容试图告诉读者管理的存在基础、对象与主体；接着，介绍了管理思想的变迁，管理学是一门成熟的学科，了解和学习前人的成就是快速学习管理知识的有效方法；最后，向读者介绍了管理的组织环境、文化和社会责任，本书的读者，也是未来的管理者，非常有必要在学习管理知识之初就加强社会责任与管理道德的教育，尤其在我们国家目前的形势下。

本篇包括以下三章：

第一章　组织、管理与管理者

第二章　管理思想的发展与演进

第三章　管理环境、文化与社会责任

第一章

组织、管理与管理者

引导案例

人类伟大的建筑工程——长城

长城是春秋战国(公元前770 年—前221 年)时期,北方各国为了防御外敌入侵,在形势险要的地方修筑的巨大工程。秦始皇灭六国统一天下后,为了巩固北方的边防,于公元前214 年,命大将蒙恬率兵30 万,把原来燕、赵、秦三国在北方修筑的长城连接起来,重新修缮并向东西两方扩展,形成万里长城。明朝(公元1368 年—1644 年)对长城进行了18 次修筑,明长城西起嘉峪关,东至山海关,总长6 700 公里,气势磅礴,是世界历史上最伟大的工程之一。

长城在历代的修筑过程中,都贯穿着组织管理工作,主要体现在以下几个方面:

(1) 修筑材料方面。建造长城用的土方是将经过筛选的土,经烈日曝晒或烤干,使其中的草籽不再发芽,然后夯筑为墙。在居庸关,八达岭长城的砌墙石料有的长达3 米,重约1 000 多公斤。秦时修建长城时使用的大量木料是从四川等地运来的,大木需在下面加铺铁轮,千百人才能将其移动,每日仅行10 ~ 15 公里。建造长城用的砖是由全国各地官窑烧制的,砖面印有州府地名、日期和烧砖监制人的姓名,在质量上严格把关。城墙筑后,会对其进行严格验收,规定在一定距离内用箭射墙,箭头不能入墙才算合格,否则返工重筑。

(2) 施工管理方面。因工程庞大、地形复杂,从秦朝到明朝,修筑长城都采用防务与施工相结合的办法,采用分地区、分片分段负责制。例如,明朝将长城周围地区划分成9 个镇,由镇长负责管辖地区长城的修筑。在八达岭长城上发现一块记载万历十年(公元1582 年)修筑的长城石碑,该碑文上记载了所修长城只有70 多丈长,包括约200 米城墙和一个石券门,总共用了几千名军士及服劳役的民工分段进行修筑。八达岭这段长城工程,是经百年之久而建成的,管理制度较为完善,工程质量也较高。

(3) 工程计划方面。建筑长城的工程计划在《春秋》中有记载,工程的计划非常周密,不仅测量计算了城墙的长、宽、高以及沟洫内的土石方总量,而且对人工、材料、人工口粮、各地区任务等都分配得很明确。

由此可见,庞大的工程,需要严密的组织体系来架构,需要大量的管理工作。

无论是经济、科研,还是艺术、政治等活动,都是由许多人参与的人类活动。人类活动的一个重要特点是共同劳动,管理是有效组织共同劳动所必需的。随着生产力和科学技术的发展，人们逐渐认识到管理的重要性。管理是促进现代社会文明发展的三大支柱之一，它与科学和技术三足鼎立，支撑当代社会的发展。迄今，管理理论在宏大的科学殿堂中已占有重要地位。

第一节　组　　织

管理学是研究如何合理组织和协调人类活动，以提高稀缺资源利用效率、增进人类福利的科学。组织是管理的基础，任何管理活动都基于一定的组织之上。组织这个词虽然经常使用，但管理学家对它的理解却不尽相同。

一、组织的涵义

人们对组织的认识已久，组织的一般涵义是什么，不同的学者从不同的角度出发形成了不同的观点。对"组织"这个词，有两种理解。一种是动词，就是有目的、有系统地把人们集合起来，如组织群众，这种组织是管理的一种职能；另一种是名词，指按照一定的宗旨和目标建立起来的集体。名词意义上的组织有广义和狭义之分。

从广义上说，组织是指由诸多要素按照一定方式相互联系起来的系统。系统论、控制论、信息论、耗散结构论和协同论等，都是从不同的侧面研究有组织的系统的。从这个角度来看，组织和系统是同等程度的概念。如巴纳德认为，正式组织是有意识地协调两个以上的人的活动与力量的体系。

从狭义上说，组织就是指人们为了实现一定的目标，互相协作结合而成的集体或团体，如党团组织、工会组织、企业、军事组织等。狭义的组织专门指人群而言，运用于社会管理之中。在现代社会生活中，人们已普遍认识到组织是人们按照一定的目的、任务和形式编制起来的社会集团，组织不仅是社会的细胞、社会的基本单元，而且可以说是社会的基础。本书所要研究的组织是指狭义的组织。

人与社会的联系需要有一种沟通，承担这种沟通任务的中介物就是组织。组织是人类社会生活中最常见、最普遍的社会现象，它的产生源于人类的生产斗争和社会斗争。以原始人打猎为例，由于他们没有什么先进器具，又没有猛兽那样的尖牙利爪，所以一个人打猎很难成功。经过多年实践，他们发现集体打猎效果很好，并且发现听从一个人的指挥比乱打更好，于是就公推一位能干的人当首领，其他的人听他指挥，这就是最原始的组织。由此可以归结出这样一个结论：由于个人有所期望，但又无力实现这一期望，往往需要和他人相互依存、相互合作，联合起来，共同行动，创造群体合力。在长期的实践中，人们有了发展这种合作、增进相互依存关系，并使这种关系科学化、合理化，借以不断提高群体效能的要求和倾向，组织就是人们对于这种要求、倾向的认识和行动的结果。

在当今世界上，人类社会的组织空前发展，其影响已深入到社会政治生活、经济生活、文化生活和家庭生活等各主要的社会生活领域之中。可以说组织对人类生活的渗透已经无所不在。世界上的每一个人，无不处于这种或那种社会组织之中，如医院、保健站、幼儿园、各类学校、机关、团体、工厂、商店、企业等，无不与人类生活密切相关。

二、组织的分类

不同类型的组织,其功能和特性是不同的。要深入了解组织之间的规律,有效地对组织进行科学分类是十分必要的。可以发现,众多的社会组织可分为不同的类型,标准不同,分类也就不一样。下面从两个不同的方面对组织进行分类。

(一) 根据组织自身的目的分类

根据组织自身的目的可以把组织分为三大类:营利性组织、非营利性组织和公共组织。公共组织即负责处理国家公共事务的组织,包括政府部门、军队、司法机关等。非营利组织是公共组织之外的一切不以营利为目标的组织。营利性组织是指以获利为主要目标的组织。

从实践发展来看,一开始是公共组织的管理实践比较发达,比如说国家管理、军队管理、宗教管理等,但随着生产力的发展,出现了手工作坊和家族式的商业企业、工业企业,再后来是大规模的公司,营利性组织就蓬勃发展了。于是管理领域就有了细化,这种细化本身也是学科发达的标志。它细化为两大类:一类是企业管理学,现在讨论的管理学更多意义上是企业管理;另一类是关于政府、国家以及一些公共的社会团体的管理,包括政治学和行政学以及现在正蓬勃发展的非营利性组织管理等内容。

(二) 根据组织的内在结构分类

如果按内在结构分,组织可分为正式组织和非正式组织。

1. 正式组织(formal organization)

组织的正式结构是指导组织成员活动的一套明确陈述的规定、纪律和程序。正式结构包括规章、法规、内部细则、命令和达到目标的时间表。通常规则和程序都写在纸上,但也并非总是如此。一个小群体,例如某一俱乐部,可能会通过群体中的工作人员、目标和大家同意的召集会议的方式而具有正式的组织形式,但是可能没有保留任何文字记录。因为俱乐部规模较小而且比较简单,成员对组织的结构都了如指掌。

正式结构的显功能是富有效率地达成组织目标。每个成员都分担了特定的组织任务。同时,每个人都必须清楚与别的任务承担者的成员关系。所以,每一成员对别人的权力、成员之间交流和协作的期望模式,都有严格而清晰的说明。每一成员都知道何时、何地、由谁通过何种方法来进行决策,他或她处于组织等级中的哪一位置。

组织也必须提供正式的约束手段,即运用于群体成员的详细奖惩规则,以此确保组织成员对规则的服从。在商业组织中,奖励性约束可能包括晋升、提高工资、授予称号、提供舒适的办公室,以及一些附加福利如提供花销账号、小汽车,邀请参加某些社会活动等,这些都会用于激励或酬劳那些完成了组织任务的成员。对那些没有遵守规则的组织成员则施以惩罚性约束,如降级、解雇或者该提升时不予提升等。在一个规模大而复杂的组织中,通常确立一些正式手段来衡量群体成员的绩效,例如工资审核,或者由上级所作的年终评估等。

以正式结构为主的组织就是正式组织。大多数组织,包括基督教或犹太教教堂、公司、学校和政府等,都属于这类组织(克莱格和邓克利,1980 年)。

2. 非正式组织(informal organization)

组织的正式结构总是以非正式结构为补充的。非正式结构(informal structure)是由群体成员的互动所形成的人际关系。虽然非正式关系并不在组织的规划之中,但是对组织的功能发挥却必不可少。正式规则和程序并不能解决组织所遇到的所有问题，在某些情况下，它甚至还不如非正式规则有效率。例如，当空中交通调度员正在协商增加工资时，他们使用的策略是服从且仅仅服从所有的正式规章，而不采用那些通常使用的、可以节省时间的非正式规则，结果工作效率严重降低。调度员的所作所为表明，单凭“照章办事”并不是完成工作的有效方式。

非正式结构总是有助于组织获得更高的效率。研究芝加哥机器公司的社会学家发现了一种非正式结构，他将此描述为“应付游戏”（game of making out）。应付游戏是这个工厂第一线操作工的活动核心（贝雷威，1984）。工人们超额完成了正式的生产定额的100%时，他们会得到更多的激励工资。但操作工人的非正式定额是140%，他们认为如果产量总是多于140%时，老板将会增加他们的正式的生产定额标准。操作工人经常能生产出多于140%的零件，但是在报工作量时总是报140%。多生产的部分留了起来，当工作任务的难度较大、时间耗费多而不能完成非正式的生产水平时再拿出来。

尽管它与正式规则、规范和程序不相一致，但是“应付游戏”最终促进了公司的利益。它使车间不再枯燥，让操作工人对自己的工作更加感到满意。它将管理与工人之间的矛盾转换成了操作工人间群体内部的竞争。最后，它增加了公司的边际利润。总之，这类非正式结构使公司能更有效率地达到目标。

然而在有些情况下，非正式结构也产生消极性后果。例如，“打小报告”者所遇到的非正式社会控制，可能使许多工人不敢报告车间所发生的非法或危险的活动。这类非正式控制包括来自于工友和监督者的敌意和报复。

以非正式结构为主的组织就是非正式组织。非正式组织的研究可以上溯到哈佛大学的梅奥教授所领导的霍桑实验。此后人们对组织内的非正式组织的特征及活动的正负面影响进行了充分研究，取得了成果。起初大家都认为非正式组织是有负面影响的，比如拉帮结派、山头主义，后来行为学家通过研究发现，非正式组织也有正面影响的，对非正式组织在管理中的作用要从正反两方面去认识。

三、组织的构成要素

人类在抗拒、适应、征服和改造自然的实践中早已意识到了集体的力量并观察到这样的事实：集体活动可以实现人们分别孤立地工作所无法取得的成果。不论是人类祖先的早期狩猎，还是后来的中国万里长城与埃及金字塔的建造，或是当代曼哈顿工程的完成，无不证实了这一点。人类的大多数活动都以某种方式有组织地集体进行着。

（一）组织的构成要素

一般认为组织包括下列构成要素：

1. 组织成员

任何组织，都是一定数量的个人的集合体。任何个人，只要符合组织所需要的素质，并愿意接受组织的约束，遵守组织的规章制度，提供组织所需要的贡献，参加组织的集体活动，都有可能成为组织的一员。

2. 组织目标

作为组织成员的个人，之所以愿意加入组织，并与其他人协同行动，是因为他们需要实现某个依靠自身力量所无法实现的目标。这里强调两点：

（1）每个组织都有自己特定的终极目标。实现这个终极目标，是组织的社会存在的理由。一般来说，每个组织的终极目标不会轻易改变，因为这种改变会导致组织性质的变更，但为实现终极目标而在不同时期从事活动的具体要求，即组织在各个时期的具体目标则会更新。

（2）组织目标，包括终极目标和阶段目标，虽然要求被全体成员共同接受，但这并不意味着不允许加入组织的每个成员存在自己的个人目标，更不意味着组织成员的个人目标与整个组织的共同目标必然是完全吻合的。事实上，在很多情况下，成员的个人目标与组织的共同目标是不一致的，有时甚至是相互矛盾的。但是，组织成员仍然愿意承认和接受这种共同目标，因为他们知道，自己个人目标的实现往往是以集体共同目标的实现为前提的。管理者的一项非常重要的任务便是为组织选择一个能被其成员广泛接受的目标。

3．组织活动

为了实现共同目标，组织必须从事某种活动，组织活动的内容是由组织目标的性质所决定的。由于能够实现同一目标的活动形式和内容是多种多样的，所以组织必须对不同的目标活动进行权衡、比较和选择。

4．组织资源

任何活动的进行都需要利用一定种类和数量的资源。组织不仅是人的集合，而且是不同资源的集合。特定组织是一定人与一定的资源的特殊结合。当然，广义而言，人，或者更准确地说，人的劳动，也是一种资源。除了人以外，组织在目标活动中需要利用的资源还包括信息、物质条件以及获取信息和物质条件的资金等。

5．组织环境

作为人的集合体，组织总是存在于一定的社会中。组织是社会的一个基本单位，它在目标活动中必然会与外部存在的其他单位发生各种经济或非经济的联系。外部社会环境便是通过这种联系来影响组织的目标和活动的。同时，组织自己也会通过这种联系，利用自己的活动去影响和改造外部环境。由于构成外部环境的众多因素是在不断变化的，因此，组织与环境的交互作用也是一个连续的过程。

（二）系统学派的观点

系统学派的创始人巴纳德认为，所有正式组织不论其级别和规模差别多大，均包含共同的目标、协作的愿望和信息沟通三个基本要素，组织的产生和发展只有通过这三个基本要素的结合才能实现。

1．共同目标

这是针对每个组织成员来说的，是协作愿望的必要前提。没有目标就没有协作，同时也无法了解和预测组织对个人的要求和它的决策内容。企业组织的目标一般包括收益目标、稳定发展目标等。组织成员个人的行动与决策要与这些目标统一起来，就必须注意以下四个方面的问题：

（1）组织目标不仅要得到各组织成员的理解，而且必须为各个成员所接受。

（2）各个成员在理解目标时，协作性的理解和主观性的理解会发生矛盾。协作性理解是指组织成员脱离个人立场从组织的整体利益出发客观地理解组织目标；主观性理解是指以个人的主观想法来理解组织目标。当组织目标单一而具体时，二者发生矛盾的机会较少；当组织目标复杂而抽象时，二者就时常发生矛盾。管理者应当努力克服这一矛盾，让组织成员感到确实存在一个共同的目标。

(3) 每个组织成员都具有组织人格和个人人格两个方面,因而必须对组织目标和成员个人目标加以区别。成员的组织人格是指个人为了实现组织的共同目标而采取合理的行动;个人人格是指为了满足个人目的而采取合理的行动。组织目标是外在的、非个体的客观目标;个人目标则是内在的、个体的主观目标。个人之所以对组织目标作出贡献,并非组织目标就是他的个人目标,而是他觉得有利于实现其个人目标。管理者应努力克服组织目标和个人目标的背离,正确处理好个人利益与集体利益和国家利益的关系。

(4) 组织为了适应环境的变化,求得生存和发展,必须经常改变目标。

2. 协作愿望

这是指个人为组织目标贡献力量的愿望。这种愿望能使每一个人的力量凝聚为一个整体力量,这对组织来说是不可缺少的一项要素。若是没有协作愿望,就不可能有持久做贡献的个人努力。但这种愿望也意味着个人行为控制权的转让与失去个体化。因此,巴纳德认为有两方面的问题值得我们注意:

(1) 协作愿望的强度随着个人的不同而有很大的差别,有的很强,有的很弱,有的消极,还有的持反对意见。成员协作愿望的强弱与组织的规模成反比,组织规模越大、越是综合性的,成员的协作愿望就越小,甚至是消极的。反之,组织单位越小,协作愿望就越强烈。

(2) 个人协作愿望的强弱是经常变化的,组织中协作愿望强或弱的人数也在变化,并不是固定不变的。组织可以通过向成员提供各种奖酬刺激和说服教育两种措施,来设法获得成员的协作愿望。

3. 信息沟通

信息沟通是将共同目标与协作愿望联系起来使之成为一个有机整体的动态过程,它是一切活动的基础。通过信息沟通,使成员了解组织目标,产生协作愿望,采取合理行动。组织中的信息沟通必须依据以下原则进行:

(1) 要使组织成员明了信息沟通的渠道,并使之习惯化、固定化,更多地强调职位而较少强调个人。

(2) 每一个成员必须与组织有明确的正式沟通渠道。

(3) 信息沟通的路线必须尽可能地直接或短捷。

(4) 必须经常运用完整的信息沟通路线,以免发生矛盾和误解。

(5) 作为信息沟通中心的各级管理人员必须称职,要具有综合能力。

(6) 当组织在执行职能时,信息沟通的路线不能中断。

(7) 每一个信息沟通都必须具有权威性,提高高级职位的权威性,是提高组织信息沟通有效性的一个重要手段。

四、有效组织的效能与效率

评价一个组织是否有效,必须综合考虑两个尺度:从质的规定性来看是有效性,即"效能",意味着"做正确的事",即"做对";从量的规定性来看是有效程度,即具有"效率",意味着"正确地做事",即"做好"。因此,对一个有效组织的"效能"和"效率"的理解如下:

效能是组织实现它的目的和目标的能力。这意味着组织能以最终实现全部目标的方式来开发和利用它的资源。效能最终要与组织试图满足的利益团体相联系。由于组织的存在是为可认定的市场提供产品和服务，所以效能的一个要害衡量尺度是：这些产品和服务是否以消费者所希望的适当地点、适当质量和适当数量与适当价格提供的。

当然，一个组织要有效能，必须具有对其远景目标的明确理解，这对治理部门形成企业文化是十分重要的信息。成功的第一步是确立目标，并将它广泛通知给组织成员，因为不论对目标建立过程的参与如何，组织的所有成员都必须知道单位的远景目标。

效率是消费的资源与所产生的结果之间的关系。资源的消费应当带来相应的正面结果。一个组织可以是有效能的，但却没有效率。例如，一个组织可以实现目标，但以收入上的净损失为代价。这样的组织不能认为是有效率的。因为它没有从资源的使用中获得净利，但由于它实现了设定目标，所以是有效能的。

一般来说，讲求效率要以讲求效能为前提，即不但求做好（有效率），而且首先求做对（有效能）。还必须对效率加以确定，否则企业文化必将会把组织引导到只注重有效能，而以牺牲效率为代价的错误道路上。

有效组织的效能和效率是有效组织所必须同时具备的。传统文化的观点是重效率，把组织看做封闭系统，认为有效组织的特征是：利润多、产量高、质量好、士气足。而现代文化观点则着重效能，把组织看成是开放系统，认为有效企业的特征是：实现目标、适应环境、内部协调、自我完善。

五、企业——一种特殊的社会经济组织

经济活动是人类社会活动的主要内容，从事经济活动的组织因此而成为管理学研究的主要对象。

1. 企业的涵义

在现代社会，经济活动主要是以企业为单位进行的。企业是一个历史的概念，是市场经济发展的产物。

（1）早期的管理学认为，企业是一个以盈利为目的的经济组织，其存在目的就是为了获取经济利益。

（2）马克思主义者认为，从历史发展的角度来考察，企业作为协作劳动的一种组织形式，是分工发展的必然结果，企业的本质是进行商品的生产和交换，获取剩余价值。

（3）交易费用学派认为，企业产生的原因是因为企业可以节约"市场交易费用"（一切不直接发生在物质生产过程中的成本），企业和市场一样，也是一种资源的配置方式，它是市场机制的替代物。当通过一个组织，让某个权威（企业家）来支配生产要素，并能够以比市场外购更低的成本来实现同样交易时，企业就产生了。

（4）契约学派将"人力资本的产权特征"引入分析框架中，从而将市场中的企业定义为"一个人力资本与非人力资本的特别契约"。这种契约的"特别"之处就在于，不能象其他契约那样事前完全规定各要素及其所有者的权利和义务条款，而是总有一部分权利和义务留在契约执行之中再规定。这种"特别"是由人力资本的产权特征引起的，因为人力资本的产权属于具有"有限理性"的个人（员工），非"激励"难以调动，所以必须保留一些内容而由激励机制调节。"激励性契约"——企业制度的关键——不但要考虑各要素的市场定价机制，而且还要考虑各人力资本要素在企业中的相互作用，以及企业与不确定的市场需求的关联。

2. 企业的任务

作为市场经济社会的微观经济组织，企业的任务可以从外部要求和内部需要这两个不同角度来考察。

（1）满足社会需要。从外部要求的角度来考察，企业的任务与企业存在的社会理由有关，即与社会为什么允许企业存在有关。企业是为生产和提供人们所需的某种物品而存在的，换句话说，社会之所以允许某个企业存在，是因为该企业提供了能够满足人们某种需要的物品。因此，从外部来看，企业的任务首先是要满足社会需要。

（2）获取利润。企业不仅是一个经济单位，而且是一群人的集合体。这个集合体的存在是以持续进行某种活动、集合体的成员在这种活动中持续提供符合要求的贡献为前提的。从集合体的角度来看，不论是谁创办了企业，不论是谁提供了启动企业运营所需的资金，企业一旦问世，其最重要、最迫切的目标就是继续生存，并力求生存得更好，使企业规模不断扩大；从集体成员的角度来看，他们参加企业活动的目的是为了换取能够保证他们生活下去并生活得更好的经济收入。

为了实现企业继续生存和发展的目标，为了使企业职工获得更多的经济利益，企业必须在生产经营活动中实现一定的利润。因此，从自身的角度来分析，企业的一项重要任务是要实现利润。

3. 企业的活动

企业是通过提供某种产品或服务来完成上述任务的。为了能够提供某种产品，企业必须首先筹集生产这种产品所需要的各种资源。因此，企业为完成基本任务而必须进行的活动主要包括三个环节：资源筹措、生产制造（即资源转换）和产品销售。其中，第一、第三两个环节的工作与外界有着广泛的联系，而第二个环节的工作主要是在企业内部进行的。人们通常将前者称为经营活动，将后者称为生产活动，将企业活动的整体称为生产经营活动。

企业生产经营活动的这三个环节既有区别，又相互依存："资源筹措"为加工制造提供了物质前提；"资源转换"形成了可供销售的产品；"产品销售"实现的销售收入则使企业能够继续从外部换取内部活动所需的各种资源。

讨论性案例

车辆注册处与麦当劳

到上午8点45分办公室开门时，排在马萨诸塞州沃特敦市的机动车辆注册处门前的人常常多达25人。到正午时分，尤其是临近月底，人们围着这座房子排起的队伍则更长。注册处内，驾车人在无明显标记的窗前慢慢地随着队伍往前移动着脚步，等着办理驾驶执照或汽车注册手续。当你终于排到队首时，办事员却常常告诉你排错了队："到那边取申请表，然后再到这儿来。"有时会说："这儿只办理新执照，如果执照丢了，需要补办，就去下一个窗口。"顾客们不耐烦地抱怨着，办事员有时举止无礼，说话不文明，甚至非常粗鲁。看上去简单的事情可能要用45分钟甚至更长时间才能办完。等到大家为办理执照而拍照时，通常已满面怒容了。摄影师大胆尝试着让他们一展笑容，但很少获得成功。

就在离这儿不远的麦当劳汉堡包快餐店里，人们也在排着队。里面有几列队，每一列都不长，而且队伍移动得很快。菜单清清楚楚地写在引人注目的标牌上。柜台里的服务员自始至终彬彬有礼。如果某位顾客要的东西不能马上得到，服务员会请他在一边稍等片刻，食品做好后会被请回到队首取他所订之食品。这里气氛友好而亲切，餐厅里窗明几净，一尘不染。

思考题：

1. 为什么车辆注册处与麦当劳对顾客的态度有如此大的反差？
2. 如果你是车辆注册处的负责人，你将如何改进车辆注册处的工作？为什么？

第二节　管　　理

管理学是指导管理实践的理论基础，它把古今中外的管理经验和管理活动中带有普遍性和规律性的东西加以总结、概括和抽象，从而形成一门理论科学。本节介绍管理的概念、职能与方法。

一、管理的概念

"管理是什么？"这是每个初学管理的人首先需要理解和明白的问题，这个问题涉及到管理的定义。逻辑学认为概念是反映客观事物的一般的、本质的特征，定义是对概念的内涵或语词的意义所做的简要而准确的描述。管理的定义是组成管理学理论的基本内容，明晰管理的定义也是理解管理问题和研究管理学的基本要求。

由于管理概念本身具有多义性，它不仅有广义和狭义的区分，而且还因时代、社会制度和专业的不同，产生不同的解释和理解。随着生产方式社会化程度的提高和人类认识领域的拓展，人们对管理现象的认识和理解的差别还会更为明显。

长期以来，许多中外学者从不同的研究角度出发，对管理作出了不同的解释，然而，不同学者在研究管理时出发点不同，因此，他们对管理一词所下的定义也就不同。直到目前为止，管理还没有一个统一的定义。

泰罗认为，管理就是要"确切地知道别人干什么，并注意他们用最好的、最经济的方法去干"。法约尔（H · Fayol）指出："管理就是计划、组织、指挥、协调、控制"。西蒙（H · A · Simon）则认为，决策贯穿于管理的全过程，所以"管理就是决策"。梅奥和美国的罗特利斯伯格等认为，管理就是做人的工作，它的主要内容是以研究人的心理、生理、社会环境影响为中心，激励职工的行为动机，调动人的积极性。伯格等人认为，管理就是用数学模式与程序来表示计划、组织、控制、决策等合乎逻辑的程序，求出最优的解答，以达到企业的目标。德鲁克（P · Druck）则认为，管理包括五项基本活动：(1) 确定目标；(2) 组织实施；(3) 考核结果；(4) 激励与沟通；(5) 培训人才。

管理定义的多样化，反映了人们对管理的多种理解，以及各管理学派的研究重点与特色。但是，也应看到，不同的定义，只是观察角度和侧重点不同，在总体上对管理实质的认识还是共通的。为了对管理进行比较广泛的研究，而不局限于某个侧面，本书的定义如下：管理是指通过计划、组织、领导和控制，协调以人为中心的组织资源与职能活动，从而有效实现目标的社会活动。关于对管理概念的理解，表 1.1 作了说明。

表1.1 管理定义的理解

概念	具体理解
管理的目的	有效实现目标,所有的管理行为都是为实现目标服务的
管理的方法	计划、组织、领导和控制
管理的中心	协调
管理的对象	以人为中心的组织资源与职能活动

二、管理职能

管理是人们的一项实践活动,是人们的一项实际工作、一种行动。人们发现在不同管理者的管理工作中,管理者往往采用具有某些类似、共性的管理行为,比如计划、组织、控制等,人们对这些管理行为加以系统性归纳,就逐渐形成了"管理职能"这一被普遍认同的概念。下面对管理职能的内容和研究变迁进行阐述。

1. 管理职能概述

所谓管理职能,是管理过程中各项行为的内容的概括,是人们对管理工作应有的一般过程和基本内容所作的理论概括。根据管理过程的内在逻辑,管理活动被划分为几个相对独立的部分,每一个部分,称为一项管理职能。划分管理的职能,并不意味着这些管理职能是互不相关、截然不同的。

划分管理职能的意义在于:管理职能把管理过程划分为几个相对独立的部分,在理论研究上能更清楚地描述管理活动的整个过程,有助于实现管理活动的专业化,使管理人员更容易从事管理工作。在管理领域中实现专业化,如同在生产中实现专业化一样,能大大提高效率。同时,管理者可以运用职能观点去建立或改革组织机构,根据管理职能规定出组织内部的职责和权力以及它们的内部结构,从而也就可以确定管理人员的人数、素质、学历、知识结构等。

2. 管理职能的基本内容

目前,学术界一般把管理职能划分为以下四个部分:计划、组织、领导和控制。四个职能相互间有内在逻辑关系,在实际管理工作中不是完全分割开来,而是相互融合在一起的。

计划职能:对未来活动进行的一种预先的谋划,其内容是:研究活动条件、进行决策、编制计划等。

组织职能:为实现组织目标,对每个组织成员规定在工作中形成的合理的分工协作关系,其内容是:设计组织结构、人员配备、组织运行、组织监督等。

领导职能:管理者利用组织所赋予的权力去指挥影响和激励组织成员为实现组织目标而努力工作的过程,其内容是:指挥、协调、激励等。

控制职能:保证组织各部门各环节能按预定要求运作而实现组织目标的一项管理活动,其内容是:拟订标准、寻找偏差、下达纠偏指令等。

3. 管理职能理论研究的变迁

确定管理职能对任何组织而言都是极其重要的,但作为合理组织活动的一般职能,究竟应该包括哪些管理职能?管理学者至今仍众说不一,如法约尔的五大职能、行为科学的四大职能观点等。

最早系统提出管理职能的是法国的法约尔。他提出管理的职能包括计划、组织、指挥、协调、控制五个职能，其中计划职能为他所重点强调。

在法约尔之后，许多学者根据社会环境的新变化，对管理的职能进行了进一步的探究，有了许多新的认识。但当代管理学家们对管理职能的划分，大体上没有超出法约尔的范围。

古利克和厄威克就管理职能的划分，提出了著名的管理七职能。他们认为，管理的职能是计划、组织、人事、指挥、协调、报告、预算。哈罗德·孔茨和西里尔·奥唐奈里奇把管理的职能划分为计划、组织、人事、领导和控制。人事职能的提出意味着管理者应当重视利用人才，注重人才的发展以及协调人们的活动，这说明当时管理学家已经注意到了人的管理在管理行为中的重要性。

20 世纪 60 年代以来，随着系统论、控制论和信息论的产生以及现代技术手段的发展，管理决策学派形成，使得决策问题在管理中的作用日益突出。西蒙等人在解释管理职能时，突出了决策职能。他认为组织活动的中心就是决策，制定计划、选择计划方案需要决策，设计组织结构、进行人事管理等需要决策，选择控制手段也需要决策。他认为，决策贯穿于管理过程的各个方面，管理的核心是决策。

三、管理方法

（一）管理方法的概念

管理方法是指用来实现管理目的而使用的手段、方式、途径和程序的总和。也就是运用管理原理，实现组织目的的方式。任何管理，都要选择、运用相应的管理方法。

谈到管理方法，人们很容易想起密密麻麻的数字和符号构成的数学模型、繁琐复杂的逻辑运算和各种计算机，一般人望而生畏，觉得高不可攀。其实，数学方法只是思维逻辑的一种形式，计算机是提供信息、进行运算的一个辅助性工具。数学手段和计算机运用只是管理方法的一个部分、一个方面或一种类型，并不是管理方法的全部。

（二）管理方法的形成和发展

1. 任务管理法

20 世纪初，人们开始对管理方法作专门研究，最早提出科学管理方法的是美国管理学家泰罗。泰罗的科学管理理论中所倡导的科学管理方法其实质就是任务管理法，任务管理法是人们最早研究的一种科学管理方法。

所谓的任务管理，也可以称为任务作业。任务管理法的基本内容可以概括为通过时间动作研究确定标准作业任务，并将任务落实到工人。就是说，工人的作业在于完成管理人员规定的任务，而这种任务又是管理人员经过仔细推敲后设计出来的。这样，组织中的工人都有明确的责任，按职责要求完成了任务则付给一定的报酬。任务管理法规定组织中的每个人在一定时限内完成任务的数额，但任务管理法并不是只规定每个人的工作量，那是把任务管理法简单化了。规定工作量本身并不能说就是科学管理，这里的关键在于所规定的工作量的定额是怎样确定的。如果定额仍是依靠经验或习惯来确定，那就只是具有任务管理的形式，实质仍然是经验管理。科学管理和经验管理的区别不在于是否给组织的成员分配任务，而在于所分配的任务的质和量是否经过科学方法计算来的。任务管理法的最明显的作用在于提高工人的工作效率，而提高效率的关键又在于科学地进行时间动作的研究。泰罗提出的任务管理法的科学性，就在于他所倡导的时间动作研究方法。

任务管理法的实质就是通过专门的人员对时间和动作进行研究，从而科学地设计工作任务，使工人满负荷工作，以达到提高企业生产效率的目的。但任务管理法只是从生产技术过程的角度研究作业管理的具体方法，涉及的范围基本上没有超出车间管理，而很少从企业经理人员的角度，研究企业经营的全局问题。如果孤立地使用任务管理法，企业规模越大，其不适应性就越突出。另外，实行任务管理，工人的一举一动都要合乎标准，一切工作安排都要听命于管理人员的指示和下达的计划。它否定了工人在工作中的自主性、独立性，取消了工人对其工作任务的计划、组织与控制的自主权。忽略了人除了经济需求外，还有更复杂的社会和心理方面的需要，忽视了人际关系对于人的行为的影响。而人并不是只有经济需求的孤立的“经济人”，在强调人性和个性的现代社会，任务管理法的不适应性也就越发地突出。

2. 人本管理法

从管理学的发展来看，对组织采取以人为中心的管理方法是在任务管理后提出来的。20 世纪 30 年代以后，管理学家们发现，提高人的积极性，发挥人的主动性和创造性对提高组织的效率更为重要。组织活动成果的大小是由领导方式与工作人员的情绪决定的，由此管理学将研究的重点转向了管理中的人本身，这就是以行为科学为主要内容的人际关系理论。人际关系学家主张采取管理的方法，即通过分析影响人的行为的各种心理因素，采用一定的措施改善人际关系，以此提高工作人员的情绪和士气，从而产出最大的成果，达到提高组织效率的目的。

在人际关系理论的推动下，对于组织的管理和研究便从原来以“事”为中心发展到以“人”为中心，由原来对“纪律”的研究发展到对行为的分析，由原来的“监督”管理发展到“自主”管理，由原来的“独裁式”管理发展到“民主参与式”管理。管理者在管理中采取以工作人员为中心的领导方式，即实行民主领导，让职工参加决策会议，领导者经常考虑下属的处境、想法、要求和希望，与下属采取合作态度，管理中的问题通过集体讨论，由集体来做出决定，监督也采取职工互相监督的方式等。这样，职工在情感上容易和组织融为一体，对上司不是恐惧疏远而是亲近信任，他们的工作情绪也就可以保持较高的状态，从而使组织活动取得更大的成果。这种以人为中心的管理理论和方法也包含着一系列更为具体的管理方法，常用的主要有参与管理、民主管理、工作扩大化、提案制度和走动管理等。

科学管理以金钱为诱因，人际关系理论则主张管理必须重视人的心理上的满足。古典组织理论强调合理的劳动分工和对组织的有效控制，人际关系理论则强调对人际行为的激励。因此，人际关系理论的出现，给组织管理带来巨大的变化。从 20 世纪 40 年代开始，人际关系渐渐渗入组织实践中去，管理学家在这种管理思想中找到缓和劳资关系、提高工人士气，借以提高生产效率的方法。人本管理法是作为对任务管理法的革新而提出的一种新的管理方法。这种管理法和任务管理法的重大区别在于：任务管理法要求工作人员的活动标准化，工作人员在工作中的自由度是很小的，但对完成组织规定的任务较有保证。而行为管理法则有较大的灵活性，工作人员在组织中有相当的自由度，较能发挥其自主性和创造性，但这样一来，组织内的变动也较大，组织规定的任务有时却无法完成。为了吸取两种方法的长处和克服其短处，一种新的管理方法提出来了，这就是目标管理法。本书的第四章第四节将对目标管理方法进行具体阐述。

3. 系统管理方法

第二次世界大战之后，企业组织规模日益扩大，企业内部的组织结构也更加复杂，从而提出了一个重要的管理课题，即如何解决复杂的大企业的管理问题。为了解决复杂的大企业的效率问题，系统方法产生了。

系统方法属于一般科学方法论，它为认识、研究和探讨结构复杂的客体确立必要的方法论原则。所谓系统方法，就是按照事物本身的系统性把研究对象放在系统的形式中认识和考察的一种方法。具体地说，从系统的观点出发，始终着重从整体与部分（要素）、整体与外部环境、部分（要素）与部分（要素）之间的相互作用和相互制约的关系方面考察对象，从而达到最佳地处理问题的一种方法。

系统方法是一种满足整体、统筹全局、把整体与部分辨证地统一起来的科学方法，它将分析和综合有机地结合起来并运用数学语言定量地、精确地描述研究对象的运动状态和规律。它为运用数理逻辑和电子计算机来解决复杂系统的问题开辟了道路，为认识、研究和探讨结构复杂的整体确立了必要的方法论原则。

在用系统方法考查研究对象时，一般应该遵循整体性、最优化的原则。整体性是系统方法的基本出发点。所谓整体性原则，就是把研究对象看做由多个要素构成的有机整体，从整体与部分相互依赖、相互制约的关系中揭示对象的特征和运动规律，研究对象整体性质。整体性质不等于形成它的各要素性质的机械之和，对象的整体性是由形成它的各要素（或子系统）的相互作用决定的。因此它不要求人们事先把对象分成许多简单部分，分别地进行考察，然后再把它们机械地叠加起来；而是要求把对象作为整体对待，从整体与要素的相互依赖、相互联系、相互制约的关系中揭示系统的整体性质。最优化原则是指，从许多可供选择的方案中选择出一种最优的方案，以便使系统运行于最优状态，达到最优的效果。它可以根据需要和可能为系统确定最优目标，并运用最新技术手段和处理方法把整个系统分成不同的层次结构，在运动中协调整体与部分的关系，使部分的功能和目标服从系统总体的最优功效，从而达到整体最优的目的。

（三）管理方法的特点

1. 管理数据化

现代管理方法把传统管理方法中的定性描述发展为定量计算，把定性分析和定量分析结合起来而使管理科学化。实践证明，定性分析和定量分析是不可偏废的两个方面。离开定性分析，定量分析就失去灵魂、迷失方向；而任何质量又表现为一定数量，没有数量就没有质量，没有准确的数字为依据就不能做出正确的判断。

2. 管理系统化

现代化管理方法广泛采用现代系统理论，把系统分析方法应用于管理，使复杂的问题系统化、简单化。现代化管理方法为管理人员全面地理解问题和解决问题提供了数学模型。

3. 管理标准化

现代化管理方法的运用，可以实现管理标准化。管理工作的标准化，就是按照管理活动的规律，对管理工作中经常重复出现的内容，规定出标准数据、标准工作程序和标准工作方法，作为从事管理工作的原则。

4. 管理民主化

现代化管理中，不仅充分发挥各级领导和专业管理人员的作用，更加重视调动与发挥全体员工的主动性、积极性和创造性，使全体员工在管理中发挥更大的作用。

（四）管理方法的类型

管理方法按其普遍性程度不同，一般分为专门管理方法和通用管理方法；从质和量的两个方面考虑，可以分为定性与定量方法。

1. 专门管理方法和通用管理方法

专门管理方法是对某个资源要素、某一局部或某一时期实施管理所特有的专门方法，是解决具体管理问题的方法。如计算机信息管理是以信息资源为主要管理对象的具体管理方法，激励管理方法是以人力资源为管理对象的具体管理方法。而生产管理、销售管理、库存管理、行政管理等，由于管理对象、目的不同而具备不同的管理特点，这就要求必须有适应这些特点的特殊的、专门的方法。即使是某一类型的管理，由于其具体条件不同，也各有其不同的特点。

例如，同样是企业的生产管理，但对每一个特定企业而言，由于工艺技术不同、生产规模不同、人的素质不同、社会环境不同，其管理都会具有各自的特点，需要有同它们的特点相适应的管理方法。每个新的具体方法的产生，都是管理者的知识经验、组织能力、专业技能和创造性思维的集中表现。

通用管理方法是以不同领域的管理活动都存在某些共同的属性为依据而总结出的管理方法。通用管理方法是人们对不同领域、不同部门、不同条件管理实践的共同属性的理论概括和总结。这种存在于各种管理活动中的共同性，决定了某些管理方法的通用性。在管理的实践过程中，管理学家根据管理实际工作中的应用问题提出了许多通用的管理方法，其中有任务管理法、目标管理法、系统管理法等。这些通用管理方法对于各种不同的管理活动都是适用的，是管理方法中主要和重要的组成部分。

专门管理方法和通用管理方法虽有区别，却是相互影响、相互制约的。通用管理方法是专门管理方法的前提和基础，它为人们运用专门管理方法提供思想和基本原则，专门管理方法则是通用管理方法的具体表现。

2. 定性与定量方法

任何事物都有质的规定性和量的规定性，原则上都可以从质和量两个方面来把握。一般认为，确定事物及其运动状态的性质的方法，称为定性的方法；确定事物内部和外部各种数量关系的方法，称为定量的方法。

在管理实践中，管理者运用数理方法对管理现象及其发展趋势，以及与之相联系的各种因素进行计算、测量、推导等，属于定量分析方法。管理者对管理现象的基本情况进行判断，粗略统计和估计属于定性分析方法。定性是粗略的定量，定量是精确的定性。在现代管理中，定量管理已成为很重要的方法和手段，这标志着管理水平的提高。定量方法是重要的，但是它并不排斥定性的方法，这不仅是由于定性是定量的基础，而且还在于，有许多事物和现象运用目前的手段还难以进行定量研究，从而使定量方法受到限制。定量方法和定性方法又是相互渗透的，许多问题的解决，常常需要二者相互补充。还有不少方法既可用来定性，又可用来定量。管理者在管理的过程中，要充分的利用这两种管理方法的特点，为管理服务。

（五）管理方法的完善与有效应用

在管理实践中，要不断促进管理方法的建设与完善，使管理方法更加科学有效。

要弄清管理方法的性质和特点，正确地运用管理方法。管理者若决定采用一种管理方法，就必须弄清其作用的客观依据是什么，作用于被管理者的哪个方面，是否能产生明显的效果，以及方法本身的特点与局限，以便正确有效地加以运用。

研究管理者与管理对象的性质与特点，提高针对性。管理方法是管理者作用管理对象的方式或手段，其效果不但取决于方法本身，还取决于管理双方的性质与特点。既要研究管理对象，又要研究管理者自身，这样，才能使管理方法既适用于管理对象，又有利于管理者优势的发挥，从而使管理方法针对性强、成效大。

了解与掌握管理环境因素，采取适宜的管理方法。由于管理环境是影响管理成效的重要因素，因此，管理者在选择与运用管理方法时，一定要认真了解与掌握环境变量，包括时机的把握，使管理方法与所处环境相协调，从而更有效地发挥其作用。

注意管理方法的综合运用。不同的管理方法各有长处和局限，各自在不同领域发挥其优势，没有哪种方法是绝对适用于一切场合的，也没有哪种场合是只可以靠一种方法的。因此，要科学有效地运用管理方法，就必须依据目标和实际需要，灵活地选择多种方法，综合地、系统地运用各种管理方法，以求实现管理方法的整体功效。

讨论性案例

小兔收萝卜

几只爱吃萝卜的小兔在草原上开垦了一块土地，种了好多萝卜。到了收获的季节了，他们的朋友小羊和小牛用他们尖尖的角帮小兔们把萝卜从地里刨了出来，然后小羊和小牛就忙自己的事情去了。几只小兔看着那一大堆红红的萝卜，心里乐开了花。眼看就要下雨了，几只小兔决定自己把萝卜收回驻地。

小兔甲试了一试，自己一次可以抱两只萝卜，于是便每次抱着两只萝卜往返于萝卜地与驻地之间。虽然有点吃力，但他还是越干越起劲。

小兔乙找来一根绳子，把五个萝卜捆在一起，然后背着向驻地走去。虽然背了五个萝卜，可他的速度一点也不比小兔甲慢。

小兔丙找来一根扁担，用绳子把萝卜捆好，前面五个，后面五个，走起来比小兔甲和小兔乙都快。

小兔丁和小兔戊找来一只筐，装了满满一筐萝卜，足有三四十只，然后两人抬着筐向驻地走去。

管理启示：

同样都在努力工作，可五只小兔的工作效率和工作效果却有着显著的差别。因为工作方式的不同，有人虽然看起来忙忙碌碌，工作却难见成效；有人虽然显得悠闲，却是成绩显著。好的工作方法可以有效地提高工作效率，而团队的合作效率明显高于相同个体劳动成果之和。因而，在对员工进行绩效评估的时候切不可以忙闲论英雄。

第三节 管 理 者

管理者是管理行为过程的主体,管理者一般由拥有相应的权力和责任,具有一定管理能力从事现实管理活动的人或群体组成。

一、管理者的定位

管理者是管理工作的灵魂,管理者应该是什么样的人,什么样的人才能协调组织成员完成组织的目标,是一个重要的问题。

1. 管理者是具有相应职位和权力的人

管理者的职权是管理者从事管理活动的资格,管理者的职位越高,其权力越大。组织或团体必须赋予管理者一定的职权。如果一个管理者处在某一职位上,却没有相应的职权,那么他是无法进行管理工作的。德国学者韦伯认为管理者有三种权力:传统权力——传统惯例或世袭得来,比如帝王的世袭制;超凡权力——来源于别人的崇拜与追随,带有感情色彩并且是非理性的,不是依据规章制度而是依据以往所树立的威信;法定权力——法律规定的权力,通过合法的程序所拥有的权力,比如通过直接选举产生的总统。

但实际上,在管理活动中,管理者仅具有法定的权力,是难以做好管理工作的,管理者在工作中应重视个人影响力,成为具有一定权威的管理者。所谓权威,是指管理者在组织中的威信、威望,是一种非强制性的影响力。

2. 管理者是负有一定责任的人

任何组织或团体的管理者,都具有一定的职位,都要运用和行使相应的权力,同时也要承担一定的责任。权力和责任是一个矛盾的统一体,一定的权力又总是和一定的责任相联系的。当组织赋予管理者一定的职务和地位,从而形成了一定的权力时,相应地,管理者同时也就担负了对组织一定的责任。在组织中的各级管理人员中,责和权必须对称和明确。有权无责或有责无权的人,都难以在工作中发挥应有的作用,都不能成为真正的管理者。

责任是对管理者的基本要求,管理者被授予权力的同时,应该对组织或团体的命运负有相应的责任,对组织或团体的成员负有相应的义务。权力和责任应该同步消长,权力越大,责任越重。

二、管理者的角色

美国学者亨利·明茨伯格一项广为引用的研究认为,管理者扮演着十种角色,这十种角色又可进一步归纳为三大类:人际角色、信息角色和决策角色。

1. 人际角色

人际角色直接产生自管理者的正式权力的基础。管理者所扮演的三种人际角色是:代表人角色(作为头头必须行使一些具有礼仪性质的角色)、领导者角色(管理者和员工一起工作并通过员工的努力来确保组织目标的实现)、联络者角色(与组织内个人、小组一起工作,与外部利益相关者建立良好关系所扮演的角色)。

2. 信息角色

管理者负责确保和其一起工作的人具有足够的信息,从而能够顺利完成工作。整个组织的人依赖于管理结构和管理者以获取或传递必要的信息，以完成工作。管理者的信息角色是：监督者角色（持续关注内外环境的变化以获取对组织有用的信息，接触下属或从个人关系网获取信息，依据信息识别工作小组和组织潜在的机会和威胁）、传播者的角色（分配作为监督者获取的信息，保证员工具有必要的信息，以便切实有效地完成工作）、发言人的角色［把角色传递给单位或组织以外的个人，让相关者（股东、消费者、政府等）了解］。

3. 决策角色

处理信息并得出结论。管理者的决策角色是：企业家角色（对作为监督者发现的机会进行投资以利用这种机会）、干扰对付者角色（处理组织运行过程中遇到的冲突或问题）、资源分配者角色［决定组织资源（财力、设备、时间、信息等）用于哪些项目］、谈判者角色（花费大量时间，对象包括员工、供应商、客户和其他工作小组，进行必要的谈判，以确保小组朝着组织目标迈进）。

上述角色描述及典型活动见表 1.2。

表 1.2　明茨伯格的管理者角色理论

角　色		描　述	特征活动
人际关系方面	1. 挂名首脑	象征性的首脑，必须履行许多法律性的或社会性的例行义务	迎接来访者，签署法律文件
	2. 领导者	负责激励和动员下属，负责人员配备、培训和交往的职责	实际上从事所有的有下级参与的活动
	3. 联络者	维护自行发展起来的外部接触和联系网络，向人们提供恩惠和信息	发感谢信，从事外部委员会工作，从事其他有外部人员参加的活动
信息传递方面	4. 监听者	寻求和获取各种特定的信息（其中许多是即时的），以便透彻地了解组织与环境；作为组织内部和外部信息的神经中枢	阅读期刊和报告，保持私人接触
	5. 传播者	将从外部人员和下级那里获得的信息传递给组织的其他成员——有些是关于事实的信息，有些是解释和综合组织中有影响的人物的各种价值观点	举行信息交流会，或用打电话的方式传达信息
	6. 发言人	向外界发布有关组织的计划、政策、行动、结果等信息；作为组织所在产业方面的专家	举行董事会议，向媒体发布信息
决策制定方面	7. 企业家	寻求组织和环境中的机会，制定“改进方案”以发起变革，监督某些方案的策划	制定战略，检查会议决议执行情况，开发新项目
	8. 混乱驾驭者	当组织面临重大的、意外的动乱时，负责采取补救行动	制定战略，预防组织陷入混乱和危机
	9. 资源分配者	负责分配组织的各种资源——事实上是批准所有重要的组织决策	调度、询问、授权，从事涉及预算的各种活动和安排下级的工作
	10. 谈判者	在主要的谈判中作为组织的代表	参与工会进行的合同谈判

三、管理者的技能

不管什么类型的组织中的管理者，也不管他处于哪一管理层次，都需要有技能。美国学者罗伯特 L. 卡茨（Robert L. Katz）认为，无论是什么组织的管理者，也不论是那个层次的管理者，都必须具备三个方面的技能，即技术技能、人际技能和概念技能。

1. 技术技能

技术技能(technical skill)是指使用某一专业领域内有关的程序、技术、知识和方法完成组织任务的能力。例如,工程师、会计师、广告设计师、推销员等都掌握有相应领域的技术技能。一般而言,所处的管理层次越低,对技术技能的要求越高;所处的管理层次越高,对技术技能的要求越低。管理人员没有必要使自己成为某一技术领域的专家,因为他们可以借助于有关专业人员来解决技术性问题。但他们需要了解或初步掌握与其专业领域相关的基本技术知识,否则他们将很难与其所主管的组织内的专业技术人员进行有效的沟通和交流,从而无法对其所管辖的业务范围内的各项工作进行指导。

2. 人际技能

人际技能(interpersonal skill)是指与处理人际关系有关的技能,即理解他人并与他人共事的能力。这种能力当然包括领导能力,即同下属人员沟通并影响下属人员的行为。除了领导下属人员外,管理者还得与上级领导和同级同事打交道,同时还有联络组织外部的单位以求得各方力量的配合。管理最主要的任务是管理人,这就要求管理人员必须具有识别人、任用人、团结人、组织人和激励人以实现组织目标的能力。因此,对于各个层次的管理人员来说,人际技能都很重要。

3. 概念技能

概念技能(conceptual skill)是指管理者认识复杂动态问题,发现影响问题的因素并解决问题的能力。概念技能对于高层管理者来讲非常重要,因为高层管理者需要考虑组织和外部环境的互动,考虑组织的整体战略和目标,考虑组织各个部分的相互关系等关键问题。

四、管理者的综合素养

对管理者的综合素养,不同国家的学者表现出了不同的认识,下面介绍美国、日本及我国学者的观点。

1. 代表性观点

美国管理学家哈罗德·孔茨在罗伯特·卡茨关于行政主管人员需要掌握的三种管理技能的基础上,认为主管人员应该具备的管理能力包括四类:

(1) 技术能力。指在业务方面的知识和掌握的熟练程度。

(2) 人事能力。指同员工共事的能力,它是组织协作、配合,以及创造一种能使员工安心工作,并自由发表意见的环境的能力。

(3) 规划决策能力。指遇到问题能从大处着眼,认清形势,统筹规划,果断地作出正确决策的能力。

(4) 认识问题、分析问题与解决问题的能力。

随着管理层次的不同,这些能力的相对重要性也不同。一般来说,人事能力和认识问题、分析问题、解决问题的能力,对每一层次的主管人员来说都是重要的。而其他两种能力则是随着组织层次的上升,技术能力所占的比重相对变得较小,而规划决策能力所占的比重相对则变得较大。

日本企业界则把主管人员应具备的管理能力归结为以下十条:思维、决策能力;规划能力;判断能力;创造能力;洞察能力;劝说能力;对人的理解能力;解决问题的能力;培养下属的能力;调动积极性的能力。

2. 一般观点

上面是一些有代表性的关于主管人员应具备的个人素质和管理能力的论述。需要着重强调的是，主管人员需要个人素质与管理能力两者的综合。国外对主管人员的要求，一般都共同强调以下五点。

(1) 了解下属。有效的主管人员必须随时掌握下属的心理状态，了解他们的需求、希望、问题与困难。

(2) 尊重员工。有效的主管人员待人接物应彬彬有礼、沉着稳重、态度友善。一个不能控制自己脾气的管理者，也不能控制他的下属。

(3) 善于激励。人们对工作报酬的要求，并不仅仅在于物质和金钱，而常常对于精神荣誉较为珍惜。主管人员要善于把握激励动机和激励因素的质与量。

(4) 表率作用。主管人员不能过于自私，要有公而忘私的精神，信仰坚定，品行端正，吃苦在前，享受在后。

(5) 精明果断。大量的管理工作在匆忙中进行，问题又多是错综复杂的，这就要求主管人员必须有敏锐的观察力、正确的判断力和果敢的决断力。

3. 我国学者的观点

根据我国的国情，我国的一些学者和专家对有效的主管人员应该具备的基本素质和能力的综合结构进行了研究，认为综合结构实际上就是德才兼备。

(1) 德的方面。主管人员应解放思想，实事求是，坚持真理，改正错误；在品德上要高尚，克己奉公，襟怀坦白，公道正派，诚实谦虚；在作风上要有强烈的事业心和责任感，勇于批评和自我批评，讲究民主，深入群众，工作细致，与群众同甘共苦，不搞特殊化，为政清廉，遵纪守法；在工作上要勇于创新，知难而进，多干实事，追求实效。

(2) 才的方面，即实际的管理能力。主要有：创新能力，包括思维敏捷、见解独到、表达流畅；统筹决策能力，善于分析、综合、抽象、概括、抓住要点进行决策；组织指挥能力，善于发动和协调，有号召力和推动力，影响带动他人；社会活动能力，善于社交，待人接物亲切得体；自制能力，沉着老练，"静以幽、正以治"，有大将风度；知识和技术的掌握和运用能力，包括政治和法律知识、经济学知识、社会学知识和心理学知识，现代管理的理论与方法，一般的自然科学知识，以及必要的工程技术知识等。

讨论性案例

材料1：

说服别人做事的艺术

教官向一班学员讲授领导与管理知识，他给学员出了一道题目，上面写着："现在由你来领导本班，要让大家全部自动走出室外，切记！要大家心甘情愿！"

第一位学员不知道怎么办才好，回到座位。

第二位学员对全班的学员说："教官要我命令你们都出去，听到没有？"全班没有一个人走出室外。

第三位是这么做的："大家都听好了，现在教室要打扫，请各位离开！"但仍然还有一部分人在教室内，值日生在待命扫地。

第四位看了纸片上的题目一眼后，微笑着对大家说："好了，各位，午餐时间到了，现在下课！"

不出数秒，全教室的人都走光了。

管理启示：

让别人做事，而且是要他心甘情愿，该怎么说、如何说，都是一门艺术。用权威来压人或者用一些理由来说服，都不会收到什么效果。古话说："与人方便，与己方便。"其实，这就是对上面这个故事的最好注解。让自己的目的和对方的一些意愿或者切身利益结合起来，用这个来说服别人，结果一般都是双赢。

材料2：

小企业高效管理者的角色

斯坦利是波士顿短期租赁公司（Boston Short—Term Rentals）的总裁，这家公司的宗旨是为商务旅行人士提供高质量的公寓租赁服务，以替代昂贵且不太方便的旅馆服务。当前，斯坦利管理着五百余套公寓房间，这家拥有15名员工的公司每年有600多万美元的收入。由于员工人数较少，斯坦利采取了亲历亲为的管理方式。她和员工一起迎接新旅客、搬运行李、看门、做前台服务等工作。实际上，从人际关系角度看，斯坦利是公司的挂名首脑，她提供了旅客所期望的个人接触，使问题发生时旅客可以直接与她取得联系。她的员工包括木工、电工、室内装饰人员、维修人员等。在他们中间，她是一位领导者，激励他们为旅客提供及时、快速的服务；同时，她也是一名联络人，能够使旅客得到其所需要的诸如干洗、餐饮、美容美发等服务。斯坦利钟爱自己多样化的工作，喜欢接触管理者、员工以及公寓里的海外来客。

波士顿短期租赁公司有超过500套公寓要监管，因而它的信息管理是很灵活的，斯坦利充当监听者角色十分重要。她根据入住率、客人抱怨次数和其他的服务质量指标开发了一个复杂的计算机系统来帮助她评估业绩。这个系统帮助她在问题出现时迅速地做出反应。当她作为传播者时，她总是提供给她的员工关于客人出发与到达情况的信息；作为一个发言人，当客人们正犹豫他们究竟是住在一个默默无闻的公寓还是住在一个有名的连锁旅馆时，她就是一个主要的信息来源。

作为一个快速发展的公司的总裁，斯坦利总是要做许多的决策；作为一个企业家，她寻找通过增加她所管理公寓的数量来提高收入的机会；作为一个混乱驾驭者，她需要处理一些突然问题如发生在午夜的水管故障；作为一个资源分配者，她要决定花多少钱在公寓整修和档次的提高上，从而保持它们的吸引力，并要决定付给员工多少工资；作为一个谈判者，她要与其他如从事清洁和粉刷服务的组织进行谈判，从而在最经济的条件下获得他们的服务。

像波士顿短期租赁公司那样的小企业的所有者/管理者将不断扮演着所有这些管理角色。从各方面来看，斯坦利都出色地完成了她的任务，因为她公司的规模和收入都在持续增长。对于那些想在美国其他主要城市经营小企业的管理者而言，波士顿短期租赁公司的运作模式是一个典范。

思考题：对于管理者的角色和技能要求是什么？

复习题

1. 什么是组织？组织有什么特征？
2. 管理与组织的关系是什么？
3. 管理的职能有哪些？
4. 如何理解“有效的管理是讲究方法的”？
5. 管理者要求具备哪些基本技能？
6. 设想你是一名中型企业的中层管理人员，你该如何展开工作？

分析性案例

GM与史密斯

通用汽车(GM)公司经营五十多年来，于1981年第一次出现营运赤字。自从史密斯先生在1980年成为该公司的第十任总裁后，便开始对一些低效率的工厂及在纽约的公司实施一套缩减成本的政策。结果出现了转机，有了3 340万美元的盈余。1982年他合并GM的工厂并使之现代化，且获得工会在薪资上的让步，使公司盈余提升到9.26亿美元。1983年，GM破纪录地售出410万辆汽车，赚进破纪录的38亿美元盈余，到了1984年，盈余更高达47亿美元。

史密斯刚踏进GM时是在财务部门工作。身为财务部的一员，他说：“通常其他部门不会对你的工作傻劲领情，但你的工作态度却反而更加卖命。我一直觉得GM这些年来的表现不算什么，只是能够及时地放弃一些计划而已，而我也仅是在管理‘改变’，政策性的计划若无政策性的管理，那是毫无价值的。”

传统上，“改变”并非在GM公司普遍地用到。不过，自1984年以来，GM经过彻底地改组后，已经改变了这个传统。史密斯简化GM的五家汽车部门(凯迪拉克、别克、奥德斯、庞帝雅克与雪佛兰)成为两家，一家专门负责发展与生产小型汽车，一家则把焦点摆在较大型的汽车上，他也吸收一些外国竞争厂家，如铃木、丰田与五十铃等，使其成为GM的合伙人，共同合资经营。

在1985年，史密斯宣布推出一种新车——Saturn，这种新车型将委托GM的一家子公司负责产销。该子公司在1980年末便已经制造出每加仑可以跑45哩的Saturn。对GM来说，筹组这家子公司是迈出创新的一步。不仅是该公司组织型态的创新，更是在创新的员工手下制造，在创新的经销网下销售。史密斯说：“我希望产销这种汽车，所需要的员工、材料以及所有的一切，都将比从前来得更少、更节约。”

在史密斯的领导下，GM也开始制造其他产品。1984年，GM买下电子信息系统公司(EDS)，这是一家信息处理公司，设计、开发政府与工业用的计算机程序，现在EDS的年成长率是20%。一些计算机产业的分析家说，最后计算机业界会淘汰至只有半打的国际性大公司可以存活下来，这其中有IBM、AT&T，以及ITT或EDS之中的一个。此外，GM也投入参与日本公司共同制造机器人。

史密斯的管理风格打破了 GM 的传统,使得组织营运更合理化,更有效率。他革除了 GM 传统的“公文压力”,选择“动手实行”,鼓励更多的参与式管理风格,这意味着经理人已得到更多的决策权。史密斯描述对其事业有很大影响力的工作分配观如下:

(1) 现在的营运,从生产到行销,乃是一个整体性的观念。

(2) 由于我们在汽车产品上盈余不少,因此我们从不涉入太多的麻烦或是倾注太多的注意力在其他产品上,我们只追求属于我们自己的东西。这是一个很不错的观念,那就是把其他次要的摆在一边。

讨论题:

1. 史密斯先生扮演哪些管理者的角色?
2. 通用汽车(GM)公司经营成功的特质为何?

第二章

管理思想的发展与演进

引导案例

分粥制度

有7个人组成了一个小团体共同生活,其中每个人都是平凡而平等的,没有什么凶险祸害之心,但不免自私自利。他们想用非暴力的方式,通过制定制度来解决每天的吃饭问题:要分食一锅粥,但并没有称量用具和有刻度的容器。

大家试验了不同的方法,发挥了聪明才智,经多次博弈形成了日益完善的制度。大体说来主要有以下几种:

方法一:拟定一个人负责分粥事宜。很快大家就发现,这个人为自己分的粥最多,于是又换了一个人,但总是主持分粥的人碗里的粥最多最好。由此我们可以看到:权力导致腐败,绝对的权力导致绝对腐败。

方法二:大家轮流主持分粥,每人一天。这样等于承认了个人有为自己多分粥的权力,同时给予了每个人为自己多分的机会。虽然看起来平等了,但是每个人在一周中只有一天吃得饱而且有剩余,其余6天都得挨饿。于是我们可得到结论:绝对权力导致了资源浪费。

方法三:大家选举一个信得过的人主持分粥。开始这品德尚属上乘的人还能基本公平,但不久他就开始为自己和溜须拍马的人多分。不能放任其堕落和风气败坏,还得寻找新思路。

方法四:选举一个分粥委员会和一个监督委员会,形成监督和制约。公平基本上做到了,可是由于监督委员会常提出多种议案,分粥委员会又据理力争,等分粥完毕时,粥早就凉了。

方法五:每个人轮流值日分粥,但是分粥的那个人要最后一个领粥。令人惊奇的是,在这个制度下,7只碗里的粥每次都是一样多,就像用科学仪器量过一样。每个主持分粥的人都认识到,如果7只碗里的粥不相同,他确定无疑将享有那份最少的。

同样是7个人,不同的分配制度,就有了不同的结果。

人类社会产生后,人们的社会实践活动表现为集体协作劳动的形式,而有集体协作劳动的地方就有管理活动。在漫长而重复的管理活动中,管理思想逐步形成。而随着社会生产力的发展,人们把各种管理思想加以归纳和总结,就形成了管理理论。本章将对管理理论的形成和发展进行阐述。

第一节　早期的管理实践与管理思想

从人类社会产生到18世纪，人类为了谋求生存，自觉不自觉地进行着管理活动和管理实践，其范围是极其广泛的，但人们仅凭经验去管理，尚未对经验进行科学的抽象和概括，没有形成科学的管理理论。

一、管理学形成的阶段划分

管理学形成的标志是19世纪末20世纪初泰罗的科学管理理论的产生。

管理学形成以前分成两个阶段：早期管理实践与管理思想阶段（从有了人类集体劳动开始到18世纪）和管理理论的萌芽阶段（从18世纪到19世纪末）。

管理学形成后分为三个阶段：古典管理理论阶段（20世纪初到20世纪30年代行为科学理论出现前）、新古典管理理论阶段（20世纪30年代到20世纪50年代，主要指行为科学理论的形成阶段）和现代管理理论阶段（20世纪60年代至今）。

二、早期的管理实践与管理思想

管理活动或实践是自古以来就存在的，它是在人类集体协作、共同劳动中产生的。人类进行的管理实践，大约已超过6 000年的历史。埃及金字塔、巴比伦古城、我国的万里长城等，都是古代人民勤劳智慧的结晶，也是历史上伟大的管理实践。

古罗马帝国的兴盛，很大程度上归功于其有效的组织。戴克利先成为皇帝后，实行了一种把中央集权控制与地方分权管理很好地结合起来的连续授权制度。罗马天主教会早在第一次工业革命以前，就采取按地理区域划分基层组织，并在此基础上采用高效率的职能分工，成功地解决了大规模活动的组织问题。

在公元前370年，希腊学者瑟诺芬（Xenophon）曾对劳动分工作了如下论述："在制鞋工厂中，一个人只以缝鞋底为业，另一个人进行剪裁，还有一个人制造鞋帮，再由一个人专门把各种部件组装起来。这里所遵循的原则是：一个从事高度专业化工作的人一定能工作得最好。"他的这一管理思想与后来科学管理的创始人泰勒的某些思想非常接近。

公元284年，古罗马建立了层次分明的中央集权帝国。在15世纪的意大利，曾出现过一位著名的思想家和历史学家马基埃维利，他提出了四项领导原理：领导者必须得到群众的拥护；领导者必须维护组织内部的内聚力；领导者必须具备坚强的生存意志力；领导者必须具有崇高的品德和非凡的能力。

在中国五千年的文明历史发展中，涌现出各种管理思想和实践。其中，在组织管理、经营理财、选任用人等各个方面，都有大量的理论思想。

中国古代组织管理思想也许起源于《周礼》，该书第一次把中国官僚组织机构设计为360职，并规定了相应的级别和职数，层次、职责分明。古代组织管理思想中最有代表性的是世界上第一部系统论述管理战略与战术问题的杰出著作《孙子兵法》，距今已2 500年。《孙子兵法》提出的"知已知彼，百战不殆"思想，至今在世界各国军事管理中被奉为经典规则，并在企业和商务管理中得到广泛运用。

中国古代有许多经营理财的理论思想，比较著名的有范蠡、计然的"待乏原则"和"积著之理”。“待乏原则”强调预测市场物资的需要和价格的变化，以有利可图。“积著之理”则注重于猎取利润的方式，主张经营高质量物品，促进货币流动运行，并以存货多寡预测价格贵贱。早在南宋时期的会计原则中，就提出了出纳与会计分离的思想。公元923年就已经有中国最早记载的酒类成本核算。汉代司马迁在《史记·货殖列传》中提出了以一定经营资金获取一定合理利润的论述。

中国古代管理思想中素有“选贤任能”、“任人唯贤”的主张。中国被世界公认为人事测验的发源地。从隋唐时期开始的科举制度，比较系统地体现和发展了我国古代人事考试和选拔思想。从人事评价和选拔的角度来看，科举制度在以下几方面具有重要意义：(1) 公开申报与竞争。科举制度的特点之一是它的公开性和竞争性，任何人都可以申请和参与，使得测验和选拔有了较充分的选择基础。(2) 综合评价与考核。大部分科举制考试包含多种内容和形式，从笔试、面试到论文、习武，在一定程度上提供了较为全面的评价信息。(3) 多层筛选与录用。科举制实践中比较注重自下而上的多层次筛选，并在适当的层次给予录用。

中国古代的管理思想在实践中得到了广泛的应用。早在秦始皇时代，就修建起闻名世界的万里长城。隋唐时期开凿起世界上规模最大、流程最长的人工大运河。这些都成为我国古代杰出的管理实践。古代管理实践中，都江堰系统工程是系统管理思想的具体体现。

三、管理理论的萌芽

中世纪以后，18 世纪到 19 世纪中期，欧州逐渐成为世界的中心。这时期可以说是欧洲各国在社会、政治、经济、技术等方面经历大变动、大改革的时期：发生了几次大规模的资产阶级革命，城市（主要是商业城市）得到发展，资本主义生产方式从封建制度中脱胎而出，这期间工厂制逐渐代替了占主导地位的工场制。始于英国的工业革命其结果是机器动力代替部分人力——机器大生产和工厂制度的普遍出现，对社会经济的发展产生了重要影响。

随着工业革命和工厂制度的发展，工厂以及公司的管理问题越来越突出。许多理论家，特别是经济学家，在其著作中越来越多地涉及有关管理方面的问题。很多实践者则着重总结自己的经验，共同探讨有关管理问题。这些著作和总结，为即将出现的管理运动打下了基础，也是研究管理思想发展的重要参考文献。其重要意义有：促使人们认识和意识到管理是一门具有独立完整体系的科学，值得去探索、研究、丰富和发展；预见到管理学的地位将不断提高；区分了管理的职能和企业（厂商）的职能。这一时期的著作大体上有两类：一类偏重于理论的研究，即管理职能、原则的研究；另一类则侧重于管理技术、方法的研究。

1. 有关管理职能、原则方面的论述

这方面的学说散见于当时经济学家的一些著作，这些经济学家及其著作有：亚当·斯密及其《国富论》（1776 年）；塞缪尔·纽曼及其《政治经济学原理》（1835 年）；约翰·斯图亚特·穆勒及其《政治经济学原理》（1848 年）；艾尔弗雷德·马歇尔及其《工业经济学原理》（1892 年）。

从管理学的观点看，这些经济学家的论述还比较零碎、就事论事，缺乏系统化、理论化。大体上来说，所涉及的管理问题主要有四个方面：(1) 关于工商关系；(2) 关于分工的意义及其必然性；(3) 关于劳动效率与工资的关系；(4) 关于管理的职能。这些论述对西方管理理论的形成具有启蒙作用。

2. 有关具体的管理技术和方法方面的论述

普鲁士军事理论家卡尔·冯·克劳斯威茨认为:“企业简直就是类似于打仗的人类竞争的一种形式。”因此,他关于军队管理的概念也适用于任何大型组织的管理。其主要观点如下:管理大型组织的必要条件是精心的计划工作,规定组织的目标;管理者应该承认不肯定性,从而按照旨在使不肯定性减少到最低限度的要求来全面分析与计划;决策要以科学而不是预感为根据,管理要以分析而不是直觉为根据。

英国数学家、机械学家查尔斯·巴贝奇在亚当·斯密劳动分工的基础上又进一步对专业化问题进行了深入研究。他于1832年出版了《论机器和制造业的经济》,论述了专业分工、工作方法、机器与工具的使用、成本记录等,并且强调注重人的作用,分析颜色对效率的影响,鼓励工人提出合理化建议等。该书是管理史上一部重要文献。另外,他发现了计算机基本原理,发明了手摇台式计算机,解决了繁重的计算工作,因此,有人称巴贝奇是“计算机之父”。

空想社会主义的代表人物之一,英国的罗伯特·欧文为实现自己的政治主张而进行的“纽兰纳克”及“新协和村”的试验虽然未获得成功,但他的实践与思想却对管理学的形成作出了贡献。例如他关心工人的工作和福利条件,注重对工人的行为教育,因而欧文被称为“现代人事管理之父”。

19世纪初的美国博尔顿—瓦特联合公司所属苏霍制造厂,是最早运用科学管理于制造业的工厂之一。它有科学的工作设计,按更充分地利用机器的要求进行劳动分工和专业化;实行比较切合实际的工资支付办法;有较完整的记录和成本核算制度。不过那时的管理还没有被系统化为一门科学。

以上所介绍的这些主要的、有代表性的管理实践和管理理论,都是作为某个人或某集团对某一活动单一的管理实践和管理思想的体现,还没有形成一个完整的系统。所以,我们称这一时期为管理理论的萌芽时期。

讨论性案例

船长的智慧

一艘载有不同国籍游客的游船在海面上航行,突然发生触礁。船很快就要沉没了,船长必须让所有的游客穿上救生衣跳海逃生。但是船长意识到,如果在甲板上马上宣布这个消息,一定会引起极大的恐慌,船会沉得更快。船长灵机一动,将不同国籍的游客分别召集至不同的船舱部位,然后依次发布不同的命令。

船长对德国游客说:“我以船长的名义命令你们,立即跳海求生,否则以军法论处!”德国游客跳了海。

来到中国人面前,船长说:“你们家有父母和妻儿在等着你们照顾,快点逃生吧!”中国游客跳了海。

在英国人面前,船长说:“你们看,那么多妇女儿童都落水了,可爱的绅士们,快点去救救他们吧!”英国人也跳了海……

管理启示：

这个故事里有很多不合逻辑的地方，但船长的智慧和处事方法却非常清晰地表达了流行于各国的“变色龙”管理风格。但是，作为一个管理者，你是要求不同风格的下属尽量适应自己，还是采用不同的方式去区别对待不同的下属，让他们发挥各自的优势？联想到一些部门主管或企业领导的“一言堂”作风，他们近乎偏执地迷信自身的判断力，从上而下地贯穿一成不变的所谓个人管理风格，这将无法顺应当今人力素质异化程度不断加剧的趋势。从人力资源与管理有效的角度去审视“变色龙”的话，“变色龙”管理风格也会带来意想不到的效果。

第二节　古典管理理论

古典管理理论阶段是管理理论最初形成阶段，在这一阶段，侧重于从管理职能、组织方式等方面研究企业的效率问题。

一、古典管理理论形成的历史背景

在经济学的课程中经常提到亚当·斯密的名字，这是因为他为创建古典经济学说作出了主要贡献。在他1776年面世的《国富论》一书中，作出了组织和社会将从劳动分工中获得巨大经济利益的光辉论断。所谓劳动分工，即将工作分成一些单一的和重复性的作业。他以制针行业为例，得出劳动分工可以提高生产效率的结论。斯密认为，劳动分工之所以能够提高劳动生产效率，是因为它提高了每个工人的技术熟练程度，节约了由于变换工作浪费的时间，以及有利于机器的发明和应用。

20世纪前对管理最重要的影响是产业革命，它开始于18世纪的英国，在美国内战结束后又传到了美国。在产业革命中，机械力迅速取代了人力，并且使在工厂中制造商品更加经济。以纺织业来说，在有100个人的毛毯厂中，有些工人专门纺线，有些人专门染色，这样工厂就能制造大量的毛毯，而成本比原来低得多。但是，在这种工厂里需要管理技能：管理者需要预测需求，保证手头有足够的羊毛用于纺线，向每个工人分派任务，指挥每天的生产活动，协调各种活动等。当在每个家庭中制作毛毯时，人们很少关心效率；但有100个人时，如何使工人满负荷工作就变得非常重要了。于是，计划、组织、领导和控制就成为必不可少的了。

机械力的出现，大规模生产，随着迅速扩展的铁路系统而带来的运输成本的降低，以及几乎没有任何政府法令的限制，这一切促进了大公司的发展。像标准石油公司这样的大企业建立起来了，这些大企业需要规范化的管理。

古典管理理论诞生于20世纪初期的美国，是与美国当时的经济、社会、文化的发展状况密切相关的。按照美国经济学家罗斯托的经济成长五阶段论，人类社会的发展经历了传统阶段、起飞前阶段、起飞阶段、成熟阶段和高消费阶段。古典管理理论形成的时代正是美国经济处于起飞时期。在这一时期，社会经济出现持续的增长，在主要生产部门有可能通过革新创造或者通过利用新的资源，从而形成很高的成长率，并带动社会经济中的其他方面扩充能量。经济起飞时期几乎整个经济都在快速地增长，这使得具有经济现代化观念的人战胜了坚持传统社会观念的人，在社会和文化等方面取得胜利。起飞阶段所迸发出来的强大刺激力量，既可以表现为工业革命的形式，也可能是技术革新的形式，还可能是管理方式改变的形式。当年，正是因应起飞阶段的经济发展需要，古典管理理论破土而出。

二、古典管理理论

在20世纪初，由泰罗发起的科学管理革命导致了古典管理理论的产生。古典管理理论代表人物泰罗、法约尔、韦伯从三个不同角度，即车间工人、办公室总经理和组织来解决企业和社会组织的管理问题，为当时解决企业组织中的劳资关系、管理原理和原则、生产效率等方面的问题，提供了思想指导和理论方法。

(一) 泰罗的科学管理理论

泰罗(Frederick Winslow Taylor,1856—1915)出生在美国费城一个富裕的律师家庭，接受过良好的早期教育。他年幼时就很爱好科学研究和实验，对什么事都想找出一个“最佳”的解决办法。从1880年开始，他进行了时间、金属切削等研究。1899年，他又在伯利恒钢铁公司进行了搬运生铁、铲铁和金属切削等试验。通过上述一系列试验和长期的管理实践，泰罗总结出一些管理原理和方法，并将其系统化，形成了科学管理理论。

科学管理首创于美国，其内容相当丰富，它是以工商业的生产管理和车间管理为起点，理论、原则和操作性技术方法相结合，兼具思想性和实用性的一整套管理学说。其主要内容涉及生产管理的技术与方法、管理职能、管理人员、组织原理、管理哲学等五大方面。正是从科学管理开始，管理学沿着伽利略、牛顿创立的实验科学道路，告别了单纯的经验总结和智慧技巧，由“治术”发展为一门科学，迄今仍不失其光彩。许多论著谈及科学管理，往往把注意力集中在技术层面。实际上，科学管理所包含的思想层面内容，远比其技术手段重要得多。科学管理理论的主要内容有：

1. 制定工作定额

科学管理的中心问题是提高效率。泰罗认为，要制定出有科学依据的工人的“合理的日工作量”，就必须进行工时和动作研究。方法是选择合适且技术熟练的工人，把它们的每一项动作、每一道工序所使用的时间记录下来，加上必要的休息时间等，从而提出完成该项工作所需要的总时间，据此定出一个工人“合理的日工作量”，这就是所谓工作定额原理。

2. 挑选“第一流的工人”

所谓第一流的工人，泰罗认为，“各工种类型的工人都能找到某些工作使他成为第一流的，除了那些完全能做好这些工作而不愿意做的人”。在制定工作定额时，泰罗是以“第一流的工人在不损害其健康的情况下维持较长年限的速度”为标准的。这种速度不是以突击活动或持续紧张为基础，而是以工人能长期维持正常速度为基础。泰罗认为，健全的人事管理的基本原则是：使工人的能力同工作相配合，管理当局的责任在于为雇员找到最合适的工作，培训他成为第一流的工人，激励他尽最大努力来工作。

3. 实施标准化管理

要使工人掌握标准化的操作方法，使用标准化的工具、机器和材料，并使作业环境标准化，这就是所谓标准化原理。泰罗认为，必须用科学的方法对工人的操作方法、工具、劳动和休息时间的搭配，机器的安排和作业环境的布置等进行分析，消除各种不合理的因素，把各种最好的因素结合起来，形成一种最好的方法，他把这作为管理者的首要职责。

4. 实行差别的计件工资制度

为了鼓励工人努力工作、完成定额，泰罗提出了这一原则。这种计件工资制度包含三点内容：一是通过工时研究和分析，制定出一个有科学依据的定额或标准；二是采用一种叫做“差别计件制”的刺激性付酬制度，即计件工资率按完成定额的程度浮动；三是工资支付的对象是工人而不是职位，即根据工人的实际工作表现而不是根据工作类别来支付工资。泰罗认为，这样做不仅能克服消极怠工的现象，更重要的是能调动工人的积极性，从而促使工人大大提高劳动生产率。

5. 强调工人和雇主的“精神革命”

工人和雇主两方面都必须认识到提高效率对双方都有利，从而来一次“精神革命”，相互协作，共同为提高劳动生产率而努力。

6. 计划职能同执行职能分开

变传统的经验工作法为科学工作法。所谓经验工作法是指每个工人用什么方法操作，使用什么工具等，都由他根据自己或别人的经验来决定。泰罗主张明确划分计划职能与执行职能，由专门的计划部门来从事调查研究，为定额和操作方法提供科学依据；制定科学的定额和标准化的操作方法及工具；拟定计划并发布指示和命令；比较“标准”和“实际情况”，进行有效的控制；等等。至于现场的工人，则从事执行的职能，即按照计划部门制定的操作方法和指示，使用规定的标准工具，从事实际的操作，不得自行改变。

7. 实行“职能工长制”

泰罗主张实行“职能管理”，即将管理的工作予以细分，使所有的管理者只承担一种管理职能。他设计出 8 个职能工长，代替原来的一个工长，其中 4 个在计划部门，4 个在车间。每个职能工长负责某一方面的工作，在其职能范围内，可以直接向工人发出命令。泰罗认为这种“职能工长制”有三个优点：首先，对管理者的培训所花费的时间较少；其次，管理者的职责明确，因而可以提高效率；最后，由于作业计划已由计划部门拟定，工具与操作方法也已标准化，车间现场的职能工长只需要进行指挥监督，因而非熟练技术的工人也可以从事较复杂的工作，从而降低整个企业的生产费用。后来的事实表明，一个工人同时接受几个职能工长的多头领导，容易引起混乱，所以“职能工长制”没有得到推广。但泰罗这种职能管理思想为以后职能部门的建立和管理的专业化提供了参考。

8. 在组织机构的管理控制上实行例外原理

泰罗等人认为，规模较大的企业组织和管理，必须运用例外原理，即企业的高级管理人员为了减轻处理纷乱繁琐的日常事务的负担，把例行的一般日常事务授权给下级管理人员去处理，自己只保留对例外事项（重要事项）的决定权和监督权。这种以例外原理为依据的管理控制原理，以后发展成为管理上的分权原则和实行事业部制管理体制。

（二）法约尔的一般管理理论

亨利·法约尔（Henry Fayol 1841—1925），法国科学管理专家。管理学先驱之一，出生于土耳其的伊斯坦布尔。早年曾为采矿师，是一位在理论上有特殊发现的地质学者。1885 年起任法国最大的矿冶公司总经理达 30 年。在大量实践和调查研究的基础上，他提出了管理功能理论。主要著作为《一般管理和工业管理》。

法约尔的管理功能理论认为，管理功能包括计划、组织、指挥、协调和控制。管理的内容包括 6 项：技术、推销、财务、安全、会计和经营。管理不是专家或经理独有的特权和责任，而是企业全体成员（包括工人）的共同职责，只是职位越高，管理责任越大。

法约尔在实践的基础上总结出 14 条管理原则，即分工、权力、纪律、命令一致、指挥统一、公益高于私利、报酬、集权或分权、层级制、秩序、公正、安全、主动、集体精神。其主要内容包括：任何一个下属组织只应该接受一个上级的命令，这是组织统一行动、协调力量和一致努力的必要条件；从最高权力层直至低层管理人员应组成类似金字塔式的组织，使发出命令、解决争端和传递信息都经过法定的渠道；一个管理者能有效地直接领导、指挥和监督的下属人数的极限一般为 12 个；组织应自上而下地管理，最终的管理责任在上层，而不是将管理责任分散，甚至消失在下层；管理的权力和责任共存，责任是权力的自然结果和必不可少的对等物，责任下放了，权力也必须下放。

法约尔的管理功能理论在欧洲有深远的影响，也曾为美国传统行政学派所接受。

法约尔的一般管理理论关注的焦点是什么类型的专业化和等级制度才能使组织效率最大化。一般管理思想的基础有四个关键问题，它们是劳动分工、等级与职能过程、组织结构和控制范围。

法约尔的一般管理理论对管理学的发展产生了巨大影响，后来成为管理过程学派的理论基础。因此，继泰罗的科学管理理论之后，一般管理理论被誉为管理学史上的第二座丰碑。

（三）韦伯的行政组织理论

马克斯·韦伯（Max Weber, 1864—1920）是德国的政治经济学家和社会学家，他被公认为是现代社会学和公共行政学最重要的创始人之一。韦伯的行政组织理论，主要反映在他的《社会组织与经济组织理论》一书中。韦伯认为，理想的行政组织体系是所谓官僚制，亦叫“科层制”。所谓理想的行政组织体系理论，是指通过职务或职位而不是通过个人或世袭地位来管理，“理想的”并不是指最合乎需要的，而是指现代社会最有效和最合理的组织形式。韦伯的理想行政组织体系具有以下特点：

(1) 明确的分工。即组织内每个职位的权力和责任都应有明确的规定。

(2) 自上而下的等级系统。组织内的各个职位按等级原则进行法定安排，形成自上而下的等级安排。

(3) 人员的任用。组织中人员的任用，完全根据职务上的要求，通过正式考试以及教育训练来实现。

(4) 职业管理人员。管理人员有固定的薪金和明文规定的升迁制度，是一种职业管理人员。

(5) 遵守规则和纪律。管理人员必须严格遵守组织中规定的规则和纪律。组织要明确规定每个成员的职权范围和协作形式，避免感情用事、滥用职权，以便正确行使职权，减少摩擦和冲突。

(6) 组织中人与人之间的关系完全以理性准则为指导，不受个人情感的影响。这种公正的关系不仅适用于组织内部，而且也适用于组织同外界的关系。

韦伯认为，理性的行政组织体系最符合理性原则，是达到目标、提高劳动生产率的最有效的形式，在精确性、稳定性、纪律性和可靠性等方面都优于其他组织。

三、古典管理理论的意义与局限性

1. 古典管理理论的意义

古典管理理论的意义在于：

(1) 古典管理理论确立了管理学是一门科学。通过科学研究的方法能发现管理学的普遍规律，古典管理理论的建立使得管理者开始摆脱传统的凭经验和感觉来进行管理的状态。

(2) 古典管理理论建立了一套有关管理理论的原理、原则、方法等。古典管理理论提出了一些管理的原则、管理职能和管理方法，并且主张这些原则和职能是管理工作的基础，对企业管理有着很大的指导意义，也为总结管理思想史提供了极为重要的参考价值。

(3) 古典管理学家同时也建立了有关的组织理论。韦伯提出的官僚组织理论是组织理论的基石，因此，他被人们称为“组织理论之父”。韦伯提出了一种官僚管理体制的设想，而且还就应当建立的组织结构，以及维护这种组织结构的正常运行等提出了一系列原则。今天企业管理的组织结构虽然变得更加复杂，但是，古典组织理论设计的基本框架仍未失去其存在的意义。

(4) 古典管理理论为后来的行为科学和现代管理学派奠定了理论基础，当代许多管理技术与管理方法皆来源于古典管理理论。古典管理学派所研究的问题有一些仍然是当今管理所要研究的问题。

2. 古典管理理论的局限性

古典管理理论是人类历史上首次用科学的方法来探讨管理问题，实质上反映了当时社会的生产力发展到一定阶段对管理提出的要求，要求管理适应生产力的发展。反过来，管理思想的发展、管理技术和方法的进步，又进一步促进了生产力的发展。古典管理理论的局限性表现在以下几个方面：

首先，古典管理理论基于当时的社会环境，对人性缺乏深入研究，对人性的探索仅仅停留在“经济人”的范畴之内。泰罗对工人的假设是“磨洋工”，而韦伯把职员比作“机器上的一个齿牙”。在古典管理理论中没有把人作为管理的中心，没有把对人的管理和对其他事物的管理完全区别开来；而在现代管理理论中，人是管理研究的中心课题，而正是因为对人性的深入探索，才使得现代管理理论显得丰富多彩。

其次，古典管理理论对组织的理解是静态的，没有认识到组织的本质。韦伯认为纯粹的官僚体制应当是精确的、稳定的、具有严格纪律的组织。当代的组织理论家们普遍认为，韦伯所倡导的官僚组织体制只适合于以生产率为主要目标的常规的组织活动，而不适合于从事以创造和革新为重点的非常规的非常灵活的组织活动。

法约尔认为：“组织一个企业，就是为企业的经营提供所必要的原料、设备、资本、人员。大体上说，可以分为两大部分：物质组织与社会组织。”当时人们认为，组织就是人的集合体。例如，一个企业组织就是经营管理者与职工的集合体，一个医院就是医生与病人的集合体，等等。由此可见，法约尔的组织概念还停留在对组织的表象和功能的表述上，并没有抓住组织的本质进行深入研究。而后来的巴纳德不是从组织结构的角度，而是从行为的角度对组织下定义。他反对把组织看成是人的集团，他说：“组织不是集团，而是相互协作的关系，是人相互作用的系统。”

最后，古典管理理论的着重点是组织系统的内部，而对企业外部环境对组织系统的影响考虑得就非常少。古典管理理论研究的着重点是企业的内部,把如何提高企业的生产率作为管理的目标,这对企业提高生产率是有相当大的指导意义的。然而,任何一个组织系统都是在一定的环境下生存发展的,社会环境在不断变化,企业是在不断地和变化的环境相互作用的条件下前进的,企业的经营管理必须研究外部环境因素和企业之间相互适应的关系,使管理行为和手段都随着社会环境的变化而变化。这些都是古典管理理论没有研究的,由于古典管理理论对组织环境以及环境的变化考虑较少,因此对管理的动态性未予以充分的认识和关注。

讨论性案例

联合邮包服务公司

联合邮包服务公司(UPS)雇用了15万员工,平均每天将900万个包裹发送到美国各地和180个国家及地区。为了实现他们“在邮运业中办理最快捷的运送”的宗旨,UPS管理当局系统地培训他们的员工,使他们以尽可能高的效率从事工作。UPS的工程师们对每一位司机的行驶路线都进行了时间研究,并对运货、暂停和取货活动等都设立了标准。这些工程师记录了红灯、通行、按门铃、穿过院子、上楼梯、中间休息喝咖啡,甚至上厕所的时间,将这些数据输入计算机中,从而给出每一位司机每天工作的详细时间标准。

为了完成每天取送130件包裹的目标,司机们必须严格遵循工程师设计的程序。当他们接近发送站时,他们松开安全带,按喇叭,关发动机,拉起紧急制动,把变速器推倒1挡上,为送货完毕的启动离开做好准备,这一系列动作环环相扣。然后,司机从驾驶室跨到地面上,右臂夹着文件夹,拿着车钥匙,左手拿着包裹。他们看一眼包裹上的地址把它记在脑子里,然后以每秒钟3英尺的速度快步走到顾客的门前,先敲一下门以免浪费时间找门铃。送货完毕后,他们在回到卡车上的路途中完成登录工作。

思考题:

本案例体现了什么管理思想和哪些管理内容?

第三节　现代管理理论

现代管理理论阶段主要指行为科学学派及管理理论丛林阶段。

一、行为科学管理理论

古典管理理论虽然得到广泛的推广和应用,但它只将人当成“经济人”,主张用严格的科学方法和规章制度进行管理,较多地强调科学性、精密性、纪律性,而对人的因素注意较少,把工人当成机器的附属品,不是人在使用机器,而是机器在使用人,这就引起工人的强烈不满。

20世纪20年代前后,一些管理学家和心理学家注意到与社会化大生产的发展相适应的新的管理理论。于是,他们开始从生理学、心理学、社会学等方面出发,研究企业中有关人的一些问题,如人的需要、动机、情绪、行为与工作的关系等。他们还研究如何按照人的心理发展规律去激发其积极性和创造性，于是行为科学便应运而生。行为科学的管理学家们将管理学的人性研究由“经济人”转向“社会人”。这是继古典管理理论之后管理学发展的一个重要阶段。行为科学学派阶段主要研究个体行为、群体行为与组织行为，重视研究人的心理、行为等对高效率地实现组织目标的影响作用。行为科学作为一种管理理论，开始于20世纪20年代末30年代初的霍桑试验，而真正发展却在20世纪50年代以后。

（一）梅奥及霍桑试验

乔治·梅奥（(G. E. Mayo，1880—1949)是美国哈佛大学教授，他对古典管理理论做了重要的补充和发展。梅奥受过心理学和社会学方面的系统训练，这使他有可能在有关管理的社会因素和人际关系领域做出贡献。

20世纪二三十年代，美国国家研究委员会和美国西方电气公司合作进行了有关工作条件、社会因素与生产效率之间关系的试验。由于该项研究是在西方电气公司的霍桑工厂进行的，因此后人称之为霍桑试验。霍桑试验分为四个阶段：

1. 工厂照明试验

此项试验主要是证明工作环境与生产率之间有无直接的关系。试验证明，照明度与生产率并无直接关系，工厂照明灯光只是影响员工产量的因素之一。

2. 继电器装配试验

该试验的目的是企图发现各种工作条件变动对生产率的影响。试验表明，督导方法的改变，使员工的态度改善，产量提高。

3. 谈话研究

在上述试验的基础上，梅奥用两年多的时间对公司2万多名员工进行了调查，被访问者可以就自己感兴趣的问题自由发表意见。研究者由此得出结论：任何一位员工的工作成绩都要受到周围环境的影响，即不仅仅取决于个人自身，还取决于群体成员。

4. 观察试验

为搞清楚社会因素对激发工人积极性的影响，研究人员选择了14名工人组成的生产小组进行观察试验。梅奥等人由此得出结论：实际生产中，存在着一种“非正式组织”，并决定着每个人的工作效率。

梅奥等人通过上述试验得出的结论是：人们的生产效率不仅受到物理的、生理的因素的影响，而且还受到社会环境、社会心理因素的影响。这相对于只重视物质条件，忽视社会环境、心理因素对工人生产效率影响的观点，是一个很大的进步。

（二）人际关系学说

在霍桑试验的基础上，梅奥创立了人际关系学说，提出了与古典管理理论不同的新观点、新思想。人际关系学说的主要内容是：

1. 工人是“社会人”而不是“经济人”

科学管理的基础是把人当成“经济人”，认为金钱是刺激工人工作积极性的唯一动力。梅奥则认为，工人是“社会人”，影响工人生产积极性的因素，除了物质方面的以外，还有社会和心理方面的，如他们追求人与人之间的友情、安全感、归属感、受人尊敬等。

2. 企业中存在着非正式组织

“非正式组织”和“正式组织”是相对应的概念。正式组织是为了实现企业目标所规定的企业成员之间职责范围的一种结构。古典管理理论仅注意正式组织的问题，诸如组织结构、职权划分、规章制度等。梅奥认为,人是社会动物,在企业的共同工作中,人们必然相互发生关系,由此就形成了一种非正式团体。在该团体中,人们建立了共同感情,进而构成一个体系,这就是非正式组织。非正式组织形成的原因很多,有地理位置关系、兴趣爱好关系、亲戚朋友关系、工作关系等。总之,这种非正式组织确实存在,它在某种程度上左右着其成员的行为。

梅奥指出,作为管理者一方,要充分认识到非正式组织的作用,注意在正式组织的效率逻辑与非正式组织的感情逻辑之间搞好平衡,以使管理人员之间、工人与工人之间、管理人员与工人之间搞好协作,充分发挥每个人的作用,提高劳动生产率。

3. 生产效率主要取决于职工的工作态度以及和周围人的关系

梅奥认为,提高生产效率的主要途径是提高工人的满足度,即要力争使职工在安全、归属感、友谊等方面的需求得到满足,而对此的需求是因人而异的,这主要取决于职工的个人情况及工作场所情况。

梅奥认为,职工的满足度越高,其士气就越高,从而生产效率也就越高。作为一个管理人员应该深刻认识到这一点,不但要考虑职工的物质需求,还应该考虑职工的精神需求。

(三) 行为科学管理理论

现在管理学中所讲的行为科学指狭义的行为科学,即指应用心理学、社会学、人类学及其他相关学科的成果,来研究管理过程中的行为和人与人之间关系规律的一门科学。行为科学的研究,基本上可以分为两个时期。前期以人际关系学说(或人群关系学说)的三条结论为主要内容,从20世纪30年代梅奥的霍桑试验开始,到1949年在美国芝加哥讨论会上第一次提出行为科学的概念止。在1953年美国福特基金会召开的各大学科学家参加的会议上,正式定名为行为科学,是行为科学研究时期的开始。

行为科学的基本内容包括:

1. 动机与激励理论

社会心理学家和行为科学家认为,人的行为都是由动机引起的,而动机是由于人们本身内在的需要而产生的,能满足人的需求活动本身就是一种奖励。

2. 个体行为研究

个体行为是行为科学分析研究企业组织中人们行为的基本单元。在个体行为这个层次中,行为科学主要是用心理学的理论和方法研究两大类问题,一类是影响个体行为的各种心理因素;另一类是关于个性的人性假说。

3. 群体行为研究

群体行为在组织行为学中是一个重要的问题,它主要探讨群体的非正式组织特性、群体的特征、群体的内聚力等。

4. 组织行为研究

行为科学家认为,一个人的一生大部分时间是在组织环境中度过的。人们在组织中的行为即称为组织行为,它建立在个体行为和群体行为的基础上。组织行为研究通过研究人的本性和需要、行为动机及在生产组织中人与人之间的关系,总结出人类在生产中行为的规律。

二、现代管理理论丛林

第二次世界大战后的40年代到80年代,除了行为科学学派得到长足发展以外,许多管理学者都从各自不同的角度发表自己对管理学的见解。这其中主要的代表学派有:管理过程学派、管理科学学派、社会系统学派、决策理论学派、系统理论学派、经验主义学派、经理角色学派和权变理论学派等。这些管理学派研究方法众多,管理理论不统一,各个学派各有自己的代表人物,各有自己的用词意义,各有自己所主张的理论、概念和方法,孔茨(H. Koontz, 1908 - 1984)称其为"管理理论丛林"。

管理过程学派又称管理职能学派,是美国加利福尼亚大学的教授哈罗德·孔茨和西里尔·奥唐奈里奇提出的。管理过程学派认为,无论组织的性质和组织所处的环境有多么不同,但管理人员所从事的管理职能却是相同的。孔茨和奥唐奈里奇将管理职能分为计划、组织、人事、领导和控制五项,而把协调作为管理的本质。孔茨利用这些管理职能对管理理论进行分析、研究和阐述,最终建立起管理过程学派。孔茨继承了法约尔的理论,并把法约尔的理论更加系统化、条理化,使管理过程学派成为管理各学派中最具有影响力的学派。

管理科学学派是指以系统的观点,运用数学、统计学的方法和电子计算机技术,为现代管理决策提供科学的依据,通过计划和控制以解决企业中生产与经营问题的理论。该理论是泰罗科学管理理论的继承和发展,其主要目标是探求最有效的工作方法或最优方案,以最短的时间、最少的支出,取得最大的效果。

社会系统学派是从社会学的角度来分析各种组织。它的特点是将组织看做是一种社会系统,是一种人的相互关系的协作体系,它是社会大系统中的一部分,受到社会环境各方面因素的影响。美国的切斯特·巴纳德(Chester. I. Barnard,1886—1961)是这一学派的创始人,他的著作《经理的职能》对该学派有很大的影响。

决策理论学派是在第二次世界大战之后,吸收了行为科学、系统理论、运筹学和计算机程序等学科的成果发展起来的。代表人物西蒙(Herbert. A. Smion)是美国管理学家、计算机学家和心理学家。决策理论学派认为:管理过程就是决策的过程,管理的核心就是决策。西蒙强调决策职能在管理中的重要地位,以有限理性的人代替有绝对理性的人,用"满意原则"代替"最优原则"。

系统理论学派是指将企业作为一个有机整体,把各项管理业务看成相互联系的网络的一种管理学派。该学派重视对组织结构和模式的分析,应用一般系统理论的范畴、原理,全面分析和研究企业和其他组织的管理活动及管理过程,并建立起系统模型以便于分析。系统理论学派的重要代表人物弗里蒙特·卡斯特(Fremont. E. Kast)是美国著名的管理学家,主要著作有《系统理论与管理》(与约翰逊、罗森茨韦克合著)、《组织与管理:系统与权变方法》(与罗森茨韦克合著)等。

经验主义学派又称为经理主义学派,以向大企业的经理提供管理当代企业的经验和科学方法为目标。它重点分析成功管理者的实际管理经验,并概括、总结他们成功经验中具有的共性东西,然后使之系统化、合理化,并据此向管理人员提供实际建议。其中的代表人物有彼得·德鲁克(Peter. F. Drucker)、欧内斯特·戴尔(Dale)等。

经理角色学派是以对经理所担任角色的分析为中心来考察经理的职务和工作,该学派认为针对经理工作的特点及其所担任的角色等问题,如能有意识地采取各种措施,将有助于提高经理的工作成效。经理角色学派的代表人物是亨利·明茨伯格(Henry Mintzberg)。

权变理论学派认为,企业管理要根据企业所处的内外条件随机应变,没有什么一成不变、普遍适用的"最好的"管理理论和方法。企业要根据所处的内部条件和外部环境来决定其管理手段和管理方法,即按照不同的情景、不同的企业类型、不同的目标和价值,采取不同的管理手段和管理方法。卢桑斯(F. Luthans)在1976年出版的《管理导论:一种权变学》是系统论述权变管理的代表著作。

三、管理理论的新进展

进入20世纪70年代以后,国际环境急剧变化,尤其是石油危机对国际环境产生了重要影响。这时的管理理论以战略管理为主,研究企业组织与环境的关系,重点研究企业如何适应充满危机和动荡变化的环境。迈克尔·波特(M. E. Porter)所著的《竞争战略》把战略管理理论推向了高峰,他强调通过对产业演进的说明和各种基本产业环境的分析,得出不同的战略决策。

80年代为"企业再造"时代,该理论的创始人是原美国麻省理工学院教授迈克尔·哈默(M. Hammer)与詹姆斯·钱皮(J. Champy),他们认为,企业应以工作流程为中心,重新设计企业的经营、管理及运作方式,进行所谓的"再造工程"。美国企业从80年代起开始了大规模的企业重组革命,日本企业也于90年代开始进行所谓的第二次管理革命,这十几年间,企业管理经历着前所未有的、类似脱胎换骨的变革。

80年代末以来,信息化和全球化浪潮迅速席卷全球,顾客的个性化、消费的多元化决定了企业必须适应不断变化的消费者的需要,在全球市场上争得顾客的信任,这样才有生存和发展的可能。这一时期,管理理论研究主要针对学习型组织而展开。彼得·圣吉(P. M. Senge)在所著的《第五项修炼》中更是明确指出企业唯一持久的竞争优势源于比竞争对手学得更快更好的能力,学习型组织正是人们从工作中获得生命意义、实现共同愿景和获取竞争优势的组织蓝图。

表2.1 现代管理理论的发展与比较

	科学管理	行为科学	系统与权变理论
对人的看法	经济人	社会人	复杂人
管理的范围	计划与控制	组织活动中的人际关系	组织的整个投入—产出过程
涉及的组织要素	技术、组织机构、信息	人、组织机构、信息	涉及的所有要素
管理方法与手段	自然科学	社会科学	自然科学与社会科学
管理的目的	最大限度的生产率、最大限度的满意	最大限度的满意、最大限度的生产率	满意或适宜生产率与满意并重

纵观20世纪管理科学的发展史,尽管学派众多,理论纷杂,但基本上是按互相联系的两条路径演进的。一是组织理论研究:从经济人组织向社会人组织、自我实现人组织、文化型组织、学习型组织的演进;二是管理方式方法的研究:从科学管理方法向行为科学管理方法、管理科学方法、流程管理方法、信息和知识管理方法的演进。这两条演进的路径反映了

工业时代的管理经历形成、成长、成熟各个阶段，开始向信息时代的管理转变和改型。

值得一提的是，无论是行为科学、战略管理还是企业再造或是知识管理等，依旧是我们今天的话题。无论是哪一种管理理论和思想，都是围绕管理的核心问题——“效果”而展开的，对于今天的企业改革，没有哪一种理论已过时或无用，而应结合各自具体情况与环境，兼收并蓄，有选择地取舍，灵活应用。这样，才能在继承前人的基础上发展自我，这才是回顾历史的目的所在。

讨论性案例

猎人与猎狗

猎人养了几条猎狗，为了让它们能更多地捕获猎物，猎人想出了一个好主意：凡是能够在打猎中捉到兔子的，就可以得到几根骨头，捉不到的就没有饭吃。于是猎狗们纷纷努力追兔子，因为谁都不愿意没饭吃。

就这样过了一段时间，问题又出现了：大兔子非常难捉到，小兔子好捉，但捉到大兔子得到的奖赏和捉到小兔子得到的骨头差不多。猎狗们发现了这个窍门，都去捉小兔子。猎人对猎狗说：最近你们捉的兔子越来越小了，为什么？猎狗们说：反正没有什么大的区别，为什么费那么大的劲去捉那些大的呢？猎人经过思考后，决定不将是否捉到兔子与分得骨头的数量挂钩，而是每过一段时间，就统计一次猎狗捉到兔子的总重量，按照重量决定猎狗在一段时间内的待遇。于是猎狗们捉到兔子的数量和重量都增加了。

猎人很开心。但是过了一段时间，猎人发现，猎狗们捉兔子的数量又少了，而且越有经验的猎狗，捉兔子的数量降得越厉害，于是猎人又去问猎狗。

猎狗们说：“我们把最好的时间都奉献给了您，但是我们会越来越老，当我们捉不到兔子的时候，您还会给我们骨头吃吗？”

猎人做了论功行赏的决定，分析与汇总了所有猎狗捉到兔子的数量与重量，规定如果捉到的兔子超过了一定的数量后，即使捉不到兔子，也可以得到一定数量的骨头。猎狗们都很高兴，大家努力去达到猎人规定的数量。这时，其中有一只猎狗说：“我们这么努力，只得到几根骨头，而我们捉的猎物远远超过了这几根骨头，我们为什么不能给自己捉兔子呢？”于是，有些猎狗离开了猎人。

猎人意识到猎狗正在流失，并且那些流失的猎狗像野狗一般和自己的猎狗抢兔子。情况变得越来越糟，猎人不得已引诱了一条野狗，问他野狗到底比猎狗强在哪里。野狗说：“猎狗吃的是骨头，吐出来的是肉啊！”接着又道：“也不是所有的野狗都顿顿有肉吃，大部分最后骨头都没的舔.”

于是猎人进行了改革，使得每条猎狗除基本骨头外，还可从其所猎兔肉中提成，而且随着贡献变大，该比例还可递增，并有权按比例分享猎人的所有兔肉。就这样，猎狗们与猎人一起努力，将野狗们逼得叫苦连天，纷纷强烈要求重归猎狗队伍。

管理启示：

自身的利益是每个人最注重的，要想让员工心甘情愿地服从，必须与每个人的利益挂上钩。在人事管理当中，自我利益是最强烈的动机。所谓管理是指能够站在部属的立场来考虑，既要求他们工作，同时也为他们争取利益，并且关心他们的实际生活。

复习题

1. 科学管理有哪些主要内容？
2. 为什么称法约尔为经营管理之父？
3. 霍桑试验指的是什么事情？
4. 行为科学理论的主要内容是什么？
5. 管理过程学派的主要特点是什么？
6. 现代管理理论包括哪些主要学派？

分析性案例

戴尔的成本节省之道

得克萨斯奥斯丁－戴尔旗舰工厂的日班经理 Shayne Myhand 要做许多的陪护工作。他一天要接待四五拨公司的高层或者中层巡视官员，这些官员来此的目的是为了保证这家装配工厂更有效率地运转。

31 岁的 Myhand 每次都走同样的巡视道路，最后他会进入显示器车间。在这里，他会摸一摸墙上那枚已经不太光鲜的木制纪念章，那是为了纪念 1991 年最后三个月，戴尔的个人电脑产量突破 49 269 台而设立的。他说："供应高峰时，我们将超过这一数字。"说这话时，Myhand 脸上带着微笑。Myhand 对来访者说，即使在目前的圣诞节期间，一个上午 9 时到达工厂的订单，他们也能够保证在下午 1 时让它完成上路。

在戴尔这家世界最大的电脑生产公司中，企业官员们用 Alfred Kinsey 劳动强度理论去研究自己的组装流水线。戴尔用视频设备将工作小组的每个组装步骤录像下来，然后看有没有多余或者浪费的步骤。戴尔工作流程设计师甚至可以达到令一件产品不出现一颗多余的螺丝钉，因为，一颗螺丝钉的出现将浪费一台机器大约 4 秒钟的装配时间。

在戴尔，最能干的工人称为"熟练工"，他们的工作步骤将被摄像机录下来，然后供其他工人学习。

这套流程非常严格，但在美国的经济学家、政客都在为美国的制造业前途和中国作为"世界工厂"地位崛起担忧的时候，戴尔的举动并不是多余的。这种流程有助于建立起一套标准。Needham & Company 的分析师 Charles R. Wolf 说："当每个人都在热衷于外包的时候，戴尔继续在美国进行生产工作，因为，过去的 20 年，戴尔已经积累了相当精细的经验，他们知道如何廉价、智能地进行生产。在制造方面，戴尔确实处于 21 世纪的先进水平。"

在美国，除了戴尔，没有哪家电脑厂商进行生产。很久之前，戴尔的头号对手惠普公司就已经将电脑组装工作外包至第三方，这些厂家多位于亚洲。随后，世界头号 PC 厂商 IBM 也这么干了。IBM 1981 年创造了 PC 市场，2004 年，IBM 宣布将自己的 PC 部门卖给中国计算机巨头联想公司。戴尔创始人兼主席 Michael Dell 说："我们的竞争对手已经很久不亲自生产电脑了。"

戴尔正相反，他们在美国拥有三家组装工厂，其中两家位于奥斯丁，另外一家在纳什维尔。戴尔的每家组装厂的面积都足有6个足球场那么大。戴尔宣布，他们将开设第四家工厂，据悉，第四家工厂的规模比前三家大两倍。戴尔还在积极谋划第五家工厂。戴尔的首席执行官 Kevin Rollins 表示，戴尔所有面向美国市场的电脑将在美国境内生产。戴尔笔记本电脑由海外进行组装。

戴尔加大在美国的生产力度并不是出于爱国。戴尔的官员透露，他们此举是建立在理性分析的基础之上的。他们认为，让计算机设备更贴近用户将更有效率。

许多分析师对 IBM 出售个人电脑业务的一个疑问是，位于北京的联想如何在中国以外的地方同戴尔进行较量。这些分析师认为，戴尔可以将自己的产品成本控制得相当低。

戴尔 1998 年已经在中国厦门开设了一家工厂，但这家工厂的产品主要销售给亚洲地区的用户。同样的，戴尔在爱尔兰工厂生产的产品也主要售往欧洲市场。戴尔宣布，他们可能在欧洲开设第二家工厂。

在另外一个方面，戴尔也是逆世界潮流而动。当越来越多的美国公司将呼叫中心外包给印度时，戴尔却宣布，将在美国的俄克拉荷马开设新的客户服务机构。另外，戴尔在加拿大的 Edmonton 开设了一家呼叫中心。

戴尔专门负责制造的官员 Dick Hunter 说："我总是对员工们说，我们在进行成本的赛跑，如果我们在和亚洲等地厂商的成本赛跑中落败的话，我们自己的安全就会有危险了。"

自从 Michael Dell 1984 年开设戴尔公司以来，这家公司通过取消中间商，用电话或者互联网直销等手段向顾客销售低廉的个人电脑。但戴尔能够继续保持低价电脑市场的一个最主要原因是，戴尔总是想方设法去节省每一分钱。戴尔也许不是我们这个时代的亨利·福特，但它一定是高科技行业的沃尔玛。

讨论题：

1. 戴尔的管理方法和哪个管理学派的思想一致？
2. 结合 IT 产业评价戴尔的成本控制策略。

第三章

管理环境、文化与社会责任

引导案例

材料1:

青蛙实验

19世纪末,美国康乃尔大学做过一次有名的青蛙实验。他们把一只青蛙冷不防丢进煮沸的油锅里,在那千钧一发的生死关头,青蛙用尽全力,一下就跃出了那势必使它葬身的滚烫的油锅,跳到锅外的地面上,安全逃生!

半小时后,他们使用同样的锅,在锅里放满冷水,然后把那只死里逃生的青蛙放到锅里,接着用炭火慢慢烘烤锅底。青蛙悠然地在水中享受"温暖",等到它感觉到热度已经熬受不住,必须奋力逃命时,却发现为时已晚,欲跃乏力。青蛙全身瘫痪,终于葬身在热锅里。

管理启示:

一个企业,必须能够应对不断变化的社会环境,管理者更要有深远而敏锐的洞察力,让企业始终保持高度的竞争力,切不可在浑浑噩噩中度日,更不可躲避在暂时的安逸中。如果管理者与企业对环境变化没有高度的警觉,企业最终会面临和这只青蛙一样的下场。

材料2:

猴子实验

科学家将四只猴子关在一个密闭房间里,每天喂食很少食物,让猴子饿得吱吱叫。几天后,实验者在房间上面的小洞放下一串香蕉,一只饿得头昏眼花的大猴子一个箭步冲向前,可是当它快要拿到香蕉时,就被预设机关所泼出的滚烫的水烫得全身是伤,当后面三只猴子依次爬上去拿香蕉时,一样被热水烫伤。于是众猴只好望"蕉"兴叹。

几天后,实验者换了一只新猴子进入房内,当新猴子肚子饿得也想尝试爬上去吃香蕉时,立刻被其他三只老猴子制止,并被告知有危险,千万不可尝试。实验者再换一只猴子进入房内,当这只新猴子想吃香蕉时,有趣的事情发生了,这次不仅剩下的两只老猴子制止它,连没被烫过的半新猴子也极力阻止它。

实验继续着,当所有猴子都已换过之后,没有一只猴子曾经被烫过,上头的热水机关也取消了,香蕉唾手可得,却没有一只猴子敢前去享用。

管理启示:

企业禁忌经常故老相传,虽然时过境迁、环境改变,大多数组织仍然恪守前人的失败经验,平白错失大好机会。

一个组织运作的好与差、成与败,不仅与管理各职能部门的工作质量有关,而且还与组织所处的环境和文化有关。组织环境和文化从多个方面约束着管理者和领导者的决策选择,影响着组织的生存和发展。每个企业都身处一定的社会环境,如何做好一个企业公民,如何承担自己的社会责任,越来越成为人们关注的焦点。

第一节　管理环境

任何组织都存在于一定的环境之中,环境对管理系统会产生各种影响,但同时,组织管理活动也会对环境产生影响。组织的环境指存在于组织外部,并影响组织管理活动和绩效的各种因素和力量,它既包括政治、经济、社会、文化、科技等宏观环境因素,又称一般环境,也包括行业、上下游关联组织、顾客等中观、微观环境因素,又称具体环境。

一、一般环境

一般环境(general environment)包括可能影响组织的广泛的政治法律条件、经济条件、社会文化条件、技术条件和自然条件等。与具体环境相比,这些领域的变化对组织的影响通常要小一些,但是管理者在计划、组织、领导和控制时,必须考虑这些因素。

1. 政治法律环境

政治环境包括一个国家的社会制度,执政党的性质,政府的方针、政策、法令等。不同的国家有着不同的社会制度,不同的社会制度对组织活动有着不同的限制和要求。即使社会制度不变的同一个国家,在不同时期,其政府的方针特点、政策倾向对组织活动的态度和影响也是不断变化的。对于这些变化,组织可能无法预测,但一旦变化产生后,它们对组织活动可能产生的影响是可以分析的。组织必须通过政治环境研究,了解国家和政府目前禁止组织干什么,允许组织干什么,鼓励组织干什么,从而使组织活动符合社会利益,受到政府的保护和支持。

2. 经济环境

经济环境是影响组织,特别是作为经济组织的企业活动的重要环境因素,它主要包括宏观和微观两个方面的内容。

宏观经济环境主要指一个国家的人口数量及其增长趋势,国民收入、国民生产总值及其变化情况,国民经济发展水平和发展速度。经济繁荣将为经济组织的发展提供机会,而宏观经济的衰退则可能给所有经济组织带来生存的困难。

微观经济环境主要指企业所在地区或所需服务地区的消费者收入水平、消费偏好、储蓄情况、就业程度等因素。这些因素直接决定着企业目前及未来的市场大小。假定其他条件不变,一个地区的就业越充分,收入水平越高,那么,该地区的购买能力就越高,对某种活动及其产品的需求就越大。

3. 社会文化环境

社会文化环境包括一个国家或地区的居民教育程度和文化水平、宗教信仰、风俗习惯、审美观点、价值观念等。文化水平会影响居民的需求层次;宗教信仰和风俗习惯会禁止或抵制某些活动的进行;价值观念会影响居民对组织目标、组织活动以及组织存在本身的认可与否;审美观点则会影响人们对组织活动内容、活动方式以及活动成果的态度。

社会文化环境是管理者决策和行动的约束条件,如果组织在国外经营业务,管理者需要熟悉所在国的价值观和文化,其管理方式应认可和包容当地特有的社会文化。

4. 技术环境

任何组织的活动都需要利用一定的物质条件,这些物质条件反映着一定的技术水平。社会的技术进步会影响这些物质条件,从而影响利用这些条件的组织活动的效率。技术环境一般包括技术装备水平、技术发展状况、技术政策和法规等。

一般环境的组成要素中变化最快的就是技术。我们生活在一个技术不断变化的时代。例如,人类基因密码已被解开,我们拥有了自动化办公室、电子会议、制造过程中的机器人、激光、集成电路、更快更强的微处理器、合成燃料以及电子时代经营业务的崭新模式,像通用电气、诺基亚(Nokia)这样的投资于技术的公司正在蓬勃发展。此外,大量成功的零售商,如沃尔玛和利米特公司,利用尖端的库存信息系统,精确地把握当前的销售趋势。同样,技术领先的医院、大学、机场、警察局甚至军事组织,比那些没有先进技术的同类组织具有更强的竞争力。整个技术领域正从根本上改变着组织构建的基本方法以及管理者的管理方式。

5. 自然环境

自然环境包括地理位置、气候条件和自然资源状况等,这些因素会对企业的经营活动产生一定影响。组织所在地的国家优惠政策和地方发展经济的政策,会对组织的发展起到促进或制约作用。组织所在地的交通运输情况,会影响到资源获取的难易和运输成本。组织所在地的气候条件,不仅对组织的运营产生影响,也对组织的顾客的消费行为产生影响。组织所在地的资源,特别是稀缺资源的蕴藏情况为组织的发展提供了机会。资源的分布通常影响着工业的布局,从而可能决定着组织的命运。

二、具体环境

具体环境(specific environment)包括那些对管理者的决策和行动产生直接影响并与实现组织目标直接相关的要素。具体环境对每一个组织而言都是不同的,并随条件的改变而变化。例如,天美时公司(Timex)和劳力士公司(Rolex)同是手表制造商,但他们面对的具体环境却因明显不同的细分市场而不同。

具体环境主要由顾客、竞争者、供应商和压力集团等要素构成。

1. 顾客

组织是为满足顾客需要而存在的,顾客或客户是吸收组织产出的主体。对于一个组织来说,顾客代表着不确定性,顾客的品位会改变,他们会对组织的产品或服务感到不满。当然,一些组织更是由于顾客而不是别的因素而面临着更多的不确定性。举例来说,当谈到梅德俱乐部(Club Med)的时候,你会想起什么?梅德俱乐部的传统形象就是在充满异国情调的阳光下尽情享受的无忧无虑的单身汉。然而,俱乐部发现,随着它的目标顾客结婚生子,同样是这些人,寻求的却是可以带孩子一同前往的家庭型度假胜地。尽管梅德俱乐部通过提供不同的度假体验(包括家庭型的度假)对这一变化的需求作出回应,但是公司发现要改变自己原有的形象并非易事。

2. 竞争者

企业面对的市场通常是一个竞争市场,同种产品的制造和销售通常不止一家企业。多家企业生产相同的产品,必然会采取各种竞争手段来争夺用户,从而形成市场竞争。竞争是多方面的,不仅限于争取顾客、原材料、贷款等,而且还包括技术的竞争和人才的竞争。因此,管理人员必须保持清醒的头脑,深入研究组织所面临的竞争状况,并及时采取适宜的竞争战略和策略。

美国邮政服务公司虽然垄断了美国的邮件服务,但它必须与联邦快递、联合包裹服务公司,以及其他如电话、电子邮件、传真等通信手段竞争;耐克要与锐步、阿迪达斯、菲乐等品牌进行竞争;可口可乐必须与百事可乐及其他软饮料公司竞争;大都会美术馆(Metropolitan Museum of Art)与美国女童军协会(Girl Scouts USA)同样会在资金、志愿者以及顾客等方面发生竞争。

3. 供应商

这里所说的供应者,不仅包括为组织供应原材料和设备的公司,还包括财政及劳动投入的供应者。组织需要股东、银行、保险公司、福利基金会及其他类似的机构来保证持续的资本供给。工会和高等院校、职业协会以及当地劳动力市场都是雇员的源泉。这些源泉的枯涸,就会束缚管理者的决策和行动。

4. 压力集团

在我国,企业的经营行为要受到国家相关部门和社会组织的监督,如财政局、税务局、劳动局、质检局、消费者协会等。除此之外,作为国有企业还要受到拥有其所有权的主管部门的监督。在西方国家,主管部门为了社会利益,在有些方面也对企业进行严格监督,如航空局对飞机是否合格、能否飞行等实行严格监督;食品、药物管理局对食品和药物生产进行严格监督,未获批准发证,不准进行生产。因此,企业管理者必须理顺同这些部门之间的关系,在它们的监督约束下进行管理活动。

管理者还必须意识到特殊利益集团在试图影响组织的行为。例如,善待动物委员会(people for the ethical treatment of animals, PETA)对麦当劳公司在动物屠宰过程中的处理施加压力,迫使麦当劳公司不再从它的一个供应商那里购买牛肉,直至它符合麦当劳关于屠宰过程的标准。

组织所面对的环境见图3.1。

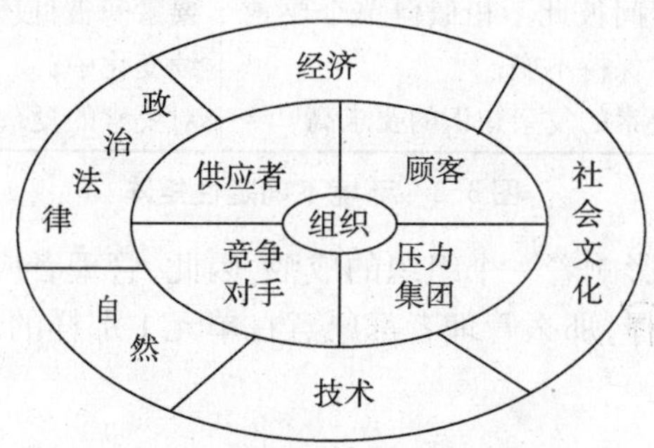

图3.1 组织所面对的环境

三、环境对管理者的影响

管理者之所以要重视研究分析环境，就是因为组织运行所处的环境是不同的，而环境的不同是由于环境具有的不确定性程度不同造成的。不确定性是指环境变动难以预先确知。这种难以确知性一方面是因为环境变动是多种因素作用的结果，可能有规律，也可能无规律；另一方面是因为组织成员的认识能力有限性，即人是"有限的理性人"。因此，环境的不确定性程度由两个维度决定：一是环境的变化程度，二是环境的复杂程度。如果组织环境的构成要素经常变动，称之为动态环境；如果变化很小，则称之为稳态环境。复杂程度取决于环境中的要素数量以及组织所拥有的与这些要素相关的知识广度。组织所面临的顾客、供应者、竞争对手、有关政府机构及社会组织等要素的数目越少，环境的复杂程度就越低，相应的不确定性也就越小。

环境的不确定性是如何影响管理者的呢？可以通过图 3.2 来分析，图中每个单元代表了变化程度和复杂程度的不同交点。单元 1(稳定简单的环境)代表了不确定性水平最低的环境，单元 4(动态复杂的环境)的不确定性水平最高。毋庸置疑，单元 1 中的管理者对组织成果的影响最大，而单元 4 中的管理者的影响最小。

		变化程度	
		稳定	动态
复杂程度	简单	单元 1 稳定的和可预测的环境； 要素少； 要素有某些相似并基本上保持不变； 对要素的复杂知识的要求低	单元 2 动态的和不可预测的环境； 要素少； 要素有某些相似但处于连续的变化过程中； 对要素的复杂知识的要求低
	复杂	单元 3 稳定的和可预测的环境； 环境要素多； 要素间彼此不相似但单个要素基本保持不变； 对要素的复杂知识的要求高	单元 4 动态的和不可预测的环境； 环境要素多； 要素间彼此不相似并且处于连续变化中； 对要素的复杂知识的要求高

图 3.2　环境不确定性矩阵

由于环境的不确定性影响着一个组织的成败，因此，管理者应尽力将这种不确定性减少到最低程度。如果可以选择，那么管理者都愿意在单元 1 那样的环境中经营，但他们却很少能完全控制这种选择。

讨论性案例

材料 1：

“肥肉”和“凯撒”

“肥肉”和“凯撒”是同胞兄弟，它们的祖先都属名贵的狗种：健壮、勇敢、漂亮。由于一个很偶然的机会，它们分别到了两个不同主人的家。“凯撒”常在厨房打混，“肥肉”却去了森林，做了一条英勇的猎狗。结果，“肥肉”发展了它的长处，而“凯撒”却蜕变成厨师的助手，人们改称它“肥肉”了。

“凯撒”的兄弟因历经沙场的考验，追野猪、逐花鹿，成了战功赫赫的狗，简直就是一个真正的凯撒。它还留意在婚姻中不让自己孩子的血统退化。可“凯撒”却对这方面满不在乎，它随意繁衍自己的后代，向它遇到的任意对象求偶，正因为这样，此类劣狗在法国随处可见，形成了庞大的家族，但一遇危险就逃之夭夭，与那些真正的“凯撒”相比简直就是天壤之别。

材料 2：

亨氏公司三代总裁创新史

绝大多数人都把亨氏公司与婴儿营养奶粉、营养米糊联系在一起，认为它是一个专门从事婴儿食品的公司。其实不然，婴儿食品只是亨氏公司诸多生产部门中的一个，甚至是一个比较小的部门。如果你向美国人问起亨氏公司的产品，他会如数家珍一一道来：番茄沙司、罐装金枪鱼、青豆罐头、醋、泡菜……因为亨氏公司的产品已渗透到美国人的每一间厨房、每一张餐桌，成为美国人生活的组成部分。除了南极洲外，亨氏公司的分公司和工厂遍及世界各地，是一个年销售额高达60亿美元的超级食品王国。

1869 年，创业人亨利 · 约翰 · 海因茨25 岁，与 L.C. 诺贝尔合资创办了海因茨 · 诺贝尔公司，他们把海因茨菜地里的辣椒加工成瓶装出售，后来又增添了泡菜和酱菜的销售。

1875 年，海因茨又与一个弟弟合资开办了 F&J 海因茨公司，继续从事调味品、酱菜及其他食品加工的业务。到 1888 年，海因茨已被人们誉为酱菜大王，公司也更名为 H. J 亨氏公司。

海因茨迅速崛起的秘诀在于他善于把握市场的趋势，善于进行打动顾客的广告宣传。

当年海因茨之所以放弃了颇具规模的砖厂经营转入食品业艰苦创业，就是因为他发现美国人的一日三餐太平淡，人们渴望改变，过高质量的生活。他抓住人们的这个心理，提出了一个非常简短但却非常有吸引力的销售广告——“57 变”。

“57 变”是指亨氏公司每周可以为顾客提供种类不同的食品，再加上圣诞节、感恩节、新年、独立日和复活节各节日，顾客在一年中享用 57 种全新的佐餐食品。

到 1900 年，亨氏公司的产品种类超过 200 余种，跃居美国大公司的行列。但海因茨仍以朗朗上口的“57 变”为广告词，并在纽约的第 5 大道和第 23 大街树起了两块巨型广告牌。一入夜，1 200 盏聚光灯把写有“57 变”的广告牌映照得格外夺目、灿烂。如此大型的灯光广告在当时的美国是绝无仅有的，它成了纽约一大夜景。在商界，人们把海因茨称为“广告怪才”。

海因茨的另一个经营秘诀是融洽劳资关系。他认为只有使工人感到你在乎他、体贴他，工人才会热爱自己的工作和工厂，把工作视为改善自己生活的可靠途径，从而迸发出更大的工作热情。工人经常看到身材矮小、精力充沛的海因茨来往于他们之间，与他们谈笑风生。他特别善于用自己的热情来打动别人，使人们非常感动和振奋。亨氏公司的劳资关系被认为是全美工业的楷模，赢得了诸多褒奖。

1919 年，亨利·海因茨逝世，他一手创办的亨氏公司此时已拥有了 6 500 名员工、25 家分厂以及 10 万英亩的蔬菜基地。

霍华德·海因茨接替了父亲的职务，成为亨氏公司第二任总裁。实际上，早在 1900 年霍华德就在亨氏公司工作了。他担任公司的广告经理，在父亲的指点下受益匪浅，1905 年他又转任销售经理。1906 年，美国政府颁布《食品与药品卫生条例》，对食品和药品的加工生产及运输销售过程提出了十分严格的要求。许多食品商和药品商纷纷反对这一要求苛刻的条例，并互相串联准备呼吁政府暂缓实施。

当时的总裁亨利·海因茨也曾因公司某方面达不到卫生要求而准备站在反对条例的商人一边，但霍华德却认为这是提高亨氏公司信誉的大好机会。他一方面力劝父亲支持政府条例；另一方面迅速组织人力、财力对公司不能达到卫生条例的环节进行改造。然后他召开记者招待会，表明亨氏公司一向把顾客利益摆在首位，永远对顾客的健康负责。亨氏公司不仅支持政府的卫生条例，而且已完全达到了条例的要求。这一招取得了巨大的成功。亨氏公司虽然在改造卫生条件的那个月损失了近 100 万美元，但在以后的几个月中销售额持续猛增。

霍华德担任总裁 22 年，在经营上取得了巨大的成就，使公司年销售额突破了 1 亿美元大关。

1941 年，霍华德逝世，其儿子杰克成了亨氏公司的第三任总裁。杰克任总裁的 25 年中，亨氏公司发生了巨大的变化，从一个家族统治的私人企业变成合营股份公司；公司的产品不再由经销商经营，而是通过公司自己的超级市场、营销中心与顾客见面；来自海外的收入已占总收入的 40%。

杰克在 1966 年担任公司的董事长，由伯特·古金继任总裁。在此期间，亨氏英国分公司在总经理奥赖利的带领下成为亨氏公司众多子公司中效益最好的一个。到 1973 年，董事会一致同意将奥赖利聘为公司总裁。1976 年，奥赖利又兼任了首席执行人的职务。在杰克逝世后，他又兼任董事长。

在奥赖利的带领下，亨氏公司开始了新的发展时代，向更广阔的食品市场发展。

奥赖利的第一个漂亮的经营决策是，在 1975 年适时买下了濒临倒闭的赫宾格公司。赫宾格公司从事的业务是从谷物浆汁中提取果糖，在拉美国家低价的蔗糖产品冲击下已连年亏损，但奥赖利却果断地买下了这家公司。他预见到随着美国政府对糖的进口征收禁运性关税决定的实行，国内的果糖市场将复苏。果然，在第二年美国国内糖价狂涨，这时再买入果糖公司的价格已是上年的 3 倍。

从 20 世纪 80 年代开始，越来越多的公司进入食品市场。这些后来的公司虽然不能撼倒亨氏公司的霸主地位，但他们的产品逐渐挤进了亨氏公司以前独占的领域，使公司的销售额下降了 10%，利润下降了 15%。

面对这种群狼斗恶虎的局面，奥赖利提出了“一分一厘做文章”的经营思想。例如，亨氏公司把包装用玻璃瓶的瓶壁变薄，去掉瓶子背面的标签，既减少了包装成本，又减少了运输成本；对工厂排放的热能和废水重新利用……新闻界把亨氏公司的这种做法形象地称为“从骨头里省出了肉钱”。仅免去瓶子背面标签一项就为公司节约了700万美元。1986年，亨氏公司销售额与上年大体持平，但利润却增长了20%。

思考题：

1. 亨氏公司三代总裁面对的组织环境有何不同特点？各自的管理目标是什么？
2. 亨氏公司的成功秘诀是什么？你能从中得到什么样的启示？
3. 假如你是下任总裁，你将怎样让公司再创辉煌？

第二节　组织文化

每个人都有自己的个性，组织同样有自己的个性，这种个性称为组织的文化。那么组织文化具有哪些内涵呢？组织文化又有哪些功能？如何塑造组织文化呢？本节将对这些问题展开分析。

一、组织文化的内涵

1. 组织文化的定义

谈到组织文化(organizational culture)，常用来指共有的价值体系。像部落文化中拥有支配每个成员对待同部落人及外来人的图腾和戒律一样，组织拥有支配其成员行为的文化。在每个组织中，都存在着随时间演变的价值观、信条、仪式、神话及实践的体系或模式，这些共有的价值观在很大程度上决定了雇员的看法及对周围世界的反应。当遇到问题时，组织文化通过提供正确的途径来约束雇员行为(“这就是我们做事的方式”)，并对问题进行概念化、定义、分析和解决。

组织文化是处于一定社会经济文化背景下的组织在长期发展的过程中，逐步生成和发展起来的日趋稳定的独特的价值观，以及以此为核心而形成的行为规范、道德准则、群体意识、风俗习惯等。组织中不同背景和地位的人在描述组织文化时基本上用的是某种特定的语言和方式，比如仪式、规章制度、习惯等。一般来说，一个组织的组织文化主要体现在整体意识、协作意识、沟通模式、纷争容忍度、对风险的态度、管理者与员工的关系、目标导向性等方面。

组织文化是相对稳定与持久的。通用汽车公司被普遍描绘成冷静的、正规的、不愿意冒险的公司，20世纪30年代是如此，现在基本上还是这样。相反，HP公司是一个非正规的、结构松散的、极富人情味的公司。尽管两家公司的文化不同，但他们在过去都获得了实质性的成功。

组织文化有四个层次：

(1) 表层的物质文化。是组织文化在物质层次上的体现，是组织价值观的物质载体。比如厂容厂貌、产品样式和包装、设备特色、建筑风格、厂旗、厂服、厂标、纪念品、纪念建筑等。它们构成了文化的具体表象物件。

(2) 浅层的行为文化。是组织成员在生产经营、学习娱乐、人际交往中产生的活动文化。它包括经营活动、教育宣传活动、协调人际关系的活动和各种文娱体育活动等。这些活动也反映了组织的经营作风、精神风貌、人际关系模式等文化特征，也是企业精神、企业目标的动态反映。

(3) 中层的制度文化。制度是外加的行为规范，它约束组织成员的行为，维持组织活动的正常秩序。制度层包括各种制度、规章、组织机构以及组织内部的一些特殊典礼、仪式、风俗等。这一层的文化是组织文化中规范人和物的行为方式的部分，从领导制度、组织体系、管理规章等方面的设置反映了组织的价值观与精神风貌。

(4) 深层的精神文化。这是现代企业文化的核心层，指组织在运作过程中所形成的独特的意识形态和文化观念。它包括组织目标、组织精神、组织风气、组织道德和组织哲学等。精神文化往往是一个组织长期积累和沉淀的结果。

2. 组织文化的来源

一个组织的文化常常反映组织创始人的远见和使命，因为创始人有着独创性的思想，所以他们对如何实施这些想法存在着倾向性，他们不为已有的习惯或意识所束缚。创始人通过描绘组织应该是什么样子的方式来建立组织早期的文化。由于新组织的规模较小，创始人能够使他的远见深刻地影响组织的全体成员。所以，一个组织的文化是以下两方面相互作用的结果：(1) 创始人的倾向性和假设；(2) 每一批成员从自己的经验中领悟到的东西。

IBM 公司的托马斯 · 沃森(Thomas Watson)和联邦捷运公司的费雷德里克 · 史密斯(Frederick Smith)，正是对塑造组织文化有不可估量影响的两个人。尽管沃森于 1956 年去世了，但他关于研究开发、产品质量、雇员着装及报酬政策的主张，至今仍体现在 IBM 公司的日常经营中。联邦捷运公司自诞生之日起，创始人史密斯所号召的勇于进取、敢于承担风险、专注于创新以及强调服务的观念，一直是该公司的核心主题。

二、组织文化的功能

组织文化一旦形成，就会成为约束组织成员行为的非正式控制规则，而使组织成员放弃一些不适合组织期望的行为和利益取向。由于受到组织文化的熏陶，组织成员取用相同的价值观和道德观，这样，组织内的人际关系将更加融洽，组织的各种矛盾得到缓解，组织文化表现出凝聚、规范和激励等作用。

1. 导向功能

组织文化的导向功能，体现在对组织整体和组织成员的价值取向及行为取向所起的引导作用，使之符合组织所确定的目标。组织文化的导向功能具体表现在两个方面：一是对组织成员个体的思想行为起导向作用；二是对企业整体的价值取向和行为起导向作用。企业文化所建立起的自身系统的价值和规范标准引导员工的行为心理，使人们在潜移默化中接受共同的价值观念，自觉自愿地把企业目标作为自己追求的目标。

2. 约束功能

组织文化的约束功能，是指组织文化对每个组织成员的思想、心理和行为具有约束和规范的作用。企业文化对组织成员的约束是一种软约束，这种约束来自于组织文化氛围、团队行为准则和道德规范。团队意识、社会舆论、共同的习俗和风尚等精神文化内容，会造成强大的使个体行为从众化的团队心理压力和动力，使组织成员产生共鸣，从而产生自我控制。

3. 凝聚功能

组织文化的凝聚功能，是指当一种价值观被该组织员工共同认可之后，它就会成为一种粘合剂，从各个方面把其成员团结起来，从而产生一种巨大的向心力和凝聚力。而这正是组织获得成功的主要原因，"人心齐，泰山移"，凝聚在一起的员工具有共同的目标和愿景，推动组织不断前进和发展。

4. 激励功能

组织文化的激励功能，是指组织文化具有使组织成员从内心产生一种高昂情绪和发奋进取精神的效应，它能够最大限度地激发员工的积极性和首创精神。组织文化强调以人为中心的管理方法。它对人的激励不是一种外在的推动，而是一种内在引导，它不是被动消极地满足人们对实现自身价值的心理需求，而是通过组织文化的塑造，使每个组织员工从内心深处愿意为组织献身。

5. 辐射功能

组织文化的辐射功能，是指组织文化一旦形成较为固定的模式，它不仅会在组织内发挥作用，对本组织员工产生影响，而且也会通过各种渠道对社会产生影响。组织文化向社会辐射的渠道是很多的，但主要可分为利用各种宣传手段和个人交往两大类。一方面，组织文化的传播对树立组织在公众中的形象有帮助；另一方面，组织文化对社会文化的发展有很大的影响。

6. 调适功能

组织文化的调适功能，是指组织文化可以帮助新进成员尽快适应组织，使自己的价值观和组织相匹配。在组织变革的时候，组织文化也可以帮助组织成员尽快适应变革后的局面，减少因为变革带来的压力和不适应。

三、组织文化的塑造

组织文化的塑造涉及组织的方方面面，是一个复杂的系统工程。一般说来，塑造组织文化要遵循一定的基本原则，按照一定的步骤，掌握一定的途径，才可能逐步完成。

（一）组织文化塑造的基本原则

1. 以人为中心

人是整个组织中最宝贵的资源和财富，是组织活动的中心和主旋律，人是文化的创造者，文化以人为载体进行活动。组织文化要靠人去传播、执行，去丰富和发展。没有人的组织，文化是不复存在的，从某种意义上讲，组织文化是"人"的文化。组织文化中的人不仅仅是指组织者、管理者，还应该包括组织的全体职工。组织文化建设中要充分重视人的价值，最大限度地尊重人、关心人、依靠人、理解人和信任人。只有这样，组织才会形成共同的价值观念和一致的奋斗目标，才能形成向心力，才能成为一个具有战斗力的整体。文化的建设既不是组织者的个人表演和"单边行动"，更不是组织员工的自发行为，它是由领导者来推动，由员工来执行的，形成共同的合力促进组织文化的建设。

2. 重在领导

组织文化的建设重在领导。美国管理学家劳伦斯·米勒（Laurence Miller）在《美国企业精神》一书中指出："没有一家公司在缺乏强有力的高级主管的领导下，能成功地改变其文化。"领导是组织文化的发动者、推动者、建设者和传播者，组织领导者是组织文化的龙头，组织领导者的模范行为是一种无声的号召,对员工起着重要的示范作用。特别是一个刚创办的组织,其文化深深地打上了领导者的烙印,组织是领导者的人格化。因此,要塑造和维护组织的共同价值观,领导者本身应成为这种价值观的化身,并通过自己的行动向全体成员灌输组织的价值观。首先,领导者要注重对组织文化的总结塑造、宣传倡导;其次,要身体力行,率先垂范,在每一项具体工作中都身先士卒,时时体现组织的价值观。

3. 凸显特色

一个组织区别于另一个组织的东西在于特色。特色是一个组织存在的前提。国内外的优秀组织,都具有鲜明的文化特色。文化本来就是组织在本身发展的历史过程中形成的。由于组织形成和发展的历史不同,所属的产业性质不同,组织所处的地理位置和气候不同,组织的规模和技术特点不同,组织的人员构成和素质不同,因而组织的特色也不一样。组织文化建设要充分利用这一点,建设具有自己特色的文化。组织有了自己的特色,而且被顾客所公认,才能在组织之林独树一帜,才有竞争的优势。

4. 努力创新

组织必须紧密结合自己的经营历史和所具有的特色,以及面临的国内外环境及其特点来创新,只有这样,组织文化的建设才具有生命力,也才真正是活着的组织文化。文化不是一成不变的,它是随时代的发展而发展的。组织文化也必须随之作出相应的调整与创新,以适应生存的环境。

5. 赢在执行

组织文化的建设关键在于执行。再先进的文化,如果没有执行,不是付诸东流,就是束之高阁。组织文化也不是少数人冥思苦想出来的,而是一种集体智慧。为此,组织文化必须得到强有力的执行,要把组织文化(价值观、信条、口号、作风、习俗、礼仪等文化要素)传播给每一个员工,使之生根、开花、结果。然而组织文化不是一蹴而就的,靠短期突击不能奏效,它是一个长期的过程,要付出艰辛的代价,要时刻注意消除与组织文化不相符的音符。

(二) 组织文化塑造的步骤

组织文化的塑造是个长期的过程,同时也是组织发展过程中的一项艰巨、细致的系统工程。组织文化的塑造,要遵循一定的步骤。

1. 组织环境分析

对于组织文化的塑造,首先要进行环境分析,掌握组织的经营状况,对组织中已有的价值观、精神、道德风尚、形象等因素进行评价,判断出哪些是恰当的,哪些是不恰当的。在进行环境分析时,先要运用 PEST(政治的、经济的、社会的和技术环境的)方法分析组织经营的外部宏观环境;对于组织内部经营环境,要分析组织同顾客、员工、供应商、金融机构、政府机构、竞争者等的关系。最后运用 SWOT 法进行分析。

2. 定位

在经过以上的分析后,组织基本了解了自己的优势和劣势,这时就要确立组织价值观及整个组织文化体系。通过分析,可以确立组织价值观,并围绕所确立的价值观建立相应的组织目标、组织制度、组织道德、组织文化礼仪等,从而将组织文化的整个体系构建出来。为了便于组织成员记忆、流传和推广,还应该把组织价值观及组织精神用简明扼要、精炼确切的语言表述出来。

3. 提炼组织的核心价值观

在组织的长期发展中,一定会沉淀一些支撑组织成员思想的理念和精神。这些理念和精神,包含在组织创立和发展的过程之中,隐藏在一些关键事件之中。把隐藏在这些事件中的精神和理念提炼出来,并进行加工整理,就会发现真正支撑组织发展的深层次的精神和理念,这就是组织的核心价值观。任何组织想继续生存和获得成功,首先一定要有健全的核心价值观作为所有政策和行动的前提,而且组织成功最重要的因素是忠实地遵循这些核心价值观。

有了对组织文化要素的界定,就可以拟定核心价值观草案了。对核心价值观的陈述可以用不同的方法,但必须简单、清晰、直接而有力。通过自上而下和自下而上的反复沟通,最后确定3~6条(不要超过6条,否则可能会抓不住真正的核心价值观)。这样,组织的核心价值观就成形了。

4. 企业形象设计(CIS)

组织在确立核心价值观后,就开始具体地设计CIS系统。组织CIS(corporate identity system),即企业形象设计,是指组织为了给社会公众一个统一形象而使组织自身在其各个领域内实现的统一形象的表达。它包含三个部分,即MI、BI和VI。

MI(mind identity)即理念识别,主要指组织哲学、组织精神、组织道德等,是CIS的核心理念,是组织的精髓所在,处于最里层的位置。没有MI,组织就没有生命,没有活力。

BI(behavior identity)指行为识别,BI要求组织在经营运作中以全体员工统一的行为要求和行为准则,包括应用统一的语言、统一的行动来给公众展示组织的形象。

VI(visible identity)指视觉识别,是以企业标志、标准字体、标准色彩、象征图形为核心展开静态的完整的视觉传达体系,是将组织理念、文化特质、服务内容、组织规范等抽象语意转换为具体符号,塑造出独特的企业视觉形象。VI处于CIS系统的最外层,是外部顾客最容易见到的部分,企业的核心理念要通过VI系统表现出来。

CIS的三个基本构成要素MI、BI、VI相互推动、协调运作,为企业塑造独特的形象,带动组织经营的发展。因此,CIS中的三大构成要素既具有很强的层次性,又具有紧密的关联性。

5. 执行

组织形象设计完成后,就要执行,管理者要身体力行、率先垂范,组织成员要努力实践。而组织文化在演变为全体成员的习惯行为之前,要使每一位成员都能自觉主动地按照组织文化和组织精神的标准去行事,几乎是不可能的。因此,在这一阶段,组织应通过各种途径,充分利用一切宣传工具和手段,强化成员的组织文化意识,并建立一定的奖励与惩罚制度,力求使组织新文化、新观念深入人心,创造浓厚的组织文化氛围。

(三)组织文化塑造方法

组织文化塑造一般有两种方式:一是采用系统的教育方法,如教育培训;二是运用非系统方法,如典型故事、仪式、主题活动和语言等。

1. 教育培训

对组织成员进行有目的的培训与教育,能够使他们系统接受和强化认同组织所倡导的组织精神和价值观。但是,培训教育的形式应该多样化,要把常规的和潜移默化的培训教育有机地结合起来,在健康有益的娱乐活动中恰如其分地揉进组织文化的基本内容和价值准则等。一方面,适当地举办有关组织文化、组织精神的培训班、研讨班,从理论上强化组织成员对组织精神的理解和认同;另一方面,通过组织成员的自我教育及相互帮助、相互影响,使员工自觉确立与组织精神相一致的奋斗目标,在工作中实践组织精神。

2. 典型故事

许多组织中都流传着一些小故事,这些小故事能够起到借古喻今的作用,还可以为目前的组织政策提供解释和支持。

之所以把英雄模范人物作为一个重要的组成部分,一是因为英雄模范人物能集中体现组织文化的魅力,是组织文化的人格化,是组织文化的象征者;二是因为他有榜样作用,英雄模范人物是在实践中产生的,虽然不一定完美无缺,但其模范行为必然会受到人们的尊敬和效仿。因此,在组织文化建设中要善于从实践中发现和培养英雄模范人物。中国树立英雄模范人物的实践可谓历史悠久。值得注意的是,在宣传英雄模范人物时,要注意实事求是,不要过分拔高和粉饰,否则就会失去作用。

典型榜样是组织精神和组织文化的人格化身与形象缩影,能够以其特有的感染力、影响力和号召力为组织成员提供可以仿效的具体榜样,而组织成员也正是从英雄人物和典型榜样的精神风貌、价值追求、工作态度和言行表现之中深刻理解到组织文化的实质和意义。

3. 典礼仪式

仪式是一系列活动的重复。这些活动能够表达并强化组织的核心价值观,即什么目标是最重要的,哪些人是重要的,哪些人是无足轻重的。必要的典礼和仪式,可以把抽象的组织价值观、组织精神变成既能看得见、又能直接体会得到的严肃而又庄重的行为方式,从而加深职工对文化观念的理解。因此,组织有必要根据组织文化的特点设计安排一些典礼仪式,如升旗仪式、厂庆活动、颁奖仪式、新职工宣誓就职仪式等。但这些仪式不能过多过繁,否则不但会造成浪费,而且还会使人习以为常失去原有的意义,同时还要注意在形式上有所创新。

4. 主题活动

在组织文化塑造方面,可以经常开展一些主题活动,如演讲会、联谊会、卡拉OK、歌咏比赛、文艺汇演、摄影展、征文比赛、知识竞赛、体育运动、跳舞、文化沙龙等活动,在活动中潜移默化地培养组织成员的组织价值观。

5. 语言

许多组织,以及组织内的许多部门都用语言作为识别组织文化或亚文化成员的标志。通过学会这种语言,组织成员可确证他们已经接受了这种文化,这又有助于组织成员坚持这种文化的价值观。组织内会因需要而发展出许多独特的术语来描述主管、顾客、供货商、设备或产品等。新进人员常会为了了解缩写与术语而感到头疼,但在工作过一段时间后,这些术语也就变成了他们工作及生活中的一部分。

一旦被同化,这些术语就成了指认某人是否为企业或部门一分子的方法。借着学会这些专门术语,企业成员表达出他们对企业文化及专业术语的接受,这样做也有助于企业文化的传递与保存。

6. 物质象征

办公室的大小、信纸、公司标志装潢设计、服饰、主管的坐车姿态等,这些都是物质象征,并将其传递给组织成员,让组织成员知道行为标准是什么。

讨论性案例

思科凭什么超越微软

微软曾是最有梦幻色彩的企业。然而2000年3月25日,另一家IT企业的股票市值却一举压倒了不可一世的微软,成为全球最有价值的企业,它就是硅谷的思科(Cisco)系统公司。思科的主打产品——路由器虽然远不及Windows知名,但它却是运转覆盖全球的因特网所必不可少的枢纽。

为什么思科能超越微软?很重要的一点是,微软踏平的只是PC时代,而思科则已经拥抱e时代了,最新时代的网络文化造就了一代IT巨子。因此,这一起一伏所涵盖的,决不只是两家企业的盛衰。

一、思科如何看待因特网

思科总裁钱伯斯在访问中国时曾专门针对中国企业说:"因特网革命将使中国获得与世界经济发展齐头并进的机会,而这场革命的迟到者将会彻底地丧失时机,这一点与工业革命可以在不同国家演进发生截然不同。"

一个企业要在因特网中获得成功,要注意什么呢?

首先,因特网对于企业的意义决不只是一种技术,并不只是你上网了你就算融入网络经济了,关键是你将如何利用因特网给你的企业创造机会,提高企业的竞争优势。

其次,在网络经济中,一切都在迅速地改变,而人恰恰有不愿意改变的惰性。你的企业这时就要引入"变是永恒"的企业文化。而问题还不仅仅是要"变",而且要"快"。

在1993年前后,思科已经认识到:因特网将是战略性工具,而决不是花费。很多企业到今天都把IT只看成支出,因此只要企业的财政稍有不利,他们头一件事就是砍掉IT花费。这样的企业永远不会成功。而思科把IT看成很重要的战略工具,不仅不隶属财务,还要独立出来,设立CIO(首席信息执行官)。在今天,思科的成功与此有非常密切的关系,而事实上也就是从那时起,思科的竞争对手越落越远。

二、思科的工厂为什么那么小

很多人到思科都要求参观工厂,似乎看到了车间才会放心。但他们总是很失望地问:"怎么你们公司车间这么小?"其实有很多家工厂在生产思科的产品,但真正属于思科的只有两家。因为,通过网络,远在千里之外的装配商可以随时看到来自客户的订单,并且在同一天的晚些时候将装配好的硬件运送到购买者手中,通常思科的员工连包装箱都不会碰一下。70%的思科产品就是这样生产出来,然后交到用户手中的。

那么思科是如何进行控制的呢?首先这些工厂的质量监控系统都是由思科安装的,而质量不合格的产品,思科不会给它打上运输标签,它也就出不了厂。这样,全世界都成了思科的生产基地。思科不在乎它在什么地方生产,只要它能合乎自己的质量和成本的要求。

通过这种"外部资源生产"法,思科无需建立新的工厂就将其生产能力扩大4倍,并且将新产品介绍给市场的时间缩短了2/3,仅用6个月的时间,而他们的竞争对手通常都需要18个月。结果,思科的员工人数仅相当于主要竞争对手员工总数的1/10,但销售额却是这些厂商销售额总数的1/2,也就是说思科的员工人均生产力是对手的5倍。

所以,虚拟生产是今天每个企业都要重视的事情。

三、思科的追求是什么

思科的经营文化有如下原则:

一是"如果一个功能在3个月里不能推出来,那我们就不干"。试想,如果你的设想还要花半年的时间去调查分析,那市场早就失去了。

二是"任何功能存在的标准是一定要能提升企业的价值"。那么,这个"价值"如何去体现呢?有两点:(1)客户满意度提高;(2)成本降低。如果达不到这两点,思科也不会去做。

四、思科的企业文化是什么

思科为什么能成功?关键是思科有一套好的企业文化。在思科的企业文化中,很重要的一点是:"客户永远第一。"思科的信条是:"每一次接触都要使客户了解到他们是我们的重中之重。"

或许,这在很多企业经营者看来实在没什么稀奇,很多企业也确实经常这么喊。但这只是处于"口号管理"的阶段。这就是说,我们很多经营者想得很好,一厢情愿地认为企业该是什么样,可没有从机制上保证把自己的思路转变为每个员工的行动。要知道企业的行为就体现在企业每一个员工的行为上。

五、思科靠什么机制来贯彻企业文化

一是思科每年都会请外面的公司进行顾客满意度调查,而满意度的分数会细化到每一名员工身上。在每一个员工的胸牌上,都印有下一年度客户满意度需要达到的指标。同时,第一名员工的满意度分数与他的奖金是直接挂钩的。这就是说,如果让你的客户不满意了,你就要破财。因此,对于思科的员工来说,满意度是比销售额还要重要的事情。

二是思科有机制可以使客户的问题迅速升档到让总裁每天都能知道。因为他每天晚上都要听与客户打交道的经理的录音电话留言,这样使问题可以很快得到解决。因此,一个客户遇到的问题越大,他对思科严肃对待问题的体会就会越深。作为表率,总裁钱伯斯把自己的大部分时间用于与客户打交道,他每天都要与公司的15个关键客户保持电话联系,发现问题就及时处理。他总共跟1万多个客户交谈过,大规模的见面会参加过200多次。他来中国时说得最多的一句话是:"让客户满意是思科最重要的事。"

还有一个很能说明问题的例子,就是思科的第一次并购,动因是为了保住自己的两个重要客户:波音飞机公司和福特汽车公司。一次,总裁钱伯斯在与这两家公司的老总聊天时,听说他们对思科的技术不太满意,准备换用另一家局域网交换机制造厂商Crescende公司的产品。钱伯斯回到公司后,马上收购了那家公司。这次收购不仅将波音和福特留了下来,继续做思科的客户,而且使思科进入了一个新的业务领域,现在它每年为思科带来28亿美元的收入。

六、思科如何在线为客户服务

随着企业业务的发展,客户越来越多,这时要保证服务的水准,往往要提高成本。简单地说,企业要找人去接客户的咨询电话,无疑是成本,而且这些人还要是技术专家,甚至企业花钱都不一定能够找得到。怎么办?思科的办法是将这些信息全部上网。在客户买他们的产品时,思科会给一个网址,让他自己上网咨询,结果70%~80%的问题在网上就已经解决了。现在,打到思科用户服务中心的70%的电话都不需要人工干预,由计算机自动完成,而且日积月累,经常重复的问题的答案会立即显示出来,客户很高兴。于是,客户满意度反而比人工干预时提高了25%。仅这一项，思科的成本就下降了2.5亿美元，因为思科不再需要那么多的人力。总裁钱伯斯说："这使我可以在技术中少使用1 000名工程师，我将他们投入到开发新产品上，从而获得了极大的竞争优势。"

思科也曾遇到一个难题，就是随着业务的发展，在交易过程中各种错误越来越多(比如配音有误、传真模糊等)，一度严重到使业务没法做下去。这时，思科的解决方案就是把交易挪到网上去做。在网上，即使客户对交易流程不很清楚，网络也会带领着他走下去，于是错误减少到只有2%。这其中节省的资金是很惊人的。

七、思科如何为员工服务

思科很重视的另一个问题是实现网络化的员工服务。思科把员工也视为客户。现在思科有2万名员工可实现网络自我服务。当一名新员工加入思科时，他只要在公司的网络上输入他的名字，就可以立即查阅到与自己有关的所有信息(如薪酬、股权等)，甚至有他今后的培训计划。

开展员工的在线培训是思科的重要战略。思科平均每两周就并购一家企业，也就是说每两周就会有一些新技术进来。而这些新技术需要消化。有人计算过：同样的培训，用传统方式要花3个月，成本还很高，而用网络培训只要3个星期，成本还很低。

对于很重要的员工出差报销问题，也都是在网上瞬间就完成了。自然，员工满意度提高了(自愿离职率下降了50%，只有3%)，而同时，公司在全球的报销只需由两个人进行核对，这样每年可节约5 500万美元。而低成本必然带来竞争上的优势。对员工的硬指标有两条：(1) 人员平均生产率每年至少提高15%；(2) 生产成本每年至少降低15%。现在汽车行业的年人均生产效率是16万美元，金融业是18万美元，而思科已经达到了70万美元。

八、思科如何建立e文化

(1) 网络是战略性工具，决不是可有可无、可多可少的。

(2) 要建立灵活、开放的网络平台，也就是以e为核心的企业文化。有没有建立e文化，不在于你有没有"占有"IT设施，而在于你有没有"应用"IT技术。

(3) e文化必须由企业最高领导亲自建立并推动，没有选择。GE的韦尔奇过去是忽视IT技术的，但后来他突然醒悟，于是给全球的GE雇员发电子邮件，通知以后与他通信的唯一渠道就是电子邮件，而不再是看纸上的东西。于是一年来，GE在电子商务上进步神速。如果最高领导只说不练，那所有员工只会跟着光说不练，建立e文化就无从谈起。

(4) 建立快速应用与实施的机制。如果说过去的商业环境犹如海洋上航行的巨轮，今天则如同激流中疾驰的皮筏。

(5) 衡量一个技术及其应用，完全看它能不能提升公司价值。

(6) 公司IE人员一定要与公司业务人员加强沟通与协作。在思科，IT部门做的是平台，而业务部门要做的是应用。从某种意义上说，业务部门也是IT部门的客户。如果业务部门去买机器，或IT部门直接操作对IT工具的应用，都将是不对的。

思考题：

1. 思科为什么能超越微软？具体表现在哪些方面？
2. 试述思科文化的特点。

第三节 社会责任

企业如果只讲经济利益而忽视社会责任,那就可能引发一系列社会问题,增加社会的负担;反之,企业如果在谋求经济利益的同时,自觉履行道德义务,那就可以树立良好的社会形象,提高自己产品和服务的声誉,从而扩大促进企业利润增长的空间。

企业社会责任问题引起日益广泛的关注,对于社会舆论乃至国家的社会经济政策有着重要影响,这是国内外环境深刻变化所引发的社会现象。

一、企业社会责任观的思想渊源

早在18世纪中后期英国完成第一次工业革命后,现代意义上的企业就有了充分的发展,但企业社会责任的观念还未出现,实践中的企业社会责任局限于业主个人的道德行为。企业社会责任思想的起点是亚当·斯密(Adam Smith)的"看不见的手"。古典经济学理论认为,一个社会通过市场能够最好地确定其需要,如果企业尽可能高效率地使用资源以提供社会需要的产品和服务,并以消费者愿意支付的价格销售它们,企业就尽到了自己的社会责任。

到了18世纪末期,西方企业的社会责任观发生了微妙的变化,表现为小企业的业主们经常捐助学校、教堂和穷人。

进入19世纪以后,两次工业革命的成果带来了社会生产力的飞跃,企业在数量和规模上有了较大程度的发展。这个时期受"社会达尔文主义"思潮的影响,人们对企业的社会责任观是持消极态度的,许多企业不是主动承担社会责任,而是对与企业有密切关系的供应商和员工等竭力盘剥,以求尽快变成社会竞争的强者。这种理念随着工业的大力发展产生了许多负面的影响。

与此同时,19世纪中后期企业制度逐渐完善,劳动阶层维护自身权益的要求不断高涨,加之美国政府接连出台《反托拉斯法》和《消费者保护法》以抑制企业不良行为,客观上对企业履行社会责任提出了新的要求,企业社会责任观念的出现成为历史必然。

二、企业社会责任观的发展历程

企业社会责任观的具体内容,在不同时代的法律和道德环境中是不一样的,它随着时代的变化而发展。这一发展过程大体如下:

1. 20世纪30年代至70年代,赢利至上

在20世纪30年代之前,权威的观点认为企业的社会责任就是通过管理获取最大利益。1919年,美国密歇根法院就曾宣称:企业机构运营的主要目的是为股东赚取利润。这种观点完全确认了企业的经济功能对社会进步的作用,得到企业界的普遍认可。

从20世纪30年代到60年代早期,企业管理者的角色从原来的授权者变成了受权者,其职能也相应地由追求利润扩展为平衡利益。企业从要向所有者负责转变为要向更多的利益相关者负责。在这一阶段,公众成为推动转变的主角,他们要求企业更多地关注员工和顾客的利益和要求,更多地参与改善工作条件和消费环境的工作,为社会的发展发挥更突出的作用。他们不断在公开场合喊出他们对企业的期望。优秀的企业积极响应公众的期望,并

且取得公众的支持。

不过企业社会责任的发展并非一帆风顺,而是始终伴随着反对的声音。在 20 世纪 70 年代,诺贝尔经济学奖得主、新古典主义经济学之父米尔顿·弗里德曼成为反对企业履行社会责任的领军人物。他多次在各种场合论及企业社会责任问题,无一例外地坚持批判的立场。弗里德曼认为,公司只有在追逐更多利润的过程中才会增加整个社会利益,如果公司管理者出于社会责任的目的花公司的钱,实质上就是像政府向股东征税一样,那么就失去了股东选择管理者的理由。

社会责任观认为,利润最大化是企业的第二目标,企业的第一目标是保证自己的生存。"为了实现这一点,他们必须承担社会义务以及由此产生的社会成本。他们必须以不污染、不歧视、不从事欺骗性的广告宣传等方式来保护社会福利,他们必须融入自己所在的社区及资助慈善组织,从而在改善社会中扮演积极的角色。"表 3.1 说明了这两种观点的区别。

表 3.1　两种社会责任观

	古典观	社会责任观
利润	一些社会活动白白消耗企业的资源;目标的多元化会冲淡企业的基本目标——提高生产率而减少利润	企业参与社会活动会使:(1)自身的社会形象得到提升;(2)与社区、政府的关系更加融洽因而增加利润,特别是增加长期利润
股东利益	不符合股东利益。企业参与社会活动实际上是管理者拿股东的钱为自己捞取名声等方面的好处	符合股东利益。承担社会责任的企业通常被认为其风险低且透明度高,其股票因而受到广大投资者的欢迎
权力	企业承担社会责任会使其本已十分强大的权力更加强大	企业在社会中的地位与所拥有的权力均是有限的,企业必须遵守法律、接受社会舆论的监督
责任	从事社会活动是政治家的责任,企业家不能"越俎代庖"	企业在社会上有一定的权力,根据权责对等的原则,它应承担相应的社会责任
社会基础	公众在社会责任问题上意见不统一,企业承担社会责任缺乏一定的社会基础	企业承担社会责任并不缺乏社会基础,近年来舆论对企业追求社会目标的呼声很高
资源	企业不具备/拥有承担社会责任所需的资源,如企业领导人的视角和能力基本上是经济方面的,不适合处理社会问题	企业拥有承担社会责任所需的资源,如企业拥有财力资源、技术专家和管理才能,可以为那些需要援助的公共工程和慈善事业提供支持

1976 年,经济合作与发展组织(OECD)制定了《跨国公司行为准则》,这是迄今为止唯一由政府签署并承诺执行的多边、综合性跨国公司行为准则。这些准则虽然对任何国家或公司没有约束力,但要求更加保护利害相关人士和股东的权利,提高透明度,并加强问责制。2000 年该准则重新修订,更加强调了签署国政府在促进和执行准则方面的责任。

2. 20 世纪 80 年代至 90 年代,关注环境

20 世纪 80 年代,企业社会责任运动开始在欧美发达国家逐渐兴起,它包括环保、劳工和人权等方面的内容,由此导致消费者的关注点由单一关心产品质量转向关心产品质量、环境、职业健康和劳动保障等多个方面。一些涉及绿色和平、环保、社会责任和人权等的非政府组织以及舆论也不断呼吁,要求将社会责任与贸易挂钩。迫于日益增大的压力和自身的发展需要,很多欧美跨国公司纷纷制定对社会作出必要承诺的责任守则(包括社会责任),

或通过环境、职业健康、社会责任认证应对不同利益团体的需要。

3. 20世纪90年代至今,社会责任运动兴起

20世纪90年代以来,全球化的进程加快,跨国公司遍布世界各地。但是生态环境恶化、自然资源破坏、贫富差距加大等全球化过程中的共同问题引起了世界各国的关注,恶意收购、"血汗工厂"也引起了人们对过分强调股东利益的不满。企业在发展的同时,承担包括尊重人权、保护劳工权益、保护环境等在内的社会责任已经成为国际社会的普遍期望和要求,关于社会责任的倡议和活动得到了来自全世界的广泛支持和赞同。

90年代初期,美国劳工及人权组织针对成衣业和制鞋业发动了"反血汗工厂运动"。因利用"血汗工厂"制度生产产品的美国服装制造商 Levi - Strauss 被新闻媒体曝光后,为挽救其公众形象,制定了第一份公司生产守则。在劳工、人权组织和消费者的压力下,许多知名品牌公司也都相继建立了自己的生产守则,后演变为"企业生产守则运动",又称"企业行动规范运动"或"工厂守则运动"。企业生产守则运动的直接目的是促使企业履行自己的社会责任。

但这种跨国公司自己制定的生产守则有着明显的商业目的,而且其实施状况也无法得到社会的监督。在劳工组织、人权组织等的推动下,生产守则运动由跨国公司"自我约束"(self - regulation)的"内部生产守则"逐步转变为"社会约束"(social regulation)的"外部生产守则"。

到2000年,全球共有246个生产守则,其中除118个是由跨国公司自己制定的外,其余皆是由商贸协会或多边组织或国际机构制定的所谓"社会约束"的生产守则。这些生产守则主要分布于美国、英国、澳大利亚、加拿大、德国等国。

2000年7月,《全球契约》论坛第一次高级别会议召开,参加会议的50多家著名跨国公司的代表承诺,在建立全球化市场的同时,要以《全球契约》为框架,改善工人工作环境、提高环保水平。《全球契约》行动计划已经有包括中国在内的30多个国家的代表、200多家著名大公司参与。

2002年,联合国正式推出《联合国全球协约》(UN Global Compact)。协约共有十条原则,联合国恳请公司对待其员工和供货商时都要尊重其规定的十条原则。

表3.2 联合国的全球契约十大原则

人权	劳动	环保	反腐败
1. 企业应在其所能影响的范围内支持并尊重对国际社会做出的维护人权的宣言 2. 不袒护侵犯人权的行为	3. 有效保证组建工会的自由与团体交涉的权利。 4. 消除任何形式的强制劳动。 5. 切实有效地废除童工。 6. 杜绝在用工与职业方面的差别歧视	7. 企业应对环保问题未雨绸缪。 8. 主动承担环境保护责任。 9. 推进环保技术的开发与普及	10. 积极采取措施反对强取和贿赂等任何形式的腐败行为

三、企业社会责任的内涵

1. 企业社会责任的涵义

企业社会责任的基本要求是企业要超越把利润作为唯一目标的传统理念,强调在生产

过程中对人的价值的关注，强调对消费者、对环境、对社会的贡献。

企业社会责任（corporate social responsibility，简称 CSR）的正式定义虽经国内外有关论坛多次讨论，却仍莫衷一是。目前国际上较多认同的 CSR 理念是：企业在创造利润、对股东利益负责的同时，还要承担对员工、对社会和环境的责任，包括遵守商业道德、生产安全、职业健康、保护劳动者的合法权益、节约资源等。

世界银行把企业社会责任定义为：企业与关键利益相关者的关系、价值观、遵纪守法以及与人、社区和环境有关的政策和实践的集合。它是企业为改善利益相关者的生活质量而贡献于可持续发展的一种承诺。

还有一种观点认为，所谓“企业的社会责任”，是指在市场经济体制下，企业的责任除了为股东（stockholder）追求利润外，也应该考虑相关利益人（stakeholder），即影响和受影响于企业行为的各方的利益。其中，雇员利益是企业社会责任中最直接和最主要的内容。

另外，还可以从广义和狭义两方面考察企业社会责任的涵义。广义上的企业社会责任包括含有社会利益内容的法定责任和含有社会利益内容的道德责任。法定的社会责任是指由法律、行政法规明文规定的企业应当承担的对社会的责任。如果企业违反法定的社会责任，则应当承担相应的法律后果。道德的社会责任是指虽然没有法律的直接规定，但道德伦理要求企业承担的对社会的责任。由于法律规定不能包罗万象、面面俱到，道德的社会责任便成为法定的社会责任的必要补充，二者相互依存，相互促进，共同构成整个企业的社会责任。

狭义的企业社会责任仅仅指企业根据伦理道德对社会承担的责任，也就是道德责任。但正如有关学者所言，“公司社会责任的概念，其本身基本上虽是道德性的抽象观念，但在学术研究上仍应该追求如何将之具体落实的办法，否则将沦为纯粹道德化的诉求，免不了终致落空成为一项口号而已”。因此，有必要将这种道德责任法律化。另一种途径是将这种社会责任融进具体的制度设计中，例如在公司法人治理结构中赋予职工参与决策权、确立董事中心地位等。

这一涵义显示：(1) 企业社会责任是多元化的，具体可分为以下六个主要方面：企业对员工的责任（如员工安全健康、培训等）；企业对消费者的责任（如质量、诚信等）；企业对投资者的责任（如赚取利润、保证企业成长发展等）；企业的政府责任（如纳税、履行政府经济政策等）；企业的社区责任（如社团和慈善捐赠等）；企业对环境的责任（如环境保护、资源循环利用等）。(2) 企业社会责任是更高层次的企业责任。(3) 社会责任的承担与企业行为所造成的后果有因果关系。判断企业是否承担了社会责任，不能只根据“说”，必须根据其行为和后果下结论，不仅要听其言，更要观其行。那些只喊漂亮口号而不落实行动的企业，很难让人相信其社会责任意识的真诚。

尽管对企业社会责任并没有一个单一的定义，但从本质上讲，作为企业的管理者，需要做三件重要事情：

第一，管理者应认识到，其经营活动对其所处的社会将产生很大影响；而社会发展同样也会影响其追求企业成功的能力。

第二，作为响应，管理者积极管理其世界范围内的经营活动在经济、社会、环境等方面的影响，不仅使其为公司的业务运作和企业声誉带来好处，而且还使其造福于企业所在地区的社会团体。

第三，使公司通过与其他群体和组织、地方团体、社会和政府部门进行密切合作，来实现这些利益。

2. 企业的法定社会责任内容

企业的法定社会责任是企业必须承担的责任，其特点是具有法定性和强制性，因而这种责任企业是否真正履行，直接涉及法律问题，所以它属于法制性责任。一般来说，企业的法定社会责任包括三大内容：

第一，为政府提供税收。这是企业的重要社会责任，企业应该勇于承担这个社会责任，要坚决按照法律规定为政府缴税。所有企业都应该充分认识到纳税是自己应该履行的法定社会责任。

第二，为社会提供就业机会。这也是企业极为重要的社会责任。

第三，为市场提供优质产品或服务。企业的这个社会责任关乎人们的生命和健康，关乎整个社会的生活质量和经济生活的正常运转。因而企业的这个社会责任，要求它必须为市场提供优良产品和优质服务。如果提供伪劣产品和虚假服务，就是根本没有履行自己的社会责任。

3. 企业的社会责任与经济绩效

有观点认为，企业承担社会责任将带来经营成本的增加，从而影响其经营业绩，因此企业的社会责任与绩效是一种负相关的关系。在短期财务核算下，这一观点是成立的，长远分析未必如此。企业的社会责任支出虽然增加当前的经营成本，但正是这些社会支付为企业创造了更多的利润回报。

(1) 提高企业融资吸引力。在全球媒体和消费者越来越关注劳工问题时，有效地实施社会责任管理有利于保护和提升公司品牌价值，避免公司品牌因劳工标准等问题受到损害。社会责任管理很大程度上有助于企业社会声誉的建立和完善，有助于企业树立良好的形象。

(2) 提高人力资源的回报。人力资源状况对企业获得竞争优势具有决定性的作用。企业全面而富有针对性的人力资源管理实践能够比仅仅依靠经营者个人的努力在提高企业绩效方面取得更好的效果。如沃尔玛公司将员工视为合伙人，于 1971 年实行了“利润共享”政策。这一政策促使员工们不折不扣地以管理层对待他们的态度来对待顾客。员工善待顾客，顾客感到满意从而经常光顾本店，这正是利润的真正源泉。

(3) 提高顾客的满意度。长期与一个供应商保持稳定合作关系的企业将比那些同时拥有很多供应商的企业具有更高的绩效水平。

(4) 获得政府政策支持。政府在市场经济发展中担负着重要的角色，企业对政府的责任主要集中于按照法律法规办事，依法纳税。如果企业对政府负责能为自己争取更好的政策以促进企业发展，那么该社会责任与企业绩效正相关。

此外，较好的社会声誉对于求职者也具有更大的亲和力，它会直接影响到人才的流向。对于外向型企业来说，它是消除贸易壁垒的利器。推行社会责任管理可以帮助企业及其商业伙伴更好地遵守法规，避免因社会责任管理不善而丢失国际订单。

四、企业承担社会责任的意义

人类要构建的文明社会是一个既充满活力又富有秩序的社会，它需要调动一切劳动、知识、管理、资本和技术活力，发掘一切社会财富的源泉。企业拥有的资源优势来自于国家所有企业组织的集合规模优势。因此，在构建文明社会的过程中，他们具有其他社会成员所无法比拟的地位和作用。

企业社会责任的明确有助于解决就业问题。除通过增加投资、新增项目扩大就业外，最重要的是提倡各企业科学安排劳动力，扩大就业门路。过去只有 ISO9000 和 ISO140000 国际认证，现在对企业社会责任也有了一个旨在解决劳动力问题、保证工人工作条件和工作环境的国际认证标准体系。这一标准明确规定了企业需保证工人工作的环境干净卫生，消除工作安全隐患，不得使用童工，等等，切实保障了工人的切身利益。现在众多企业积极履行社会责任，努力获得国际认证，这不仅可以吸引劳动力资源，激励他们创造更多的价值，更重要的是通过这种管理可以树立良好的企业形象，获得美誉度和信任度，从而实现企业长远的经营目标。从这个意义上说，企业履行社会责任，有助于解决就业问题。

企业社会责任的明确有助于保护资源和环境，实现可持续发展。企业作为社会公民对资源和环境的可持续发展负有不可推卸的责任，而企业通过技术革新，可首先减少生产活动各个环节对环境可能造成的污染，同时也可以降低能耗，节约资源，降低企业生产成本，从而使产品价格更具竞争力。企业还可通过公益事业与社区共同建设环保设施，以净化环境，保护社区及其他公民的利益，这将有助于缓解城市尤其是工业企业集中的城市经济发展与环境污染、人居环境恶化之间的矛盾。

企业履行社会责任有助于缓解贫富差距，消除社会不安定的隐患。一方面，大中型企业可集中资本优势、管理优势和人力资源优势对贫困地区的资源进行开发，既可扩展自己的生产和经营，获得新的增长点，又可弥补贫困地区资金的不足，解决当地劳动力和资源闲置的问题，帮助当地脱贫致富。另一方面，企业也可通过慈善公益行为帮助落后地区发展教育、社会保障和医疗卫生事业，既解决当地政府因资金困难而无力投资的问题，帮助落后地区逐步发展社会事业，又通过公益事业达到无与伦比的广告效应，提升企业的形象和消费者的认可程度，提高市场占有率。

五、管理道德

企业在追求经济利润最大化的同时，要考虑到社会责任，此时，企业的管理道德就会发挥作用。企业经营活动所带来的经济利益与其管理道德紧密相连。一些企业在面对是以生产假冒伪劣商品获得暂时生存还是以质量上乘的产品在市场上为自己明确定位来发展壮大的选择时，管理道德将对其经营行为产生约束作用。

1. 管理道德的涵义

道德，就是依靠社会舆论、传统习惯、教育和人的信念的力量去调整人与人、个人与社会之间关系的一种特殊的行为规范，是规定行为是非的惯例和原则。一般来说，道德是社会基本价值观约定俗成的表现，人们一般都会根据自己对社会现象的理解形成为社会大多数人认同的道德观，大多数人能够知道该做什么、不该做什么，哪些是道德的、哪些是不道德的。

道德一般可分为社会公德、家庭美德、职业道德三类。其中，职业道德是同人们的职业活动紧密联系的符合职业特点所要求的道德准则、道德情操与道德品质的总和，是从事一定职业的人在职业劳动和工作过程中应遵守的与其职业活动相适应的行为规范。职业道德是从业人员在职业活动中应遵守或履行的行为标准和要求，以及应承担的道德责任和义务。

管理道德作为一种特殊的职业道德，是从事管理工作的管理者的行为准则与规范的总和，是特殊的职业道德规范，是对管理者提出的道德要求。对管理者自身而言，可以说是其立身之本、行为之基、发展之源；对企业而言，是对企业进行管理价值导向，是企业健康持续发展所需的一种重要资源，是企业提高经济效益、提升综合竞争力的源泉。可以说，管理道德是管理者与企业的精神财富。

2. 道德观的类型

第一种是道德的功利观，即完全按照成果或结果制定决策的一种道德观点。功利主义的目标是为绝大数人提供最大利益。一方面，功利主义者鼓励效率，并追求利润最大化目标。但另一方面，它可能造成资源的不合理配置，尤其当那些受影响的部门缺少代表或没有发言权时更是如此。功利主义还会造成一些利害攸关者的权利被忽视。

第二种是道德的权利观。这是与尊重和保护个人自由、权利有关的观点，包括隐私权、良心自由、言论自由和法律规定的各种权利。权利观的积极一面是保护个人自由和隐私，但它也能造成一种过分墨守成规的工作气氛，阻碍效率的提高。

第三种是道德的公正观。公正观保护了那些利益可能未被充分体现或无权的利害攸关者，但它也会降低风险承诺和创新意识。

大多数管理者持功利观，因为它与效率和高利润等目标一致；但往往为了大多数人的利益而牺牲少数人的利益。随着社会的进步，它受到越来越大的挑战，管理者往往会发现自己正面临着道德的困境。

3. 道德的发展阶段

根据国外学者的研究，道德的发展阶段分三个层次，这三个层次中间又有不同的阶段。可以说道德的发展经过了悠长的历史。随着道德层次的提高，个人的道德判断标准越来越不受外界环境的影响。

道德发展的三个层次为：前惯例层次、惯例层次、原则层次。道德发展的阶段是由低级向高级发展的，根据时代的不同，企业在规划道德层次的时候也会有不同的规划。

前惯例层次：只受个人利益的影响。决策的依据是本人利益，这种利益是由不同行为方式带来的奖赏和惩罚决定的。

惯例层次：受他人期望的影响。包括对法律的遵守，对重要人物期望的反应，以及对他人期望的一般感觉。

原则层次：受个人用来辨别是非的道德准则的影响，这些准则可以与社会的规则或法律一致，也可以与社会的规则或法律不一致。

4. 影响管理道德的因素

影响管理道德的因素可分为外部因素和内部因素。外部因素的影响主要包括早期教育因素、企业的管理体制及制度因素、企业文化因素、社会大环境因素等。

一是早期教育因素的影响。个人早期受的教育、生活环境，尤其是在其幼年、童年时期所处环境的熏陶、所受教育的程度对其今后观念的形成起到至关重要的作用，通过这一时期感知、认知事物，其个人的道德观初步形成。“孔融让梨”就是早期教育对其道德影响的表现。

二是企业的管理体制及制度因素的影响。企业的管理体制是否有利于企业发展，企业领导者是否为管理者创造了一个工作、发展的平台，企业是否做到组织结构科学合理、规章制度是否健全完善、人才培训培养机制是否积极有效等，都对管理道德的形成有较大影响。

三是企业文化因素的影响。企业的管理道德同企业的价值观和文化相关,并且直接影响企业的绩效和发展。一个企业有较强的、积极向上的企业文化就可以抵御外来风险,化解内部冲突。在市场经济中许多企业注重企业文化建设,形成具有企业自身特色的文化。

四是社会大环境因素的影响。一定时期社会上大多数人的世界观和价值观也会从外部影响甚至改变个人的管理道德观。尤其是在社会转型期,多种因素综合导致了一些人的道德观危机,如社会不同层次的管理道德问题、职业圈子中的管理道德问题、企业内部日常管理中面临的管理道德问题等。

内在因素的影响主要包括管理者自身的意志、能力、信念因素、自身责任感因素等。

一是个人意志、能力和信念因素的影响。个人意志坚强、个人能力较强、个人信念坚定的管理者对事物判断比较准确,无论身处顺境还是逆境,无论外部诱惑如何,大多会在道德准则判断与道德行为之间保持较强的一致性,不会因一时之事、一念之差而作出不正确的选择;反之,则会在道德准则判断与道德行为之间作出不正确的选择。

二是个人责任感因素的影响。责任感是每个人对自己行为的负责态度。有较强责任感的人,是一个能自觉承担社会责任、积极履行职责和正确行使职权的管理者,敢于、勇于对自己的行为负责,很少出现违背道德准则的情况;反之,缺乏责任感的人,对自己行为的后果不愿承担责任,甚至认为“事不关己”,推卸责任,缺乏最基本的道德素质。

上述几种因素基本上决定了一个人管理道德观的形成,不同的道德观导致了相应的管理行为。

讨论性案例

材料1:

老木匠的故事

有个老木匠准备退休。老板问他是否可以帮忙再建一座房子,老木匠只得答应了。但老木匠的心已不在工作上了,用料也不那么严格,做出的活也全无往日水准,这时他的敬业精神已不复存在。

老板并没有说什么,只是在房子建好后,把钥匙交给了老木匠。

“这是你的房子,”老板说,“是我送给你的礼物。”老木匠一生盖了不知多少好房子,最后却为自己建了这样一座粗制滥造的房子。

管理启示:

所谓敬业就是敬重你的工作!在心理上敬业有两个层次,低一点的层次是为了对雇主有个交代;高一点的层次是把工作当成自己的事,甚至融入了使命感和道德感。而不管哪个层次,敬业所表现出来的就是认真负责——认真做事,一丝不苟,并且有始有终!

有人天生有敬业精神,任何工作一接上手就废寝忘食,但有些人的敬业精神则需要培养和锻炼,如果你自认为敬业精神不够,那么就应趁年轻的时候强迫自己敬业——以老板的心态对待公司!经过一段时间后,敬业就会变成你的习惯!

材料 2：

我们认识的世界

从大米里我们认识了石蜡；

在猪肉里我们认识了沙丁胺醇（瘦肉精）；

从米粉中我们认识了甲醛、工业盐；

在面粉里我们认识了化石粉和增白剂；

从火腿里我们认识了敌敌畏；

在咸鸭蛋和辣椒酱里我们认识了苏丹红；

从火锅里我们认识了福尔马林；

在银耳和蜜枣里我们认识了硫磺；

从黄鳝中认识了避孕药；

在油条里我们认识了洗衣粉；

从木耳里我们认识了硫酸铜；

在酱油、葡萄酒和其他饮品中我们认识了色素、防腐剂、添加剂；

在荔枝中我们认识了硫酸溶液；

从水蜜桃中我们认识了工业柠檬酸、甜味素、硫酸铝（明矾）；

在粉条和豆腐中我们认识了甲醛和次硫酸氢钠（吊白块）；

从海带中我们认识了连二亚硫酸钠（一种强漂白剂）；

在虾仁里我们认识了亮藏花精（酸性大红）；

从腌制肉类食品中我们认识了亚硝酸钠和亚硝酸盐；

在干鱿鱼中我们认识了氢氧化钙（片碱）、过氧化氢的双氧水；

从水产品中我们认识了孔雀石绿、恩诺沙星、环丙沙星、氯霉素、硝基夫喃；

在水果中我们认识了膨大剂、细胞集动素（激素）、乙烯利（催红素）；

从三鹿奶粉里我们认识了三聚氰胺……

这些化学药品可以帮助各类食品获得表面良好的色、香、味，这恰恰能满足人们的欲望。而这些表面良好的色、香、味又可以使人获得癌症、贫血症、畸形、记忆力下降、基因异化突变、大脑萎缩、神经系统紊乱、肝脏疾病、肾脏疾病……

思考题：

明天还会有怎样的东西等着我们去认识呢？

复习题

1. 如何从宏观和微观的角度来看组织的环境？
2. 环境的不确定性对组织有什么样的影响？组织该如何适应变化的环境？
3. 组织文化的内涵是什么？该如何塑造？
4. 组织文化和组织制度之间是什么样的关系？
5. 对于企业该不该承担社会责任的问题，有哪几种典型的观点和理论？
6. 如何理解管理者的管理道德？

分析性案例

BP公司与含氟牙膏

企业经营与承担社会责任是否不可协调？不同的企业给出了不同的答案。下面的两则材料说明了企业经营与承担社会责任之间可能出现的两种情况。

情况一：企业与社会均受益。

英国石油公司(BP)是世界上最大的石油和石化集团公司之一。主要业务是油气勘探开发，炼油，天然气销售和发电，油品零售和运输，以及石油化工产品生产和销售。此外，公司在太阳能发电方面的业务也在不断壮大。在2004年的《财富》杂志世界500强评选中，英国石油公司(BP)排名上升为第二，在所有石油公司中名列首位；英国一家名为“企业社会责任网络”(CSR Network)的咨询公司对财富百强企业进行了一次社会责任评估，BP公司排名第一；在由世界可持续发展工商理事会等针对全球百强企业的社会责任评估中，BP公司名列榜首，被评为全球最负责任的企业。

企业经营与承担社会责任之间不仅没有任何冲突，反而相互促进，甚至可以带来普通经营不能带来的利润。

比如：全球面临气候变暖的厄尔尼诺现象，英国石油全球总部认为，科学论证虽然没有说气候转暖肯定是二氧化碳排放导致的，但还是应该考虑用技术解决降低二氧化碳排放的问题，并承诺到2010年要把二氧化碳的排放量比1990年的排放水平降低10%。这些年英国石油业务持续稳定增长，同时于2001年提前9年实现了当年承诺的这个目标。结果说明这样做更省钱，更节约成本。据介绍，这个项目英国石油公司投入了2 000万美元，却获得了5.6亿美元的增值回报。

又如开采石油，一般都会把表层的天然气放出来烧掉不用，所以在人们的心目中石油开采架上总是燃烧着不灭的火焰和漫天的黑云。英国石油公司认为把这部分天然气白白烧掉，既污染空气又浪费能源。现在英国石油公司已经实现了对这部分天然气的回收，这样不仅减少了二氧化碳的排放，而且增加了天然气的收入。

当然，一个不重视安全，不注重与社会协调发展的企业，它的生命力注定不会长久，也不可能得到资本市场的认可。所以，英国石油公司在从事各个方面的合作之前，都要认定这个合作与社会责任之间的关系。当然也不能将全部眼光都放在和业务相关的问题上，社会责任之一就是“回到社区中去”，所以，英国石油公司对于公众教育、环境保护、野生动物保护还有妇女和儿童的健康等方面都进行了投资。早在1985年，BP就与众多国际环保组织共同发起了一项全球性的“BP动植物保护项目”。其目的在于鼓励和支持世界各地那些致力于解决紧迫课题的长期保护项目。BP通过该项目资助了64个国家的210个环保项目。BP不但在日常业务中注重技术应用与开发，在天然气、太阳能发电和可再生能源方面，还一直致力于为中国提供更清洁的能源，为中国在清洁能源的基础研究方面提供帮助。BP与中科院合作了为期10年的“清洁能源——面向未来”研发项目，通过在10年内提供1 000万美元的资金支持建立BP中国研发中心、清华－BP清洁能源研究与教育中心等研究机构，推动中国在能源技术研究方面达到新的水平。BP的目标是：在其业务所到之处，与社区共同繁荣。

可见,从长远的角度看,企业承担相应的社会责任与追求利润最大化之间并非水火不融。一个有远见的企业家不仅应追求企业的短期利润,更应关注企业长期获得利润的能力。而企业自觉承担社会责任有助于增强企业的长远发展能力,容易在社会公众中获得更高的信任程度。这是一笔可观的无形资产,有助于树立良好的企业形象,使其产品和服务对消费者具有更大的吸引力,从而在市场竞争中获得更有利的地位。

情况二,企业与社会均受损。

随着人们生活水平的提高,牙膏已成为人们日常生活中不可缺少的用品。而含氟牙膏一直处于市场的主导位置,据统计,56种牙膏中有28种是含氟牙膏,占总数的一半。

从各类含氟牙膏的电视广告中不难发现,牙膏市场非常混乱。成人的含氟牙膏经常有儿童参与,这给大家一个误解:儿童可以使用成人的含氟牙膏。含氟牙膏并没有标明过量的使用或不小心吞食含氟牙膏有可能造成氟中毒。中国目前很多地区都是高氟区,假如这些地区的人每天坚持使用含氟牙膏,很容易引起氟中毒。

含氟牙膏的市场混乱很可能对企业发展造成威胁。尽管目前我国还没形成完整的法律法规体系来规范生产牙膏企业,但是前一阶段,比利时联邦政府做出了一项决定:所有含氟化物的口香糖、药片、滴剂以及其他用于儿童食品的氟化物添加剂禁止在比利时销售。一石激起千层浪,网上也开始沸沸扬扬地讨论起关于含氟牙膏话题:不正确使用含氟牙膏是否影响健康;儿童该不该使用含氟牙膏;国内生产的某些含氟牙膏是否严重超标;等等。现在的消费者已有很强的自我保护意识和法律意识,假如上述现象还在持续的话,消费者和牙膏企业对簿公堂的情形也是很有可能发生的。这将是对企业致命的打击。

过度使用含氟物品可能会引起氟中毒,从而损害神经系统,引发骨质疏松症。这也正是比利时政府提出严禁含氟保健品的原因。体内氟含量过高对牙齿的影响很大,如果出现慢性氟中毒,会使恒牙无光泽,呈白垩色,若中度中毒会变黄,若深度中毒则会出现掉牙;另一方面,如果人体内氟过量,将会导致氟骨症,症状为骨头表面出现多处突起。一些老年人生骨刺有可能就是氟中毒引起的。

儿童容易通过牙膏导致氟中毒,他们自制力差,容易出现吞咽牙膏现象,这样摄入的氟含量很高,容易造成体内氟含量超过阕值。研究人员曾在北京一家幼儿园对3~6岁的儿童进行牙膏误吞量的测定,结果发现,3~4岁的儿童误吞牙膏量很大,最多的竟然将80%多的牙膏误吞。体内氟含量高,使牙齿生长发育过程中的造油细胞中毒变性,所以形成氟斑牙。氟对成人主要是影响骨骼。在高氟地区,不需要推广含氟牙膏。高氟地区龋齿发病率相对比较低。这些地区的人们,尤其是儿童不要使用含氟牙膏。为了保障孩子牙齿健康,许多家长在购买牙膏时,却多选择含氟牙膏。而科学实验表明,氟牙症通常多发生在婴幼儿时期,特别是6岁以前儿童牙齿发育的关键时期。在此期间,含氟牙膏的使用是儿童每日氟吸收的主要来源,长期使用就会造成氟斑牙。

过分地宣传含氟牙膏,一方面增加了企业的生产成本,另一方面容易造成公众对企业的不信任感。含氟牙膏的推广使用会加大社会处理污水的难度,并且可能损害民众的身体健康。

产生这一现象的原因是复杂的,其中很大因素是因为企业之间的残酷竞争,企业为了说明自己产品的先进性和实用性,在没有科学依据的前提下错误地引导舆论,最终造成社会与企业都受损的局面。

企业经营与承担社会责任之间不止出现以上两种结果,但越来越多的事实表明,企业完全可以做到双赢的结果。

讨论题:

1. 对于企业承担社会责任问题,你如何看待?

2. 你认为作为市场经济的看护人——政府,在企业承担社会责任方面应该做些什么样的工作?

第二篇

计　划

本书的体系基于管理学先驱法约尔提出的计划、组织、领导(指挥、协调)、控制的管理过程(职能)理论。这样的组织体系也是目前主流管理学教学的通行做法。对计划、组织、领导(指挥、协调)、控制的四个管理职能的介绍和阐述是本书的重点内容。

本篇讲解的是管理第一个职能——计划职能,分为计划基础、决策和战略管理三部分。

本篇包括以下三章:

第四章　计划

第五章　决策

第六章　战略管理

第四章 计 划

引导案例

步行实验

曾经有人做过这样一个实验:组织三组人,让他们沿着公路步行,分别向十公里外的三个村子行进。

甲组不知道去的村庄叫什么名字,也不知道有多远,只知道跟着向导走就是了。这个组刚走了两三公里的时候就有人叫苦了,走到一半时,有些人就几乎愤怒了,他们抱怨为什么让大家走这么远,何时才能走到。有的人甚至坐在路边,不愿再走了。越往后人的情绪越低,七零八落,溃不成军。

乙组知道去哪个村庄,也知道它有多远,但是路边没有里程碑,人们只能凭经验估计要走两小时左右。这个组走到一半时才有人叫苦,大多数人想知道他们已经走了多远了,比较有经验的人说:"大概刚刚走了一半的路程。"于是大家又簇拥着向前走。当走到四分之三的路程时,大家又振作起来,加快了脚步。

丙组最幸运。大家不仅知道所去的是哪个村子,它有多远,而且路边每公里有一块里程碑。人们一边走一边留心看里程碑。每看到一个里程碑,大家便有一阵小小的快乐。这个组的情绪一直很高涨。走了七八公里以后,大家确实都有些累了,但他们不仅不叫苦,反而开始大声唱歌、说笑,以消除疲劳。最后的两三公里,他们越走情绪越高,速度反而加快了。因为他们知道,要去的村子就在眼前了。

上述实验表明,要想带领大家共同完成某项工作,首先要让大家知道要做什么,即要有明确的目标(走向那个村庄);其次要指明行动的路线,提出实现目标的可行途径,即计划方案。

任何管理人员都必须制定计划,计划在所有的管理职能中是最基本的职能。管理者们为什么做计划?这是因为计划可以给出方向,减小变化的冲击,使浪费和冗余减至最少,以及设立标准以利于控制。当所有有关人员了解了组织的目标和为达到目标他们必须作出什么贡献时,他们就能互相合作,结成团队,顺利完成任务。

第一节　计划概述

计划职能是管理职能中的首要职能,计划工作的核心就是从各个可供选择的方案中选取最合适的方案,即决策。组织职能、人员配备职能、领导职能、控制职能都是围绕着计划职能而展开的,以确保未来预期目标的实现。

一、计划的含义

计划有广义、狭义、静态和动态的含义。广义上说,计划就是对未来所要从事的事业的谋划、规划和打算。狭义上讲,计划仅指未来可望达到或实现的具体目标。

静态的解释,计划是指规划好的方案或蓝图。动态角度看,计划是准备在未来从事某项工作,预先确定行动的时间、方法、步骤、手段等过程。

综上所述,我们把计划定义为:计划是为了从事某些工作而预先规划好的详细方案——这是静态的含义。计划工作是对有关将来活动作出决策所进行的周密思考和准备工作——这是动态的含义。计划是计划工作的成果,没有计划工作也就没有计划产生。管理的计划职能就是指计划工作。管理学中计划与计划工作是同义词。

计划职能是管理的首要职能,它贯穿于管理的全过程之中,它包括组织未来的可能预期结果以及相应的措施。具体地讲,计划职能是为实现一定目标而科学预计和制定的未来行动方案。换言之,计划就是一个组织要做什么和怎么做的行动指南。对于计划职能涵义的理解应把握以下几点:

第一,计划是管理工作的一项首要职能。

第二,计划是在调查、分析、预测的基础上形成的。

第三,计划是对未来一定时期内的工作安排,是现实与未来目标间的一座桥梁。

第四,计划也是一种管理协调的手段。

可用“5W2H”来描述计划工作的任务和内容:

What——为什么?目标与内容。要明确组织的使命、战略、目标,以及行动计划的具体任务和要求,明确一个时期的中心任务和工作重点。例如,企业在未来五年要达到什么样的战略目标;企业年度经营计划主要是确定销售收入多少、销售哪些产品、生产哪些产品、生产多少,合理安排产品投入和产出的数量与进度,使企业的资源和能力得到尽可能充分的发挥与利用。

Why——为什么做?原因。要论证组织的使命、战略、目标和行动计划的可能性与可行性,也就是要提供制定计划的依据。

Who——谁去做?人员。计划不仅要明确规定目标、任务、地点和进度,还应规定由哪个部门、哪个人负责。比如,开发一种新产品,要经过市场调查、产品设计、样品试制、小批量试制和正式投产几个阶段。在计划中应明确规定每个阶段由哪个部门参加、哪个人具体负责、哪些部门协助配合,各阶段的接口处由哪些部门和哪些人员参加鉴定和审核等。

Where——何地做?地点。规定计划实施的地点或场所,了解计划实施的环境条件和限制,以便合理安排计划实施的空间组织和布局。

When——何时做?时间。规定计划中各项工作开始和完成的进度,以便进行有效的控制和对资源及能力进行平衡。

How——怎么做？方式、方法、手段。制定实施计划的措施，以及相应的政策和规则，对资源进行合理分配与集中使用，对人力、生产能力及各类资源进行平衡，对各派生计划进行综合平衡。

How much——多少成本？资金、费用。制定计划，必须有较科学的资金使用、分配方案。

二、计划的意义

计划给出了管理者和非管理者努力的方向，当员工认识到组织的方向以及他们如何为达到目标作出贡献时，他们会自觉地协调他们的活动，相互合作，采取措施实现目标。没有统一的目标，部门和个人也许会工作在相互冲突的目标下，会降低组织在实现目标过程中的效率。

计划还可以通过迫使管理者具有前瞻性来降低不确定性。尽管计划不能消除变化，但管理者可以通过预测变化、考虑这些变化的冲击和制定适当的措施来应对变化。计划还将阐明管理者所采取的行动的结果。

此外，计划可以减少活动的重叠和浪费。当工作和活动围绕已经确立的计划进行时，时间和资源的浪费以及冗余就会被减少到最低的程度。进一步，当手段和结果通过计划规定得很清晰时，无效的活动或者低效率的活动就会被减至最小程度。

最后，计划设定目标和标准，这些目标和标准可以用于控制。如果不能确定试图实现什么，那怎么判断是否实现了它们？在计划工作中，开发目标和计划，并通过控制，将实际的绩效与目标进行比较，发现存在的差异，采取必要的纠正活动。没有计划是不可能进行控制的。

三、计划的作用

在管理实践中，计划是其他管理职能的前提和基础，并且还渗透到其他管理职能之中。计划是管理过程的中心环节，在管理活动中具有特殊重要的地位和作用。

1. 计划是组织生存与发展的纲领

目前，我们正处在一个经济、政治、技术、社会急剧变革与快速发展的时代。在这个时代，变革与发展既给人们带来了机遇，也给人们带来了风险，特别是在争夺市场、资源、势力范围的竞争中更是如此。如果管理者在看准机遇和利用机遇的同时，又能最大限度地减少风险，即在朝着目标前进的道路上架设一座便捷而稳固的桥梁，那么，组织就能在机遇与风险交错的环境中得到生存与发展。如果计划不周或根本没计划，那就会遭遇灾难性的后果。

2. 计划是组织协调的前提

现代社会各行各业的组织以及它们内部的各个组成部分之间，分工越来越精细，过程越来越复杂，协调关系更趋严密。要把这些繁杂的有机体科学地组织起来，让各个环节和部门的活动都能在时间、空间和数量上相互衔接，既围绕整体目标，又各司其职，互相协调，就必须要有一个严密的计划。管理中的组织、协调、控制等如果没有计划，那就好比汽车总装厂事先没有流程设计一样不可想象。

3. 计划是指挥实施的准则

计划的实质是确定目标以及规定达到目标的途径和方法。因此,如何朝着既定的目标步步逼进,最终实现组织目标,计划无疑是管理活动中人们一切行为的准则。它指导不同空间、不同时间、不同岗位上的人们,围绕一个总目标,秩序井然地去实现各自的分目标。行为如果没有计划指导,被管理者必然表现为无目的的盲动,管理者则表现为决策朝令夕改、随心所欲、自相矛盾,结果必然是组织秩序的混乱。在现代社会里,可以这样说,几乎每项事业、每个组织,乃至每个人的活动都不能没有计划蓝图。

4. 计划是控制活动的依据

计划不仅是组织、指挥、协调的前提和准则,而且与管理控制活动紧密相联。计划为各种复杂的管理活动确定了尺度和标准,它不仅为控制指明了方向,而且还为控制活动提供了依据。经验表明,未经计划的活动是无法控制的,也无所谓控制。因为控制本身是通过纠正偏离计划的偏差,使管理活动保持与目标的要求一致。如果没有计划作为参数,管理者就没有"罗盘",没有"尺度",也就无所谓管理活动的偏差,那又何来控制活动呢?

从上可见,计划是管理职能中的首要职能,这不仅仅是一个次序问题,而且是管理职能在实际管理活动中的相互关系问题。

四、计划工作的特征

计划工作的特征可以概括为五个主要方面,即目的性、首位性、普遍性、效率性和创新性。

1. 计划工作的目的性

计划工作是为实现组织目标服务的,任何组织都是通过有意识的合作来完成群体的目标而得以生存的。计划工作旨在有效地达到某种目标。

2. 计划工作的首位性

由于计划、组织、人员配备、领导和控制等方面的活动都是为了支持实现组织的目标,而管理的其他职能都只有在计划工作确定了目标以后才能进行,因此,计划工作是管理活动的桥梁,是组织、领导、人员配备和控制等管理活动的基础,计划职能在管理职能中居首要地位。

例如,对于一个是否要建立新工厂的计划研究工作,如果得出的结论是新厂建设在经济上不合理,那么也就没有筹建、组织、领导和控制一个新厂的必要了。图 4.1 概略地描述了这种相互关系。

3. 计划工作的普遍性

虽然各级管理人员的职责和权限各有不同,但是他们在工作中都有计划指导,计划工作在各级管理人员的工作中是普遍存在的。

4. 计划工作的效率性

计划工作要追求效率。计划的效率是指对组织目标所做的贡献扣除制定和执行计划所需要的费用后的总额。一个计划虽然能够达到目标,但如果在计划的实现过程中付出了太高的代价或者是不必要的代价,那么这个计划的效率就是很低的。因此,在制定计划时,要时时考虑计划的效率,不但要考虑经济方面的利益,而且还要考虑非经济方面的利益和损耗。

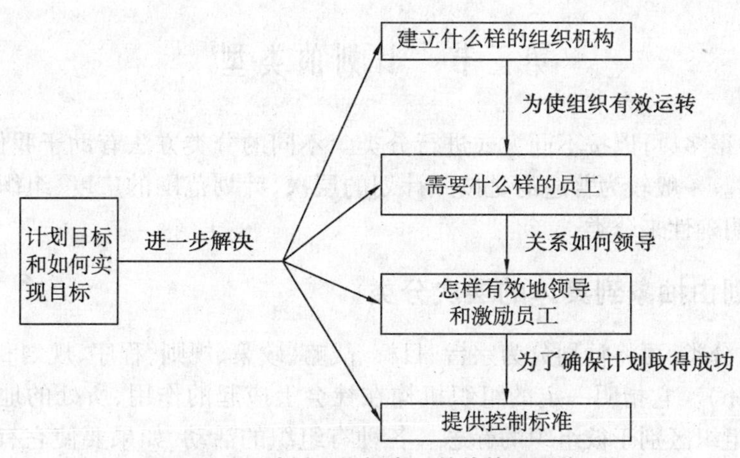

图 4.1 计划工作领先于其他管理职能

5. 计划工作的创新性

计划工作是针对需要解决的新问题和可能发生的新变化、出现的新机会而做出决定,因而它是一个创新过程。计划工作实际上是对管理活动的一种设计。正如一种新产品的成功在于创新一样,成功的计划也依赖于创新。

讨论性案例

猎杀骆驼

有一位父亲带着三个孩子,到沙漠去猎杀骆驼。

他们到达了目的地。

父亲问老大:"你看到了什么?"

老大回答:"我看到了猎枪、骆驼,还有一望无际的沙漠。"

父亲摇摇头说:"不对。"

父亲以同样的问题问老二。

老二回答:"我看到了爸爸、大哥、弟弟、猎枪,还有沙漠。"

父亲又摇摇头说:"不对。"

父亲又以同样的问题问老三。

老三回答:"我只看到了骆驼。"

父亲高兴地说:"答对了。"

管理启示:

制定目标而能产生效果,秘诀就是"明确"二字。成功的目标,必须是明确的。进一步说,目标要具体化、要量化。对于企业而言,一个时期的战略目标必须是明确、具体的;对于一个团队来说,行动的目标也必须是明确的、具体的。只有这样,才能让全体成员明确下一步努力的方向,才能对全体成员产生巨大的激励作用。有了明确、具体的目标,不管具体工作进行到哪一个阶段,也不管在实现目标的进程中遇到了什么意外情况或问题,都能够保证企业或者团队成员调整自己的工作任务和努力程度,始终朝着既定的目标前进。

第二节　计划的类型

计划的种类很多,可以按不同方式进行分类。不同的分类方法有助于我们全面地了解计划的各种类型。一般较为普遍的是按照计划的层次、计划范围的广度、组织的职能、计划的期限、计划的明确性来分类。

一、按计划由抽象到具体的层次分类

按计划层次分类,可将计划分为宗旨、目标、战略、政策、规则、程序、规划和预算等内容。

宗旨(mission)。它指明一定的组织机构在社会上应起的作用、所处的地位,它决定组织的性质,是此组织区别于彼组织的标志。各种有组织的活动,如果要使它有意义的话,至少应该有自己的目的或使命。比如,大学的使命是教书育人和科学研究,医院的使命是治病救人,法院的使命是解释和执行法律,企业的目的是生产和分配商品与服务。

目标(objective)。目标是以宗旨为指导而提出的,它具体规定了组织及其各个部门的经营管理活动在一定时期要达到的具体成果。目标不仅仅是计划工作的终点,而且也是组织工作、人员配备、领导以及控制等活动所要达到的结果。

战略(strategy)。战略是指组织面对激剧变化、严峻挑战的市场环境,为求得长期生存和不断发展而进行的总体性谋划,是指为实现组织的长期目标,确定如何采取行动,分配必需的资源,等等。

政策(policy)。政策是指在决策或处理问题时指导及沟通思想活动的方针和一般规定。政策指明了组织活动的方向和范围,鼓励什么和限制什么,以保证行动同目标一致,并有助于目标的实现。

程序(procedure)。它规定了如何处理那些重复发生的问题的方法、步骤。程序就是办事手续,是对所要进行的行动规定时间顺序。程序是行动的指南。因此,程序是详细列出必须完成某类活动的准确方式。

规则(rule)。规则是对在具体场合和具体情况下,允许或不允许采取某种特定行动的规定。规则也是一种计划。规则常常容易与政策和程序相混淆,应特别注意区分。规则不像程序,因为规则指导行动,而不说明时间顺序,可以把程序看做是一系列规则的总和。政策的目的是要指导决策,并给管理人员留有酌情处理的余地。虽然规则有时也起指导作用,但是在运用规则中,没有自行处理的权利。

规划(programs)。规划是综合性的计划,它是为实现既定方针所需要的目标、政策、程序、规则、任务分配、执行步骤、使用资源以及其他要素的复合体。因此,规划工作各个部分的彼此协调需要系统的思考方法。

预算(budget)。预算作为一种计划,是一份用数字表示预期结果的报表。预算又被称为"数字化"的计划。例如,财务收支预算,可称之为"利润计划"或"财务收支计划"。一个预算计划可以促使上级主管对预算的现金流动、开支、收入等内容进行数字上的整理。预算也是一种控制手段,又因为预算是采用数字形式,所以它使计划工作更细致、更精确。有关预算的内容将在本书控制职能中讨论。

图 4.2 计划的层次体系

二、按计划范围的广度分类

根据涉及时间长短及其范围广狭的综合性程度标准,可以将计划分类为战略性计划与战术性计划。战略性计划是指应用于整体组织的,为组织未来较长时期(通常为 5 年以上)设立总体目标和寻求组织在环境中的地位的计划。战术性计划是指规定总体目标如何实现的细节的计划,其需要解决的是组织的具体部门或职能在未来各个较短时期内的行动方案。

战略性计划显著的特点是长期性与整体性。长期性是指战略性计划涉及未来较长时期。整体性是指战略性计划是基于组织整体而制定的,强调组织整体的协调。战略性计划是战术性计划的依据,战术性计划是在战略性计划指导下制定的,是战略性计划的落实。从作用和影响上来看,战略性计划的实施是组织活动能力的形成与创造过程,战术性计划的实施则是对已经形成的能力的应用。

三、按计划的期限分类

按照计划的期限来划分,可分为长期计划、中期计划和短期计划。

长期计划的期限一般在 5 年以上,是组织在较长时间内的发展目标和方向,属于纲领性和轮廓性的计划。

中期计划的期限一般为 1 ~5 年,它来自长期计划,并且按照长期计划的执行情况和预测到的具体条件变化而进行编制。

短期计划的期限一般在 1 年以内,以年度计划为主要形式。它是在中期计划的指导下,具体规划组织本年度的工作任务和措施的计划。

长期、中期、短期计划在时间上的要求是相对的,在不同单位可能不同。而且,它们之间也是相比较而存在的。前者是后者制定的原则和框架,后者是前者的具体化和实施。长期、中期、短期计划的有机协调和相互配套,是计划目标得以实现的保证。

四、按计划组织的职能分类

组织的类型和规模不同,具体职能部门的设置也不同。通常根据职能部门把计划划分为供应计划、生产计划、销售计划、财务计划、人力资源计划、新产品开发计划和安全计划等。

由此看来,这些职能计划通常就是企业相应的职能部门编制和执行的计划。按职能分类的计划体系，一般来说是与组织中按职能划分管理部门的组织结构体系相对应的。

五、按计划的明确性分类

按计划的明确程度可把计划划分为指导性计划和具体性计划。指导性计划只规定一些重大方针，指出重点，但不把管理者限定在具体的目标或特定的行动方案上。具体计划则明确规定了目标，并提供了一整套明确的行动步骤和方案。

讨论性案例

猫的铃铛

一群老鼠长久以来被一只猫不断猎杀，群体数量一直处于非常惨淡的状态。它们决定改变这个严峻的现实，于是一场全体鼠民参加的大会召开了。

一个平时说话很聪明的老鼠率先站了起来，以很有权威的语气说道："各位，死亡的脚步声就在我们的洞穴外徘徊，如果不解决那只猫，我们终将会依次沦为它爪下的玩物。杀死它不是我们的能力范围之内的事。我们需要解决的问题就是躲开它，不被它抓住。这么一来就简单多了。我已经准备了一个铃铛，铃一晃就会响，猫静卧不动的时候是抓不到我们的，所以只要把这个铃铛挂到猫的脖子上，一旦猫向我们靠近，铃铛就会发出声音。听到这个声音，我们只要躲到猫爪子够不着的洞里面去就可以了。"

权威的老鼠说完后，会场里响起雷鸣般的掌声。"对呀，真是个好主意啊！"你一言我一语的，赞美声随着笑声充斥着会场，这只老鼠也满面笑容地接受着大家的夸奖，心里暗暗得意。

这时，一个小老鼠一边往后退缩，一边胆怯地说："要在猫的脖子上挂铃铛，好可怕啊，那会被吃掉的，我可办不到。"会场在瞬间变得寂静无声。这个办法是非常绝妙的，也是十分稳妥的，但是派哪个老鼠去把铃挂在猫的脖子上呢？

管理启示：

一个问题产生了，该如何解决呢？总是有很多的方案。于是便有一些完美而美妙的计划回响在我们的耳边，可是它们又有多少是可以实现的呢？制定的计划具有可实现性才有意义，否则只是空谈。

如果有了好的计划而没有力量实行，那么它就没有丝毫用处。在企业界，充满着大量的"聪明老鼠"，他们忙于指导企业该如何如何，并提出了一系列精美的解决方案，但是却没有实施能力。

第三节　计划的程序和方法

任何计划工作都要遵循一定的程序和方法。虽然小型计划比较简单，大型计划复杂些，但是，管理人员在编制计划时，其工作步骤都是相似的，主要包括以下内容：

一、计划工作的程序

组织的计划过程是一个计划目标的制订和组织实现的复杂的过程。具体而言，计划工作包括以下六个步骤（如图4.3所示）。

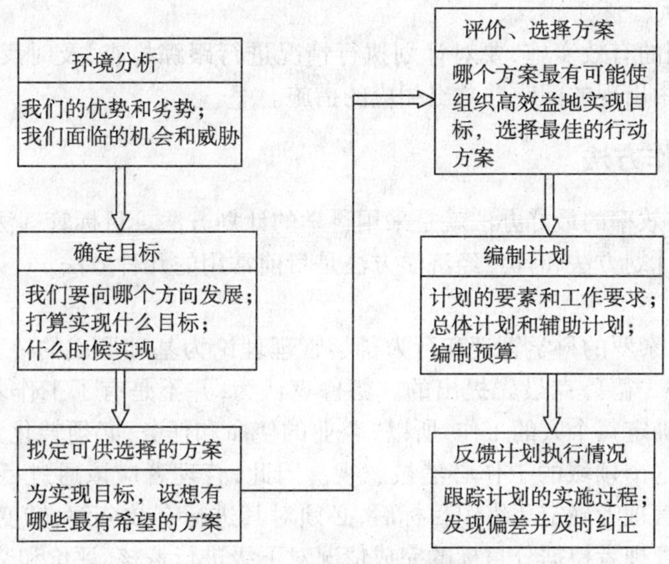

图4.3　计划工作的程序

1. 分析环境，预测未来

运用科学的分析方法（如SWOT分析）对组织环境进行综合分析，找到组织自身的优势和劣势、外部环境的机会和威胁。在此基础上，才能确定组织所要达到的目标。

2. 确定目标

组织要在环境分析的基础上制定组织目标。计划工作的目标是指企业在一定时期内所要达到的效果，它指明所要做的工作有哪些，重点放在哪里，以及通过战略、政策、程序、规划和预算等各种计划形式所要完成的是什么任务。

3. 拟定可供选择的方案

确定目标之后，就要拟定各种可行的计划方案供评价和选择。这一步是一个创新过程。因为一个计划往往有几个可供选择的方案，拟定方案时，不是找可供选择的方案，而是减少可供选择方案的数量，以便对最有希望的方案进行分析。当然，方案不是越多越好，拟定可行性方案应做到既不重复又不遗漏，拟定若干个比较有利于预期目标实现的可行性方案，借助数学方法和计算机进行选优，排除希望最小的方案。

4. 评价、选择方案

计划工作的第三步是评价备选方案并选择最佳方案，这是计划的关键一步，也即决策。本步骤是根据环境分析和组织目标来权衡各种因素，对各个方案进行评价，在比较各个方案利弊的前提下选择最合适的方案。有时候，可供选择方案的分析和评估表明两个或两个以上的方案都是合适的。在这种情况下，管理者应在确定首选方案的同时，把其他几个方案作为后备方案，这样可以增加计划工作的弹性，使之更好地适应未来的环境。

5. 编制计划

做出决策之后，就要根据计划目标和最佳方案，按照计划工作的要求，采用科学的方法编制计划。因为，总体计划要靠辅助计划来支持，而辅助计划又是总计划的基础。所以，一方面，要编制总体计划；另一方面，还要编制辅助计划。

6. 反馈计划执行情况

为了保证计划的有效实施，要对计划执行情况进行跟踪检查，及时反馈计划的实施情况，分析计划执行中出现的问题并拿出相应的措施。

二、计划工作方法

提高计划工作效率的最好办法就是采用科学的计划方法。目标管理法、滚动计划法、网络计划法、运筹学计划方法和计量经济学方法是目前常用的几种方法。

1. 目标管理法

目标管理是以泰罗的科学管理和行为科学管理理论为基础形成的一套管理制度，其概念是管理专家彼得·德鲁克最先提出的。德鲁克认为，并不是有了工作才有目标，而是相反，有了目标才能确定每个人的工作，所以“企业的使命和任务，必须转化为目标”。如果一个领域没有目标，这个领域的工作必然被忽视。因此，管理者应该通过目标对下级进行管理，当组织最高层管理者确定了组织目标后，必须对其进行有效分解，转变成各个部门以及各个人的分目标，管理者根据分目标的完成情况对下级进行考核、评价和奖惩。

2. 滚动计划法

滚动计划法是按照“近细远粗”的原则制定一定时期内的计划，然后按照计划的执行情况和环境变化，调整和修订未来的计划，并逐期向前移动，把短期计划和中期计划结合起来的一种计划方法。

这种方法根据计划的执行情况和环境变化定期修订未来的计划，并逐期向前推移，使短期计划、中期计划有机地结合起来。由于在计划工作中很难准确地预测将来影响组织生存与发展的经济、政治、文化、技术、产业、顾客等各种变化因素，而且随着计划期的延长，这种不确定性就越来越大，因此，如机械地按几年以前编制的计划实施，或机械地、静态地执行战略性计划，则可能导致错误和损失。滚动计划法可以避免这种不确定性带来的不良后果。

3. 网络计划方法

网络计划技术是20世纪50年代后期在美国产生和发展起来的。这种方法包括各种以网络为基础判定的方法，如关键路径法、计划评审技术、组合网络法等。

网络计划技术是一种科学的计划管理方法，它是随着现代科学技术和工业生产的发展而产生的。20世纪50年代，为了适应科学研究和新的生产组织管理的需要，国外陆续出现了一些计划管理的新方法。1956年，美国杜邦公司研究创立了网络计划技术的关键线路方法（缩写为CPM），并试用于一个化学工程上，取得了良好的经济效果。1958年美国海军武器部在研制“北极星”导弹计划时，应用了计划评审方法（缩写为PERT）进行项目的计划安排、评价、审查和控制，获得了巨大成功。20世纪60年代初期，网络计划技术在美国得到了推广，一切新建工程全面采用这种计划管理新方法，并开始将该方法引入日本和西欧其他国家。随着现代科学技术的迅猛发展、管理水平的不断提高，网络计划技术也在不断发展和完善。目前，它已广泛应用于世界各国的工业、国防、建筑、运输和科研等领域，已成为在发达国家盛行的一种现代生产管理的科学方法。

4. 运筹学方法

在编制计划时，常会遇到“在现有资源条件下，如何使得效果最佳（如成果最大、代价最小）”等问题。这类问题可以用运筹学的方法来解决。

现以运筹学中线性规划法为例说明这种方法的思路。将每一个可行方案用一个 n 维向量 $X=(x\ x_2,\cdots\cdots x_n)$ 来表示，根据计划的目标要求构造目标函数 $f(x_1,x_2,\cdots\cdots x_n)=\sum c_j x_j$，它是衡量计划方案优劣的标准，分析约束条件构造不等式组 $\sum a_{ij}x_i \leqslant b_i\ (i=1,2,\cdots\cdots,n)$，这样便建立了数学模型。通过求解该数学模型便可得到最优计划方案。

5. 计量经济学方法

计量经济学方法是定量研究经济现象的经济计量方法的统称，是经济行为的定量化，数理统计学在其中扮演着重要角色。这种方法可以用于经济预测、结构分析和政策评价，可以使计划更加完善、更加科学。按应用领域划分，主要有生产模型、需求模型、消费模型、投资模型、货币需求模型、宏观经济模型等。

讨论性案例

猎人的誓言

一个猎人有个习惯，爱立誓言。一天他去打猎的时候，便立下誓言：今天只打兔子。然而，这天他遇到的全是山鸡。于是这天他便空空而归。晚上，他躺在床上十分后悔，发誓明天一定要打山鸡。

第二天，他便按他的誓言去打猎。然而，这天他遇到的全是狐狸。于是，他又发誓明天只打狐狸。

第三天，他又按照他的誓言去打猎。而这天他遇到的是一野猪。于是晚上又空空而归……

后来，这个猎人便在自己的誓言中死去了。

管理启示：

一个人常常在事情刚一开始的时候就立下誓言，在一年刚刚开始的时候就立下一年的誓言，在一个孩子刚出生的时候就给孩子立下一生的誓言，并不考虑这个誓言是否符合实际，只是坚定地遵守。对于一个企业，生存和体制常是发展的两大矛盾，一个企业的体制应该是健全的、符合公司长远发展要求的，如果一味地固守传统的习俗而不知道随着时代变革而变化，那么，企业的最终命运会和故事中的猎人一样。

第四节　目标管理

美国管理学家彼得·德鲁克1954年在他的著作《管理的实践》中首先提出了“目标管理”（MBO，management by objective）这一概念。由于它较好地体现了现代管理的原理，在管理实践中受到广泛重视，特别适用于对管理人员的管理，所以被称为“管理中的管理”。

一、目标管理的概念

目标管理是指这样一个系统:由上、下级共同决定具体的绩效目标,首先确定出整体目标,再将组织的整体目标转换为组织单位和成员的目标,层层分解,逐级展开,采取保证措施,定期检查目标的进展情况,依据目标完成过程中的具体情况进行考核,从而有效地实现组织目标。

简言之,所谓目标管理就是指组织内部各部门乃至每个人为实现组织目标,自上而下地制订各自的目标并自主地确定行动方针、安排工作进度、有效地组织实施和对成果严格考核的一种系统的管理方法。

可以从以下几个方面理解目标管理的概念:(1) 目标管理是参与管理的一种形式。目标的实现者同时也是目标的制订者,即由上级与下级共同确定目标,上下协商,制订出企业各部门直至每个员工的目标,用总目标指导分目标,用分目标保证总目标,形成一个目标链。(2) 强调自我控制,通过对动机的控制达到对行为的控制。(3) 促使下放过程管理的权力。(4) 注重工作成果。

企业实行目标管理后,由于有了一套完善的目标考核体系,员工的实际贡献大小能够得到如实的评价。目标管理还力求使组织目标与个人目标更紧密地结合在一起,以增强员工在工作中的满足感,调动员工的积极性,增强组织的凝聚力。

目标管理是一个全面的管理系统,它用系统的方法,使许多关键管理活动结合起来。它将整体目标细分为组织中的单位与个人的具体目标,所以目标管理既是自下而上进行,也是自上而下进行的,其结果是形成了一个不同层次之间目标相连的层级体系。如果组织中所有人都达到了各自的目标,那么单位的目标也就达到了,这样,组织的整体目标也就会实现。所以,德鲁克把目标管理看做是将每一工作的目标导向整个组织目标的有效途径。

彼得·德鲁克认为,企业的宗旨和任务必须转化为目标,组织各级管理人员必须通过这些目标对下级进行领导,以此达到组织总体目标。他强调组织的成员参与目标的制定,通过“自我控制”实现目标。由于有明确的目标作为考核标准,因此对员工的评价和奖励更客观、更合理,有利于激发员工为完成组织目标而努力工作。

目标管理方法提出来后,美国通用电气公司最先采用,并取得了明显效果。其后,在美国、西欧、日本等许多国家和地区得到迅速推广,被公认为是一种加强计划管理的先进的科学管理方法。我国20世纪80年代初开始在企业中推广目标管理,目前采取的干部任期目标制、企业层层承包等,都是目标管理方法的具体运用。

二、目标管理的特点

目标管理的具体形式各种各样,但其基本内容是一样的。目标管理在指导思想上是以Y理论为基础的,即认为在目标明确的条件下,人们能够对自己负责;在具体方法上是泰罗科学管理的进一步发展。它与传统管理方式相比有鲜明的特点,可概括为:

1. 重视人的因素

目标管理是一种参与广泛的、民主的、自我控制的管理制度,也是一种把个人需求与组织目标结合起来的管理制度。在这一制度下,上级与下级的关系是平等、尊重、依赖、支持的关系,下级在承诺目标和被授权之后是自觉、自主和自治的。

2. 建立目标锁链与目标体系

目标管理通过专门设计的过程,将组织的整体目标逐级分解,转换为各单位、各员工的分目标,从组织目标到经营单位目标,再到部门目标,最后到个人目标。在目标分解过程中,权、责、利三者已经明确,而且相互对称。这些目标方向一致,环环相扣,相互配合,形成协调统一的目标体系。只有每个人员完成了自己的分目标,整个企业的总目标才有完成的希望。

3. 重视成果

目标管理以制定目标为起点,以目标完成情况的考核为终结。工作成果是评定目标完成程度的标准,也是人事考核和奖评的依据,成为评价管理工作绩效的唯一标志。至于完成目标的具体过程、途径和方法,上级并不过多干预。所以,在目标管理制度下,监督的成分很少,而控制目标实现的能力却很强。

三、目标管理的实施原则

制定目标看似一件简单的事情,每个人都有过制定目标的经历,但是如果上升到技术的层面,管理者需要掌握 SMART 原则。

1. SMART 原则一:S(specific)——明确性

所谓明确,就是要用具体的语言清楚地说明要达成的行为标准。明确的目标几乎是所有成功团队的一致特点。很多团队不成功的重要原因之一就是因为目标定得模棱两可,或没有将目标有效地传达给相关成员。

例如,把目标设定为“增强客户意识”,这种对目标的描述就很不明确,因为增强客户意识有许多具体做法,如减少客户投诉,过去客户投诉率是 3%,现在把它降低到 1.5% 或者 1%;提升服务的速度,使用规范礼貌的用语,采用规范的服务流程,也是客户意识的一个方面。

实施要求:目标设置要有项目、衡量标准、达成措施、完成期限以及资源要求,使考核人员能够很清晰地看到部门或科室月计划要做哪些事情,计划完成到什么样的程度。

2. SMART 原则二:M(measurable)——衡量性

衡量性就是指目标应该是明确的,而不是模糊的,应该有一组明确的数据,作为衡量是否达成目标的依据。如果制定的目标没有办法衡量,就无法判断这个目标是否实现。但并不是所有的目标都可以衡量,有时也会有例外,比如说大方向性质的目标就难以衡量。

实施要求:目标的衡量标准遵循“能量化的量化,不能量化的质化”,使制定人与考核人有一个统一的、标准的、清晰的可度量的标尺,杜绝在目标设置中使用形容词等概念模糊、无法衡量的描述。对于目标的可衡量性应该首先从数量、质量、成本、时间、上级或客户的满意程度五个方面来进行;这样如果仍不能进行衡量,可考虑将目标细化成分目标后再从以上五个方面衡量;如果仍不能衡量,还可以将完成目标的工作进行流程化,通过流程化使目标可衡量。

3. SMART 原则三:A(attainable)——可接受性

目标是要能够被执行人所接受的,如果上司利用一些行政手段,利用权利性的影响力,一厢情愿地把自己所制定的目标强压给下属,下属典型的反应是一种心理和行为上的抗拒。

“控制式”的领导喜欢自己定目标,然后交给下属去完成,而不在乎下属的意见和反映,这种做法越来越没有市场。领导者应该更多地吸纳下属来参与目标制定的过程,即便是团队整体的目标。

实施要求:目标设置要坚持员工参与、上下左右沟通,使拟定的工作目标在组织及个人之间达成一致。既要使工作内容饱满,也要具有可达性。可以制定出跳起来"摘桃"的目标,不能制定出跳起来"摘星星"的目标。

4. SMART 原则四:R(relevant)——实际性

目标的实际性是指在现实条件下是否可行、可操作。可能有两种情形:一是领导者乐观地估计了当前形势,低估了达成目标所需要的条件,这些条件包括人力资源、硬件条件、技术条件、系统信息条件、团队环境因素等,以至于下达了一个高于实际能力的指标;二是可能花了大量的时间、资源甚至人力成本,最后确定的目标根本没有什么实际意义。

实施要求:部门工作目标要得到各位成员的通力配合,就必须让各位成员参与到部门工作目标的制定中去,使个人目标与组织目标达成一致,既要有由上而下的工作目标协调,也要有员工自下而上的工作目标的参与。

5. SMART 原则五:T(time - based)——时限性

目标特性的时限性是指目标是有时间限制的。没有时间限制的目标没有办法考核,或带来考核的不公。由于上下级之间对目标轻重缓急的认识程度并不相同,这种没有明确的时间限定的目标也会带来考核的不公正,伤害工作关系,伤害下属的工作热情。

实施要求:目标设置要根据工作任务的权重、事情的轻重缓急,拟定出完成目标项目的时间要求,定期检查项目的完成进度,及时掌握项目进展情况,以方便对下属进行及时的工作指导,以及根据情况变化及时地调整工作计划。

总之,无论是制定团队的工作目标,还是员工的绩效目标,都必须符合上述原则,五个原则缺一不可。制定目标的过程也是对部门或科室先期的工作掌控能力提升的过程,完成计划的过程也就是对自己现代化管理能力历练和实践的过程。

四、目标管理实施中的关键要素

目标管理是以目标为导向,以人为中心,以成果为标准,而使组织和个人取得最佳业绩的现代管理方法。它在实施中的关键要素如下:

1. 明确目标

研究人员和实际工作者早已认识到制定个人目标的重要性。美国马里兰大学的早期研究发现,明确的目标要比只要求人们尽力去做有更高的业绩效应,而且高水平的业绩是和高标准的目标相联系的。人们注意到,在企业中,目标技能的改善会继续提高生产率。然而,目标制定的重要性并不限于企业,在公共组织中也是有用的。在许多公共组织里,普遍存在的目标含糊不清对管理人员来说是一道难题,但人们已在寻找解决这一难题的途径。

2. 参与决策

目标管理中的目标不是像传统的目标设定那样,单向地由上级给下级规定目标,然后分解成子目标落实到组织的各个层次上,而是上级与下级共同参与选择设定各对应层次的目标,即通过上下协商,逐级制定出整体组织目标、经营单位目标、部门目标直至个人目标。因此,目标管理的目标转化过程既是"自上而下"的,又是"自下而上"的。

3. 明确期限

目标管理强调时间性,制定的每一个目标都有明确的时间期限要求,如一个季度、一年、五年,或在已知环境下的任何适当期限。在大多数情况下,目标的制定可与年度预算或主要项目的完成期限一致。但并非必须如此,这主要取决于实际情况。某些目标应该安排在很短的时期内完成,而另一些则要安排在更长的时期内完成。同样,在典型的情况下,组织层次的位置越低,为完成目标而设置的时间往往越短。

4. 绩效反馈

目标管理寻求不断地将目标的进展情况反馈给个人,以便他们能够调整自己的行动。也就是说,下属人员承担为自己设置具体的个人绩效目标的责任,并具有同他们的上级领导人一起检查这些目标的责任。每个人因此对他所在部门的贡献就变得非常明确。尤其重要的是,管理人员要努力吸引下属人员对照预先设立的目标来评价业绩,积极参加评价过程,用这种鼓励自我评价和自我发展的方法鞭策员工,并创造一种激励的环境。

五、目标管理的实施过程

目标管理的实施遵循 PDCA 循环过程(plan 计划、do 实施、check 检测、action 处理行动),可以概括为:一个中心、三个阶段、四个环节和九项主要工作。具体分为以下几个步骤:

(一) 确定总目标

企业在确定总体目标时,必须注意到目标的可分解性。就是说,不是主观地分解目标,而是根据目标的实际需要分解目标。总体目标的可分解性涉及许多方面的问题,但最主要的是利益问题。就我国企业的现状来看,职工利益与企业利益相背离是实行目标管理的障碍。这一问题如不能解决,职工不会主动去关心企业的目标,企业目标得不到落实,也就失去了可分解性。企业必须承认员工的利益和权利,但员工的利益只有与企业的利益挂起钩来才能实现。解决这一问题是实行目标管理的前提条件。

决策理论学派的代表人物西蒙和马奇指出:确定企业目标应看成是经营者、员工、股东、消费者、中间商等的共同行为,个人的目的在企业中是通过诱因和贡献的平衡来实现的。企业目标的确定应遵循的原则是:第一,要以市场需求为依据,体现企业发展的战略思想;第二,在一定的价值观的支配下,提高企业的经济效益;第三,从实际出发,最有效地利用企业的有限资源;第四,要先进合理,应当是经过努力可以达到的;第五,要提高目标的清晰度。

按照系统论的原则,确定目标时应当保证目标之间的整体性,要按照先整体后局部的原则,经过由整体到局部、由长远到近期、由专业到岗位、由总体到层次的全面考虑之后,再确定目标体系。

(二) 目标展开

当企业总体目标确定之后,如何具体地将目标落实下去,这就是目标的展开问题。目标展开应包括以下工作:

1. 目标分解

从形式上看,目标分解就是将目标一层层划开,大划中、中划小,一直分解到班组和个人。在分解过程中,一定要理解这样做的目的,它的实质是一种自上而下层层展开、自下而上层层保证的过程。在企业中,目标分解是一项具有艺术性的工作。不能把目标分解理解为"目标均摊",目标分解首先要将总体目标分解为专业目标,然后将专业目标经分解再落实到基层,形成基层的综合目标。经过层层分解,就形成了一个由综合到专业、再由专业到综合的有机分解过程。

2. 目标协商

目标协商充分体现了目标管理的特征。目标协商是指在目标分解过程中,企业上下级之间围绕企业目标的分解、层次目标的落实所进行的沟通和意见商讨。

目标协商是目标管理不可缺少的环节,它从根本上改变了过去上级往下级压任务,下级讨价还价的不正常现象。目标协商有以下作用:① 能使上下级的目标统一。由于层次目标主要是各层次根据企业目标自己制定的,有可能产生偏差,通过协商可以消除这种偏差。② 可以加深执行者对目标的理解。通过目标协商,下级可以认识实现目标的意义。在协商过程中,上级可以向下级讲解为什么要实现目标,使员工增强完成目标的荣誉感和责任感;同时,还能促使员工树立全局观念,这就为以后进行横向协调打下了基础。③ 可以消除下级的顾虑。经过协商之后,下级掌握了更多情况,了解了实现新目标的条件,就会提高实现目标的信心。④ 目标协商实现了员工民主参与。民主参与使员工摆脱了执行者受驱使的感觉,感受到自身价值的实现,从而有利于调动员工的工作积极性。

3. 对策展开

当目标确定之后,实现目标的关键在于抓住主要问题,制定措施及时予以解决。对策展开的实质就是解决问题。

4. 明确目标责任

明确目标责任不仅包括实现目标的质量标准和承担责任的项目,还包括向有关方面提供保证,同时配以奖惩措施。这些都应以明确的方式表示出来,使目标的执行者随时都可以检查自己的目标实现程度。若没有明确的责任加以约束,总体目标最终难以实现。

5. 编制目标展开图

目标展开图是以图表的方式,将目标管理所要实现的内容表示出来。图表方式比较直观,目标的分解、对策、责任、标准一目了然。目标展开图公布于众,有利于人们了解目标体系结构和自己在目标体系中所处的地位,把握实现目标的进度,同时也便于讨论和分析问题。

通过以上工作就形成了自上而下层层展开、自下而上层层保证的目标分解展开图,见图4.4。

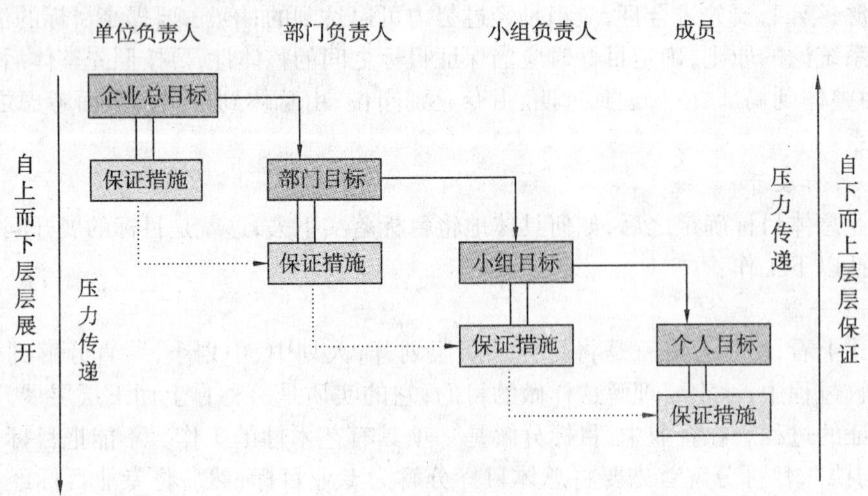

图4.4 目标分解展开图

(三)目标的实施

目标的实施阶段就是目标实现过程,这一阶段的工作质量直接影响着目标成效。为了保证各层次、各成员能实现目标,必须授予其相应的权力,使之有能力调动和利用必要的资源,保证目标实施有效地进行。

这一阶段包含的内容如下:

1. 编制计划

经过目标分解和协商之后,各个部门和各个岗位所需完成的目标已经确定下来。目标分解解决的是每个部门应该做什么的问题,而编制计划则是要解决什么时候做、怎么做的问题。因此,在目标分解的基础上还要编制计划。

编制计划实际上就是制定实现目标的措施和确定实现目标的手段。在目标管理中,这一步虽然要由目标执行者自己完成,但决不等于放任自流,而是要求领导者给予必要的协助,如提出各种建议、提供各种信息、组织各种沟通交流活动等。目的是使制定出的计划更加严密和切实可行,同时也更加符合总体目标的要求。

2. 自我控制

自我控制是目标管理的一个十分重要的特征。它是员工按照自己所承担的目标责任及其要求,在目标实施过程中进行自主管理。由于受控于目标,一般不会出现自由放任的现象。

自我控制采用的主要方法是自我分析和自我检查,如在实现目标的过程中,不断地总结经验与教训,通过一定的反馈方式,把握目标的实现程度;通过将实现程度与目标进行对比,从中找出差距与不足,并研究实现目标的有效方法。自我控制对目标的实现起着积极的作用。

自我控制并不意味着脱离领导,而是要建立新型的上下级协作关系。实现这种类型的关系要做到:第一,要保持一定的沟通,及时汇报目标的实施情况和存在问题,使上级掌握工作进度,并支持和指导自己的工作;第二,实施的情况要及时反馈给协作部门,以便实现相互间的良好配合,纵向和横向关系要做到制度化。

3. 监督与检查

目标的实施主要是靠员工的自我控制,但并不排斥管理者对目标实施进行必要的监督和检查。这是因为在实施目标的过程中,难免在局部会出现不利于总体目标实现的行为。通过监督和检查,可以对好的行为进行表扬和宣传,对偏离目标的现象及时指出和纠正,解决实施中遇到的问题,从而保证目标的最终实现。

监督和检查的内容包括进度、数量和质量等。监督和检查可以实现对偏差的调整,并保证完成目标的均衡性,实现有效的协作和信息沟通。

(四)目标成果的评价

目标成果的评价是实施目标管理过程中不可缺少的环节,它可以起到激励先进和教育后进的作用。目标成果评价的步骤大致是这样的:先由执行者进行自我评价,并填入目标卡片中,送交上级主管部门;然后再由上级实事求是地给予评价,确定其等级。

进行评价的依据主要是目标的完成情况,还包括达成目标的困难程度和为完成目标的努力程度。若在执行目标过程中,由于各方面情况的变化对目标进行了必要的修正,则还应包括修正部分。对目标完成情况的考核一定要有说服力,能充分体现职工实际成绩的好坏。

而且,考核的具体办法应是事先就规定好的,让员工做到心中有数。具体的考核评价办法,可由企业根据自身的实际情况确定,其原则就是要能准确、真实地反映员工的绩效。

(五) 实行奖惩

根据评价结果进行奖惩。评价考核一定要同物质奖励和精神奖励结合起来,体现多劳多得。评价考核工作是否公平、合理,是否照顾到了大家的利益,这对下期工作的影响是很大的。因此,企业领导人一定要认真对待这项工作。

(六) 新的目标管理循环

目标成果评价与奖惩,既是对某一阶段组织活动效果以及组织成员贡献的总结,也为下一阶段的工作提供参考和借鉴。在此基础上,再制定新的目标,开始目标管理的新一轮循环。

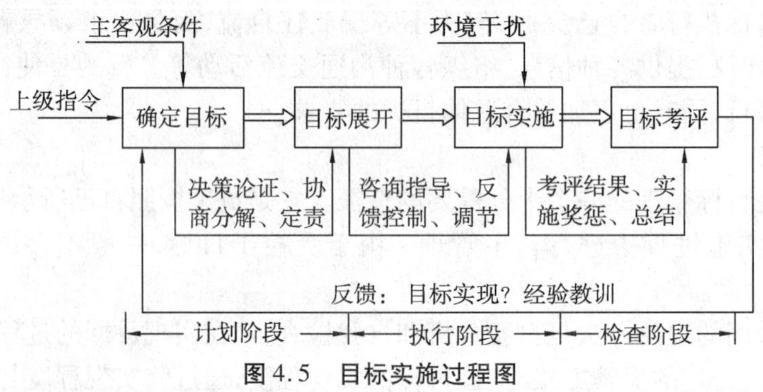

图 4.5 目标实施过程图

六、实施目标管理的注意事项

目标管理看起来简单,但要把它付诸实施,管理者必须对它有很好的领会和理解。

首先,管理者必须知道什么是目标管理,为什么要实行目标管理。如果管理者本身不能很好地理解和掌握目标管理的原理,那么,由其来组织实施目标管理也是一件不可能的事。

其次,管理者必须知道公司的目标是什么,以及他们自己的活动怎样适应这些目标。如果公司的一些目标含糊不清、不现实或不协调一致,那么主管人员想同这些目标协调一致,实际上是不可能的。

第三,目标管理所设置的目标必须是正确、合理的。所谓正确,是指目标的设定应符合企业的长远利益,和企业的目的相一致,而不能是短期的。合理的,是指设置目标的数量和标准应当是科学的,因为过于强调工作成果会给人的行为带来压力,导致不择手段的行为产生。为了减少选择不道德手段去达到这些效果的可能性,管理者必须确定合理的目标,明确表示行为的期望,使得员工始终具有正常的"紧张"和"费力"程度。

第四,所设目标无论在数量还是质量方面都具备可考核性,也是目标管理成功的关键。有些目标,如"时刻注意顾客的需求并很好地为他们服务",或"使信用损失达到最小",或"改进提高人事部门的效率"等,没有什么实际意义,因为在将来某一特定时间,没有人能准确地回答他们是否实现了这些目标。如果目标管理不可考核,就无益于对管理工作或工作效果的评价。

正因为目标管理对管理者的要求相对较高,且在目标的设定中总是存在这样那样的问题,因而目标管理在付诸实施的过程中,往往流于形式,在实践过程中有很大的局限性。

七、目标管理的优缺点

虽然目标管理是当今应用最广泛的实际管理方法之一,但它的效果有时还不确定。了解目标管理的优缺点,有助于在管理实践中扬长避短,提高管理质量。

1. 目标管理的优点

(1)有利于提高管理效率。目标管理迫使管理人员去考虑计划的效果,而不仅仅是计划本身。为了保证目标的实现,它也需要管理人员去考虑实现目标的方法,考虑必需的组织、人员和物资。

(2)有利于明确组织任务和结构。目标管理可以迫使管理人员弄清组织的任务和结构。在可能的范围内,各个岗位应该围绕所期望的关键目标建立起来,各个岗位应有人负责,从而尽可能地把主要目标所要取得的成果落实到对实现目标负有责任的岗位上。

(3)可以有效地调动人们的积极性、创造性,增强责任心,鼓励他们专心致志于自己的目标。人们不再只是被动地做工作、执行指示、等待指导和决策,他们实际上是参与目标制定的,把自己的想法纳入了计划之中;他们了解自己的职责范围,而且还能从上级领导那里取得帮助,以保证完成自己的目标。这些都是有助于增强责任感的因素。

(4)更有效地实施控制。控制就是测定工作,就是采取措施以纠正在计划实施中出现的偏差,以确保目标的实现。管理控制系统的一个主要问题是要知道去监视什么,一套明确的考核目标就是进行监视的最好指导。

2. 目标管理的缺点

尽管目标管理有很多优点,但它也有若干不足。

(1) 对目标管理的原则阐明不够。"目标"二字看起来很简单,但是要把它付诸实施,管理人员必须对它很好领会和了解。他们必须依次向下层人员解释目标管理是什么,它怎样起作用,为什么要实行目标管理,在评价绩效时它起什么作用,以及参与目标管理的人能够得到什么好处。但是实际上,许多管理人员对目标管理的基本思想理解不深。

(2) 目标难以确定。真正可考核的目标是很难确定的,为了追求目标的可考核性,人们可能过分使用定量目标,而且不宜用数字表示的一些领域里也企图利用数字来描述,或者用数量表示一些难以量化的项目的最终成果。例如,一个良好的企业形象,可能成为企业的关键目标领域,但它用数字表示是困难的。为了体现目标管理的思想,可能会导致定量化的目标无法充分反映组织的总体要求,甚至会降低标准。

(3)目标短期化。在大多数的目标管理计划中,所确定的目标一般都是短期的,常常是一个季度或更短。然而组织强调短期是危险的,会损害长期目标的实现。因此,为防止短期目标导致的短期行为,上级管理人员必须从长期角度提出总目标和制定目标的指导准则。

(4)不灵活。目标管理要取得成效,就必须保持其明确性和稳定性。如果目标经常改变,就难以说明它是经过深思熟虑和周密计划的结果,这样的目标是没有意义的。计划是面向未来的,而未来存在许多不确定因素,因而必须根据已经变化了的环境对目标进行修正。目标的改变可能导致目标前后不一致,给目标管理带来困难。

即使目标管理在某些情况下有这些困难,但实际上,这种管理方法所强调的是设置目标,人们一直认为那是计划工作和管理工作不可缺少的部分。这就要求组织成员要不断探索,总结经验,以取得目标管理的最大效果。

讨论性案例

材料1：

响尾蛇的目标管理

一条雄性响尾蛇钻出了洞穴,它的目标是寻找一条自愿交配的雌蛇。它的爬行速度并不快,时速只有1.6公里。它的视觉和听觉都不敏锐,判定方向主要依赖其特殊感觉器官。但它选择沿着一条非常直的线路爬行,即便偶尔偏离线路滑到某片池塘或一块大石头周围,他也会很快地回到那条狭长的直线上来。

这种强迫性的痴迷行径有其根据所在:寻找啮齿类美餐的雌蛇倾向于散乱分布在栖息之地,雄蛇要想找雌蛇,与其一会儿向左爬,一会儿向右爬,倒不如顺着直线往前爬,这样反倒会最大可能地碰到雌蛇。

管理启示：

直击目标,线路越直,碰见雌蛇的机会就越大。管理上的根本考核必须锁定在一个问题上:我们如何同时满足个人和组织的目标?在现实管理中的一个难题是:如果个人和组织的需求未能紧密配合,那么个人除了处理必须要做的工作,完成已被明确界定的目标之外,还要处理和组织的矛盾。

材料2：

法布尔的毛虫实验

法国博物学家让·亨利·法布尔曾做过一项有趣的研究。他研究的是巡游毛虫。

这些毛虫在树上排成长长的队伍前进,由一条带头,其余跟着。法布尔把一组毛虫放在一个大花盆的边上,使它们首尾相接,排成一个圆形。这些毛虫开始动了,像一列长长的游行队伍,没有头,也没有尾。法布尔在毛虫队伍旁边摆了一些食物,但这些毛虫想要吃那些食物就要解散队伍,不再一条接一条前进。

法布尔预料,毛虫很快会厌倦这种毫不无用处的爬行,而转向食物,可是毛虫没有这样做。出于纯粹的本能,毛虫沿着花盆边一直以同样的速度走了7天7夜。它们一直会走到饿死为止。

管理启示：

这些毛虫遵守着它们的本能、习惯、传统、先例、过去的经验、惯例,它们干活很卖力,但毫无成果。许多不成功者就跟这些毛虫差不多,他们自以为忙碌就是成就,干活本身就是成功。

目标有助于我们避免这种情况发生。如果你制定了目标,又定期检查工作进度,你自然就把重点从工作本身转移到工作成果,单单用工作来填满每一天,这看来再也不能接受了。做出足够的成果来实现目标,这才是衡量成绩大小的正确方法。

不成功者常常混淆了工作本身与工作成果。他们以为大量的工作,尤其是艰苦的工作一定会带来成功。但任何活动本身并不能保证成功,并不一定是有利的。

复习题

1. 企业目标的特征是什么？
2. 确定企业目标的原则是什么？
3. 目标管理具有哪些特点？
4. 试述目标管理的实施过程。
5. 如何评价目标管理制度？

分析性案例

某机床厂的目标管理法

某机床厂从2008年开始推行目标管理。为了充分发挥各职能部门的作用，充分调动一千多名职能部门人员的积极性，该厂首先对厂部和科室实施了目标管理。经过一段时间的试点后，逐步推广到全厂各车间、工段和班组。多年的实践表明，目标管理改善了企业经营管理，挖掘了企业内部潜力，增强了企业的应变能力，提高了企业素质，取得了较好的经济效益。

按照目标管理的原则，该厂把目标管理分为三个阶段进行。

第一阶段：目标制订阶段。

1. 总目标的制订

该厂通过对国内外市场机床需求的调查，结合长远规划的要求，并根据企业的具体生产能力，提出了20××年"三提高"、"三突破"的总方针。所谓"三提高"，就是提高经济效益、提高管理水平和提高竞争能力；"三突破"是指在新产品数目、创汇和增收节支方面要有较大的突破。在此基础上，该厂把总方针具体化、数量化，初步制订出总目标方案，并发动全厂员工反复讨论、不断补充，送职工代表大会研究通过，正式制定出全厂20××年的总目标。

2. 部门目标的制订

企业总目标由厂长向全厂宣布后，全厂就对总目标进行层层分解，层层落实。各部门的分目标由各部门和厂企业管理委员会共同商定，先确定项目，再制订各项目的指标标准：其制订依据是厂总目标和有关部门负责拟定、经厂部批准下达的各项计划任务，原则是各部门的工作目标值只能高于总目标中的定量目标值；同时，为了集中精力抓好目标的完成，目标的数量不可太多。为此，各部门的目标分为必考目标和参考目标两种。必考目标包括厂部明确下达的目标和部门主要的经济技术指标；参考目标包括部门的日常工作目标或主要协作项目。其中必考目标一般控制在2~4项，参考目标项目可以多一些。目标完成标准由各部门以目标卡片的形式填报厂部，通过协调和讨论最后由厂部批准。

3. 目标的进一步分解和落实

部门的目标确定了以后，接下来的工作就是目标的进一步分解和层层落实到每个人。

(1) 部门内部小组(个人)目标管理，其形式和要求与部门目标制订相类似，拟定目标也采用目标卡片，由部门自行负责实施和考核。要求各个小组(个人)努力完成各自的目标值,保证部门目标的如期完成。

(2) 该厂部门目标的分解是采用流程图方式进行的,具体方法是:先把部门目标分解落实到职能组,再分解落实到工段,工段再下达给个人。通过层层分解,全厂的总目标就落实到了每一个人身上。

第二阶段:目标实施阶段。

该厂在目标实施过程中,主要抓了三项工作。

1. 自我检查、自我控制和自我管理

目标卡片经主管副厂长批准后、一份存企业管理委员会,一份由制订单位自存。由于每一个部门、每一个人都有了具体的、定量的明确目标,所以在目标实施过程中,人们会自觉地、努力地实现这些目标,并对照目标进行自我检查、自我控制和自我管理。这种"自我管理",能充分调动各部门及每一个人的主观能动性和工作热情,充分挖掘潜力,因此,完全改变了过去那种上级只管下达任务、下级只管汇报完成情况,并由上级不断检查、监督的传统管理办法。

2. 加强经济考核

虽然该厂目标管理的循环周期为一年,但为了进一步落实经济责任制,及时纠正目标实施过程中与原目标之间的偏差,该厂打破了目标管理的一个循环周期只能考核一次、评定一次的束缚,坚持每一季度考核一次和年终总评定。这种加强经济考核的做法,进一步调动了广大职工的积极性,有力地促进了经济责任制的落实。

3. 重视信息反馈工作

为了随时了解目标实施过程中的动态情况,以便采取措施、及时协调,使目标能顺利实现,该厂十分重视目标实施过程中的信息反馈工作,并采用了两种信息反馈方法:

(1) 建立"工作质量联系单"来及时反映工作质量和服务协作方面的情况。尤其当两个部门发生工作纠纷时,工厂管理部门就能从"工作质量联系单"中及时了解情况,经过深入调查,尽快加以解决。这样就大大提高了工作效率,减少了部门之间的不协调现象。

(2) 通过"修正目标方案"来调整目标:内容包括目标项目、原定目标、修正目标以及修正原因等,并规定在工作条件发生重大变化需修改目标时,责任部门必须填写"修正目标方案"提交企业管理委员会,由该委员会提出意见交主管副厂长批准后方能修正目标。

该厂在实施过程中由于狠抓了以上三项工作,不仅大大加强了对目标实施动态的了解,更重要的是加强了各部门的责任心和主动性,从而使全厂各部门从过去等待问题找上门的被动局面,转变为积极寻找和解决问题的主动局面。

第三阶段:目标成果评定阶段。

目标管理实际上就是根据成果来进行管理的,故成果评定阶段显得十分重要。该厂采用了"自我评价"和上级主管部门评价相结合的做法,即在下一个季度第一个月的10日之前,每一部门必须把一份季度工作目标完成情况表报送企业管理委员会(在这份报表上,要求每一部门自己对上一阶段的工作做一恰如其分的评价);企业管理委员会核实后,给予恰当的评分,如必考目标为30分,一般目标为15分。每一项目标超过指标3%加1分,以后每增加3%再加1分。一般目标有一项未完成而不影响其他部门目标完成的,扣一般项目中的3分,影响其他部门目标完成的则扣分增加到5分。加1分相当于增加该部门基本奖金的1%,减1分则扣该部门奖金的1%。如果有一项必考目标未完成则扣至少10%的奖金。

该厂在目标成果评定工作中深深体会到:目标管理的基础是经济责任制,目标管理只有同明确的责任划分结合起来,才能深入持久,才能具有生命力,达到最终的成功。

讨论题:

1. 在目标管理过程中,应注意一些什么问题?
2. 目标管理有什么优缺点?
3. 增加和减少员工奖金的发放额是实行奖惩的最佳方法吗?除此之外,你认为还有什么激励和约束措施?
4. 你认为实行目标管理时培养完整严肃的管理环境和制订自我管理的组织机制哪个更重要?

第五章 决策

引导案例

智猪博弈

在博弈论经济学中,“智猪博弈”是一个著名的纳什均衡的例子。假设猪圈里有一头大猪,一头小猪。猪圈的一头有猪食槽,另一头安装着控制猪食供应的按钮,按一下按钮会有10个单位的猪食进槽,但是谁按按钮就会首先付出2个单位成本。若大猪先到槽边,大小猪吃到食物的收益比是9∶1;同时到槽边,收益比是7∶3,小猪先到槽边,收益比是6∶4。那么,在两头猪都有智慧的前提下,最终结果是小猪选择等待。

实际上,小猪让大猪去按控制按钮,而自己选择“坐船”(或称为搭便车)的原因很简单:在大猪选择行动的前提下,小猪也行动的话,小猪可得到1个单位的纯收益(吃到3个单位的食品同时也耗费2个单位的成本,以纯收益计算相同),而小猪等待的话,小猪则可以获得4个单位的纯收益,等待优于行动;在大猪选择等待的前提下,小猪如果行动的话,小猪的收入将不抵成本,纯收益为-1个单位,如果小猪也选择等待的话,那么小猪的收益为零,成本也为零。总之,等待还是要优于行动。

管理启示:

在小企业经营中,学会如何“搭便车”是一个精明的职业经理人最为基本的素质。在某些时候,如果能够注意等待,让其他大的企业首先开发市场,是一种明智的选择,这时候有所不为才能有所为。

高明的管理者善于利用各种有利的条件来为自己服务。“搭便车”实际上是提供给职业经理人面对每一项花费的另一种选择,对它的留意和研究可以给企业节省很多不必要的费用,从而使企业的管理和发展走上一个新台阶。这种现象在经济生活中十分常见,却很少为小企业的经理人所熟识。

决策是管理的一个重要组成部分。它要求决策者有足够的智慧、经验与判断力,依照科学的理论,运用科学的手段与程序来分析、制定决策。在现代社会中,决策的问题在各行各业都显得十分重要。在企业,管理者的一个决策关系着公司的前途命运;在国家,领导人的决策关系着国家的发展与前进方向。本章将就决策问题进行学习探讨。

第一节 决策概述

制定决策是管理者工作的本质。决策是管理者从事管理工作的基础,制定决策的管理工作者不仅要了解决策的概念与理论,还要了解其地位和作用。

一、决策的概念

关于决策的概念,不同的管理学派对其有不同的定义。在现代管理学中,"决策"一词可以概括为广义、狭义和最狭义三种解释。一是把决策看做是一个包括提出问题、确立目标、设计和选择方案的过程,它强调决策是一个过程。这是广义的理解。二是把决策看做是从几种备选的行动方案中做出最终抉择,是决策者的拍板定案。这是相对狭义的理解。三是认为决策是对不确定条件下发生的偶发事件所做的处理决定,这类事件既无先例,又没有可遵循的规律,做出选择要冒一定的风险。这是最狭义的理解。

概括来说,决策具有以下三个主要特征:首先,决策是为了实现特定目标的活动,没有目标就无从决策,目标如果已经实现,那么也就无需决策;其次,决策的目的在于要付诸实施,不准备实施的决策是多余的;再次,决策具有选择性,只有一个方案,就无从优化,而不追求优化的决策是无价值的。

综合所述,可以认为决策是指组织或个人为了实现某一目标和在处理管理中的实际问题时,从若干个可行方案中选择一个满意方案的分析判断过程。正确理解决策概念,应把握以下三个要点:

1. 决策要有明确的目标

决策是为了解决某一问题,或是为了达到一定目标。确定目标是决策过程的第一步。决策所要解决的问题必须十分明确,所要达到的目标必须十分具体。没有明确的目标,决策将是盲目的。

2. 决策要有两个以上备选方案

决策实质上是选择行动方案的过程。如果只有一个方案,就没有选择,也就不存在决策的问题。因而,至少要有两个或两个以上方案,人们才能从中进行比较、选择,最后选择一个满意方案为行动方案。

3. 选择后的行动方案必须付诸实施

如果选择后的方案束之高阁,不付诸实施,决策也就没有了意义。决策不仅是一个认识过程,也是一个行动的过程。

对于一个组织而言,决策的质量是事业成败的关键;对于决策者个人而言,决策的质量是决策水平的标志。在这个意义上讲,无论对组织还是个人,决策都是管理的灵魂。理论上,决策者只要从可行性方案中选出最优方案,但事实上,决策者需要积累一定的经验,做大量的调查、分析和预测工作,然后根据确定的目标,选出最优的可行方案。这是一个系统的过程,良好的决策活动依赖于整个管理系统的辅助。

二、决策的地位和作用

决策的主体是管理者,决策是管理工作的本质,管理的计划、组织、领导、控制和创新等各项职能都离不开决策。而在决策以前,只是对计划工作进行了研究和分析,没有决策就没有合乎理性的行动,因而决策是计划工作的核心。而计划工作的特点之一是主导性,它是进行组织工作、人员配备、指导与领导、控制工作等的基础。因此,从这种意义上说,决策是管理者从事管理工作的基础。

决策是为未来的行动制定多种可供选择的方案,并决定采用何种方案的过程。它是一个建立在环境和条件分析的基础上,为未来的行为确定目标,对实现目标的若干可行方案进行选择并确定一个优化合理的满意方案的分析决断过程。各项管理职能都存在着如何合理决策的问题,所以可以说决策是管理的核心。

决策是各级各类主管人员的首要工作。决策不仅仅是"上层主管人员的事",上至国家的高层领导者,下到一个企业的基层班组长,均要做出决策,只是决策的重要程度和影响的范围不同而已。在实际管理工作中,决策作为主管人员的首要工作已得到普遍验证。西蒙曾说过:"管理就是决策。"决策是行为的选择,行为是决策的执行,正确的行为来源于正确的决策。对于每个主管人员来说,不是有无必要做出决策的问题,而是如何做出更好、更合理、更有效的决策的问题。不同管理层次上的决策,其影响不同。因而,改进管理决策、提高决策水平,应当成为各级主管人员经常注意的重要问题之一。决策贯穿于管理过程的始终,是衡量管理者水平高低的重要标志,决策的正确与否直接关系到组织的存亡与发展。决策是一项创造性的思维活动,体现了高度的科学性和艺术性。

决策与企业息息相关,管理学讨论最多的也是关于企业决策。正确的决策是企业生存和发展的重要保证。在市场经济条件下,企业外部环境因素,特别是市场环境因素对企业的影响巨大,作为企业生存的空间,它要求企业的行为具有很强的方向性和适应性。一方面,企业的长期战略目标应符合社会和市场的长期利益,要有远见;另一方面,企业的生产经营活动应能满足社会和市场不断变化的需要,要有灵活的适应性。所以,企业必须有正确的决策,以使自己的行为有利于社会和市场,得到社会承认,并取得经济效益,不断发展壮大。

合理的决策是促进企业整个系统协调统一的重要手段。决策为企业规定的经营目标,是企业一切经营活动和全体职工共同奋斗的总目标。目标体系的建立,能调动人们的积极性和创造性,为实现总目标做出贡献。决策为企业规定的经营方针,是企业各项管理工作应遵循的行动准则,它能统一全体职工的思想和行动,相互协调、相互配合。决策为企业规定的经营策略,是企业落实经营方针和实现经营目标的具体对策和途径,可以使企业的各项管理工作按统一步调有秩序地进行。

三、决策的理论演进

决策理论是有关决策概念、原理、学说等的总称。决策理论是管理理论发展的新阶段,作为管理学科的一个重要学派,决策理论学派着眼于合理的决策,即研究如何从各种可能的抉择方案中选择一种"令人满意"的行动方案。决策理论是把第二次世界大战以后发展起来的系统理论、运筹学、计算机科学等综合运用于管理决策问题而形成的有关决策过程、准则、类型及方法的较完整的理论体系。

美国的西蒙是决策理论的重要代表人物。他在论述决策原则时认为:决策不可能实现最优化原则,只能采取令人满意的准则。即没有最好,只有较好。所谓的最优或最好方案只是一种理论上的抽象和美好愿望而已。所以,在进行决策时,只要采取相对较好的方案就可以了。依据历史发展的线索,决策的理论依次为古典决策理论、行为决策理论、当代决策理论。

1. 古典决策理论

古典决策理论产生于1950年以前,又称规范决策理论,是基于“经济人”假设,决策的目的在于获得最大的经济利益。按照“经济人”的模式,人们在对各种可行方案进行评价和选择时,总是采用“最优化的原则”。即人们总是希望通过对各种方案的比较,从中选择一个最好的方案作为可行的方案。古典决策理论假设,作为决策者的管理者是完全理性的;决策环境条件的稳定与否是可以被改变的;在决策者充分了解有关信息情报的情况下,是完全可以作出完成组织目标的最佳决策的。古典决策理论忽视了非经济因素在决策中的作用,且不一定能指导实际的决策活动,从而逐渐被更为全面的行为决策理论代替。

古典决策理论的主要内容是:决策者必须全面掌握有关决策环境的信息情报;决策者要充分了解有关备选方案的情况;决策者应该建立一个合理的自上而下的执行命令的组织体系;决策的目的始终都在于使本组织获取最大的经济利益。

近年来,由于定量决策技术的发展,古典模型得到了广泛应用。古典模型代表一种理想的决策模型。在程序化决策、确定性决策与风险性决策中,古典模型具有很强的应用价值。

2. 行为决策理论

行为决策理论发展始于1950年阿莱斯悖论和爱德华兹悖论的提出,是针对理性决策难以解决的问题另辟蹊径发展起来的。在其发展过程中,决策行为实证研究一直贯穿其中,而决策行为的实证研究方法在很大程度上对行为决策理论的发展起着推动抑或限制的作用,可以说,决策行为实证研究方法的发展对行为决策理论的发展起着关键的作用。行为决策理论的出发点是决策者的决策行为,主要研究决策者的认知和主观心理过程,关注决策行为背后的心理解释,而不是对决策正误的评价;从认知心理学的角度,研究决策者在判断和选择中信息的处理机制及其所受的内外部环境的影响,进而提炼出理性决策理论所没有考虑到的行为变量,修正和完善理性决策模型。行为决策理论的一般研究范式为:提出有关人们决策行为特征的假设—证实或证伪所提出的假设—得出结论。

行为决策理论的主要内容包括:决策者的理性介于完全理性和非理性之间,即人是有限理性的;决策者在识别和发现问题中容易受知觉的影响,直觉的运用多于逻辑分析方法的运用;决策受时间和可利用资源的限制,因此决策者选择的理性是相对的;决策不能只遵守一种固定的程序,应根据组织内外环境的变化进行适时的调整和补充;决策者在决策中往往只求满意的结果,而非最佳结果,方案的执行也并不是完美的。

3. 当代决策理论

当代决策理论弥补了古典决策理论和行为决策理论上的不足,把古典决策理论和行为决策理论有机地结合起来,它所概括的一套科学行为准则和工作程序,既重视科学的理论、方法和手段的应用,又重视人的积极作用。当代决策技术和手段是该理论的重要标志。

当代决策理论的核心内容是:决策贯穿于整个管理过程,决策程序就是整个管理过程。对于当今的决策者来说,在决策过程中应广泛应用现代化的手段和规范化的程序,以系统理论、运筹学和电子计算机为工具,并辅之以行为科学的有关理论。

讨论性案例

“挑战者号”航天飞机缘何爆炸

1986年1月28日，世界各地对美国“挑战者号”(Challenger)航天飞机的爆炸失事同感震惊，七位航天员在电视直播画面上葬身火球中，各国过去对太空总署(NASA)的科技能力深感钦佩，公认美国是太空科技的领导者，但到底为什么发生了这样严重的失误？

航天飞机发射涉及两套高复杂系统的运作，分别是航天飞机本身和管理指挥系统。太空总署的航天飞机指挥系统经常演练，以培养正确处理最后发射准许与否的决策能力。而实际上，每次太空总署在航天飞机要发射升空前，工程师们往往在最后的一分钟发现工程技术上的问题，而做出无数最后一刻的延后决定。“挑战者号”航天飞机的升空已经被延后四次，而先前的“哥伦比亚号”曾被延后达七次之多。在1月28日，太空总署却未能在发射前最后一刻阻止“挑战者号”悲剧性的升空失误。

这次发射失败的主因是由于用来密封固体原料推进器折叠接合部分的O型圈(O－rings)失却功效所致，而O型圈是由犹他州的摩顿狄欧可(Morton－Thiokol)公司所设计和生产的，先前的证据显示O型圈在寒冷气温下，无法密封接口。在华氏53度以下，O型圈会变硬，无法压入接合的缝隙。而发射当天清晨的气温可能低到华氏18度。

“挑战者号”发射前的最后20个小时：1月27日(星期一)下午2时，在太空总署第四度决定延后发射至次日早上的同一时间之后，四位太空总署的发射决策人员和阿拉巴马州汉斯特维尔(Hunstville)的马歇尔太空飞航中心(Marshall Space Center)会面讨论次日的发射决定(航天飞机的发射是在佛罗里达州，而其设计和测试等工作，却是在阿拉巴马州进行)。根据天气预报，隔天天气寒冷而能见度很高，但当夜气温会降至大约华氏18度。该决策小组在讨论中曾谈及在发射台凹槽上的结冰，可能会影响主引擎引爆发动时O型圈的功能。

下午2时30分，太空总署要求摩顿狄欧可公司的工程师重新评估气温下降所可能造成的影响。五位资深工程师一致认为寒冷的气温极可能使O型圈变硬，在引擎热气排放时未能完全密封接口。

在27日晚上8时45分，太空总署决定召开包括太空总署人员和狄欧可公司的经理与工程师们的视讯会议。在会议上，狄欧可的工程师展示了O型圈受低温侵蚀和气体冲击后变化状况的试验资料图表。一位资深工程师指出，低温会使橡胶圈变紧变硬，要挤压O型圈进入缝隙，就犹如要拿砖头挤入缝隙一样的困难。工程师们建议气温若低于华氏53度，应该取消发射决定。

对此看法，太空总署的科学暨工程部副总裁表示惊讶，他说他一直认为发射推进器的正常作用范围是介于华氏40度至90度间，这个时候已经没有时间再去确认哪个数据是对的了。另一位太空总署的官员说：“天啊！你要我们什么时候才能发射升空？延到明年4月吗？”狄欧可的人员看到这样的反应，立即要求暂停视讯会议，而召开自己的内部会议。

在晚上10时30分，犹他州狄欧可的工程师和经理人员仍在进行讨论，多位资深工程师仍然表示O型圈相当不安全，但慢慢有人已经听不下他们的意见，使得这些工程师觉得无可奈何。

经过激烈讨论之后,狄欧可的高层主管决定作出最后结论。有多位经理仍然表示不愿否决工程师们的反对意见。此时,营运部副总裁说了重话:“不要老是从工程师们的角度去看问题,要从管理的角度去思考。”结果,所有管理人员都同意O型圈的设计应该是预留了足够的误差空间。但工程师和技术人员们仍不太认同发射升空的决定。

在晚上11时整,视讯会议重新召开,犹他州的狄欧可公司作出发射升空的建议。太空总署官员要求狄欧可以传真机传送书面建议到肯尼迪太空中心。在建议书中,狄欧可的资深工程师根据下列理由,表示对发射状况的疑虑:第一,发射台上所凝结的冰层太厚;第二,大西洋的状况极不稳定,派船只出海打捞发射后的推进器将会十分困难。

晚上11时30分,太空总署的官员通过视讯系统向其最高主管阶层建议如期发射航天飞机。但后来调查人员发现,在建议中并没有提到狄欧可的工程师们对O型圈的疑虑。

28日(星期二)上午8时30分,“挑战者号”的航天员扣上安全带,准备出发。

上午9时整,在完成最后检查时,没有人对O型圈的安全性表达任何意见。

上午11时38分,“挑战者号”升空,周边的气温为华氏36度,在激活引擎后燃料开始自O型圈的四周漏出。

上午11时39分,“挑战者号”爆炸,七位航天员在瞬间同时死于错误的发射决策下。

思考题:

1. 根据个案的描述,太空总署及狄欧可的管理人员显然做出了不符合理性决策(rational decision making)要求的非理性决策(non-rational decision making),理性与非理性决策在本质上有什么差异?试说明之。

2. 试从个人(individual)、团体(group)及组织(organization)角度说明企业中的管理人员为什么会做出非理性的决策。

第二节 决策的类型和程序

由于社会生活十分复杂,所以管理人员进行的决策也是多种多样的。本节介绍决策的类型和程序。

一、决策的类型

根据决策问题的重复程度、自然状态、主体等的不同,可以对决策进行不同的分类:程序化决策与非程序化决策;确定性决策、风险型决策和不确定型决策;个人决策与群体决策;经验决策与科学决策。

(一) 程序化决策与非程序化决策

按决策问题的重复程度分为程序化决策与非程序化决策。程序化决策又称重复性决策,是指按原来规定的程序、处理方法和标准对重复出现的日常管理问题所作的决策。即在问题重复发生的情况下,决策者通过限制或排除行动方案,按照书面的或不成文的政策、程序或规则所进行的决策。这类决策有先例可循,能按原已规定的程序、处理方法和标准进行决策。它多属于日常的业务决策和可以规范化的技术决策。比如,为普通顾客的订货单标价,办公用品的订购,有病职工的工资安排,等等。

非程序化决策是指对管理中新颖的问题所作的决策,是偶然发生的或首次出现而又较为重要的非重复性决策,即在处理那些不常发生的或例外的非结构化问题。这种决策没有常规可循,虽然可以参照过去类似情况的做法,但需要按新的情况重新研究、进行决策。它多属于战略决策和一些新的战术决策,这种决策在很大程度上依赖于决策者政治、经济、技术的才智和经验。当一个问题非常重要或复杂而值得给予特别注意时,就有必要作为非程序化决策进行处理,比如某公司决定在以前没有经营过的国家建立盈利组织的决策,新产品的研制与发展决策等。但是这两类决策之间没有明显的分界线,只是像光谱一样的连续统一体。

对于程序化决策,主要是运用人工智能,在精确计算的基础上,求取极限值,进行优化。这可以在严格进行变量关系分析的基础上,借助计算机技术来完成。而非程序化决策,则必须在明确价值观念的情况下,建立一个决策因素关联分析框架,并按照这既定的框架来制定决策。也就是说,要把企业领导人所赖以形成决策的价值观念具体化为一个分析框架,然后把所要进行分析的各种变量纳入这个框架之中来进行关联比较,最后做出选择。

对这两种不同的决策,诺贝尔经济学奖得主西蒙教授作过专门分析。但在现实的企业决策中,人们往往对这两类决策并不加区分。有的把非程序化决策当做程序化决策来制定,强调所有决策都要通过数理逻辑运算来进行优化选择,结果,所谓的优化只不过是一种虚假的形式,因而导致决策的低质量。有的则不管是程序化决策还是非程序化决策,统统用简单的信念化代替科学的分析论证,结果更是导致决策质量的下降。

(二)确定性决策、风险型决策和不确定型决策

按自然状态的种类来分类,传统上可将决策问题分为确定型决策、风险型决策和不确定型决策三种。

1. 确定型决策

自然状态是完全确定的,即只有一种,从而可以不考虑自然状态而按既定目标及评价准则选择行动方案,这样的决策就叫做确定型决策。确定型决策问题相对来说较简单一些,其求解可直接利用现有的一些数学方法,如微积分中的函数极值法及运筹学(线性规划、非线性规划、动态规划、图论等),并能得到确定的最优解。

2. 风险型决策

出现的自然状态不是一种而是两种或两种以上,各种自然状态出现的可能性(概率)已知(即可以通过某种方法确定下来),则称这种条件下的决策为风险型决策,也称为统计型决策或随机型决策。

3. 不确定型决策

决策者面临的可能出现的自然状态有多种,但各种自然状态出现的概率不能确定,这种情况下的决策称为非确定型决策。不确定型决策与风险型决策相比较,两者都面临着两种或两种以上的自然状态;所不同的是,前者对即将出现的自然状态概率一无所知,后者则掌握了它们的出现概率。由于不确定型决策所掌握的信息比确定型决策所掌握的信息要少,因而分析不确定型决策要比分析确定型决策困难得多。从现有的决策分析方法来说,不确定型决策分析方法比确定型决策分析方法要少得多。

三种决策环境的区别可用"是否带雨具"的问题来说明。某人早上离家去市郊联系工作,如当时已经下雨,且四周乌云,显然并非阵雨,出门时决定要带雨具,这属确定型决策。如果根据早上的天气预报,有0.7的概率下小雨,0.3的概率是阴天,或者气象台报告有雨,但从历史统计数据来看有错报的记录,这两种情况下决策出门是否带雨具便属风险型决策。

再设想,如此人住在一个窗户紧闭、隔光隔音的房间,又无电话、电视或收音机等通讯手段,出门带雨具的问题就变成不确定型决策。

（三）个人决策与群体决策

按决策主体分类,可以把领导决策划分为个人决策与群体决策。个人决策,就是最后由一个人做出决断的决策,也称个体决策。个人决策的长处是决策者能够迅速、灵活、机动地做出决策,在贯彻执行中也便于集中统一指挥,提高工作效率。群体决策,是由领导集团制定并控制实施的决策,也称集体决策。群体决策的长处在于集思广益,提高决策优化的概率,不出或少出纰漏,同时也防止个人专断。

群体决策与个人决策相比,群体有更多的知识和信息,可以相互补充、集思广益,从而可能提供更多的可供选择的解决方案。但是,群体决策如果运用不当,则可能出现议而不决、互相推诿、无人负责、坐失良机的后果。因此,要使群体决策真正发挥其优点,既要有高素质的群体决策人员,也要有完善的决策体制。一要增加决策者的共同使命感;二要有良好的民主作风;三要有合适的群体决策形式和合理的决策程序。群体决策有一些择案规则,如一票否决,决策群体所有成员必须意见一致才可最终选定某种方案,有任何人持不同意见,方案都不能通过。像联合国安理会在形成决议时,必须以常任理事国一致同意为前提条件。又如多数原则,强调少数服从多数,等等。

群体决策的局限性在于沟通情况、协调意见需要很多的时间,有时会因意见不一致而久议不决,贻误时机。个人决策的局限性在于决策者个人素质决定着决策质量,如果缺少必要的制度,或者决策者主观专断,很可能导致家长制、一言堂。因此,采用群体领导和个人分工负责制,是把两种决策方式结合起来的最佳方式。凡属重大问题,如方向性、立法性、战略性、规划性、政策性、协调性的重大问题,都应该由群体决策;而日常工作中的应急性、具体性、技术性、执行性、随机性问题,则由分工负责的领导者个人决策。

群体决策和个体决策孰优孰劣呢?这取决于衡量决策效果的标准。就准确性而言,群体决策更准确。证据表明,群体决策比个人决策质量更优。但就速度而言,个体决策优势更大。如果认为创造性最重要,那么个人决策比群体决策更有效。如果衡量的标准是最终方案的可接受性,那么还是群体决策好。在考虑决策效果时不能不考虑决策效率。就效率这一点来说,群体决策总是劣于个体决策。就同一个问题而言,群体决策所用时间总是比个体决策所用时间多,而且很少有例外。因此,在决定是否采用群体决策形式时,应权衡一下群体决策在决策效果上的优势能否超过它在效率上的损失。

表5.1　个人决策与群体决策的比较

方式	个人决策	群体决策
速度	快	慢
准确性	比较差	比较好
创造性	较高。适于工作不明确、需要创新的工作	较低。适于工作结构明确、有固定程序的工作
方式	个人决策	群体决策
效率	由任务复杂程度决定。通常费时少,但代价高	从长远看,费时多但代价低。效率高于个人决策
风险性	视个人气质、经历而定	视群体性格(尤其是领导性格)而定

（四）经验决策与科学决策

按决策的方式分类，可把领导决策划分为经验决策与科学决策。

经验决策是决策者依靠个人的经验、智慧和胆略做出的决策。经验决策的成功与否，主要取决于领导者阅历是否丰富，知识是否渊博，智慧、胆略是否过人。经验决策是历史的产物，并且随着历史的发展和人类的进步而逐渐丰富完善，对现代科学决策有着重要的借鉴作用。

科学决策是指在现代科学理论和知识的指导下，决策者依靠专家和群众，采用现代科学技术手段所做出的决策。科学决策是伴随着社会化大生产中应用多学科理论和多种技术方法而发展起来的，其作用和意义日益重大。社会化大生产一方面创造了空前的生产力，另一方面又使社会生活变得空前复杂和多变。这种客观现实迫切要求领导者采用现代决策技术手段进行科学决策。现代系统理论的出现和电子计算机的广泛应用，为科学决策提供了必要的条件。

经验决策与科学决策的本质区别在于方式方法的不同。经验决策的主体一般表现为个体，而科学决策是集体智慧的产物；经验决策主要凭借决策者的主体素质，科学决策则尽可能采用先进的技术和方法；经验决策带有直观性，而科学决策不排斥经验，但注重在理论的指导下处理决策问题。科学的决策产生于科学的决策机制之中，既要防止盲目的长官意志，也应防止盲目的所谓专家意志。应该把经验决策与科学决策结合起来，实现决策的科学化。

二、决策的程序

决策的程序是指进行决策的步骤或过程。它是一个科学系统，其中每一步骤都有科学含义，是相互联系的有机体。对决策程序的划分，国内外学者有不同的表述。如美国学者杜威认为，决策分为争议、澄清、抉择三个阶段。争议，是在同样的情况下提出不同的要求；澄清，是确定和说明要求；抉择，是选择最佳决策方案。

一般认为，决策程序分为六个阶段：

（1）发现问题，确定目标。即在一定的环境条件下，确定达到或希望达到的结果。

（2）搜集材料，拟订方案。通过分析各种可能的和既存的条件因素，提出各种实现目标的行动方案。

（3）分析评估。审查各种备选方案，通过可行性分析和决策技术对各种方案的利弊进行科学的表达，尽量进行比较。

（4）选择最佳方案。从各种方案中选出一个最优方案，或综合出一个最优方案，并对其可行性加以论证，对其副作用加以评价。

（5）试验实证。将最佳方案在小范围实施，以验证其运行的可靠性。

（6）普遍实施，追踪检查。在方案普遍实施过程中，要追踪检查。对出现的偏差，要及时控制；如发现方案不能实现决策目标，要重新决策。

以上决策程序，就一个完整的决策过程来说，都是不可缺少的。一般不可随意跳跃某些必要的步骤，或者颠倒先后次序。但现实社会的情况是复杂的，在进行实际决策时，也不能把这些步骤看做死板的公式，过分拘泥于这些程序，而要根据不同的具体情况灵活掌握。

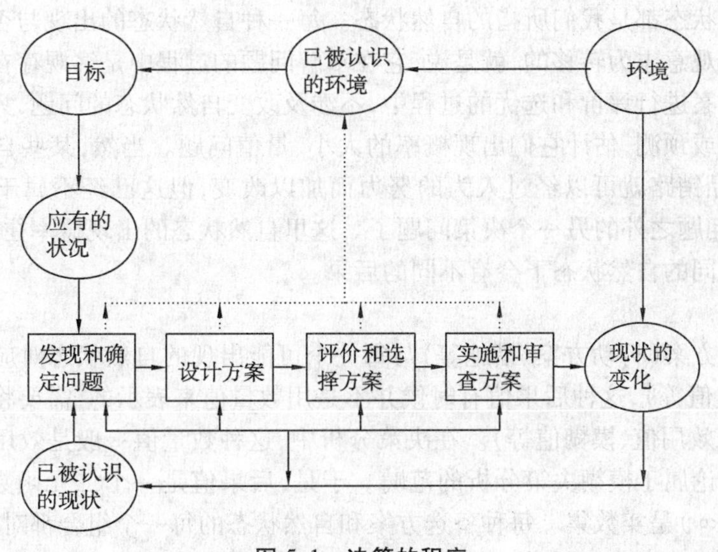

图 5.1 决策的程序

三、决策分析

决策分析是整个决策过程中的关键一环,它是由分析人员会同决策者共同完成的,是对已经描述出来的决策问题的求解。其主要工作应属于决策全过程的第三阶段(抉择活动阶段),即对备选方案进行评价与选优。这是在决策目标及环境条件基本明确,各种可能的行动方案已被找到或制定的情况下,由分析者采用合理的评价准则和模型,运用特有的数学方法或优化技术,选出一个或一组最满意的行动方案,供决策者最后抉择。因此,决策分析的主要任务,应归结为求解决策问题。

所谓决策问题,是专指决策过程中已通过某种方式描述出来的可提交给分析者运用数学模型进行优化分析的问题。一个完整的决策问题,应由下述四个要素构成:

1. 决策主体

即做出决策的个体或个体的集合。很少有决策是在个体完全不考虑其他人的观点的情况下作出的,即使一个组织的正式规程表明个人具有制定决策的权力,他通常也要搜集利益相关群体的意见,也要得到其他个人和团体的同意或默许。当考虑其他管理者的观点时,他们就成为决策主体的一部分。很明显,这意味着决策主体的成员对某项决策的影响力是不一样的。

决策主体是决策中最为重要的一个因素,它能够控制决策的整个过程。

2. 决策备选方案

存在可供选择的备选方案(或称行动方案、决策、措施等)的集合 A,它包含两个或两个以上的备选方案。解决某个问题,如果只有一个办法或一个方案,那就不需要进行决策分析,而只需照办就是了。故凡能构成决策问题的,总是存在着两个或两个以上的备选方案,设 $A=\{A_1,\cdots,A_m\}$。

3. 不可控因素

存在着不依决策者主观意志为转移的客观环境条件,即自然状态(系统状态)集 S。例如,开发新产品有两种可能,或成功或失败,这就是两个自然状态;新产品的销路好、较好或不好等多种市场状态都是我们所指的自然状态。每一种自然状态的出现与否都是不依决策者或分析者的主观意志为转移的，就是说，它在求解问题的过程中是客观存在的。决策分析人员在对备选方案进行评价和选优的过程中，不涉及改变自然状态的问题，只涉及如何对它们进行数学表述或预测，估计它们出现概率的大小、量值问题。当然，某些自然状态是可以改变的，例如产品销路就可以经过人为的努力而加以改变，但这已经不属于原有的决策问题，是属于原有问题之外的另一个决策问题了。这里自然状态的出现概率往往是主观概率，同一个方案在不同的自然状态下会有不同的后果。

4. 后果

每一个备选方案（行动方案、措施等）与每一个可能出现的自然状态对应于一个后果值（或偏好值、损益值等），这种后果值有时候并不是用数量值来表示的，需要将它表示成数量值（如确定的数、效用值、模糊值等）。在决策分析中，这种数量值一般是效用值。用模糊值来表示后果的讨论属于模糊决策分析的范畴。于是，后果值是一个二元函数：$A \times S \rightarrow R$，其中$R = (-\infty, +\infty)$是实数集。每种备选方案和自然状态的每一个组合都对应着一种结果。如果有N个可供选择的备选方案和M个互相独立的自然状态，就会产生$M \times N$种可能的结果。

从上述四个要素可以看出，决策分析方法是一种定量的方法。但由于在确定自然状态的出现概率大小以及确定后果值（效用值）时需要用到主观的方法，从而决策分析方法是一种定性与定量相结合的方法。四个要素在有些问题中较为明显，在另一些问题中则较为隐晦。我们在对决策问题进行分析时，尤其要对后一种情形加以注意。

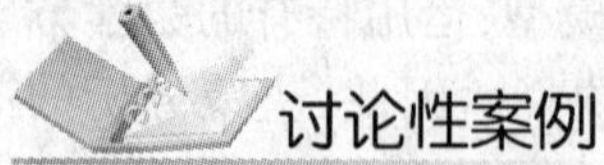

讨论性案例

美国贝尔电话公司为什么能长盛不衰

尽管电话系统是一项典型的公用事业，但从20世纪初到20年代中期费尔担任该公司总裁的这20多年时间里，他创造了一家世界上最具规模、发展得最快、最大的私营企业，原因主要在于他当时做出了以下四大决策：

一是满足社会大众的服务要求。美国的贝尔电话公司是家私营企业，要想保持它的自主经营而不被国家接管，必须预测和满足社会大众对服务的需求，所以他提出了一个“本公司以服务为目的”的口号。根据这一口号的精神，他认为应该树立一个全新的标准：衡量一个经理的工作成绩，应该是服务的程度，而不是盈利的程度。

二是实行“公众管制”。不能把一项全国性的电讯事业看成是一种传统的“自由企业”，他认为要想避免政府的接管，在管理上唯一的办法就是实行“公众管制”。所谓“公众管制”，就是坚持有效、诚实、服务的原则，这是符合公司利益而且事关公司生死存亡的关键所在。他把这一目标交付给各地子公司总经理，使公司从高层领导到普通员工都能朝着这一目标共同努力。

三是建立“贝尔研究所”。电讯事业的生存与发展，领先技术具有决定性意义。为此必须建立一个专门从事电讯技术研究的“贝尔研究所”，目的是为了摧毁“今天”，创造一个美好的“明天”。

四是发行股票开拓大众资金市场。贝尔设想并发行了一种AT&T(美国电话电报公司)股票,来开拓着眼于社会大众的资金市场,这可以避免通货膨胀的威胁。正是得益于他的建设性计划,贝尔公司长期以来始终保持着源源不断的资金来源。

思考题:

美国贝尔电话公司做出的这些决策,你是怎么看待的?

第三节 决策的方法

有效的决策方法一般包含五个要素:确实了解问题的性质,是否确属"常态";确实找出解决问题所需的规范,换言之,应找出问题的"边界条件";应仔细思考确能满足问题规范的正确途径,然后再考虑必要的妥协、适应及让步事项,以期该决策能被接受;决策方案应同时兼顾其确能执行的方法;在执行的过程中,搜集反馈资料,以印证决策的适用性及有效性。

决策的方法总的可以分为两大类:定性决策方法和定量决策方法。没有一种方法是万能的,问题在于如何根据具体决策问题的性质和特点灵活运用。

一、定性决策方法

定性决策方法是根据社会现象或事物所具有的属性和在运动中的矛盾变化,从事物的内在规定性来研究事物的一种方法或角度。它以普遍承认的公理、一套演绎逻辑和大量的历史事实为分析基础,从事物的矛盾性出发,描述、阐释所研究的事物。进行定性研究,要依据一定的理论与经验,直接抓住事物特征的主要方面,将同质性在数量上的差异暂时略去。而定性决策又称软方法,是一种直接利用决策者本人或有关专家的智慧来进行决策的方法,即决策者根据所掌握的信息,通过对事物运动规律的分析,在把握事物内在本质联系基础上进行决策的方法。定性决策是依据专家的智慧、经验等进行决策的方法。

定性决策方法适用于受社会经济因素影响较大的,因素错综复杂以及涉及社会心理因素较多的综合性的战略问题,是企业界决策采用的主要方法。定性决策主要有专家调查法、名义小组法、头脑风暴法、德尔菲法、电子会议等,其中以头脑风暴法和德尔菲法最常用。

1. 专家调查法

这种方法是将专家的意见作为预测分析的对象,专家运用自己的知识和经验,通过对过去和现在事物的分析,找出规律,然后对发展的趋势作出判断。最后,对专家的意见进行整理、归纳、综合后得出预测结果。该方法又分为专家个人调查法和专家会议调查法两种形式。

专家个人调查法的优点是专家可以不受外界的影响,没有心理和其他压力,使专家最大限度地发挥个人的主动性和创造性,真实地反映意见。但依靠专家个人判断会受专家知识、经验、观念及占有资料等因素的影响,带有一定的片面性。

专家会议调查法就是组织一定人数的专家,采用会议座谈、集体讨论等会议调查方式,搜集所需的信息,然后通过汇总、分析和归纳形成比较一致的专家意见。与专家个人调查法相比,其优点是:提供的信息量大;考虑的因素全面;通过交流思想、相互启发,有利于集思广益,预测的准确性高。其不足之处是参加会议的专家易受会议的各种心理因素的影响。

2. 名义小组法

名义小组法是指在决策过程中对群体成员的讨论或人际沟通加以限制,但群体成员是独立思考的。像召开传统会议一样,群体成员都出席会议,但群体成员首先进行个体决策。首先由管理者选择一些对要解决的问题有研究或者有经验的人员作为小组成员,并向他们提供与决策有关的信息。然后由小组成员独立思考,互不通气,提出决策建议。最后召集小组成员开会,各自阐述自己的方案,并投票表决产生大家赞同的方案。

名义小组法的主要优点在于:召集群体成员正式开会但不限制每个人的独立思考,它不像互动群体那样限制个体的思维,而传统的会议方式往往做不到这一点。

3. 头脑风暴法

头脑风暴法是比较常用的集体决策方法,便于发表创造性意见,因此主要用于收集新设想,对别人的建议不做任何评价。通常是将对解决某一问题有兴趣的人集合在一起,在完全不受约束的条件下,敞开思路,鼓励独立思考,畅所欲言。

头脑风暴法的创始人是英国心理学家奥斯本。头脑风暴法的目的在于创造一种自由思考、畅所欲言的氛围,诱发创造性思维的共振和连锁反应,产生创造性思维。这种方法的时间安排应控制在 1 ~ 2 小时,参加者以 5 ~ 6 人为宜。

4. 德尔菲法

德尔菲法是一种主要靠人的经验和综合分析能力进行预测的方法。其主要特点是:(1) 不记名投递征询意见。根据所需预测的内容选择有关方面的专家,并将预测内容设计成含义明确的问题,规定统一的评价方法,然后将上述问题邮寄给他们,背对背地征询意见。(2) 统计归纳。收集各位专家的意见,然后对每个问题进行定量统计归纳。通常用回答的中位数反映专家的集体意见。(3) 沟通反馈意见。将统计归纳后的结果反馈给专家,每个专家根据反馈信息,慎重考虑其他专家的意见,然后再提出自己的意见。如此反复 3 ~ 5 次,就可以取得比较集中一致的意见。

德尔菲法同常见的召集专家开会,通过集体讨论得出一致预测意见的专家会议法既有联系又有区别。德尔菲法能发挥专家会议法的优点,即能充分发挥各位专家的作用,集思广益,准确性高;能把各位专家意见的分歧点表达出来,取各家之长,避各家之短。同时,德尔菲法又能避免专家会议法的缺点:权威人士的意见影响他人的意见;有些专家碍于情面,不愿意发表与其他人不同的意见。德尔菲法的主要缺点是过程比较复杂,花费时间较长,一些专家出于自尊心而不愿意修改自己原来不全面的意见。运用该技术的关键是:(1) 选择好专家,这主要取决于决策所涉及的问题或机会的性质;(2) 确定适当的专家人数,一般 10 ~ 50 人较好;(3) 拟订好意见征询表,因为其直接关系到决策的有效性。

5. 电子会议法

最新的定性决策方法是将名义群体法与尖端的计算机技术相结合的电子会议。会议所需的技术一旦成熟,概念就简单了。多达 50 人围坐在一张马蹄形的桌子旁,这张桌子上除了一系列的计算机终端外别无他物。将问题显示给决策参与者,他们把自己的回答打在计算机屏幕上。个人评论和票数统计都投影在会议室内的屏幕上。

从以上对比可以发现,头脑风暴法可以使群体的压力降到最低,德尔菲法能使人际冲突趋于最小,电子会议法可以较快地处理各种观点。如表 5.2 所示。

表 5.2 几种定性决策方法的比较

效果标准＼决策方法	头脑风暴法	名义小组法	德尔菲法	电子会议法
观点的数量	中等	高	高	高
观点的质量	中等	高	高	高
社会压力	低	中等	低	低
财务成本	低	低	低	高
决策速度	中等	中等	低	高
任务导向	高	高	高	高
潜在的人际冲突	低	中等	低	低
成就感	高	高	中等	高
对决策结果的承诺	不适用	中等	低	中
群体凝聚力	高	中等	低	低

二、定量决策方法

定量决策方法常用于数量化决策，应用数学模型和公式来解决一些决策问题，即运用数学工具、建立反映各种因素及其关系的数学模型，并通过对这种数学模型的计算和求解，选择出最佳的决策方案。对决策问题进行定量分析，可以提高常规决策的时效性和决策的准确性。运用定量决策方法进行决策也是决策方法科学化的重要标志。定量决策方法主要包括确定型决策、风险型决策和不确定型决策三种。

（一）确定型决策

确定型决策，即只存在一种确定的自然状态，决策者可依科学的方法作出决策。确定型决策的方法有以下几类：

（1）线性规划、库存论、排队论、网络技术等数学模型法。

（2）微分极值法。

（3）盈亏平衡分析法。

盈亏平衡点法举例：

盈亏平衡点法又称本量利分析法或保本分析法，是进行产量决策常用的方法。该方法的基本特点是把成本分为固定成本和可变成本两部分，然后与总收益进行对比，以确定盈亏平衡时的产量或某一盈利水平的产量。总收益、总成本和产量的关系为：

$$P_{利润}=S-C=P\cdot Q-(F+V)=P\cdot Q-(F+v\cdot Q)=(P-v)\cdot Q-F$$

式中：S——总销售额；C——总成本；P——单位售价；Q——总销售量；F——固定成本；V——单位可变成本。

盈亏平衡点又称为保本点，或盈亏临界点，是指在一定销售量下，企业的销售收入等于总成本，即利润为零：$Q_0=F/(P-v)$。

销售额减去变动总成本后的余额，补偿了固定成本后剩余的部分即为利润。这个余额为边际贡献。因此边际贡献是对固定成本和利润的贡献。当总的边际贡献与固定成本相当时，恰好盈亏平衡。企业盈亏相抵时的业务量即为保本业务量。

如：某公司生产某产品的固定成本为 50 万元，单位可变成本为 10 元，产品单位售价为 15 元，其盈亏平衡点的产量为：

解析：$Q_0 = F/(P-v) = 500\,000/(15-10) = 100\,000$（件）

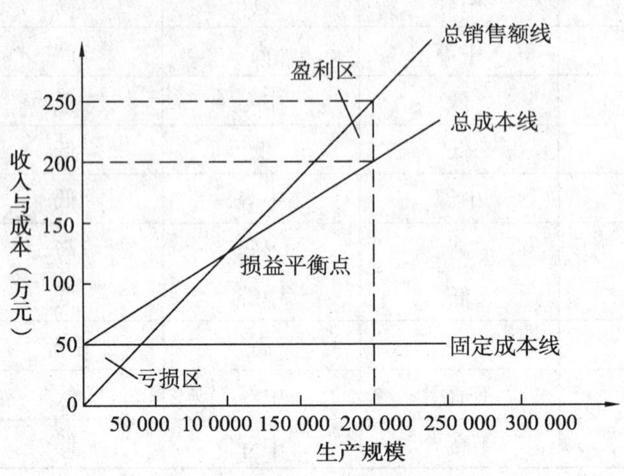

图 5.2　传统式本量利分析图

（二）风险型决策

在比较和选择活动方案时，如果未来情况不止一种，管理者不知道到底哪种情况发生，但知道某情况发生的概率，则须采用风险型决策方法。常用的风险型决策方法是期望值决策法和决策树法。

1. 期望值决策法

这种方法就是根据风险型决策问题给定的条件，计算每个方案的期望值，然后选择收益最大或损失最小的方案作为最优方案。

期望值是根据某种自然状态出现的概率和该种自然状态出现时的损益值，计算该方案的损益数值，由于该值不是肯定能获得的数值，因此称为期望值。期望值的计算公式是：

$$E = \sum_{i=1}^{n} Y_i P_i$$

式中：E——某方案的期望值；

Y_i——该方案出现第 i 种自然状态时的损益值；

P_i——该方案第 i 种自然状态出现的概率；

n——该方案可能出现的自然状态数。

以期望值为标准的决策方法一般适用于概率出现具有明显的客观性质，且比较稳定；决策不是解决一次性问题，而是解决多次重复问题；决策的结果不会对决策者带来严重的后果。

期望值决策法举例：

某施工队正在研究是否承包某项工程的问题。在该工程施工期间，天气状况可能有三种情况：天气好、天气一般、天气不好。根据当地气象资料，上述三种状况出现的概率见表 5.3。根据资料计算，在承包该项工程期间，如果天气好，则可获利 10 万元；若天气一般，则可获利 5 万元；若天气不好，则将亏损 10 万元。若此期间不承包该项工程，而做其他工作，则可获利 2 万元。试用期望值标准决定是否承包该项工程。

表 5.3　天气状况表

自然状态	概率	可供选择的方案	
		承包该项工程	不承包该项工程
天气好	0.4	10 万元	2 万元
天气一般	0.4	5 万元	2 万元
天气坏	0.2	-10 万元	2 万元

解析：根据期望值标准的计算公式，承包该项工程的期望值是：

$$E = \sum_{i=1}^{n} Y_i P_i = 10 \times 0.4 + 5 \times 0.4 - 10 \times 0.2 = 4(\text{万元})$$

由于不承包该项工程时获利 2 万元<4 万元，因此，应承包该项工程。

2. 决策树法

决策树法是指将决策的问题以树状图形来表达，并通过对树状图形的计算分析来选择决策行动方案的方法。这里的树状图形就称为“决策树”。严格地说，决策树只不过是一种分析工具，无论是风险型决策还是不确定型决策问题，都可以用这一工具来加以分析。它可以把未来情况及其概率、损益值等可供决策的内容，简单直观地反映在树枝状图形即决策树上，通过计算比较各决策方案在各种状态下的平均期望值来选择期望值最大的方案。

决策树由决策点、方案枝、机会结点和概率枝组成：

决策点，或称决策箱，用方块表示，用来表明决策的结果。

方案枝，由决策点引出的若干条直线，每条直线代表一个方案。

状态结点，是在各方案的末端画的一个圆圈，表示各种自然状态所能获得效益的机会。

概率枝，是从机会结点引出的若干条直线，代表各种自然状态，并把各方案在各种自然状态下的损益值记在概率枝的末端。

这样，树形图由左向右、由简到繁展开，组成一个树状网络图，如图 5.3 所示。

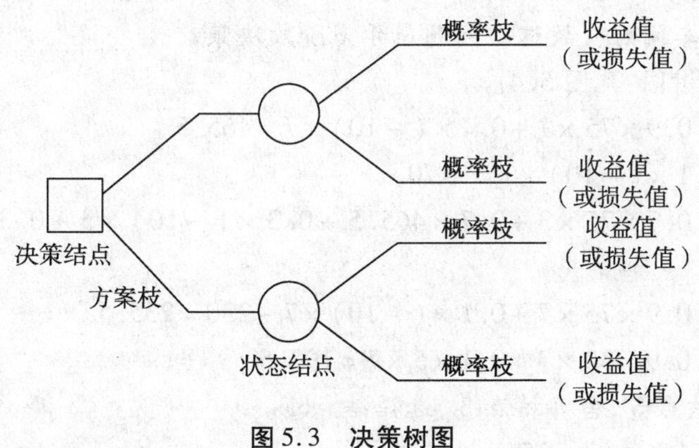

图 5.3　决策树图

应用决策树的具体步骤如下：

(1) 画出决策树。决策树图是人们对某个决策问题未来可能发生的情况与方案可能的结果在图纸上的表现。因此，画决策树图的过程就是拟定各种方案的过程，也是进行状态分析和估算方案结果的过程。所以，要对决策问题的发展动向步步深入地进行分析，并按决策树图的结构规范由左向右来推画出决策树图。

(2) 计算期望值。将各自然状态的收益值或损失值分别乘以概率枝上的概率,并将这些值相加,求出状态结点和决策结点的收益期望值或损失期望值。期望值的计算方法,从图的右边向左边逐步进行。一般把计算结果标示在相应的状态节点的上方。

(3)修枝选定方案。根据不同方案期望值的大小,从右向左(逆推法)进行修枝优选,舍去期望收益值小的方案,留下期望收益值最大的方案。在较复杂的决策问题中,此步骤常与上述计算期望收益值步骤交叉进行。修枝时要把修枝符号画在图上,最后便可得出最优方案,并写出结论。

决策树分析法的主要特点是使用了决策树图,因而整个决策分析过程具有直观、简要、清晰等优点。决策树分析既可用于单阶段的决策,也可用于多阶段的复杂决策。如果决策问题较复杂,在决策中,一次决策不能解决问题,需要进行多次决策才能确定决策的行动方案,称为多阶段决策。

决策树法举例:

某企业为增加销售,拟定开发一个新产品,提出三个备选方案:

方案一:投资400万元,建大车间。建成后,如果销路好,每年获利75万元;如果销路差,每年将亏损10万元。使用年限10年。

方案二:投资150万元,建小车间。建成后,如果销路好,每年获利30万元;如果销路差,每年将亏损5万元。使用年限10年。

方案三:投资150万元先建小车间。试销3年,如果销路好,再投资230万元扩建为大车间,其效率与方案一相同。扩建后使用年限7年。

根据市场预测,这种新产品在今后10年内销路好的概率是0.7,销路差的概率是0.3。又预计如果前3年销路好,则后7年销路好的概率是0.9;如果前3年销路差,后7年销路肯定差。

请决策应选择哪个方案。

这一决策包括两个问题的决策:一是建小车间3年后扩建好,还是不扩建好?二是建大车间好,还是建小车间好?故这一问题属于多阶段决策。

首先,画出决策树图,见图5.4。

结点①期望值:$0.9\times75\times7+0.1\times(-10)\times7=465.5$

结点②期望值:$1\times(-10)\times7=-70$

结点③期望值:$0.7\times75\times3+0.7\times465.5+0.3\times(-10)\times3+0.3\times(-70)-400=53.4$

结点④期望值:$0.9\times75\times7+0.1\times(-10)\times7-230=235.5$

结点⑤期望值:$0.9\times30\times7+0.1\times5\times7=192.5$

比较结点④和结点⑤,舍弃结点⑤,选择结点④。

结点⑥期望值:$1\times5\times7=35$

结点⑦期望值:$0.7\times30\times3+0.7\times235+0.3\times5\times3+0.3\times35-120=92.9$

比较结点③和结点⑦,舍弃结点③,选择结点⑦。决策结果:选择方案三,先建小车间,若前三年销路好,再扩建大车间。

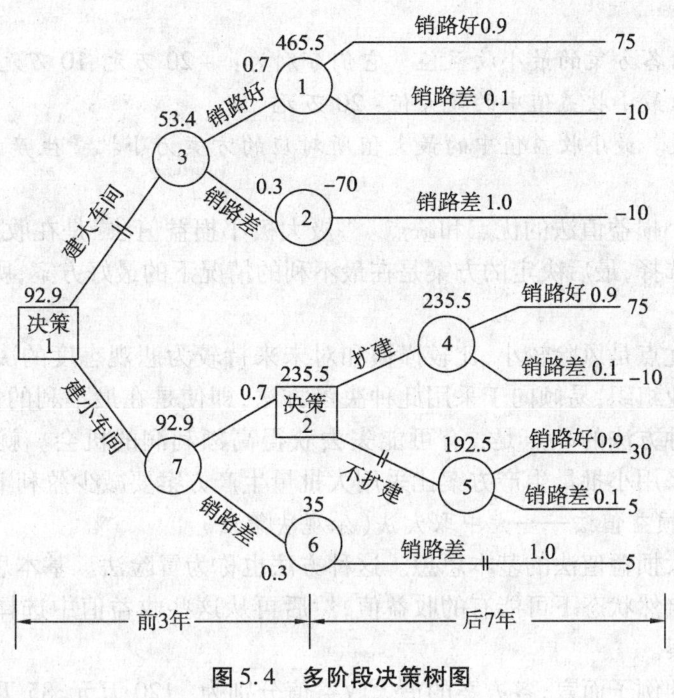

图 5.4 多阶段决策树图

(三) 不确定型决策

在比较和选择活动方案时,如果管理者不知道未来情况有多少种,或虽知道有多少种,但不知道每种情况发生的概率,则须采用不确定型决策。在不确定型决策中,由于其结果无法估计,决策在很大程度上取决于决策者对组织状况的判断和决策者自身的性格特点。例如,乐观的决策者与悲观的决策者,实力雄厚的组织与实力弱小的组织,对同一决策问题所作出的决策很可能是不同的。

常用的不确定型决策方法有小中取大法、大中取大法、最小最大后悔值法、等可能性法和乐观系数法等。

1. 极大极小损益值法——小中取大法(悲观决策法)

(1) 极大极小损益值法的基本思想。这种方法也称为保守法、瓦尔德决策准则。基本思想是:先计算出各种方案在各种自然状态下可能有的收益值,再找出各种方案在自然状态下的最小收益值,然后选择与这些最小收益中最大的值相对应的方案,作为决策方案。

小中取大法举例:

某企业拟试制一种新产品投放市场,由于缺乏历史资料和统计数据,只能大致估计产品投放市场会有销路好、销路一般、销路差三种状态;现有大批量生产、中批量生产、小批量生产三个方案。三个方案在三种状态下的收益值见表 5.4,试用“小中取大法”进行决策。

表 5.4 销售状况表

	收益值(万元)		
	销路好	销路一般	销路差
大批量生产	120	50	-20
中批量生产	85	60	10
小批量生产	40	30	20

解析：

第一步：找出各方案的最小收益值。它们分别为：-20 万元、10 万元和 20 万元。

第二步：找出最小收益值中的最大值：20 万元。

第三步：决策。最小收益值中的最大值所对应的方案为小批量生产方案，将该方案作为决策方案。

(2) 极大极小损益值法的优点和缺点。"极大极小损益值法"是在收益最少、最不利的自然状态中进行选择，最后决定的方案是在最不利的情况下的最好方案，所以这是一种比较保守的决策方法。

这种方法的优点是风险较小，比较谨慎和对未来持较为悲观态度的决策者以及承担风险能力较小的企业组织，易倾向于采用此种决策方法，即使是在最不利的情况下，也能获得一定的利润。这种方法的缺点是：有可能失去获得高额利润的机会。就上面所举例子而言，如果销路好，采用小批量生产方案比采用大批量生产方案要减少盈利 100 万元。

2. 极大极大损益值法——大中取大法(乐观决策法)

(1) 极大极大损益值法的基本思想。这种方法也称为冒险法。基本思想是：先计算出各种方案在各种自然状态下可能有的收益值，然后再从这些收益值中选择一个收益值最大的方案为决策方案。

就前面所举的例子而言，各方案的最大收益值分别为：120 万元、85 万元 40 万元，其中的最大值为 120 万元，所对应的方案为大批量主产方案，故选择大批量生产方案为决策方案。

(2) 极大极大损益值法的优点和缺点。"大中取大法"是一种比较乐观而积极的决策方法，常为一些敢冒风险、勇于进取的决策者和实力雄厚的企业组织所采用。它的优点是有可能夺取最好的效果，其缺点是承担的风险较大。在上例中，假如销路差，大批量生产方案反而会亏损 20 万元。

3. 最小最大后悔值法

该方法又称大中取小法、萨凡奇决策准则。即在最大后悔值中取其最小值所对应的方案为决策方案。

决策者在选定方案后，如实践证明自然状态比原先估计的要好，那么企业就遭受了机会损失，决策者将会为此而后悔。后悔的程度用最大收益值与所采取的方案的收益值之差来衡量，称为后悔值。大中取小法的基本思想是：先找出各个方案的最大后悔值，然后选择这些最大后悔值中最小者所对应的方案作为决策方案。

大中取小法的精神是：估计可能出现的决策与实际的最大差距，并把这种最大差距尽可能降到最小。

仍就前面所举例子进行分析，如果出现的自然状态是销路好，而采取的决策方案是大批量，收益值为 120 万元，比中批量和小批量方案都要好，不会后悔，即后悔值为 0。但如当初采用的是中批量或小批量方案，则后悔值分别为：

$$120-85=35(\text{万元})$$

$$120-40=80(\text{万元})$$

依此类堆，可以得出在销路一般的状态下，三个方案的后悔值分别为：

$$60-50=10(\text{万元})$$

$$60-60=0(万元)$$
$$60-30=30(万元)$$

在销路差的状态下,三个方案的后悔值分别为:

$$20-(-20)=40(万元)$$
$$20-10=10(万元)$$
$$20-20=0(万元)$$

三个方案的最大后悔值分别为40、30和80。其中以30为最小,故选择其对应的中批量生产方案为决策方案。

4. 等可能性法

等可能性法也称拉普拉斯决策准则。采用这种方法,是假定自然状态中任何一种发生的可能性是相同的,通过比较每个方案的损益平均值来进行方案的选择,在利润最大化目标下,选择平均利润最大的方案,在成本最小化目标下选择平均成本最小的方案。

5. 乐观系数法

乐观系数法也称折中决策法、赫威斯决策准则,决策者确定一个乐观系数 ε(0.5,1),运用乐观系数计算出各方案的乐观期望值,并选择期望值最大的方案。

以上五种方法得出五种决策结论,究竟该采用哪一种方法,要根据组织的具体情况而定。

表 5.5 非确定型决策方法举例

状态 / 方案		A	B	C	D	行最大值	选择方案
最好状态 S_1 S_2 S_3 最差状态 S_4		600 +400 -150 -350	800 350 -300 -700	350 220 50 -50	400 250 90 -100	800 400 90 -50	
等可能性法 (每种状态的概率为0.25)		125	37.5	142.5	160		D
保守法(列最小值)		-350	-700	-50	-100		C
冒险法(列最大值)		600	800	350	400		B
折衷法(乐观系数=0.2, 悲观系数=0.8)		-160	-400	30	0		C
最小最大后悔值法	后悔值	200 0 240 300	0 50 390 650	450 180 40 0	400 150 0 50		
	最大后悔值	300	650	450	400		A

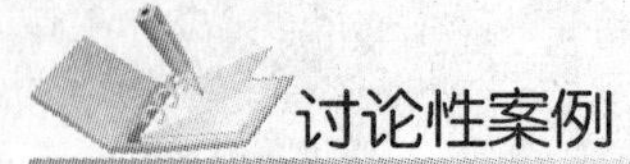

讨论性案例

巨人集团衰落的教训

独裁决策机制是巨人集团衰落的重要因素之一。到1996年年底,巨人集团在经历了辉煌的创业与发展阶段之后,面临着严重的生存危机。

究其原因,还要从史玉柱本人的个性及其管理思想方法说起:首先,不善交际是他的性格特征之一。他在后来的反思时说:“不善于处理人际关系,一直是我的弱点,我真正的朋友不多。像政界、金融界、新闻界等,都没有走得很近的朋友。当我遇到一个坎儿时,才发现肝胆相照的朋友太少。”正是这种封闭的性格,造就了他封闭的思维模式,形成了巨人集团封闭的发展道路,所以一旦出现危机,就使自己处于孤立无援的境地。不善交际还表现在他留不住人才上,虽然他给予了员工们较优厚的待遇,但人才还是像走马灯一样地走了。其次,工作作风不扎实,一味地追求创新而忽视巩固成果。他善于创业,而不善于守业。比如他开创的一种减肥新产品,打开市场一般需要3年,而他只用了3个月,怎么巩固市场他却再也没有兴趣了。正如他自己反思时所说的:“如同狗熊掰棒子,掰一个丢一个”。再次,实行“个人说了算”的独裁决策机制。巨人集团虽然也设有董事会,但那不过是个空架子,实际上还是他个人说了算。因为在巨人集团的股份中,他个人占了90%以上,所以进行决策时,别人很少坚持各自的意见,也无法干扰他的决策。

导致巨人集团财务危机和发展困境的直接原因主要是下面两项:一是“巨人大厦”的狂热上马。史玉柱承认,兴建巨人大厦是自己头脑发热的结果,并非经济因素所致。基本情况是这样:1992年原计划盖18层,作为集团公司办公楼;1993年,看到地理位置很好,准备再盖高一些,由自用转为开发地产,便决定改为54层;为了超过当时广州准备兴建的63层全国最高建筑,设计又改为64层;1994年初又有人认为64层有点犯忌,便又将64层改为70层。楼层长上去了,随之而来的便是预算要增加到12亿元,工期延长到6年。由于在大厦施工过程中碰到了地震断裂带并遭两次水淹,又不得不追加预算和推迟工期,从而导致债主们上门讨债,企业内部资金萎缩,法院冻结资产,新闻聚焦报道,一下子就把史玉柱这位响当当的现代企业家置于难以摆脱的绝境。二是生物工程的管理不善。生物工程对史玉柱来说是一个陌生的领域,只因在1994—1996年间异军突起,红火一时,便成了巨人集团的第二大支柱产业。这本身就可能潜伏着某种程度的危机。巨人集团属下主营生物工程项目的子公司康元公司,出现了严重的管理问题,财务混乱,导致全面亏损,债权债务相抵净亏5 000万元。史玉柱当初对这两项工程的设想是:在兴建大厦的过程中,当卖楼花的钱用完后,就从生物工程方面抽调资金。康元公司怎能承担兴建大厦负荷!结果因抽资过度,伤害了生物工程造血功能的元气,终于导致了经营逐渐萎缩,整个集团的流动资金因此而枯竭,最后的失败自然是落山的夕阳不得不落山。

思考题:

巨人集团决策机制导致的结果,对我们有何启示?

复习题

1. 什么是决策？决策有哪些特点？
2. 决策在管理中的作用如何？你能否通过实例来说明决策的重要性？
3. 简述决策的基本过程。你在实际工作中是如何作决策的？
4. 对比几种常用的定性决策方法。
5. 对比几种常用的定量决策方法。
6. 定性决策和定量决策的异同是什么？

分析性案例

海上小岛求生

1. 情景

在9月下旬的某一天，你所乘坐的巨型客轮正在太平洋上航行。突然遇到海上风暴，旅客们迫不得已采取紧急的救生措施。你们几名旅客漂流到一个荒岛上。你们来自不同的国家，所使用的语言有英语、德语、汉语和意大利语，但每个人都或多或少地会讲一些汉语。现在你们并不知道自己所处的位置在哪里，对岛上的情况也并不了解，不知道岛上会不会有人，会有什么人或动物，岛上的植物看起来都很奇怪。眼前是一片汪洋大海，不知何时才会有船只经过，何时才会有人来救你们。现在你们每人有一件救生衣，身穿比较薄的轻便的衣服。每个人有一条小毛巾，随身携带的有一些钱和钥匙。此外，你们还共同拥有以下这些东西：一个打火机、一把瑞士军刀、一本航海地图册、两个指南针、几件厚外套、一本英汉法德词典、一块大塑料布、一块手表、每个人平均两公斤的水、五袋饼干、一瓶盐、三瓶带有法文说明的药、每人一副太阳眼镜、一面镜子、一段粗绳子。

这15件物品对你的求生都有一些作用。请你将用于救援的15件物品以其重要性的大小排出顺序。最重要者写上1，最不重要者写上15。注意：不可出现同顺位的情形。

2. 个人决策

全班每人各自独立考虑，不得互相讨论和交头接耳。请考虑15件物品对处于上述条件下生存的重要性，并按重要性递减方向列出它们的顺序来。此项任务需在10～15分钟内完成。要能在需要时说出所列顺序的理由。

3. 小组决策

在由4～7人组成的小组中进行讨论，就上述15件物品的重要性递减所列的合理顺序尽量争取达成共识。要充分说理，不轻易妥协，但又要客观冷静，在放弃己见时，要记下在哪一点上，为什么这样做。不要去打听别组的结果，也别指望教师这时会告诉你正确排列。每组要指派专人记下小组讨论出的最后顺序。只有在不得已时才采用表决法。这项活动要在40～45分钟内完成。

4. 权威答案

各组都求得小组顺序后，教师宣布总参军训处海岛生存训练专家所列顺序。不论各位学生有无异议,必须接受此顺序做计分标准。教师然后转达专家所列顺序的理由。

5. 计分

将个人对15件物品中每一件的顺序,与专家所列相应物品的顺序相减,但所获差值只取绝对值,不计符号。再将15件的各自差值求和,即为个人决策质量分。若个人所列顺序与专家完全一致,各项差值及总差值和均为零,属完全正确,质量最高。反之,总差值和愈大,距标准越远,质量越差。然后依同法算出小组决策的质量。

6. 分析

每组各自列出每一成员个人决策分及小组决策分,并求出全组平均分,分析个人分与小组分之间的关系,注意观察这些质量分之间的关系与顺序。对小组质量高于和低于组内最高个人质量的,要追查此人是怎样说服或屈从于质量较差的别人的。

从客轮上取回的15件物品	个人所排顺序	小组所排顺序	专家所排顺序	个人决策偏差	小组决策偏差
一个打火机					
一把瑞士军刀					
一本航海地图册					
一个指南针					
几件厚外套					
一本英汉法德词典					
一块大塑料布					
一块手表					
每个人平均两公斤水					
五袋饼干					
一瓶盐					
三瓶带有法文说明的药					
每人一副太阳眼镜					
一面镜子					
一段粗绳子					

总分(分数越低越好):________

第六章

战略管理

引导案例

马太效应

一位主人将去国外远行，临走之前，将仆人们叫到一起，把财产委托他们保管。

主人根据每个人的才干，给了第一个仆人五个塔伦特（注：古罗马货币单位），给第二个仆人两个塔伦特，给第三个仆人一个搭伦特。

拿到五个塔伦特的仆人把它用于经商，并且赚到了五个塔伦特。

同样，拿到两个塔伦特的仆人也赚到了两个塔伦特。

但是拿到一个塔伦特的仆人却把主人的钱埋到了土里。过了很长时间，主人回来与他们算账。

拿到五个塔伦特的仆人，带着另外五个塔伦特来到主人面前，说："主人，你交给我五个塔伦特，请看，我又赚了五个。"

"做得好！你是一个对很多事情充满自信的人，我会让你掌管更多的事情。现在就去享受你的土地吧。"

同样，拿到两个塔伦特的仆人带着另外两个塔伦特来了，他说："主人，你交给我两个塔伦特，请看，我又赚了两个。"

主人说："做得好！你是一个对一些事情充满自信的人，我会让你掌管很多事情。现在就去享受你的土地吧。"

最后，拿到一个塔伦特的仆人来了，他说："主人，我知道你想成为一个强人，收获没有播种的土地。我很害怕，于是把钱埋在了地下。看那里，那儿埋着你的钱。"

主人斥责他说："又懒又缺德的人，你既然知道我想收获没有播种的土地，那么你就应该把钱存在银行家那里，当我回来时能连本带利地还给我。"

然后他转身对其他仆人说："夺下他的那个塔伦特，交给那个赚了五个塔伦特的人。"

"可是他已经拥有十个塔伦特了。"

"凡是有的，还要给他，使他富足；但凡没有的，连他所有的，也要夺去。"

管理启示：

上世纪60年代，知名社会学家莫顿首次将"贫者越贫、富者越富"的现象归纳为"马太效应"。所以，在企业资源的分配上，马太效应告诉我们要锦上添花，不要雪中送炭。当可利用资源有限时，必须将你的时间、精力、才能、金钱等投入到最有希望获胜的战场，确立自己在这一领域的优势地位。换句话说，企业经营就是要把握“抑弱扶强”的原则。

组织战略主要规定了组织的发展方向、发展重点、行为方式以及资源分配的优先领域。战略管理有助于组织对竞争者做出反应，适应环境的变化，有效地利用可获得的资源。研究和实践表明，战略管理确实影响着一个公司的绩效和财务上的成功。

第一节 战略的内涵与管理

企业战略已经成为决定企业竞争成败的关键与核心问题之一。企业战略是企业在市场竞争激烈的环境中，在总结历史经验、调查现状、预测未来的基础上，为谋求生存和发展而做出的长远性、全局性的谋划或方案。战略管理则是企业为实现战略目标，制定战略决策，实施战略方案，控制战略绩效的一个动态管理过程。战略管理与企业战略是两个不同的概念与范畴，同时，它与企业的经营管理也既有区别又有联系。

一、战略的定义

什么是企业战略？从企业未来发展的角度来看，战略表现为一种计划(plan)；而从企业过去发展历程的角度来看，战略则表现为一种模式(pattern)；如果从产业层次来看，战略表现为一种定位(position)；而从企业层次来看，战略则表现为一种观念(perspective)。此外，战略也表现为企业在竞争中采用的一种计谋(ploy)。这是关于企业战略比较全面的看法，即著名的“5P”模型。什么是战略管理？战略管理是指对企业战略的管理，包括战略制定/形成(strategy formulation/formation)与战略实施(strategy implementation)两个部分。

战略并不是“空的东西”，也不是“虚无”，而是直接左右企业能否持续发展和持续盈利最重要的决策参照系。战略管理则是依据企业的战略规划，对企业的战略实施加以监督、分析与控制，特别是对企业的资源配置与事业方向加以约束，最终促使企业顺利达成企业目标的过程管理。

安索夫最初在其1976年出版的《从战略规划到战略管理》一书中提出了“企业战略管理”。他认为：企业的战略管理是指将企业的日常业务决策同长期计划决策相结合而形成的一系列经营管理业务。

斯坦纳在他1982年出版的《企业政策与战略》一书中则认为：企业战略管理是确定企业使命，根据企业外部环境和内部经营要素确定企业目标，保证目标的正确落实并使企业使命最终得以实现的一个动态过程。

综上所述，战略管理可以定义为，企业通过确定其使命，根据组织外部环境和内部条件设定企业的战略目标，为保证目标的正确落实和实现进行谋划，并依靠企业内部能力将这种谋划和决策付诸实施，以及在实施过程中进行控制的一个动态管理过程。

指导企业全部活动的是企业战略，全部管理活动的重点是制定战略和实施战略。而制定战略和实施战略的关键在于对企业外部环境的变化进行分析，对企业的内部条件进行审核，并以此为前提确定企业的战略目标，使三者之间达成动态平衡。战略管理的任务，就在于通过战略制定、战略实施和日常管理，在保持这种动态平衡的条件下，实现企业的战略目标。

第一,战略管理不仅涉及战略的制定和规划,而且也包含着将制定出的战略付诸实施的管理,因此是一个全过程的管理。

第二,战略管理不是静态的、一次性的管理,而是一种循环的、往复性的动态管理过程。它是根据外部环境的变化、企业内部条件的改变,以及战略执行结果的反馈信息等,而重复进行新一轮战略管理的过程,是不间断的管理。

二、战略的层次

企业在"何处参与竞争"(where)? 用"什么产品参与竞争"(what)? "如何在市场中赢得竞争的优势"(how)? 这些问题是企业家常常会遇到的,也是企业在制定经营战略过程中必须解决的。在回答这些问题之前,弄清经营战略的三个层次是十分必要的。

就经营战略的内容而言,首先要清楚它是有关什么的战略。例如,它是公司层次的战略呢,还是经营单位的战略? 这就需要我们树立经营战略的层次观念。经营管理专家把经营战略分为以下三个层次。

1. 集团战略(corporate strategy)

集团这一层次的战略主要筹划经营机构的建制,即集团内相对独立的经营企业的设置。西方管理学家称之为"战略经营单位"(SBUS)。集团战略的根本问题是集团运作的逻辑性或合理性。简言之,集团战略要解决下述问题:"我们应从事何种业务?""我们应如何经营、管理这些业务?"一家多元化经营的集团可以提出各种论点来支持其由多种"战略经营单位"组成的集团存在的合理性。例如:

论点A:便于融资。通过集团化,各自独立的企业可以得到更有效的管理,特别是资金方面的有效管理。举例说,一家处于成熟期企业的资金可能用来资助另一家正在迅速成长的经营单位的发展。

论点B:集约经营。集团之所以组建,就是因为集团内各"战略经营单位"存在重要的共性。各"战略经营单位"之间可以分享资源,从而使它们或降低成本,或更有利于市场竞争。

论点C:扩散效应。如果集团内形成了拳头产品,以此为杠杆,可以扩散到其他经营单位,从而获得该行业的整体竞争优势。举例说,日本本田公司的拳头产品是小型四冲程汽油发动机,该公司的业务由此扩散到轿车、锄草机、发电机等行业。

2. 竞争战略(business strategy)

竞争战略也称作企业层次的战略,西方称之为"战略经营单位的战略"。它关注的主要是产品及其服务在市场中的竞争。在这一层次上,要解决前述的三个根本性的问题:

(1) 我们应在何处参与竞争? 或在哪一个市场以及市场中的哪一部分参与竞争?

(2) 我们用什么样的产品参与竞争?

(3) 我们如何在经过挑选的市场中赢得实质性的竞争优势?

企业管理层如果对上述问题还没有得出具体、明确的答案,那么,就不会有一个深思熟虑、出奇制胜的竞争战略。

3. 职能战略(functional strategy)

职能战略旨在阐明各职能部门在制定竞争战略过程中应发挥的相关作用。从这种意义上讲,功能性战略受制于竞争战略。这样,每一个竞争战略又可以分解为市场营销战略、融资战略、研究与开发战略、人事管理战略等功能性战略。

三、战略的管理

战略管理主要是指战略制定和战略实施的过程。一般说来,战略管理包含四个关键要素:战略分析——了解组织所处的环境和相对竞争地位;战略选择——战略制定、评价和选择;战略实施——采取措施发挥战略的作用;战略评价和调整———检验战略的有效性。

战略分析的主要目的是评价影响企业目前和今后发展的关键因素,并确定在战略选择步骤中的具体影响因素。战略分析包括三个主要方面:

其一,确定企业的使命和目标。它们是企业战略制定和评估的依据。

其二,外部环境分析。战略分析要了解企业所处的环境(包括宏观环境、微观环境)正在发生哪些变化,这些变化给企业将带来更多的机会还是更多的威胁。

其三,内部条件分析。战略分析还要了解企业自身所处的相对地位,具有哪些资源以及战略能力;还需要了解与企业有关的利益和相关者的利益期望,在战略制定、评价和实施过程中,这些利益相关者会有哪些反应,这些反应又会对组织行为产生怎样的影响和制约。

战略分析工具是企业战略咨询及管理咨询实务中经常使用的一些分析方法,主要有以下几种:

SWOT 分析法:SWOT 是一种分析方法,用来确定企业本身的竞争优势(strength)、竞争劣势(weakness)、机会(opportunity)和威胁(threat),从而将公司的战略与公司内部资源、外部环境有机结合。因此,清楚地了解公司的资源优势和缺陷,了解公司所面临的机会和挑战,对于制定公司未来的发展战略有着至关重要的意义。

内部因素评价法:又称为内部因素评价矩阵(IFE 矩阵)。

外部要素评价法:又称做外部因素评价矩阵(EFE 矩阵)。

竞争态势评价法:又称做竞争态势矩阵(CPM 矩阵)。

波士顿矩阵法:又称市场增长率—相对市场份额矩阵、波士顿咨询集团法、四象限分析法、产品系列结构管理法(BCG)等。

四、战略管理的特点

根据上述战略管理的定义和要素,可以将战略管理的特点归结为以下几个方面:

1. 战略管理具有全局性

企业的战略管理是以企业的全局为对象,根据企业总体发展的需要而制定的。它所管理的是企业的总体活动,所追求的是企业的总体效果。虽然这种管理也包括企业的局部活动,但是这些局部活动是作为总体活动的有机组成在战略管理中出现的。具体来说,战略管理不是强调企业某一事业部或某一职能部门的重要性,而是通过制定企业使命、目标和战略来协调企业各部门自身的表现,强调的是它们对实现企业使命、目标、战略的贡献大小。这也就使战略管理具有综合性和系统性的特点。

2. 战略管理的主体是企业的高层管理人员

由于战略决策涉及一个企业活动的各个方面,虽然它也需要企业上、下层管理者和全体员工的参与和支持,但企业的最高层管理人员介入战略决策是非常重要的。这不仅是由于他们能够统揽企业全局,了解企业的全面情况,更重要的是他们具有对战略实施所需资源进行分配的权力。

3. 战略管理涉及企业大量资源的配置问题

企业的资源,包括人力资源、实体财产和资金,或者在企业内部进行调整,或者从企业外部来筹集。在任何一种情况下,战略决策都需要在相当长的一段时间内致力于一系列的活动,而实施这些活动需要有大量的资源作为保证。这就需要为保证战略目标的实现,对企业的资源进行统筹规划,合理配置。

4. 战略管理具有时间上的长远性

战略管理中的战略决策是对企业未来较长时期(5 年以上)内,就企业如何生存和发展等进行统筹规划。虽然这种决策以企业外部环境和内部条件的当前情况为出发点,并且对企业当前的生产经营活动有指导、限制作用,但是这一切是为了更长远的发展,是长期发展的起步。从这一点上来说,战略管理也是面向未来的管理,战略决策要以经理人员所期望或预测将要发生的情况为基础。在迅速变化和竞争性的环境中,企业要取得成功必须对未来的变化采取预应性的态势,这就需要企业做出长期性的战略计划。

5. 战略管理需要考虑企业外部环境中的诸多因素

当代企业都存在于一个开放的系统中,在未来的竞争环境中,企业要使自己占据有利地位并取得竞争优势,就必须考虑与其相关的因素,包括竞争者、顾客、资金供给者、政府等外部因素,以使企业的行为适应不断变化中的外部力量,使企业能够继续生存下去。

讨论性案例

材料 1:

TCL 的国际化苦旅

TCL 集团股份有限公司从创办伊始,经过 20 多年的发展,从无到有、从小到大,经历了“电话机时代”、“彩电时代”、“多元化时代”、“国际化时代”四个阶段,成为在中国电子信息产业中有一定竞争力和品牌知名度的大型企业。

从 1997 年开始,TCL 彩电事业进入了发展的快车道。然而,国内家电市场的竞争也日趋激烈。TCL 彩电在力压长虹、创维等公司后,发现其国内市场的利润已越来越微薄。亚洲金融危机之后,TCL 出口导向型发展模式也遇到了极大的挑战。在这样的压力下,TCL 鼓起第一个“吃螃蟹”的勇气,开始尝试走出国门。

1999 年,TCL 在香港主板上市。凭借资本优势,TCL 在越南开设其第一家境外工厂。经过 18 个月的探索和拼搏,越南分公司终于迎来了海外经营的第一缕曙光。如今,TCL 彩电在越南市场的占有率已达 20.25%,仅次于三星的 21.84%,位居第二。TCL 彩电连续三年被评为越南优质产品,成为越南市场名副其实的国际品牌。

随着国际家电巨头角逐的加剧,TCL 感到新兴市场的开发空间正变得日益有限,预期这些市场必将步入与国内市场类似的窘境。2002 年,德国老牌电视企业施耐德破产后寻求买家。机会降临到 TCL 头上,TCL 毫不犹豫地决定全资收购。2002 年 10 月 25 日,TCL 全资收购的德国施耐德公司在德国慕尼黑正式开业,拉开了 TCL 海外并购的序幕。不幸的是,TCL 并没有扭转施耐德的颓势,自正式接手的那一天起,施耐德就持续亏损。三年半时间里,TCL 在施耐德更换了四个 CEO,但一直对如何改善经营状况束手无策。施耐德最后的结局是关门大吉。2003年7月,法国汤姆逊公司通过投资银行找到TCL,希望出售其彩电业务。这对一直图谋欧美市场的TCL来说,无疑是一个难得的机会。2004年1月,TCL并购汤姆逊彩电业务,成立TTE。同年8月1日,TTE公司正式在香港注册,运营总部设在深圳。

然而,事与愿违,TTE的经营状况却每况愈下。从2004年8月成立到12月,TTE公司的主营业务收入为158亿元,亏损了6 386万元。2005年一季度主营业务收入锐减为86亿元,亏损增至7 708万元。其中,原汤姆逊业务在TTE业务中的比重迅速下降成为业绩下滑的主要原因。

2006年8月30日,TCL集团发布的中期年报显示:受累于TCL多媒体欧洲业务的巨额亏损,集团上半年净亏损扩大至7.38亿元,比上年同期增加6.49%,而2004年同期则赢利3.73亿元。

亏损的原因是多方面的,下面三个方面的问题也许特别值得一提:

其一,欧洲的管理团队没有能在技术和市场转变时做出有效的调整和管理,对欧洲业务的整合和重组计划推进迟缓。

其二,对欧洲市场由CRT向平板转型的速度估计不足,没有做好充分的准备。

其三,人才问题一直是TCL国际化的瓶颈。

连续几年的亏损让TCL尝尽了苦头。在国际化征途上屡遭挫折的李东生,下定决心重塑TCL。2006年以来,从决策层到经营层,TCL大胆地引入、起用大批有国际化背景的新人,一批TCL的创业老臣相继离去或退居二线。2007年初,求贤若渴的李东生终于为TTE找到了新总裁的合适人选——曾任麦肯锡北京分公司总经理的吴海。吴海具有优秀的国际化背景,希望他的出任给公司的运营带来积极影响。

材料2:

战略管理哲学——《道德经》

《道德经》可以认为是中国"谋略之学"的鼻祖。计谋和战略设计是道家的拿手好戏,这为儒家所不齿。但是,理解战略,不得不研究《道德经》。

"道,可道,非常道。""兵者,国之大事,存亡之道,不可不察也。"无论是《孙子兵法》,还是《道德经》,都讲究"道"。

什么是"道"?"道"就是规律。任何事物都有其产生、发展、成熟、死亡的规律。企业也不例外。

所以,研究企业的战略或管理,必须掌握企业的本质规律。企业的本质是什么?企业的本质是资源配置性和契约的组合性,是两者的结合。很多研究战略的人往往强调一方面而忽视另外一方面。强调战略的人认为公司治理不足挂齿,战略第一;强调公司治理的人说公司治理是根本。大家往往没有意识到,战略与公司治理之间的关系是如何做大蛋糕和合理分配蛋糕的问题。蛋糕做不大,分蛋糕成为空话;分蛋糕不合理,没谁愿意一起做大蛋糕。这里还有一个运营管理问题需要考虑进去。也就是说,企业的本质是由战略、运营和公司治理三要素决定的。

"道,可道,非常道。"任何成功的企业,其成功的逻辑必然是一致的,有规律的普遍性和共性存在。同时每个企业每个行业有其特殊性。也即所谓的"非常道"。我们研究战略,首先需要解决的是普遍规律性的问题,而不是解决个性的问题。只有解决企业发展的一般规律,企业的战略问题才能解决,否则企业家将回到"无名天地之始"的蒙昧状态。

企业具有生命周期,这也是"道"。其产生、发展及死亡有其规律性,研究企业每个阶段的发展规律有助于企业"长寿",研究企业不同阶段的转型有助于企业顺利转型,但是不保证企业的"长生不老"。很多能力派一直苦苦追求所谓的核心竞争力"长生不老"的仙丹根本就是徒劳的。

"人法地,地法天,天法道,道法自然。"这里"天"指外部环境,"地"指企业内部环境,比如资源、结构和文化等,"人"指企业中的人,"道"是战略之母,"道法自然"是指道的规律性受制于自然法则。研究战略,必须做企业内部环境和外部环境的SWOT分析,必须知道"道法自然"。

《孙子兵法》中有"经五事"的说法,即"天地道将法"。天地讲的是企业环境,将是管理人员,法代表管理制度,而这里的"道"跟老子的"道"显然不同,它显然是凝聚人心的企业文化。

第二节 战略选择

战略分析阶段明确了"企业目前状况",战略选择阶段所要回答的问题是"企业走向何处"。

一、总体战略选择

总体战略是指公司层面的战略,也称为公司战略。它是指针对企业整体的、由最高管理层制定的、用于指导企业一切行为的纲领。总体战略的主要内容是:规定企业的使命和目标,定义企业的价值;关注全部商业机遇,决定主要的业务范围和发展方向;确定需要获取的资源和形成的能力,在不同业务之间分配资源;确定各种业务之间的配合,保证企业总体的优化;确定公司的组织结构,保证业务层战略符合股东财富最大化的要求。

一般来说,企业的总体战略有发展型、稳定型和收缩型三种类型。三种类型的总体战略所适应的外部环境和内部条件有所不同。企业要依据这些因素进行选择。这里仅分析发展型总体战略的有关问题。发展型战略是企业由小到大、由弱变强的必然选择。发展型战略,又称进攻型战略,是指企业处于有利的地位,能够依靠自身力量或与其他企业联合,促使企业经营不断发展的战略。这种类型的战略,以发展为导向,引导企业不断地开发新产品,开拓新市场,采用新的生产方式和管理方式,以扩大企业的产销规模,增强企业的竞争实力。正确运用发展型战略,能够使一个企业由小到大、由弱到强,不断发展壮大。

发展型战略又可以进一步分为集中化发展战略、多角化发展战略和一体化发展战略三种类型。那么,如何在这三种类型的总体发展战略之间进行正确选择呢?

1. 集中化发展战略

集中化发展战略,又叫集中专业化发展战略或密集型发展战略,是中小型企业的首选发展战略。它是指企业集中现有资源,选择一个或几个子市场,以快于过去的增长速度来增加某种产品的销售额或市场占有率的战略。集中化发展战略的优点在于,企业可以通过了解目标市场的需求,集中企业资源,实行规模化、专业化生产,从而节省开支,降低成本,增加盈利,提高企业的市场信任度及其产品的社会美誉度和知名度。所以,集中化发展战略特别适用于中小型企业。这些中小企业原来生产单一产品，其产品未能满足市场的需求，产品还有很大的发展余地；或者企业原来已经实现了多品种生产，其中某种产品得到了广大用户的欢迎，形成了本企业的拳头产品。

2. 一体化发展战略

一体化发展战略是指企业充分利用自己在产品、技术、市场上的优势，开发和生产与原有产品处于同一产品领域但属于不同阶段的产品，扩大经营规模，谋求企业发展的战略。采取一体化发展战略的动机一般有下面三种：或是为了更有效地控制原材料成本、供应和质量，保障供应并降低成本，提高经济效益；或是为了更直接、更有效地利用本企业已有的原材料或半成品，进行深度加工，生产成品，从而提高原材料、半成品的利用率，增加企业利润；或是为了在同行业中打败竞争对手，取得垄断地位，扩大生产规模，享受规模经济效益给企业带来的好处。根据上述三种不同的动机，一体化发展战略可以分为以下三种具体形式：

一是后向一体化发展战略。后向一体化发展战略是指加工工业向原料工业或零部件元器件工业扩展，以扩大企业经营规模，如钢铁厂投资铁矿采掘业等。实行后向一体化发展战略的企业，一般是因为其产品在市场上拥有明显的优势地位，可继续扩大生产和销售，但是由于协作配套企业的材料、外购件供应跟不上或成本过高，影响企业的进一步发展。在这种情况下，企业可以依靠自己的力量，扩大经营规模，自己来生产材料或配套零部件，也可以把原来协作配套的企业联合起来，组成联合体，统一规划和发展。如电视机厂兼并显像管厂，食品加工厂投资兴办养殖场等，均属此战略的应用。后向一体化战略可以保证原材料、零配件的供应，风险较小，为许多企业在通过联合或兼并形式建立企业集团时优先采用。但其风险性在于，这种战略容易导致企业"大而全"。因而，聪明的企业家往往采用部分后向一体化，这样，既可保持企业的灵活性、专业性不变，又可享受后向一体化带来的好处。

二是前向一体化发展战略。前向一体化发展战略是指原料工业向加工工业延伸，制造工业向流通领域延伸，如钢铁厂开办钢窗厂等。实行前向一体化发展战略，一般是因为生产原材料或半成品的企业，充分利用自己在原材料、半成品生产方面的优势和潜力，由企业自己制造制成品，或者与制成品厂合并起来组建经济联合体，以促进企业不断成长和发展。如纺织厂兴建服装厂，木材厂兴建家具厂，煤矿兴建焦化厂、发电厂等，均属此战略的应用。前向一体化战略，能够使企业有效地控制销售和销售渠道，有助于企业更好地掌握市场信息和发展趋势，从而增加产品的市场适应性。但其风险性在于，企业要涉及新的业务领域，并且这种新领域在技术的要求上，往往高于本企业在原有领域的技术要求，由于业务生疏或技术、人才、资金等资源的欠缺或不充分，该战略常常无法有效实施，以至于影响到企业原来的业务。

三是水平一体化发展战略。又称作横向一体化发展战略，是指把性质相同、生产或提供同类产品的企业联合起来，组成联合体，以促进企业实现更高程度的规模经济和迅速发展的一种战略。这种发展战略，是许多企业在组建集团化时重点采用的战略。目前，我国在钢铁、汽车、自行车、家电、纺织等行业，均有这样的企业集团。在这一过程中，核心企业与其他企业实现跨地区、跨所有制、跨部门的横向联合，对于壮大企业实力、扩大生产规模、实现规模经济效益大有益处。

3. 多角化发展战略

多角化战略是指企业的产品、市场或服务类型，在保持原有经营领域的同时，进入新的经营领域,使企业同时涉及多个经营领域的一种经营发展战略。

发展型战略有三个主要特点:一是扩张性。发展型战略强调的是要充分利用外部环境给企业带来的有利机会,努力发掘和运用企业的内部资源,扩大产品组合,扩张原有市场,开拓新市场,提高市场占有率。二是挑战性。发展型战略要求企业不仅仅停留在适应外部环境的层次上,而且更强调要发挥企业的能动性、创造性,主动出击,主动进攻,发现新的需求,甚至创造出新的需求,引导市场,引导消费。三是风险性。任何战略都具有风险性,但与其他类型战略比较,发展型战略的风险性更大,因为企业的主动攻击,如开发新产品、扩张新市场等,一方面将企业导入新的且往往不确定的环境之中,有时可能会招致竞争对手的报复性反击,增加了经营风险;另一方面,企业涉足许多新市场、新领域,资源相对分散,遇有环境变化,企业难以应付。当然,与发展型战略的风险性相伴随,这种战略富有挑战性和吸引力,因而受到许多冒险型、进取型企业家们的欢迎。

在总体战略的选择上,是采用集中化发展战略、一体化发展战略还是多角化发展战略?近年来,我国有一大批知名企业纷纷陷入困境,或者顷刻间破产,或者面临破产的威胁。之所以如此,其中一个很重要的原因,就是企业在选择总体战略时出了问题。企业总体经营战略规定了企业在未来一定时期内发展的基本方向和基本格调,是指导企业各项工作的总纲领。企业的其他职能战略都是在这一总战略所规定的总框架之下制定的。因此,企业总体经营战略在企业战略体系中处于统帅和主导地位。

二、业务战略选择

业务战略又称经营战略、竞争战略或事业部战略。业务战略在结构中处于第二层次,战略的侧重点包括:建立和管理高绩效的业务组合;建立职能部门之间的协同,并将其转化为竞争优势;确定投资优化顺序,将资源导向最有吸引力的事业部;评价、改进各个部门负责人所建议的经营方式和行动方案。业务战略主要包括一般竞争战略、进攻性战略、防御性战略和超竞争状态下的竞争战略。

不同企业层面的一般竞争战略往往也不同。迈克尔·波特教授指出,各种竞争战略的重点和区别主要在于:一是企业中的市场目标的宽窄;二是企业所追求的竞争优势是低成本还是差异化。波特将竞争优势的两种基本形式与企业寻求获取这种优势的活动相组合,得出在行业中创造高于平均经营业绩水平的三种基本战略:成本领先战略(cost leadership)、差异化战略(differentiation)和聚焦战略(focus)。

1. 成本领先战略

成本领先是指将企业的成本降低到低于绝大多数甚至所有竞争对手的成本。一般而言,采用成本领先战略的企业只能提供具有基本质量和有限特色的产品,这样的产品可能缺乏竞争力,因此企业往往会采用低价策略来吸引顾客购买。总的来看,成本领先战略就是以大规模的生产和经营来降低成本,以低成本所支持的低价格来赢得市场,增加收入,最终实现盈利。

2. 差异化战略

差异化战略是企业通过创造不同于竞争对手的产品和服务的顾客感知价值,而取得竞争优势的一种竞争战略。企业的产品差异战略目的是为顾客提供额外的价值。这种额外价值是指:该价值必须得到顾客的认同,是顾客真正需要的反映;该价值归根结底是顾客的一种主观感受，是一种感知价值。成功的产品差异战略能够使企业以更高的价格出售其产品，并通过使用户高度依赖产品的差异化特征而获得用户的忠诚。

3. 聚焦战略

聚焦战略就是把企业的目标集中在某一特定的买主集团、产品线和某一特定的地区市场。该战略的核心思想是：专门服务于狭窄目标市场的企业比在更广阔范围内的竞争企业能够为目标市场提供效果更好或效率更高的服务。其战略成功的基础是，要么能以比竞争对手更低的成本服务于小市场，要么能为小市场中的顾客提供他们认为更好的产品（产品差异化聚焦战略）。

讨论性案例

三维度聚焦把握战略方向

正确选择和确定战略方向是保障企业持续发展和基业常青的基础。比如，格力电器始终坚持走专业化的方向，在竞争非常激烈的空调行业中，不断做大做强。

但是，战略方向的选择和确定对每一个企业来讲是一件非常有难度的事情。甚至，连非常优秀的联想也在这方面栽过跟斗。2000 年前后，联想开始大规模地向多元化发展，力图在 3～5 年时间内，将联想打造成像 IBM 一样涵盖硬件、软件、服务的大型 IT 企业。然而，此后 3 年，联想陷入了徘徊不前的困难局面。2004 年，联想转变多元化发展的思路，回归 PC 主业，这才走上了持续发展的道路。

企业怎样才能比较科学地把握正确的战略方向呢？总体来讲，必须从市场吸引力、企业竞争力和企业家精神与抱负三大维度出发进行聚焦确定。

一、研究市场吸引力

充分研究市场吸引力是正确把握战略方向的一项重要基础。市场吸引力研究对象包括两大方面：一是企业现有的业务或产品；二是企业可能进入的业务或产品。对市场吸引力的研究应该重点明确以下问题：

（1）市场规模有多大：企业必须明确在某一个特定区域范围内，该业务的市场规模有多大，也就是在这个区域范围内，该业务或产品需求总量有多大。一般来讲，规模越大的市场，存在越多的市场机会，企业做大做强的可能性也会比较高。

（2）市场成长性如何：市场成长性也就是某一项业务或产品的未来发展前景，主要包括市场增长率及市场可增长空间。

（3）市场盈利性怎样：不同的行业，市场盈利性是不同的，有的行业比较高，有的行业比较低，而且高低之间的差距有时相当大。行业的盈利性将决定企业未来的发展前景和可能的盈利情况，必须进行详细分析。

二、评价企业自身竞争力

“知己知彼，百战不殆。”企业不仅要充分研究市场竞争力，同时也要客观评价自身的竞争力。如果没有客观评价自身竞争力，一厢情愿地进入某一行业，可能招致失败。因为不同的行业，由于行业特点不同，行业关键的成功要素不同，企业要想获得成功必须掌握的资源和能力也是不同的。因此，针对不同的业务，首先必须分析该业务的特点，识别该业务的关键成功因素，然后侧重于这些关键成功因素的评价，并与相关的竞争对手相比，看企业自身拥有的竞争力如何。由于针对不同的业务，企业竞争力的评价侧重点不同，因此，针对企业自身竞争力的评价没有一个统一的标准，必须根据实际需要进行灵活选择。一般来讲，重点从这么几个方面考虑：

(1) 在该行业所取得的业绩和地位，比如市场占有率、盈利情况等。

(2) 资本能力，包括现有资本金和可筹集或动用的资金的规模。

(3) 关键团队成员及激励程度，即是否拥有关键团队成员，这些团队成员的忠诚度和积极性如何。

(4) 品牌声誉，在该行业的品牌声誉如何，是否具有品牌影响力，或者是否有能力在较短时间内形成品牌影响力。

(5) 行业知识和技能的掌握程度，即是否熟悉该行业，对该行业相关的知识和技能掌握程度有多少，能否比较容易就获得或者掌握这些知识和技能。

(6) 公共关系，即该行业发展过程中可能会碰到哪些重要的公共关系需要处理，企业对这些公共关系的处理能力如何。

三、明确企业家的精神与抱负

企业家的精神与抱负对企业战略方向的选择具有重要的影响，因此，在确定企业战略方向时，必须充分明确企业家(团队)的精神与抱负。

四、三维度必须有效平衡

确定企业的战略方向，必须对市场吸引力、企业竞争力和企业家精神与抱负三大维度进行有效和客观的平衡：对市场吸引力太小、无法满足企业家抱负的行业需要逐步收缩、放弃；市场吸引力大，但是企业竞争力很弱的行业也尽量不要进入。现实中，很多企业抵挡不住市场诱惑力，盲目乐观，没能客观评价自身资源能力，匆忙进入某些行业，但最终结果也往往是造成重大损失，严重者甚至导致企业倒闭。

第三节　战略实施

战略实施就是将公司战略付诸实施的过程。企业战略的实施是战略管理过程的行动阶段，因此它比战略的制订更加重要。

一、战略实施的阶段

企业战略实施包含四个相互联系的阶段。

1. 战略发动阶段

要调动起大多数员工实现新战略的积极性和主动性，要对企业管理人员和员工进行培训，灌输新的思想、新的观念，使大多数人逐步接受一种新的战略。

2. 战略计划阶段

将经营战略分解为几个战略实施阶段，每个战略实施阶段都有分阶段的目标，相应地有每个阶段的政策措施、部门策略以及相应的方针等。要对各分阶段目标进行统筹规划、全面安排。

3. 战略运作阶段

企业战略的实施运作主要与以下六个因素有关:各级领导人员的素质和价值观念;企业的组织机构;企业文化;资源结构与分配;信息沟通;控制及激励制度。

4. 战略的控制与评估阶段

战略是在变化的环境中实践的,企业只有加强对战略执行过程的控制与评价,才能适应环境的变化,完成战略任务。这一阶段主要是建立控制系统、监控绩效和评估偏差、控制及纠正偏差三个方面。

二、战略实施的基本原则

企业在经营战略的实施过程中,常常会遇到许多在制订战略时未估计到或者不可能完全估计到的问题。在战略实施中有三个基本原则,可以作为企业实施经营战略的基本依据。

1. 适度合理性的原则

由于经营目标和企业经营战略制定过程中,受到信息、决策时限以及认识能力等因素的限制,对未来的预测不可能很准确,所制定的企业经营战略也不是最优的,而且在战略实施的过程中由于企业外部环境及内部条件的变化较大,情况比较复杂,因此,只要在主要的战略目标上基本达到了战略预定的目的,就应当认为这一战略的制订及实施是成功的。在客观生活中不可能完全按照原先制订的战略计划行事,因此战略的实施过程不是一个简单机械的执行过程,而需要执行人员大胆创造、大量革新,因为新战略本身就是对旧战略以及旧战略相关的文化、价值观念的否定,没有创新精神,新战略就得不到贯彻实施。因此,战略实施过程也可以说是对战略的创造过程。在战略实施中,战略的某些内容或特征有可能改变,但只要不妨碍总体目标及战略的实现,就是合理的。

另外,企业的经营目标和战略总是要通过一定的组织机构分工实施的,也就是要把庞大而复杂的总体战略分解为具体的、较为简单的、能予以管理和控制的任务,由企业内部各部门以至部门各基层组织分工去贯彻和实施。组织机构是适应企业经营战略的需要而建立的,但一个组织机构一旦建立,就不可避免地要形成自己所关注的本位利益,这种本位利益在各组织之间以及和企业整体利益之间会发生一些矛盾和冲突,为此,企业的高层管理者要做的工作是对这些矛盾冲突进行协调,以寻求各方面都能接受的解决办法,而不可能离开客观条件去寻求所谓绝对的合理性。只要不损害总体目标和战略的实现,有些问题是可以容忍的。在战略实施中要遵循适度的合理性原则。

2. 统一领导、统一指挥的原则

对企业经营战略了解最深刻的应当是企业的高层领导人员,一般来讲,他们要比企业中下层管理人员以及一般员工掌握的信息要多,对企业战略的各个方面的要求以及相互联系的关系了解得更全面,对战略意图体会最深,因此战略的实施应当在高层领导人员的统一领导、统一指挥下进行。只有这样,其资源的分配、组织机构的调整、企业文化的建设、信息的沟通及控制、激励制度的建立等各方面才能相互协调、平衡,才能使企业为实现战略目标而卓有成效地运行。

同时,要实现统一指挥的原则,要求企业的每个部门只能接受一个上级的命令。但在战略实施中所发生的问题,能在小范围、低层次解决,不要放到更大范围、更高层次去解决,这样做所付出的代价最小,因为越是在高层次的环节上去解决问题,其涉及的面也就越大,交叉的关系也就越复杂，当然解决问题的代价也就越大。

统一指挥的原则看似简单，但在实际工作中，由于企业缺少自我控制和自我调节机制或这种机制不健全，因而在实际工作中经常违背这一原则。

3. 权变原则

企业经营战略的制订是基于一定的环境条件的假设，在战略实施中，事情的发展与原先的假设有所偏离是不可避免的。战略实施过程本身就是解决问题的过程，但如果企业内外环境发生重大的变化，以至原定的战略的实现成为不可行，显然这时需要对原定的战略进行重大的调整，这就是战略实施的权变问题。其关键就是在于如何掌握环境变化的程度，如果当环境发生并不重要的变化时就修改原定的战略，这样容易造成人心浮动，带来消极后果。但如果环境确实已经发生了很大的变化，仍然坚持实施既定的战略，将最终导致企业的重大损失，因此关键在于如何衡量企业环境的变化。

权变的观念应当贯穿于战略实施的全过程，从战略制定到战略实施。权变观念要求识别战略实施中的关键变量，并对它做出灵敏度分析，在这些关键变量的变化超过一定的范围时，原定的战略就应当调整，并准备相应的替代方案。即企业应该对可能发生的变化及其给企业造成的后果以及应变替代方案，都要有足够的了解和充分的准备。当然，在实际工作中，对关键变量的识别和起动机制的运行都非易事。

三、战略实施模式

战略实施模式是指企业管理人员在战略实施过程中所采用的手段。一般有以下几种模式：

1. 指挥型

在这种模式里，企业管理人员运用严密的逻辑分析方法重点考虑战略制定问题。高层管理人员或者自己制定战略，或者指示战略计划人员去决定企业所要采取的战略行动。一旦企业制定出满意的战略，高层管理人员便让下层管理人员去执行，而自己并不介入战略实施。这种模式的优点是在原有战略或常规战略变化的情况下，企业实施战略时不需要有较大的变化，实施的结果也就比较明显。缺陷是不利于调动企业职工的积极性，职工会因此感到自己在战略制定上没有发言权，处于一种被动执行的状态。

2. 变革型

相反，在变革型模式中，企业高层管理人员重点研究如何在企业内实施战略。他的角色是为有效地实施战略而设计适当的行政管理系统。为此，高层管理人员本人或在其他各方面的帮助下，进行一系列变革，如建立新的组织结构、新的信息系统，兼并或合并经营范围等，以增加战略成功的机会。该模式的优点是从企业行为角度出发考虑战略实施问题，可以实施较为困难的战略。但是，这种模式也有它的局限性，只能用于稳定行业中的小型企业。如果企业环境变化过快，企业来不及改变自己内部的状况，这种模式便发挥不出作用。同时，这种模式也是自上而下地实施战略，同样不利于调动职工的积极性。

3. 合作型

在这种模式里，负责制定战略的高层管理人员启发其他管理人员运用头脑风暴法去考虑战略制定与实施的问题，管理人员仍可以充分发表自己的意见，提出各种不同的方案。这时，高层管理人员的角色是一个协调员，确保其他管理人员所提出的所有好的想法都能够得到充分的讨论。此模式的优点是可以克服指挥型和变革型两个模式的不足之处，这是因为高层管理人员在做决策时，可以直接听取来自基层管理人员的意见，并将他们的意见加以综合分析，保证了决策时所使用的信息的准确性。在这个基础上，企业可以提高战略实施的有效性。其缺陷一是在这种模式下决定的战略实施方案会过于平稳，缺乏由个人或计划人员提出的方案中所具有的那种创造性；二是在战略实施方案的讨论过程中，可能会由于某些职能部门善于表述自己的意见，而导致战略实施方案带有一定的倾向性；三是战略实施方案的讨论时间可能会过长，以致错过了企业面对的战略机会，不能对正在变化的环境迅速采取战略行动。

4. 文化型

文化型模式扩大了合作的范围，将企业基层的职工也包括进来。在这种模式里，负责战略制定与实施的高层管理人员首先提出自己对企业使命的看法，然后鼓励企业职工根据企业使命去设计自己的工作活动。在这里，高层管理人员的角色就是指引总的方向，而在战略执行上则放手让每个人做出自己的决策。在这个模式里，战略实施的方法很多。有的企业采取类似日本企业的社训，有的利用厂歌，也有的通过规章制度和其他影响职工行为的方式来进行。所有这些方法最终要使管理人员和职工形成共同的道德规范和价值观念。这种文化型模式打破了战略制定和实施中存在的只想不做与只做不想之间的障碍，每一个企业都或多或少地涉及战略的制定与实施。这是前三个模式中所没有的特点。但是，这种模式也有它的局限性。它要求企业职工有较高的素质，受过较好的教育，否则很难使企业战略获得成功。同时，企业文化一旦形成自己的特色，又很难接受外界的新生事物。

5. 增长型

在这种模式里，为了使企业获得更好的增长，企业高层管理人员鼓励中下层管理人员制定与实施自己的战略。这种模式与其他模式的区别在于它不是自上而下地灌输企业战略，而是自下而上地提出战略。这种战略集中了来自实践第一线的管理人员的经验与智慧，而高层管理人员只是在这些战略中做出自己的判断，并不将自己的意见强加在下级身上。在大型的多种经营企业里，这种模式比较适用。因为在这些企业里，高层管理人员面对众多的部门，不可能真正了解每个部门所面临的战略问题和作业问题，不如放权给各部门，以保证成功地实施战略。这种模式的优点是给中层管理人员一定的自主权，鼓励他们制定有效的战略，并使他们有机会按照自己的计划实施战略。同时，由于中下层管理人员和职工有更直接地面对战略的机会，可以及时地把握时机，自行调解并顺利执行战略。因此，这种模式适合于变化较大的行业中的大型联合企业。

在20世纪60年代以前，企业界认为管理需要绝对的权威，在这种情况下，指挥型模式是必要的。60年代，钱德勒的研究结果指出，为了有效地实施战略，需要调整企业组织结构，这样就出现了变革型模式。合作型、文化型及增长型三种模式出现较晚，但从这三种模式中可以看出，战略的实施充满了矛盾和问题，在战略实施过程中，只有调动各种积极因素，才能使战略获得成功。上述五种战略实施模式在制订和实施战略上的侧重点不同，指挥型和合作型更侧重于战略的制订，而把战略实施作为事后行为；而文化型及增长型则更多地考虑战略实施问题。实际上，在企业中上述五种模式往往是交错使用的。

讨论性案例

材料1：

细微处的创新机会

美国橡胶公司是一家以研制新产品著称的企业，它每年可以向市场推出360多种新产品，几乎是一天一品。美国橡胶公司总裁观察市场竞争的态势后认为：公司真正强大的竞争对手不是什么大企业，而是那些机制灵活的小公司。因此，要与竞争对手周旋，必须在公司里也建立同样敏捷灵活的小型组织机构。

美国橡胶公司有一万余名员工，公司组织了许多小的团队——新产品小组。公司领导层给予小组灵活决策的权力，使每一个小组成员都全身心地投入工作。公司把新产品小组派到世界各地，研究分析消费趋势，有针对性地提出开发新产品方案，然后利用公司的全部资源，支持最新产品的研制营销。这样，公司就能将大小组织的优势集于一身。

进入20世纪90年代，人们的环境保护意识日益增强，绿色营销也成为企业追求的目标。对于一个制造橡胶和塑料产品的公司而言，这无疑是一个严峻的挑战。美国橡胶公司新产品小组在细微处寻觅机会。为减少白色污染，公司经开发研究，于1991年推出"伙伴"洁净餐盒。这种具有环保意识的新产品在市场上获得了巨大的成功，年销售额达数百万美元，在全美餐盒市场的占有率达到12%。

成功的"伙伴"餐盒进一步利用优秀的品质和周到的服务，提升品牌效应，抵制小公司的"仿制品"。市场上一般的儿童餐盒的零售价为5～7美元，"伙伴"儿童餐盒零售价却要8～10美元，但照样畅销不衰。

管理启示：

如何发现市场？优秀的管理者会抓住身边发生的任何一件小事，也就是细微之中的机会。可是我们又放弃了多少这样的机会呢？当我们在管理一个大的公司的时候，就以为非要赚大钱。其实，大钱也是由小钱一点点积累起来的。那些看上去不起眼的产品大公司应该充分利用自己的资金和技术优势，不断在市场上推出新产品。

材料2：

中小企业战略问题

所谓战略，是企业为获得持续的竞争力而进行的主动的筹划、策略和计划，它回答的是企业现状如何、去往何处和怎么达成目标的问题。这就需要企业在分析自己经营的外部环境和内部条件的基础上，做出具有长远性和全局性的构思和规划。

从理论上看，战略管理的概念很容易理解，它的重要性也毋庸置疑。但是在管理咨询实践中，常常发现众多公司处于无序和无战略的状态。有很多公司成功的案例，靠的是起步早、胆子大、有关系，随着市场环境的变化，这些都无法为企业提供持续发展的动力，企业必然要在战略的指导下进行全面的能力竞争，因循守旧抱着成功经验不放，抱怨市场环境恶劣的企业只能逐渐被淘汰。根据采访调查和研究，中国企业的平均寿命只有8年，中小企业平均寿命大体也就在3～4年。中国每年有近100万家企业倒闭，所谓建百年老店不过是一厢情愿。什么导致了企业"短命"？我们认为战略问题是关键原因之一。

如果说企业的领导指引着企业的发展方向，那么企业的战略就是促进企业发展的动力。在对中小企业的战略分析过程中发现，有如下四个企业常见的战略问题：

一是没有战略或摇摆不定。有些企业没有战略或是脱离宏观、行业环境，对行业中企业发展规律缺乏全面深刻了解，以公司历史经验或领导人直觉，依葫芦画瓢定一个所谓的战略，没有明确的方向，不知道往哪里走。这种企业往往表现为：领导人陷于繁杂的事务工作中，不是忙于开会就是忙于签字报销，内部对企业发展方向没有形成统一的认识，企业被短期利益左右。

二是只有发展没有紧缩。言战略必是发展、增长，却不知维持和紧缩也是战略选择之一。很多企业都存在类似的观点，在企业总体战略上或是某一些业务上该停的时候没有停，该放的时候没有放，大量资源投入后成为沉没成本，造成无法弥补的损失，还极大地挫伤了员工的积极性。这里面的原因是多方面的，企业缺乏战略眼光是一个方面，固守僵局，期待奇迹出现；或是因为感情因素，舍不得放弃企业创建和发展时的"安身立命之本"；更多的原因是企业内部人员缺乏全局观念，排斥维持和紧缩，因为这将意味着资源和权力的重新配置，也意味着承认管理者失败。

三是职能战略代替企业战略。常常有各种各样的企业战略被提及，比如人才战略、生产制造战略、IT 战略、品牌战略、营销战略、成本战略等，这些实际是职能战略，它们回答的是企业怎么达成目标的问题，而不是企业战略。企业战略是一个有纲有目、纲目并举的整体，企业战略决定了业务战略和职能战略，职能战略是企业战略的支撑。往往有很多企业将这两者混为一谈，以职能战略代替企业战略，这种企业往往表现为：一个部门独大，其他的营运和支持部门都得围绕这一部门转。企业竞争片面依赖于某一部门，一旦该部门发展受阻，整个企业就陷入崩溃，出现难以挽回的局面。

四是缺乏执行力。这是国内企业在制定正确战略的情况下，没有成功的重要原因之一。缺乏执行力表现为两种情况：一是资源匮乏，在要实施战略时，才发现企业没有相应的人才和技能，不得不把管理能力、技术水平明显不够的人员推到重要的位置，赶鸭子上架，在战略实施过程中总是力不从心，这种情况下战略实施的效果可想而知；二是有战略却没有执行方案，战略目标不能分解落实成为企业中各个部门、每个员工的行动指南，战略被束之高阁，制定战略也成了走过场的文字游戏。

复习题

1. 何为战略，战略分为哪些层次？
2. 战略与策略有何区别？
3. 谈谈一体化发展战略的适用条件。
4. 说明成本领先战略与差异化战略的异同。
5. 战略实施的模式有哪些？
6. 小企业需要战略吗？为什么？

分析性案例

什么是真正的国际化

Infosys 如何从通用电气等公司汲取营养,又如何成功克服了家族裙带问题?

南丹·尼尔卡尼是印度软件业巨头 Infosys 的创始人之一。最近(2008 年),在新德里,尼尔卡尼接受了《全球商业透视》的采访。他指出,尽管仍然带有清晰的印度文化印记,Infosys 正逐步转变为真正的国际化企业却是不可否认的事实。他接下来描述了 Infosys 是如何从其他公司诸如通用电气汲取营养,又是如何成功克服了家族裙带问题——这一击碎了许多企业"跨国梦"的痼疾顽症。

向通用学习

问:Infosys 从其他公司学到了哪些值得推崇的管理方法和管理模式?

尼尔卡尼:我们公司总是如饥似渴地从其他企业那里汲取营养。许多美国公司都能起到非常好的榜样作用。例如,通用电气教会了我们应将焦点集中在生产率、企业发展以及管理模式上。可以这么说,Infosys 最终能建立起自己的领导体系、培育出优秀的领导,都离不开通用的管理模式焦点论的指导。另一个倍受 Infosys 推崇的企业是微软。惠普公司的创始人 DavePackard 和 BillHewlett 也对我们影响很大。他们不仅是美国硅谷的先锋人物,而且还创造了一种员工导向、社会导向的企业文化。我们把这些企业当成样板一丝不苟地学习,并对自己说:"这些公司都有东西值得我们参考,我们要认真学习,争取赶上它们。"

问:现在有没有哪家印度企业可以与你们旗鼓相当呢?

尼尔卡尼:现在在印度,经营成功的公司要么是国际性大企业,如 IBM、埃森哲、惠普等,要么就是世代传承的家族企业,或者是大型的国有公共事业部门。但 Infosys 不同于以上任何一种类型,它的创始人是一群没有任何亲属关系、操着不同印度语言的技术型企业家。所有的创始人一直同心协力,朝着创建专业化、精英化、分享型企业的目标孜孜努力。

选好长期战友

问:家族裙带问题是困扰着众多企业的一个难题,Infosys 是怎样处理的呢?

尼尔卡尼:Infosys 曾明确表态不会接收任何员工亲属。其实我们是刻意这样做的,其目的只有一个,就是保证 Infosys 未来的领导者是从公司内外遴选出来的最优秀、最合适的人选。

问:在企业创业与经营的过程中,您获得了哪些难能可贵的经验呢?

尼尔卡尼:我收获的一个宝贵经验就是,在与团队一起创业时,必须保证团队的每个成员都是能够长期并肩作战的生死战友。这一经验的最佳实践者当数集团主席拉纳耶纳默西。他慧眼独具,总是可以找出具备极强竞争力且能够相互补充的人才,并把他们充分地整合在一起,这令人啧啧称奇。要知道,作为一个团队,我们需要的是能够相互补充、相互促进的人才。这就好比"2 + 2 = 22"一样,各人有各人的长处,如果能通过整合实现相互增值,那么发挥出的力量就会比各自分散时要大得多。因此我认为,选好长期战友并将他们组合到一起是至关重要的。

合适的黏合剂是这个过程中不可缺少的一部分。价值观就是一种很好的黏合剂。如果人与人之间缺乏共同的价值观，就很难有效地进行组合。同样，黏合剂还可以是对企业战略的普遍认同，或是将满足感延迟的共同意愿。企业员工必须心甘情愿地认为今天的企业值得他们辛勤工作，或是应该相信，他们这十年的努力会带来企业未来十年的辉煌，足以弥补所有因延迟满意而带来的遗憾。

全球化发展

问：Infosys是否正努力朝着跨国公司的方向发展呢？

尼尔卡尼：我们的目标是汲取东西方两种文化的精华。在未来很多年里，公司的大部分员工仍会来自印度本土，因此Infosys始终还是扎根在印度。我们知道，无论是怎样的跨国公司，或多或少都会带有母国文化的烙印。我们希望Infosys拥有的是印度文化中最优秀、最精华的部分。

但在此基础上，我们也非常热切地盼望能将Infosys建成一家国际性的大公司，实现全球化、跨文化的发展。我们憧憬着拥有来自各个国家的员工，充分了解各种文化的相似与差异，并成为每个业务开展国社交团体中的一员。近期，我们接下了飞利浦集团的外包业务，购买了其位于波兰、泰国和印度的烤箱事业部。飞利浦波兰事业部是当地的一位大雇主。我们非常谨慎地接手了这一业务，甚至还去拜会了当地市长。使Infosys成为真正跨地区、跨文化发展的国际性大公司，这是每位Infosys员工的真诚心愿。

问：那么，当前Infosys面临的最激烈的竞争是什么？

尼尔卡尼：我认为目前很难从所有竞争中找出最激烈的那一项。看待竞争的方式可以有两种。一种是把企业置于全球的IT服务市场中，企业要面对的不仅是来自印度国内的竞争对手，更要接受来自世界各地IT服务商的挑战。第二种方式则从更加敏锐、更加深刻的角度来观察竞争，其基本考虑是：目前在整个市场上，是否有哪家企业正在开发具备更强竞争力的新型经营模式，以更加顺畅地传递消费者所需的价值？如果开发成功，新的价值传递体系会不会对现有的经营模式造成冲击？所有这些，才是企业真正应该关注的竞争隐患。

讨论题：

1. 如何看待Infosys公司的学习精神？
2. 如何评价Infosys公司的国际化战略？

第二篇

组　织

本篇讲解的是管理的第二个职能——组织职能。

在完成目标分析、计划制定后，管理便进入了组织员工实施计划的阶段。设计什么样的组织结构、如何配备相关的人员是本篇学习的重点。

本篇包括以下两章：

第七章　组织设计

第八章　人员配备

第七章 组织设计

引导案例

罗马天主教会的权力结构

罗马天主教教会可能是现今世界上最古老的组织之一。在公元2世纪,罗马天主教会建立了它的组织结构,规定了严格的教会目标和教义,将最高权威集中于罗马。教会建立了一个简单的权力等级结构,由五个层次组成,即社区教士、主教、大主教、枢机主教和教皇。在接下来的近2 000年中,这种结构基本上没有变化。罗马天主教会之所以能够控制在世界各个角落的几亿教徒的宗教生活,在很大程度上与它采用的这一套组织形式有密切关系,而这套组织形式至今还被现代组织广泛使用。

罗马天主教会的例子说明,选择合适的组织结构,对组织的生存和发展具有极其重要的作用。本章将阐述组织结构的相关概念,介绍组织结构设计的程序和内容。

第一节 组织设计的任务与影响因素

在日常生活和实际工作中,一方面每个人都从属于一个或多个组织,另一方面多数工作又是由多人合作才能完成。因此,建立一个良好的组织并使之有效地运转,这无论是对个人目标还是组织目标的实现,都至关重要。作为一种结构和进行资源配置以实现管理目的的工具和载体,组织工作在经营管理活动中占据着十分重要的地位。

一、组织的功能

组织是一项重要的管理职能。由于各种因素的限制,一个人或几个人的独立活动不能实现既定的目标,因此,管理者从事组织工作的目的在于:

第一,分配工作。即通过组织工作把企业的总体目标分解落实到每位组织成员身上,转化成每位组织成员的任务。

第二,确定责权关系,促进沟通与协调。责权关系是组织的核心要素,责权关系确定了组织的信息沟通渠道,并使领导功能得以体现。组织工作使每位组织成员都明确其具体的责任,清楚他们必须对谁负责,是谁向他们分配工作并对他们进行管理,进而使组织全体成员对组织的权力结构和权力关系有清楚的了解。

第三,构建分工协作体系,提高效率和工作的质量。即通过组织工作使有助于预定目标实现的各项活动彼此得以相互配合,把不同的任务有机地协调起来,实现人们常说的"协同效应",即一个有效的群体共同努力的效果往往要大于他们单独努力的效果的总和。

第四,组织能力的培养。组织工作的深层次功能是为了培养出一种能力,一种能够支撑与促进企业成长的能力,这是组织的核心功能所在。

上述功能由表及里形成了功能层次体系,见图 7.1。

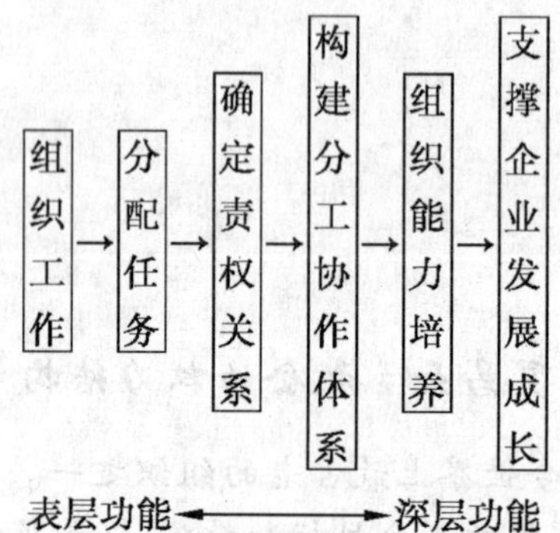

图 7.1 组织管理工作功能层次结构示意图

二、组织结构的含义与特征

组织结构是员工为实现目标,在管理工作中进行分工协作,在职务范围、责任、权利方面所形成的结构体系。可以从以下三个方面来理解组织结构的含义:

(1) 组织结构的本质是职工的分工合作关系。

(2) 组织结构的核心内容是权、责、利关系的划分。

(3) 组织结构设计的出发点与依据是目标。

组织结构是指组织的基本架构,是对完成组织目标的人员、工作、技术和信息所作的制度性安排。组织结构可以用复杂性、规范性和集权性三种特性来描述。

复杂性是指每一个组织内部的专业化分工程度、组织层级、管理幅度以及人员之间、部门之间关系所存在着的巨大差别性。分工越细,组织层级越多,管理幅度越大,组织的复杂性就越高;组织的人员部门越多,分布越散,人员与事物之间的协调也就越难。

规范性是指组织需要靠制定规章制度以及程序化、标准化的工作,规范性地引导员工的行为。规范的内容既包括了以文字形式表述的规章制度、工作程序、各项指令,也包括了以非文字形式表达的组织文化、管理伦理以及行为准则等。组织中的规章条例越多,组织结构也就越正式化。

集权性是指组织在决策时正式权力在管理层级中分布与集中的程度。当组织的权力高度集中在上层,问题要由下至上反映,并最终要由最高层决策时,组织的集权化程度就较高;反之,一些组织授予下层人员更多决策权力时,组织的集权化程度较低,这种授权方式被称为分权。

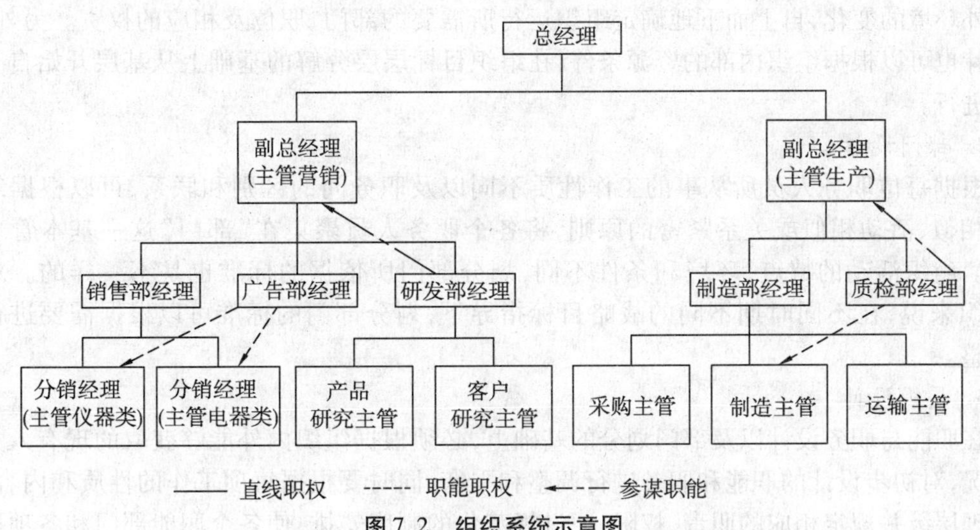

图 7.2　组织系统示意图

图 7.2 是一个典型的组织系统示意图。图中的方框表示各种管理职务或相应的部门,箭线表示不同职权的指向。通过直线将各方框进行连接,虽然没有表示出各种职权与职责的具体内容以及在哪一个阶段哪一个部门最为重要,但却清晰地廓清了组织内正式职位系统的决策层级和联系网络,同时也标明了各种管理职务或各个部门在组织结构中的地位以及它们之间的相互关系。比如,主管营销的副总经理必须服从总经理的指示,并向总经理汇报工作情况,同时,他又直接领导着销售部经理、广告部经理以及研发部经理的工作。

从图中还可以看出,组织的活动可以分解为横向和纵向两种结构形式,组织纵向结构设计的结果是决策的层级化,即确定了由上到下的指挥链以及链上每一级的权责关系,显然,这种关系具有明确的方向性和连续性;组织横向结构设计的结果是组织的部门化,即确定了每一部门的基本职能、每一位主管的控制幅度、部门划分的标准以及各部门之间的工作关系。

三、组织设计的任务

组织设计的任务是设计清晰的组织结构,规划和设计组织中各部门的职能和职权,确定组织中职能职权、参谋职权、直线职权的活动范围并编制职务说明书。

职务说明书要求能简单而明确地指出:该管理职务的工作内容、职责与权力,组织中该职务与其他职务之间的区别与联系,职务当事人所应具备的专业背景、知识结构、工作经验、管理能力等基本条件。

为了达到组织设计的理想效果,组织设计者需要完成以下几项工作:

1. 职能与职务的分析与设计

组织首先需要将总的任务目标进行层层分解,分析并确定为完成组织任务究竟需要哪些基本的职能与职务,然后设计和确定组织内从事具体管理工作所需的各类职能部门以及各项管理职务的类别和数量,分析每位职务人应具备的资格条件、应享有的权力范围和应负的职责。

组织系统图是自上而下绘制的。在创构组织时,可以根据组织的宗旨、任务目标以及组织内外环境的变化，自上而下地确定组织运行所需要的部门、职位及相应的权责。另外，组织设计也可以根据组织内部的资源条件，在组织目标层层分解的基础上从基层开始自下而上地进行。

2. 部门设计

根据每位职务人员所从事的工作性质不同以及职务间的区别和联系，可以根据组织职能相似、活动相似或关系紧密的原则，将各个职务人员聚集在“部门”这一基本管理单位内。组织活动的特点、环境和条件不同，划分部门所依据的标准也是不一样的。对同一组织来说，在不同时期不同的战略目标指导下，划分部门的标准可以根据需要进行动态调整。

3. 层级设计

在职能与职务设计以及部门划分的基础上，必须根据组织内外能够获取的现有人力资源情况，对初步设计的职能和职务进行调整和平衡，同时要根据每项工作的性质和内容，确定管理层级并规定相应的职责、权限，通过规范化的制度安排，使各个职能部门和各项职务形成一个严密、有序的活动网络。

四、组织设计的原则

在组织设计的过程中，还应该遵循一些最基本的原则，这些原则都是在长期管理实践中的经验积累，应该为组织设计者所重视。

1. 统一指挥原则

统一指挥原则就是要求每位下属应该有一个并且仅有一个上级，要求在上下级之间形成一条清晰的指挥链。下属如果有多个上级，就会因为上级可能存有彼此不同甚至相互冲突的命令而无所适从。虽然有时在例外场合必须打破统一指挥原则，但是，为了避免多头领导和多头指挥，组织的各项活动应该有明确的区分，并且应该明确上下级的职权、职责以及沟通联系的具体方式。

2. 控制幅度原则

控制幅度原则是指一个上级直接领导与指挥下属的人数应该有一定的限度，并且应该是有效的。法国管理学者格拉丘纳斯(V. A. Graicunas)曾提出一套数学公式，说明了当上级的控制幅度超过6~7人时，其和下级之间的关系会越来越复杂，以至于最后使他无法驾驭。该公式为$N=n(2^{n-1}+n-1)$，其中n表示直接向一位上级报告的下级人数，N表示需要协调的人际关系数。表7.1列出了随n变化N的变化情况。

从公式及表7.1中可以看出，当n呈算术级数增加时，与上级形成互动关系的人数会呈几何级数增加。这就意味着，管理幅度不能够无限度增加，毕竟每个人的知识水平、能力水平都是有限的。影响管理幅度的因素有多种，至今尚未形成一个可被普遍接受的有效管理幅度标准。值得注意的是，随着计算机技术的发展和信息时代的到来，运用信息技术处理信息的速度大大加快，每个管理者对知识和信息的掌握以及实际运用能力都有普遍提高，这使得管理幅度有可能大量地增加，协调上下左右之间关系的能力也有可能大幅度提高。

表 7.1 管理幅度与管理层次的关系

n	N	n	N
1	1	6	222
2	6	7	490
3	18	8	1 080
4	44	…	…
5	100		

3. 权责对等原则

组织中的每个部门和部门中的每个人员都有责任按照工作目标的要求保质保量地完成工作任务,同时,组织也必须委之以自主完成任务所必需的权力。职权与职责要对等。如果有责无权,或者权力范围过于狭小,责任方就有可能会因缺乏主动性、积极性而导致无法履行责任,甚至无法完成任务;如果有权无责,或者权力不明确,权力人就有可能不负责任地滥用权力,甚至于助长官僚主义的习气,这势必会影响到整个组织系统的健康运行。

4. 柔性、经济原则

所谓组织的柔性,是指组织的各个部门、各个人员都是可以根据组织内外环境的变化而进行灵活调整和变动的。组织的结构应当保持一定的柔性,以减小组织变革所造成的冲击和震荡。组织的经济原则是指组织的管理层次与幅度、人员结构以及部门工作流程必须设计合理,以达到管理的高效率。组织的柔性与经济是相辅相成的,一个柔性的组织必须符合经济的原则,而一个经济的组织又必须使组织保持柔性。只有这样,才能保证组织机构既精简又高效,避免形式主义和官僚主义作风的滋长和蔓延。

五、影响组织设计的因素

面对竞争日趋激烈的外部环境和不确定的市场需求变化,任何组织都会察觉到管理日趋复杂和能力有限。这就必须把权变的组织设计观引入组织设计的思想中。所谓权变的组织设计是指以系统、动态的观点来思考和设计组织,它要求把组织看成是一个与外部环境有着密切联系的开放式组织系统。因此,权变的组织设计必须考虑战略、技术、规模、环境等一系列因素,针对不同的组织特点,设计不同的组织结构。

1. 组织战略和组织结构

战略是事关组织全局的长远谋划,它规定了组织的目标。组织结构是实现这些组织目标的重要手段,因此组织结构必须服从组织的战略要求。不同的组织战略要求不同的组织结构,组织结构必须根据战略的调整而调整。

艾尔弗雷德·钱德勒(Alfred Chandler)通过对美国100家大公司长达50年的发展历程的考察,研究了组织战略和组织结构的关系。钱德勒指出,公司战略的变化导致了组织结构的变化,随着公司战略从单一产品向纵向一体化、再向多样化经营的转变,管理者会将组织从有机式转变为更为机械的形式。如果一家公司采取的是只向有限的市场提供一种或少数几种产品或服务的战略,它可能更倾向于采用集权的组织结构,因为这时往往强调内部效率和产品质量,控制和协调主要通过纵向层级来实现,不太需要横向协调。随着企业的发展,如果其战略向多元化转变，不断开发新产品和拓展新市场，这时企业更关注灵活性和快速决策，往往会倾向于采用事业部制结构。

2. 技术和组织结构

组织需要采取一定的技术将投入转换为产出。技术对组织结构影响的研究源于上个世纪 60 年代初期英国学者琼・伍德沃德(Joan Woodward)。她对英国的 100 家小型企业进行了调查，提出组织结构随着技术的变化而变化。

琼・伍德沃德按规模将这些企业划分为三种类型。这三种类型反映三种不同的生产技术，它们在技术复杂程度上渐次提高，如表 7.2 所示。第一类，单件生产(unit production)，由进行定制产品生产企业或小批量生产企业组成；第二类，大量生产(mass production)，包括大批和大量生产的制造商；第三类，连续流程生产(process production)，主要指的是炼油厂和化工厂这类连续流程生产者。

表 7.2　企业的技术类型

<table>
<tr><td rowspan="4">单件生产</td><td>按顾客的订单分件生产</td><td rowspan="10">低
↑
技
术
复
杂
性
↓
高</td></tr>
<tr><td>技术复杂，一件一件生产</td></tr>
<tr><td>在每个阶段由大型设备组成</td></tr>
<tr><td>小批量生产</td></tr>
<tr><td rowspan="3">大量生产</td><td>大批量的零部件生产，连续装配</td></tr>
<tr><td>大批生产，装配线类型</td></tr>
<tr><td>大量生产</td></tr>
<tr><td rowspan="3">连续流程生产</td><td>以大量与备货相结合的连续加工生产</td></tr>
<tr><td>化学品的大批连续加工生产</td></tr>
<tr><td>连续流动的液体、气体和固体形式</td></tr>
</table>

琼・伍德沃德对这些企业的管理层次、管理跨度、工人技术水平、管理人员比重、规范化程度、集权化程度、沟通方式以及这些企业的经营绩效进行了研究，总结出了技术对组织结构的影响，如表 7.3 所示。伍德沃德的发现可以总结为：在这些技术类型和相应的公司结构之间存在着明显的相关性，组织的绩效与技术和结构之间的"适应度"密切相关。比如，随着技术复杂性的提高，组织的纵向层次数目增加。单件、大量和连续生产企业的纵向层次中位数，分别是 3、4 和 6。

更重要的是，从绩效的角度来看，每一类型企业的成功者都分布在其所属组别中位数的周围。也就是说，每一类型企业都有其相应的、特定的组织结构形式，成功的企业是那些能根据技术的要求而采取合适的组织结构的企业。伍德沃德发现制造业企业中并不存在一种最好的组织结构方式。在单件生产和连续生产企业中，采用有机式结构最为有效，而大量生产企业则应与机械式结构相匹配。

但是，伍德沃德研究的只是制造业企业生产技术对组织结构的影响。后来，查尔斯・佩罗(Charles Perrow)从更一般的角度研究了技术对组织结构的影响。他研究了知识技术对组织结构的影响。佩罗指出，越是常规的技术，组织结构往往更加正规化和集权化；越是非常规的技术,组织往往采用结构更加灵活、更加分权化的有机式组织。

表 7.3 技术对组织结构的影响

结构特点	技术		
	单件生产	大量生产	连续生产
1. 管理层次的数量	3	4	6
2. 监督人员的管理跨度	23	48	15
3. 直接/间接劳动比率	9:1	4:1	1:1
4. 管理人员/总人数比率	低	中	高
5. 工人的技能水平	高	低	高
6. 规范化程序	低	高	低
7. 集权化程度	低	高	低
8. 口头沟通程度	高	低	高
9. 书面沟通程度	低	高	低
总体结构	有机	机械	有机

3. 组织规模和组织结构

组织规模对管理者的工作有很大影响,当组织规模扩展时,协调的问题也随之增多,组织结构将会发生明显的变化。例如,适合于5万名雇员的组织结构类型,很可能对只有50名雇员的组织来说是低效率的。

大型组织比小型组织更加正规化、复杂化和分权化。大型组织更依靠规章、程序和书面沟通去实现对大量成员与部门的协调和控制。在大型组织中,往往会因为专业化而产生更多的部门和管理层次,这大大增加了组织的复杂性。而随着组织规模的扩大,管理工作越来越复杂,也就越需要分权化。

但是,规模对组织结构的影响并不是线性的。随着组织的扩大,规模对组织结构的影响越来越小。比如说,一个100个人的小企业,发展成500个人的企业,组织结构极有可能从有机式转变成机械式;但是一个3 000人的企业,发展成3 400人的规模,它的组织结构可能不会有明显的变化。

4. 组织环境与组织结构

环境也是影响组织结构的重要因素。现代企业经营环境一般都是不确定的。环境的不确定性取决于环境的复杂性和变动性。环境复杂性指的是环境由多个不同性质的要素构成。环境的变动性取决于环境构成要素的变化及这种变化的可预见性。一般来说,机械式组织结构在稳定的环境中经营是比较合适的,这种情况下,组织的管理部门与人员的职责界限明确,工作内容和程序有详细的规定,等级结构严密。而对于不确定的环境,有机式的组织往往是比较合适的,组织中各个部门的职责和工作内容可以根据环境做出适应性的调整,组织也更加强调部门间的横向沟通和协调,而不是纵向的等级控制。

组织环境对组织结构的影响,也解释了为什么现在许多管理者倾向于采用扁平化的组织结构,并将组织改组为精干、快速和灵活的有机式组织。竞争的加剧以及顾客越来越挑剔,使得组织面临的环境具有了更大的不确定性。这些都需要组织更多地采用有机式的结构。

讨论性案例

木桶定律

众所周知,一只木桶盛水的多少,并不取决于桶壁上最高的那块木板,而恰恰取决于桶壁上最短的那块木板.人们把这一规律总结成为“木桶定律”或“木桶理论”。

根据这一核心内容,“木桶定律”还有三个推论:

其一,只有当桶壁上的所有木板都足够高时,木桶才能盛满水;只要这个木桶里有一块不够高度,木桶里的水就不可能是满的。

其二,比最低木板高的所有木板的高出部分是没有意义的,高得越多,浪费就越多。

其三,要想提高木桶的容量,应该设法加高最低木板的高度,这是最有效也是唯一的途径。

与木桶定律相似的还有一个链条定律:一根链条最薄弱的环节和其他环节一样承受着相同的强度,那么链条越长,就越薄弱。

管理启示:

对一个组织来说,构成组织的各个部分往往是参差不齐的,而劣质的部分往往又决定了整个组织的水平。“最短的木板”与“最弱的环节”都是组织中有用的一部分,只不过比其他部分稍差一些,你不能把它们当作烂苹果扔掉。因此,管理的真正意义就是去修补最短的那块木板。

第二节　组织设计的程序

组织设计是以企业的组织结构安排为核心的组织系统的整体设计工作,是企业总体设计的重要组成部分,是有效实施管理职能的前提条件。组织设计应以完成组织任务为前提,应遵循一定的程序与原则。组织设计的基本程序是劳动分工、部门化、层级化和协调。劳动分工的任务是判定需完成的必要工作并把任务分解,部门化的任务是把个人工作合为一体,层级化的任务是分配权力,协调的任务是整合人员与工作,保证组织目标的实现。

一、劳动分工

劳动分工是组织设计的前提和关键。管理者在这一阶段的主要任务是决定如何进行分工和分工到何种程度。只有科学的劳动分工,才能提高组织运行的效能,从而有助于组织目标的实现。

在20世纪初期甚至更早的时候,劳动分工被认为是增加生产效率的一个不尽的源泉,这个结论在当时专业化还没有得到普遍推广的情况下无疑是正确的。但随着劳动分工的深化,许多问题相继暴露了出来,厌倦、疲劳、压力、低生产效率、劣质品、旷工、高离职率等现象对传统的劳动分工理论提出了挑战,诸如工作扩大化(同时承担多种工作,即工作范围的横向扩展)、工作丰富化(承担更重要的责任,即工作内容的纵向延伸)等新的管理思想应运而生,特别是近年来席卷全球的再造工程理论更是对传统的分工理论提出了直接的挑战。这些都是围绕着如何分工以及分工程度而展开的。

二、部门化

随着组织规模的扩大和生产经营活动的复杂化、高级化,组织业务活动种类越来越多,所涉及的专业领域越来越广。因此,为了提高工作效率,管理者就必须在劳动分工的基础上,对各项活动进行归类,使性质相同或相似的工作合并到一起组成单位,这样便形成了一个个专业化的部门。在企业实践中,部门化的形式是多种多样的,典型的有:

1. 职能部门化

职能部门是一种传统而基本的组织形式。职能部门化就是按照生产、财务管理、营销、人事、研发等基本活动相似或技能相似的要求,分类设立专门的管理部门。

职能部门化的优点主要是:能够突出业务活动的重点,确保高层主管的权威性并使之能有效地管理组织的基本活动。职能部门化符合活动专业化的分工要求,能够充分有效地发挥员工的才能,调动员工学习的积极性,并且简化了培训,强化了控制,避免了重叠,最终有利于管理目标的实现。

职能部门化的缺点主要是:由于人、财、物等资源的过分集中,不利于开拓远区市场或按照目标顾客的需求组织分工。同时,也可能会助长部门主义风气,使得部门之间难以协调配合。部门利益高于企业整体利益的后果可能会影响到组织总目标的实现。另外,由于职权过分集中,部门主管虽容易得到锻炼,却不利于高级管理人员的全面培养和提高,也不利于"多面手"式人才的成长。

2. 产品或服务部门化

在品种单一、规模较小的企业,按职能进行组织分工是理想的部门化划分形式。然而,随着企业的进一步成长与发展,企业面临着增加产品线和生产规模以获取规模经济和范围经济的经营压力,管理组织的工作也将变得日益复杂。这时,就有必要以业务活动的结果为标准来重新划分企业的活动。按照产品或服务的要求对企业活动进行分组,即产品或服务部门化,就是一种典型的结果划分法。

产品或服务部门化的优点主要是:各部门会专注于产品的经营,并且充分合理地利用专有资产,提高专业化经营的效率水平,这不仅有助于促进不同产品和服务项目间的合理竞争,而且有助于比较不同部门对企业的贡献,有助于决策部门加强对企业产品与服务的指导和调整。另外,这种分工方式也为"多面手"式的管理人才提供了较好的成长条件。

产品或服务部门化的缺点是:企业需要更多的"多面手"式的人才去管理各个产品部门;各个部门同样有可能存在本位主义倾向,这势必会影响到企业总目标的实现;另外,部门中某些职能管理机构的重整会导致管理费用的增加,同时也增加了总部对"多面手"级人才的监督成本。

3. 地域部门化

地域部门化就是按照地域的分散化程度划分企业的业务活动,继而设置管理部门管理其业务活动。随着经济活动范围的日趋广阔,企业特别是大型企业愈来愈需要跨越地域的限制去开拓外部市场。而不同的文化环境造就出不同的劳动价值观,企业根据地域的不同划设管理部门,为的是更好地针对各地的特殊环境条件组织开展业务活动。

地域部门化的主要优点是:可以把责权下放到地方,鼓励地方参与决策和经营;地区管理者还可以直接面对本地市场的需求灵活决策;通过在当地招募职能部门人员,既可以缓解当地的就业压力,争取宽松的经营环境,又可以充分利用当地有效的资源进行市场开拓,同时减少了许多外派成本,减小了许多不确定性风险。

地域部门化的主要缺点是:企业所需的能够派赴各个区域的地区主管比较稀缺,且比较难控制;另外,各地区可能会因存在职能机构设置重叠而导致管理成本过高的问题。

4. 顾客部门化

顾客部门化就是根据目标顾客的不同利益需求来划分组织的业务活动。在激烈的市场竞争中,顾客的需求导向越来越明显,企业应当在满足市场顾客需求的同时,努力创造顾客的未来需求。顾客部门化顺应了需求发展的这种趋势。

顾客部门化的优点是:企业可以通过设立不同的部门满足目标顾客各种特殊而广泛的需求,同时能有效获得用户真诚的意见反馈,这有利于企业不断改进自己的工作;另外,企业能够持续有效地发挥自己的核心专长,不断创新顾客的需求,从而在这一领域内建立持久性竞争优势。

顾客部门化的缺点是:可能会增加因与顾客需求不匹配而引发的矛盾和冲突,需要更多能妥善协调和处理与顾客关系问题的管理人员和一般人员;另外,顾客需求偏好的转移,可能使企业无法时时刻刻都能明确顾客的需求分类,结果会造成产品或服务结构的不合理,影响对顾客需求的满足。

5. 流程部门化

流程部门化就是按照工作或业务流程来组织业务活动。人员、材料、设备比较集中或业务流程比较连续、紧密是流程部门化的实现基础。例如,一家发电厂的生产流程会经过燃煤输送、锅炉燃烧、汽轮机冲动、电力输出、电力配送等几个主要过程。

流程部门化的优点是:组织能够充分发挥人员集中的技术优势,易于协调管理,对市场需求的变动也能够快速敏捷地作出反应,容易取得较明显的集合优势;另外也简化了培训,容易在组织内部形成良好的相互学习氛围,会产生较为明显的学习效应。

流程部门化的缺点是:部门之间的紧密协作有可能得不到贯彻,也会产生部门间的利益冲突;另外,权责相对集中,不利于培养出“多面手”式的管理人才。

三、层级化

组织的层级化是指组织在纵向结构设计中需要确定层级数目的有效的管理模式,是一个能够对内外环境要求做出动态反应的有效组织结构形式。

组织层级化设计的核心任务是确定完成任务需要设定的层级数目,而有效的管理幅度是决定组织中层级数目的最基本因素。所谓管理幅度,也称组织幅度,是指组织中上级主管能够直接有效地指挥和领导下属的数量。这些下属的任务是分担上级主管的管理工作,并将组织任务进行层层分解,然后付诸实施。

显然,组织幅度应该是有限的。因为,一定幅度的下属数量固然能够减少上级必须直接从事的业务工作量,但同时也增加了上级协调关系的工作量。

由于组织任务存在递减性,从最高的直接主管到最低的基层具体工作人员之间就形成了一定的层次,这种层次便称为组织层级。组织层级受到组织规模和组织幅度的影响,它与组织规模成正比,组织规模越大,包括的人员越多,组织工作也越复杂,则层级也就越多;在组织规模已确定的条件下,组织层级与组织幅度具有互动性,它与组织幅度成反比,即上级直接领导的下属越多,组织层级也就越少,反之则越多。

组织层级与组织幅度的互动关系决定了两种基本的组织结构形态:一种是扁平式的组织结构形态;另一种是锥型式的组织结构形态。图 7.3 显示了这两种组织幅度与层级的差别性。

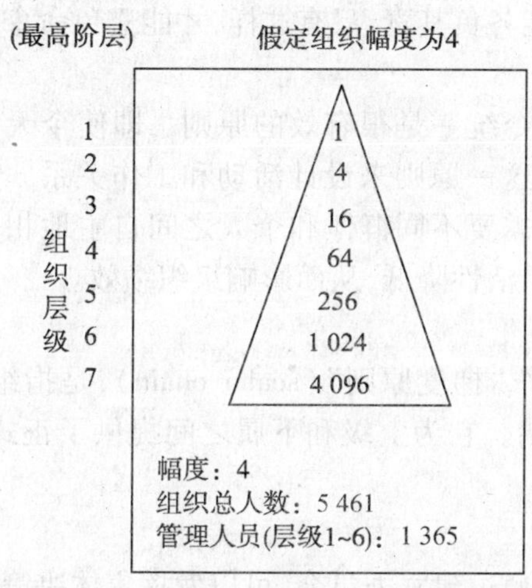

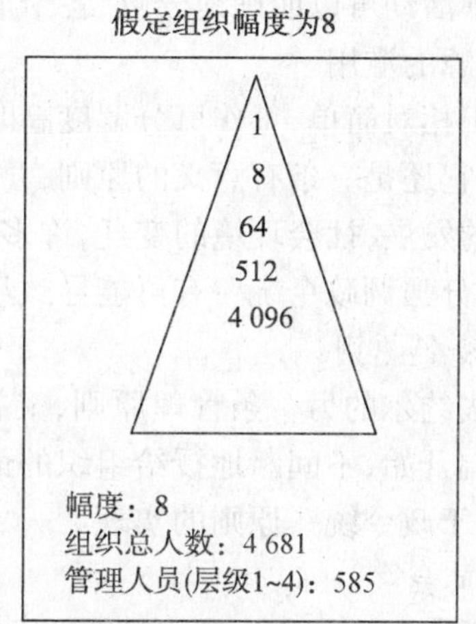

图 7.3　组织幅度与组织层级比较图

扁平式组织结构的优点是:由于管理的层级比较少,信息的沟通和传递速度比较快,因而信息的失真度也比较低。同时,上级主管对下属的控制也不会太呆板,这有利于发挥下属人员的积极性和创造性。其缺点是:过宽的管理幅度增加了主管对下属的监督和协调控制难度,同时,下属也缺少了更多的提升机会。

锥型式组织结构的优点是:由于管理的层级比较多,管理幅度比较小,每一管理层级上的主管都能对下属进行及时的指导和控制;另外,层级之间的关系也比较紧密,这有利于工作任务的衔接,同时也为下属提供了更多的提升机会。其缺点是:过多的管理层级往往会影响信息的传递速度,因而信息的失真度可能会比较大,这又会增加高层主管与基层之间的沟通和协调成本,增加管理工作的复杂性。

四、协调

组织过程的最后一个要素就是协调,既包括横向协调,也包括纵向协调。协调的目标在于使得管理者的工作方向保持一致,并确保整个组织过程有助于组织目标的最后达成。

所谓协调就是将独立的个体和单位的活动整合到为实现共同的目标而齐心努力的活动中去。组织中的每个员工都被仅仅分配从事一小部分工作,如果没有协调,这些不同的个人努力可能就会产生裂痕,甚至产生分歧和冲突。管理协调活动通过统一组织中不同个人和部门的活动实现群体的效能。

协调工作应当遵循以下原则:

1. 政令统一原则

政令统一是亨利·法约尔总结的管理十四原则之一。该原则要求组织活动具备以下特点:在确定管理层次时,要使上下级之间形成一条命令链;任何一级只能有一个人负责;下级只接受一个上级的命令和指挥,防止出现多头领导的现象;下级只能向直接上级请示工作,不能越级请示工作;上级不能越级指挥下级;职能部门一般只能作为同级直线指挥系统的参谋,无权对下属直线领导者下达命令和进行指挥。

在实践中,政令统一的原则并不容易贯彻,因为传统的政令统一原则暗含一个假设,即组织的各种活动可以明确地分解,各个成员能各负其责,只有这样,才能避免命令的冲突、误解,减少资源的滥用。

当组织相对简单,工作可分解度高时,政令统一是很有效的原则。即使今天,对于许多组织来讲,它还是一条有意义的原则,并遵循这一原则来设计活动和工作关系。然而,随着信息技术的发展,社会环境的变迁,许多工作需要不同群体和个人之间自主地相互协调、相互支持,过分强调政令统一有可能导致组织灵活性降低,从而影响组织绩效。

2. 命令链原则

这是法约尔的另一条管理原则,又被称作"梯度原则"(scalar chain),是指组织中的权力链从顶端开始,不间断地授给组织的最下端。它为上级和下属之间提供了正式的沟通渠道,也有助于政令统一原则的实现。

3. 委员会

常见的组织协调方法还有建立委员会。通过建立委员会,可以发挥集体决策的特点,提高决策的科学性;可以平衡权力,防止组织中某个人或部门权力过大;可以集体制订计划和政策来协调各部门间的行动;有助于信息的沟通和交流;等等。

讨论性案例

材料1:

管理幅度的实践

20世纪初期,美国将军伊恩·汉密尔登(Ian Hamilton)根据他作为一个军官的经验总结了对管理幅度大小的认识。他发现,一般人的头脑在管理3到6个人时能处于最佳的工作状态。一个军士在仅仅指挥3个士兵时并不十分忙碌,一个陆军中将难以指挥6个师长的活动。伊恩·汉密尔登最后建议,越接近于整个组织的最高领导人,他的管理幅度越接近6个人越好。

亨利·法约尔指出,合适的管理幅度应该是最高经理管理4~5名部门经理,部门经理管理2~3名管理人员,管理人员管理2~4名工长,工长管理25~30名工人。

英国有名的管理顾问林德尔·F·厄威克(Lyndall F. Urwick)上校提出了他观察到的心理现象:一个人的"注意力跨度"——能够同时给予注意的事项的数目——是有限的,并以此为依据讨论管理幅度的大小。他的研究结论是:"没有一个管理者能够直接管理超过5个或者至多6个工作紧密相关的下属的工作。"

美国管理学会的研究报告(1952年)介绍了当时在141家"公认的具有良好组织实践"

的公司的调查结果,该项调查的主题是这些公司中的总经理的管理幅度实践情况,结果发现总经理的管理幅度为1~24人不等。

材料2:

中粮集团按产业划分板块

中粮集团从一家单一的粮食进出口企业发展到国内最大的粮食贸易商、最大的农产品及食品加工企业、最大的生物能源生产企业,旗下公司越来越多,规模越来越大。2004年开始,中粮以“集团有限相关多元化、业务单元专业化”为发展思路,实施战略转型,重塑商业模式,不断提升核心竞争力,探索出了一条“新国企”的发展道路。

2006年,中粮集团按照“业务单元专业化”的要求,将原有的43个业务单元调整为34个,由集团总部直接管理。2007年1月,中粮集团又按照商业逻辑,将集团34个业务单元调整成9大板块:中粮贸易,主营粮食进出口贸易;中粮粮油,主营农产品加工,中粮控股是其融资平台;中国食品,主营食品消费品,中粮国际是其融资平台;以及中国土畜、地产酒店、中粮发展、金融事业部、屯河公司、中粮包装。集团仅负责总体战略、资源配置等方面的决策,其余经营管理等具体工作均由业务主体自行决定。

这种调整是围绕主营业务建立专业化经营单位,鼓励每一个板块上市,使中粮的9大板块都在行业竞争中领先。调整之前,集团的各个业务群和新并购的公司是独立运营的战略业务单元,没能完全实现基于统一目标、整体利益及职能、责任、信息关联性的业务架构和流程,供应链改善、价值链管理、利益协同、成本管理、营运效率都有待加强。调整后的架构有利于中粮集团战略的实现和集团品牌的建立,规范公司的治理,提高效率、降低成本,最大化控制风险和缔造核心竞争力。从“有限相关多元化”到“业务单元专业化”,再至成立专业营销公司,中粮整合战略一直在继续深化。业内人士认为,将来中粮或可使其核心业务群——粮油食品贸易、物流、加工、进出口等业务发展成为按照产业链逻辑形成的组织体系。

第三节　经典的组织结构

对组织中决策权限的分配以及直线指挥和参谋辅助关系的确定,结合前面讲述过的组织设计,可以形成不同的组织结构形式。下面简单介绍几种组织结构形式,以便了解长期以来企业组织管理工作的概貌及其变化。

一、直线结构

直线型组织结构是最古老、最简单的一种组织结构形式。它的特点是:组织中各种职务按垂直系统直线排列,各级主管人员对所属下级拥有直接的领导职权,组织中每一个人只能向一个直接上级报告,组织中不设专门的职能机构,至多有几名助手协助最高层管理者工作。

这种组织结构的优点是:结构比较简单,权力集中,权责分明,命令统一,沟通简捷,决策迅速,比较容易维护纪律和秩序。

这种组织结构的缺点是在组织规模较大的情况下,由于所有的管理职能都集中由一人承担,往往会因为个人的知识及能力有限而难以深入、细致、周到地考虑所有管理问题,因此管理就比较简单粗放；此外，组织中的成员只注意上情下达和下情上达，每个部门只关心本部门的工作，因而部门间的横向联系与协调比较差，难以在组织内部培养出全能型、熟悉组织情况的管理者。

一般地，这种组织结构形式只适用于规模较小、任务比较单一、人员较少的小型组织，或者是现场的作业管理。以制造企业为例，直线型组织的结构如图 7.4 所示。

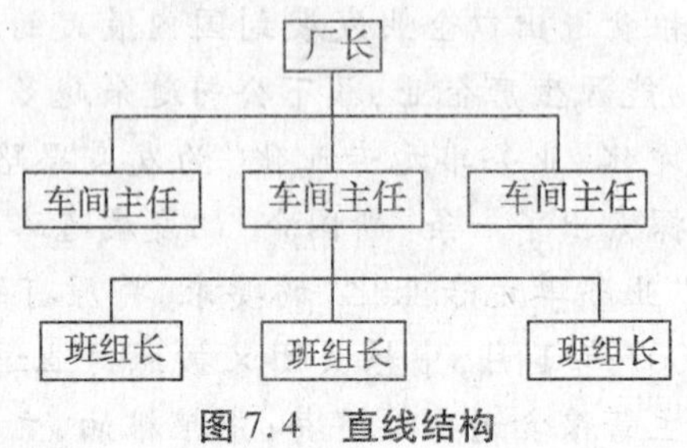

图 7.4　直线结构

二、直线职能结构

直线职能型组织结构是对直线组织结构的改进。它是以直线型组织为基础，在各级直线主管之下，设置相应的职能部门，即设置了两套系统：一套是按命令统一原则组织的指挥系统，另一套是按专业化原则组织的管理职能系统。其特点是：直线部门和人员在自己的职责范围内有决定权，对其所属下级的工作进行指挥和命令，并负全部责任；而职能部门和人员仅是直线主管的参谋，只能对下级机构提供建议和业务指导，没有指挥和命令的权力。

可见，这种组织形式既保证了集中统一指挥，又能发挥各种专家业务管理的作用，其职能高度集中，职责清楚，秩序井然，工作效率高，整个组织有较高的稳定性。但是这种组织结构会导致下级部门主动性和积极性的发挥受到限制；各部门自成体系，不重视信息的横向沟通，工作容易重复；当职能参谋部门和直线部门之间目标不一致时，容易产生矛盾，致使上层主管的协调工作量增大；整个组织系统的适应性较差，缺乏弹性，对新情况不能及时作出反应，还会增加管理费用。

直线职能型组织的结构如图 7.5 所示。

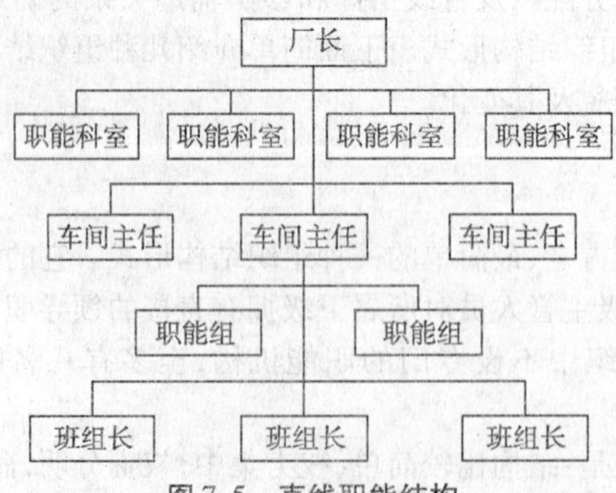

图 7.5　直线职能结构

这种组织结构形式对中、小型组织比较适用，但对于规模较大、决策时需要考虑较多因素的组织则不太适用。目前我国大多数企业仍采用这一结构形式。

三、事业部结构

事业部制组织结构首创于19世纪20年代，最初是由美国通用汽车公司副总经理斯隆创立的，又称“斯隆模型”。它是在产品部门化基础上建立起来的。这种类型结构的特点是：它是组织一种分权管理组织结构，按地区或所经营的各种产品和事业来划分部门，各事业部独立核算，自计盈亏。同时，事关大政方针、长远目标以及一些全局性问题的重大决策集中在总部，以保证企业的统一性。这种组织结构形式最突出的特点是“集中政策，分散经营”，这是在组织领导方式上由集权制向分权制转化的一种改革。

这种组织结构形式的主要优点是，适应性和稳定性强，有利于组织的最高管理者摆脱日常事务而专心致力于组织的战略决策和长期规划，有利于调动各事业部的积极性和主动性，并且有利于公司对各事业部的绩效进行考评。

但在这种组织结构中，由于机构重复，造成了管理人员浪费；各个事业部独立经营，各事业部之间要进行人员互换就比较困难，相互支援较差；各事业部主管人员考虑问题往往从本部门出发，各事业部间独立的经济利益会引起相互间激烈的竞争，可能发生内耗；分权易造成忽视整个组织的利益、协调较困难的情况，也可能出现架空领导的现象，从而减弱对事业部的控制。

事业部制组织的结构如图7.6所示。

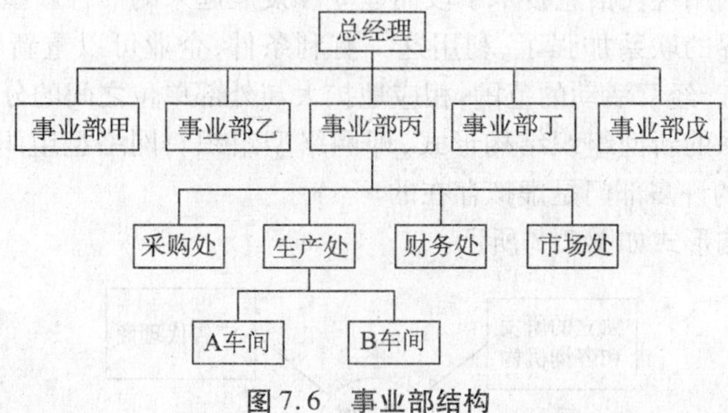

图7.6　事业部结构

这种组织结构形式适用于产品多样化和从事多元化经营的组织，也适用于面临市场环境复杂多变或所处地理位置分散的大型企业和巨型企业。

四、矩阵型组织结构

矩阵型组织结构是一种把按职能划分部门的方法同按产品和服务划分部门的方法结合起来的组织形式。在这种组织中，每个成员既要接受垂直部门的领导，又要在执行某项任务时接受项目负责人的指挥。可以说，矩阵结构是对统一指挥原则的一种有意识的违背。这种结构的主要优点是灵活性和适应性较强，有利于加强各职能部门之间的协作和配合，并且有利于开发新技术、新产品和激发组织成员的创造性。其主要缺陷是组织结构稳定性较差，双重职权关系容易引起冲突，同时还可能导致项目经理过多、机构臃肿的弊端。这种组织结构主要适用于科研、设计、规划项目等创新性较强的工作或者单位。

矩阵型组织结构如图7.7所示。

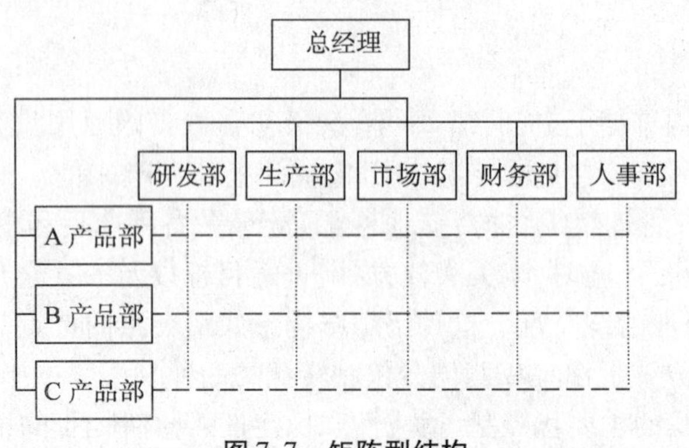

图7.7 矩阵型结构

任务小组结构是一种临时性的矩阵结构。这种结构的目的是为了实现某种特定的、明确的复杂任务。当任务开始时,来源于各个部门的人员组成了任务小组,并将一直服务到任务结束。当任务结束时,任务小组解散,人员回到各自的部门中去。这种做法既保持了组织的总体结构,又使得组织获得了一定的灵活性,可以认为是将一个有机式的组织附加到机械式的组织结构之中。

五、网络型组织结构

网络型组织是利用现代信息技术手段而建立和发展起来的一种新型组织结构。现代信息技术使企业与外界的联系加强了,利用这一有利条件,企业可以重新考虑自身机构的边界,不断缩小内部生产经营活动的范围,相应地扩大与外部单位之间的分工协作。这就产生了一种基于契约关系的新型组织结构形式,即网络型组织。网络型组织有时也被称为“虚拟组织”,即组织中的许多部门是虚拟存在的。

网络型组织结构形式如图7.8所示。

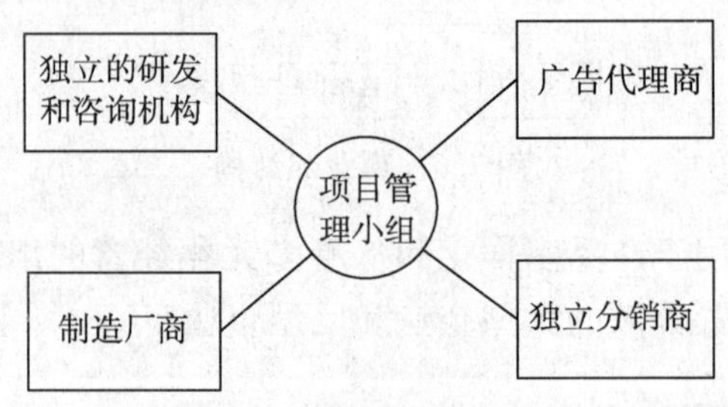

图7.8 网络型组织结构

这种组织形式的特色是将企业内部各项工作(包括生产、销售、财务等),通过承包合同交给不同的专门企业去承担,而总公司只保留为数有限的职员,它的主要工作是制定政策及协调各承包公司的关系。这种结构可使企业减少行政开支,具有较强的应变能力。缺点是总公司对各承包公司控制能力有限。

早先的网络组织只适合于一些劳动密集型行业,如服装业、钢铁化工业等。近几年来,随着电子商务的发展以及外部合作竞争的加强,更多的知识型企业依靠Internet等信息技术手段,并以代为加工(OEM)、代为设计(ODM)等网络合作方式取得了快速响应市场变化的经营绩效。

网络型结构使企业可以利用现有的社会资源使自己快速发展壮大起来，目前已经成为国际上流行的一种新形式的组织设计。

讨论性案例

材料1：

耐克公司的生产模式

耐克(Nike)公司是利用虚拟公司抢占市场成功的公司之一。耐克公司是世界上最大的一家旅游鞋供应商和制造商，公司将主要的财力、物力、人力投入到产品的设计和销售上，甚至样鞋也不靠自己生产，其生产活动完全在中国台湾的企业和其他地区的企业中进行。公司的许多经理经常穿梭全球寻找合适的生产合作伙伴。20世纪70年代，耐克与菲律宾、马来西亚、英国、爱尔兰的制鞋厂合作，80年代耐克转向中国台湾、韩国等地谋求合作，90年代耐克对与中国大陆、印度尼西亚、泰国等地的合作信心十足。耐克的成绩是惊人的。从1985年到1992年，耐克的纯利润增长了24倍。耐克成功的关键是恰当地组建虚拟公司，并在虚拟公司中处于领导地位，从而获得了低成本、高利润。

材料2：

诺基亚与摩托罗拉的结构重组

2007年6月20日，诺基亚宣布了一项重大重组计划，计划将组织架构重新划分为设备、服务和软件市场三个部门，以取代其现有的手机、企业解决方案、多媒体、网络设备四大部门。巧合的是，诺基亚在全球紧紧跟随的竞争对手摩托罗拉也在不间断地进行纵向管理模式的重组。

事业部制失宠的一个耐人寻味的现象是，摩托罗拉出现三年以来的首次亏损：第一季度净亏损1.81亿美元。摩托罗拉将亏损原因归结为高端手机市场需求放缓及价格持续下滑两大原因，还有公司用于解决法律纠纷、重组和并购方面的支出。

从2005年开始，摩托罗拉就一直在着手进行组织架构方面的调整。据悉，重组后的摩托罗拉只有两个业务部门：研发和市场。摩托罗拉的高管意志迅速得到执行，职能式的管理方式重回摩托罗拉。

而诺基亚的新重组计划也是将分散在原3个部门中从事手机业务的单元组合成新的诺基亚设备部门，负责生产所有的诺基亚手机设备。所有的软件产品，包括游戏、因特网软件服务，以及向其他手机企业提供系统与软件开发平台等都集中在服务与软件部门。新成立的市场部门主要是管理诺基亚的供应链、销售渠道与市场活动，并首次设立了首席开发官CDO这个职位。

很容易看出，诺基亚重组的核心是变横向的产品线管理为纵向的功能管理，以适合技术和市场的发展，提高管理现有产品系列的效率及营销工作的质量，加快新产品的上市时间，也便于CEO直接领导。

重回时尚舞台的纵向职能式管理是何面目？

“职能式管理大体是由总裁统揽所有的职能部门，包括研发、市场、销售、行政等部门，换句话说,就是中央高度集权。”容纳咨询公司高级合伙人高剑峰说。

现有诺基亚公司的组织架构是在2004年1月1日奥利拉执掌诺基亚后的一次重大重组中形成的,那次重组是诺基亚聚焦电信业后的第一次大规模重组。在那次重组中,诺基亚公司组织架构被整合为4个大的部分:手机、企业解决方案、多媒体部门以及网络设备。

除网络设备与手机无关,后与西门子网络设备部门合并外,诺基亚的手机生产销售分别隶属于手机、企业解决方案、多媒体部门,各自面对不同的市场,手机部门针对普通手机,企业解决方案部门针对商务手机,多媒体部门针对提供音乐游戏功能的多媒体手机,这满足了当时市场对产品功能和个性化创新的需求。重组在当时的市场状况下取得了相当的市场效果,全球手机市场占有率从30%上升至36%。然而,翻开诺基亚2007年第1季度的财务报告,可以发现这样一个事实,诺基亚手机业务部分虽然以远远超过其他竞争对手的36%的市场份额,保持全球第一,但经营利润率则下降了6.2%。和诺基亚一样因事业部管理模式而阻碍进步的企业还有大家熟悉的欧莱雅,这位化妆品巨头一直没能在中国市场上取得希望中的好成绩,高剑峰认为这在某种程度上和欧莱雅实施的事业部制关系密切。

“中国市场瞬息万变,而事业部制的各自为政不利于企业集中精力应对市场变化并作出快速的反应,而且事业部制也容易出现资源分散,在某种程度上会限制企业的发展。”

职能式受宠于大调整和大机会期。高剑峰认为,外部商业环境的大变化或企业的大调整时期都比较适合实施职能式管理模式。

诺基亚CEO康培凯也在一份声明中表示了类似的观点:“重组的目的是使诺基亚能够把握住机遇,提高投资和运营效率。”诺基亚认为,手机企业的技术和市场都已出现了新的变化。

首先是随着技术的发展,各类型手机,如商务手机、音乐手机甚至低端手机在部分功能上趋于融合,再以此明确划分公司的各部门以针对不同领域市场已不符合市场发展的需要。

其次是市场的变化。手机平均价格的中枢在持续走低,更直接导致诺基亚的经营利润率下降,诺基亚2007年第一季度的手机平均价格为122美元,低于上年同期的141美元,索尼爱立信、三星等品牌的销售价格也同步下降。而更重要的是手机平均价格的中枢在未来可能还会有一个猛烈的下降趋势。

全球手机市场发展到2007年,已经形成用户接近30亿的市场规模,下一个10亿用户会产生在什么地方?诺基亚认为,其中一半会来自亚太地区尤其是中国,还有其他很大一部分来自于南美、非洲、俄罗斯等新兴的电信市场。这些需求都来自于低价格手机,对平均价格的下拉影响都会相当明显。

诺基亚不得不作出某种变化以适应价格持续下降的趋势。但很明显,市场环境是其无法改变的,要想取得期望中的经营利润率,诺基亚必须改变自己的组织架构以降低管理成本和提高管理效率。

除了能够快速适应技术和市场的变化,职能式管理的优势还表现在可以集中配置资源。“职能式管理可以集权,加强各部门的联动,提高应对市场的速度,也能从战略决策的高度,来调整产品线布局或具体的政策。”高剑峰说,事业部制管理虽然权责明确,但每个事业部得到的支持都很有限,企业因此很难获得超常规发展。但职能式管理在遇到重大机遇的时候则可以快速地以企业战略的高度来进行投入,集零为整,重点布局。

当然,等到市场环境又趋于稳定与成熟,再由各个产品线自主进行管理,则合乎那个时候的需求,也才能保持稳定的增长。

虽然不在同一行业,宝洁公司的成功多少值得诺基亚借鉴。很少人知道,这家产品线众多、最应该实施事业部制的企业其实一直是采用职能式的组织架构,这让宝洁的决策速度远远高于竞争对手,宝洁改变自己适应市场需求的速度因而增加。

毫无疑义,技术和市场的改变也对执行力提出了更高的要求,而较高的执行力也同时是职能式管理模式的优势之一。

摩托罗拉在重组过程中一直坚定地认为,即便有再好的远景和策略,没有好的执行力也是没有用的。组织的庞大更容易产生一些不必要的环节,所以要不断地对组织进行调整、精简,不断地提升执行力。

复习题

1. 什么是组织?什么是组织结构?
2. 什么是管理幅度?宽管理幅度和窄管理幅度,哪个更有效?
3. 什么是直线职权、参谋职权和职能职权?它们之间的关系是怎样的?
4. 管理者划分部门的方式有哪些?
5. 什么条件下,机械式组织是有效的?什么条件下,有机式的组织是有效的?
6. 集权有什么优点?又存在什么弊端?
7. 你的学校的组织机构是什么样的?你能画出它的组织结构图吗?它是一种有机式的组织还是机械式的组织?你认为这种组织结构合适吗?

分析性案例

组织设计中的权衡之道

销售产品的部门发现了产品质量问题,需要与负责生产的部门进行协同处理,这时往往因为不同部门之间绩效考核的差异而产生摩擦或反应迟缓,从而浪费组织资源。两个不同的事业部在客户重叠时,同样也会产生部门摩擦和资源浪费。

在组织中诸如此类问题很多,下面的两个案例就是很好的代表。

案例一:某农资企业的营销组织变革历程——专业化与资源共享的矛盾

某农资公司原先是一家饲料生产商,产品辐射范围一般不超过350公里。由于企业专注于单一的饲料业务,并立足于区域市场,企业原有的营销组织相对比较简单,由市场部、销售服务部、销售部三个部分组成,直接负责人是企业营销副总。企业充分发挥了营销组织“麻雀虽小,五脏俱全”的灵活性。

鉴于该品牌的区域优势和渠道优势,企业依托现有区域市场优势,增加了化肥这一新的业务单元,以求实现公司由一家饲料区域强势品牌向一家农资区域强势品牌的转变。为此,该企业营销组织架构发生了第一次变革。

由于新增了化肥业务单元,企业以事业部制的方式,建立两个事业部,每一个事业部建立了一套相对健全的事业部营销组织,统一划归集团营销副总主管。

经过不到两年的运作,虽然独立事业部的组织架构充分体现了各业务单元的专业性,但由于企业立足于区域市场,市场范围小,这样的组织架构直接导致的是组织职能部门的重叠,资源浪费非常严重。为此,企业进行了营销组织架构的第二次变革:将功能重叠的部分整合,成为直属的营销职能部分;在销售组织上进行专业化分工,撤销事业部制,形成两支独立的销售队伍。

案例二:某企业的分公司管理难题——灵活性和可靠性的抉择

竞争的要求迫使组织必须压缩管理层级,向终端倾斜,向客户提供全方位的服务。这样可以极大增强组织的市场竞争力和灵活性,提高客户满意度。但是这种职能的集中也给组织的可靠性带来了威胁。

陕西某公路勘查设计企业,为了积极适应市场竞争,自2000年开始派驻办事处,负责全国各地区市场拓展任务。考虑到节约组织资源,办事处采取办公费用包干制;同时,为了提高人员的积极性,在承揽的项目中给予办事处人员一定比例的提成。

由于常驻当地办事处人员很少,一般只有1~2人,组织的各种职能严重集中。经过大约两年的运作,总部发现存在这样两类管理矛盾:

(1) 对于市场开拓难度大的区域,办事处人员为了节约支出,很少进行市场推广业务,并且部分业务人员兼职创收,组织设立的办事处几乎形同虚设。

(2) 一部分市场开拓顺利的区域,出于同样的原因,办事处人员与竞争对手企业达成联合,私下承接业务,除了对资质有特殊要求的高规格设计任务需要总部协作外,小型项目几乎全部自行承建。

于是,总部对这两类区域进行改革。对于拓展难度大的区域采取强化管理派驻人员和撤销两类措施;对于市场拓展较好的地区则成立分公司,采取了管理层股份制的方式达到利益共享。

资料来源:根据《中国商业评论》(2006-12-28)整理

讨论题:

1. 某农资企业的两次组织变革各有什么优势?
2. 陕西某公路勘查设计企业的分公司管理出现了什么问题?是如何改进的?
3. 谈谈这两个案例的启示。

第八章

人员配备

引导案例

弥勒和韦陀

在庙宇中，一进门就能看到笑得十分灿烂的弥勒，转到弥勒背面，就能看到严肃无比的韦陀。据说，很久以前，弥勒和韦陀并不在同一个庙里，他们分别主持两座庙宇。弥勒佛热情好客，什么都不在乎，甚至连账务也不设立，所以，尽管来客众多，但依然入不敷出。而韦陀却在账目管理上很是死心眼，只收入不付出，成天阴着个脸打着钱的算盘，使得香客日益稀少，最后使得所主持的庙宇香火断绝。佛祖在查看这两座庙宇香火的情况时，发现了这个问题，就将弥勒和韦陀调到同一个庙里，由弥勒佛负责公关，韦陀负责财务。弥勒和韦陀合作以后，庙里从此香客如云。

汉高祖刘邦

汉高祖刘邦亭长出身，经过十数年征战，破秦亡楚，一统江山，建立了大汉。庆功宴上，他对部下谈及“我为什么能打败项羽”时，说道：“夫运筹帷幄之中，决胜千里之外，吾不如子房；镇国家，抚百姓，不绝粮道，吾不如萧何；连百万之众，战必胜，攻必取，吾不如韩信。三者皆人杰，吾能用之，此吾取天下者也。”

佛祖利用弥勒和韦陀共同经营一座庙宇，使得香客如云，香火旺盛。刘邦起用张良、萧何、韩信三人，使他们各自充分发挥了自己的才能，建立了汉朝。管理是靠人来完成的，管理和人是一个问题的两个方面，二者相辅相成。实施有效管理的前提是选任适合的人，进行合理的人员配置。

第一节　人员配备概述

人是组织活动的关键资源，他们在组织的各个管理层次和管理部门中，担负着计划、组织、领导和控制等项职能。人员的配备关系到组织人力资源的有效使用和开发，对人员的选拔、培养和考评是组织人力资源管理工作的核心。

一、人员配备的概念

人员配备，就是利用合格的人力资源对组织结构中的职位进行不断填充的过程，包括企业人才配备计划的制定，以及招聘、选拔、培养、任用、考评等一系列活动。人员配备要求为每个岗位配备适当的人。因此，人员配备首先要满足组织的需要，同时还要为每个人安排适当的工作，这就要考虑满足组织成员个人的特点、爱好和需要。

人员配备使组织中的每个工作岗位都有适当的人员，使实现组织目标所必需进行的每项活动都有合格的人去完成，保证了组织有效地运转。这是人员配备最基本的任务。人员配备还要为组织发展准备后备力量。随着组织的发展，组织结构会不断发生变化，组织成员也会在数量上不断增加。所以，在人员配备时，还必须考虑组织将来的人员需求，为组织将来的发展储备足够的后备力量。

人员配备还必须能创造出一种环境，使组织成员能将自己所有的资质和潜能发挥出来，并且通过在组织中工作来满足自己的成长、发展和自我实现需要。人员配备通过特有的方式将个人与组织牢固地联系在一起，使员工在内心深处把企业看做是他们自己的，从而在工作中表现出高度的能动性、创造性和责任感。有效的人员配备要求做到满足组织需要与满足个人需要的有机统一，通过调动员工的积极性和主动性，培养员工的奉献精神，加强员工对组织的忠诚。

二、人员配备原则

为了满足组织和个人的各种需要，在人员配备过程中必须遵循以下原则：

1. 以人为本

以人为本就是把人当成组织中最具活力、最有能动性和创造性的要素。人是组织得以存在和发展的第一的、决定性的资源，是企业最宝贵的财富。以人为本要求把人力作为组织的重要资本，把提高人力素质、开发人的潜能作为人员配备的基本职责，使人力发挥出更大的作用，创造出更大的效益。以人为本要求组织把人力资源开发放到首位。人力资源的使用是目的，而开发是手段，开发人力资源的目的是为更好、更有效地使用人力资源，是为了在使用过程中产生更大的效益。

2. 以战略的高度看待人员配置

组织战略是指组织为自己所确定的长远性的主要目标，以及为实现此目标而选择的主要行动路线和方法。组织中的任何战略决策，都需要正确的人员配备予以支持和保证。以企业的产品开发战略为例。产品开发是指针对一个市场提供多个产品的策略。在这种战略指导下，人力资源部门应特别注重加强对员工的培训和知识管理。这种培训主要是针对技术人员，要通过技术培训把新技术、新观念、新知识、新方法不断地传递给技术人员，使之能够不断地进行技术创新。在做好技术培训的同时，人力资源部门还要做好知识管理。这里的知识管理不仅包括知识保护、产权保护，还应注重产品知识的积累。人力资源部门应把公司人员对产品和服务的认识、经验以及想法汇编成册，形成体系，成为本企业特有的知识。因此，要从战略的高度来看待人员配备，将人力资源管理部门视为生产效益的部门。在各种生产要素中，只有人是主动的、积极的、创造性的要素。在生产过程中，财富的形式和数量，是由人的使用状况决定的。因此，对人力资源的管理是真正的生产管理、效益管理。

3. 实现人与工作的动态平衡

处在动态环境中的组织是在不断发展的，而工作中的人的能力和知识也在不断提高和丰富。在人员配备过程中，人与事的配合需要进行不断的调整，使人的能力得到充分发挥，使得工作始终有合适的人来完成，实现人与工作的动态平衡。

据一项调查表明，目前中国企业人员配备大都围绕着员工招聘、合同管理、考勤、绩效评估、薪酬和培训等与公司内部员工有关的事项展开。这种后台式的人员配备管理，只能对业务部门提供最基础的服务和支持，缺乏对整个公司走向的洞察力；所采用的管理方式也只能是事后的一些修补措施。这说明了目前国内的企业人员配备工作还未能体现以上原则，仍停留在传统的人事管理阶段。

三、人员配备计划

人员配备计划，就是根据企业的发展规划，通过诊断企业现有人力资源状况并考虑未来人力资源的需要和供给状况，对职务编制、人员配置、教育培训、人力资源管理政策、招聘和选择等进行规划，以确保企业自身生产经营的需要。

（一）人员配备计划的内容

人员配备计划涉及组织内人力资源供求配置的诸多方面，一般包括：

1. 人力资源补充计划

在组织发展过程中，由于退休、辞职、解雇等常规人事变动，会导致某些岗位出现空缺。同时，随着组织规模的扩大和事业的发展，往往要增设岗位，或需要增加人力资源数量。人力资源补充计划就是以人力资源供求预测为基础，对未来一段时期内所需要补充的人力资源的类别、数量及补充渠道等作出预先安排的计划。

2. 人力资源调配计划

随着组织的发展和员工素质的变化，员工与岗位间的适配程度也会发生相应的变化。为此，组织往往通过员工内部流动的方式实现人的技能与岗位要求之间的动态平衡。组织内部人力资源的流动一般有两种方式：一是垂直流动，即在不同职务层级之间的流动，通常表现为晋升或降级；另一种是水平流动，即在同一级的不同岗位之间流动，通常称之为轮岗或换岗。人力资源调配计划就是为了适应组织变化和发展的需要，根据对现有员工素质的评价，通过调整和调动的方式，对现有人力资源配置进行合理调整的计划。

3. 人力资源开发计划

人力资源是一种可再生的资源，通过对人力资源的开发，可使之产生新的技能或获得更高的技能。人力资源开发的主要途径是培训，组织通过有计划有步骤地对现有人员进行分门别类的培训，培养出组织发展所需要的合格人才和新人才。人力资源开发计划就是根据组织发展的需要，就培训对象、培训目标、培训内容、培训方式、培训时间等进行事先设计安排，以期通过培训获得组织发展所需要的各类人员的计划。

4. 员工职业发展规划

员工职业发展规划是指组织对员工的职业生涯所作的计划安排。为了保有组织发展所需要的各类人员，组织应该表明随着组织的发展和员工的成长，各类员工可在组织中获得怎样的职业发展空间。为此，就需要根据组织发展战略和目标，明确各类岗位员工的职业发展规划。

（二）人员配备计划的步骤

人员配备计划主要包括三个步骤。

第一步：评价现有的人员配备情况。

在进行配备计划之前，首先需要对现有的人员配备情况进行考察。对现有的人员配备的评价一般通过内部调查的方式进行。评价现有的人员配备情况通常需要收集以下三方面的信息：

一是人员统计信息。主要由员工个人情况和组织人员整体结构情况两部分组成。员工个人情况包括员工的性别等自然状况以及受教育程度、技能水平、工作经历、受训情况、工作岗位和收入情况等；组织人员整体结构情况是在汇总个人信息的基础上通过综合性统计分析形成的，包括反映组织现有人员配备结构形态的年龄结构、文化程度结构、专业技能结构、岗位等级结构等。

二是工作岗位信息。工作岗位信息调查主要包括了解组织内岗位设置情况、岗位职责规范化程度、各岗位对于人员素质的要求、在岗人员的称职程度等。工作岗位信息可以通过工作分析（job analysis）来完成。工作分析是人员配备的一项基础性工作，是指科学地规划出组织体系中的各个岗位在从业过程中应该履行哪些职责，具备哪些知识，需要何种技能的管理过程系统。

工作分析的方法主要有以下几种：① 观察法：直接对员工的工作进行观察；② 面谈法：对员工进行访谈或座谈；③ 问卷调查法：首先拟订一套切实可行、内容丰富的问卷，然后由员工填写；④ 参与法：职位分析人员直接参与到员工的工作中去，扮演员工的工作角色，体会其中的工作信息；⑤ 工作日志法：设计好详细的工作日志单，让员工按照要求及时地填写职位内容；⑥ 材料分析法：对手头的大量的职位资料进行分析；⑦ 专家讨论法：请一些相关领域的专家或者经验丰富的员工进行讨论，来进行职位分析。

工作分析的结果或直接成果是形成有关的工作说明书。工作说明书又称职务说明书、岗位说明书，是记录工作分析结果的文件，它把所分析职务的职责、权限、工作内容、工作程序和方法、执行标准、任职资格等信息以文字形式记录下来，以便管理人员使用。工作规范则是全面反映工作对从业人员的品质、特点、技能以及工作背景或经历等方面要求的书面文件。

三是组织发展信息。组织发展信息调查主要包括两方面：组织以往的历史发展数据，如企业历年的人均营业收入、员工数量变化情况、员工晋升和受训情况等，以及组织未来的发展目标和发展战略。在人员配备计划过程中，这两方面的信息对于进行人力资源需求预测具有重要的参考价值。

第二步：评估未来的人力资源需求。

未来的人力资源需求评估是指根据组织发展目标和战略，对未来一段时间内各类人员的需求情况所作的预测。

应全面而综合地分析决定或影响未来人力资源需求变化的各个因素。一般地，影响未来人力资源需求的因素有：一是组织的发展目标。组织发展目标的变化，意味着未来人力资源需求将发生相应的变化。二是员工的可能变动。组织的员工队伍总是处于不断变动之中，除了内部晋升、调动之外，还存在着由于退休、辞职、解雇而产生的员工减少。当这种正常的员工减少累积到一定程度时，即使不考虑组织的发展，单纯为维持组织运作现状也需要补充新员工。除上述两方面因素外，其他如劳动力成本的高低、部门的增减及管理现代化程度、生产自动化程度等的变化，也会不同程度地影响人力资源需求的变化。

在进行人力资源需求预测时，应综合考虑上述各方面因素的变动情况。人力资源需求预测方法总体上有两种：一种是从整体到局部的方法，即先预测整个组织总的人力资源需求，然后再分别确定各类及各部门的人力资源需求；另一种是从局部到整体的方法，即先分别预测各类及各部门的人力资源需求，在此基础上形成整个组织的人力资源需求。

第三步：制定相应的人员配备计划。

在对现有人力资源状况和未来人力资源需求作出相应评估后，就可以测算出人力资源现在和未来在数量和结构方面的短缺程度，并指出组织中已经或将会出现超员配置的领域。将这些与对未来人力资源的可获得推测结合起来，就可以着手制定人员配备计划。

(三) 人员配备计划的意义

制定人力资源配备计划，可以将组织的目标和任务转换为需要哪些人员来实现这些目标和任务，并将员工个人的职业发展纳入企业的职业管理计划中，保证了在适当的时候为适当的职位选配到合适数量和类型的人员。

人员配备计划对企业发展提供了战略性支持。人员配备计划是一个预测与分析的过程，实质上就是在预测未来的组织任务和环境对组织的要求以及为完成这些任务和满足这些要求而提供人员的管理过程。人员配备计划是一项系统工程，它以企业发展战略为指导，以全面核查现有人力资源、分析企业内外部条件为基础，以预测组织对人员的未来供需为切入点，内容包括晋升规划、补充规划、培训开发规划、人员调配规划、工资规划等，基本涵盖了人员配备的各项管理工作。这种战略性支持主要体现在以下方面：组织的人力资源需求和供给的平衡不可能自动实现，人员配置计划通过分析供求的差异，采取适当的手段调整差异，保证了组织的人力需求；这些活动还为组织录用、晋升、培训、调整人员以及人工成本的控制等活动提供准确的信息和依据；在预测未来企业发展的条件下，有计划地逐步调整人员的分布状况，把人工成本控制在合理的支付范围内，人员配备计划中的一些展望就显得十分重要；在人员配备规划中，员工可以看到自己的发展前景，才会去积极地努力争取，这有助于引导员工的职业生涯设计和职业生涯发展。

许多企业面临着源源不断的员工跳槽，其实显示了其人员配备规划的空白或不足。我国有许多互联网企业在招募员工时，有明显的权宜之计的色彩，如要求应聘者具有2年以上计算机及相关工作背景，强调新招来的员工不需要多少培训，马上就能够投入工作，为企业创造价值，极少有企业考虑应聘者的潜在素质、道德责任等因素，缺乏科学的人员甄选程序，更谈不上为他们设计职业生涯了。这样甄选人才使企业在短时间内得到了所急需的人才，但从长期来看却增大了企业员工流动率，降低了企业稳定性，增大了技术信息丧失的风险。正如一家网络公司技术部经理所说："我们对应聘的人都要试用。说实话，我们也不知道如何制定一个合适的标准，只好先让他们试一试，唯一能够明确的，就是我们需要人。这种日子持续了几个月，公司用过的员工已经超过千人，留下的和离开的新人比例几乎达到1∶1。"

目前很多企业不重视人员配备计划，不愿意制定人员配备计划，主要原因是人员配备计划的积极作用在较长的一段时间后才能体现出来；人员配备计划需要有非常全面和准确的企业员工的各种信息和资料，工作量太大，让人望而生畏。1998年，爱立信中国公司总共有

4 000 多名员工，分布在 24 个办事处和 10 家合资企业中。各家企业都有人事经理，对人事档案的管理更是五花八门，有的停留在纸张记录时代，有的刚刚勉强用上了计算机。当时爱立信中国公司的人力资源经理回忆道，一个简单的员工学历分布统计，对她来说都是一项庞大的工程。而且人力资源部门大部分时间被一些具体的事务占领，不能进行有效的人员配备计划工作。一项对我国外资企业人力经理的调查报告显示，人力资源经理们 60% 的精力被用在处理各种行政事务——档案管理、填写表格等，仅有 30% 的精力用来为员工和管理人员提供咨询服务，10% 的精力用在为公司战略提供人力支持。

讨论性案例

材料 1：

内部跳槽与竞争上岗

日本索尼公司每周出版的内部小报，经常刊登各部门的"求人广告"，职员们可以自由而且秘密地前去应聘，他们的上司无权阻止。另外，公司原则上每隔两年便让职员调换一次工作，特别是对于精力旺盛、干劲十足的职员，不是让他们被动地等待工作变动，而是主动给他们施展才华的机会。

索尼公司的内部跳槽制度就是这样，有能力的职员大都能找到自己比较中意的岗位，那些没有能力参与各种招聘的员工才会成为人事部门关注的对象，而且人事部门还可以从中发现一些部下频频"外流"的上司们所存在的问题，以便及时采取对策进行补救。

如果一个普通职员对正在从事的工作并不满意，认为本单位或本部门的另一项工作更加适合自己，改变一下并不容易。许多人只有干得非常出色以致感动得上司认为必须给他换个岗位时才能如愿，而这样的事普通人一辈子也难得碰上几次。当职员们对自己的愿望常常感到失望时，他们的工作积极性便会受到明显的抑制，这对用人单位和职员本身都是一大损失。

材料 2：

华为的战略性人员配备计划

华为曾经是一个名不见经传的民营企业，在短短的十几年间，发展成为利润率最高、研发投入率最高的中国电子信息百强企业之一。究其成功的原因，其中重要的因素之一是按照战略规划目标制定人力资源规划，并大规模进行相关人才储备。

华为创业之始仅有 10 多人，逐步增加到 100 多人。上世纪 90 年代中期以后，在确定了"华为将长期专注于通信网络从核心层到接入层整体解决方案的研究开发，同时以标准的中间件形式向用户提供开放的业务平台，并关注宽带化、分组化、个人化的网络发展方向"这一战略之后，华为进行了人力资源的规划，开始了大规模的人才引进和储备。1998 ~ 2000 年，平均每年员工增长人数在 3 000 ~ 4 000 人。以 1998 年为例，中国科技大学 1998 年毕业研究生除继续在国内外求学的，共有 400 人左右找工作，其中近 90 人到了华为公司，而华中理工大学则有近 200 人到了华为。到 2001 年，华为已有员工 15 000 余人，其中 85% 具有本科以上学历，45% 具有硕士、博士和博士后学历，员工平均年龄 27 岁。从人员结构看，科研人员占40%,市场营销和服务人员占35%,生产人员占10%,管理及其他人员占15%。

值得关注的是,华为对人力资源的规划并非中规中矩,按照供给和需求的预测作出的,而是更多地从切断竞争对手人才补给线的战略高度出发制定实施的。正是这一基于人力资源规划的战略举措,为华为的发展奠定了雄厚的基础,同时也对其他竞争对手产生了巨大的压力。

第二节 人员招聘与甄选

招聘是在合适的时间为合适的岗位寻找到合适的人选,是企业根据自身发展需要,依照市场规则和企业人员配备计划的要求,通过各种可行的手段及媒介,向目标公众发布招聘信息,发现和吸引潜在雇员的过程。招聘工作是建立在人员配备计划工作分析的基础上的。

一、人员招聘的依据

人员招聘需要考虑职位及人员本身的素质与能力双方面的因素。

1. 职位的要求

通常组织结构设计中的职位说明书,对各职位已有了明确的规定。在人员招聘时,可以通过职务分析来确定某一职务的具体要求。职务分析的主要内容有:这个职务是做什么的?应该怎样做?需要一些什么知识和技能才能胜任?有没有别的方法实现目标?如果有的话,那么新的要求又是什么?

2. 人员的素质和能力

个人的素质与能力,是人员选聘时要重点考虑的另一重要标准。应根据不同职位对人员素质的不同要求,来评价和选聘员工。如法约尔就提出作为主管人员,其个人素质应包括身体、智力、道德、一般文化、专业知识、经验六个方面,还有一个重要的方面,就是从事管理工作的欲望,或称管理愿望,是指人们希望从事管理的主观要求。

二、人员招聘的渠道

内部招聘和外部招聘是企业获得人力资源(特别是管理人才)的两条途径。有些企业倾向于内部招聘,而外部招聘则成为另外一些企业的主要途径。采取内部招聘还是外部招聘,要根据企业的具体情况而定,二者各有利弊。

(一) 内部招聘

目前内部招聘主要采用的方法是工作竞标法。这种方法是把要招聘的岗位以及能力要求登在布告栏或内部刊物上,员工在得到招聘信息后,通过对自己能力的衡量,提出应聘要求。例如,在摩托罗拉公司内部报纸《家庭报》上,经常可以看到公司内部的招聘启示。这是一种非常公开、公正的方法。员工比照招聘标准,发现自己的不足,从而不断丰富自己,为未来的机会做准备。如果公司内形成这样一种氛围,那么,内部招聘活动所预期的激励作用就达到了。

大多数企业在选拔管理人员时倾向于内部招聘,是因为内部招聘具有一些明显的优点:有利于对选聘对象全面了解,以保证选聘工作的正确性;被提升的组织内成员对组织的历史、现状、目标以及现存的问题比较了解,有利于被选聘者迅速开展工作;有利于鼓舞士气,激励组织成员的上进心和工作热情，调动成员的积极性。据有关资料表明，76%的美国公司采用内部选拔为主的政策。

但内部招聘也有一些不足：当组织内部人才储备的质或量不能满足组织发展的需要时，如果仍然坚持从内部提升，将会使组织既失去得到一流人才的机会，又使不称职的人占据管理职位；不易带来新的观念，容易造成“近亲繁殖”。

（二）外部招聘

外部招聘是指根据一定的标准和程序，从组织外部的众多候选人中选择符合空缺职位工作要求的人员。外部招聘的方法，根据外部来源的不同，主要有以下几种：

1. 广告招聘

这是企业常用的一种招聘方法，其形式有在报纸、杂志、电视、电台或因特网上做招聘广告。广告的内容一般包括招聘职位、招聘条件、招聘方式及其他说明，广告必须符合有关法律并要求引人注目。广告招聘的优点是信息面大影响广，可吸引较多的应聘者；缺点是广告费用昂贵，由于应聘者较多，招聘费用也随之增加。

据调查，国外的报纸招聘广告已占所登广告数量的1/4。在我国的新闻媒介中，人才招聘广告也开始占有越来越多的份额，而且这种招聘形式也是效果最好的一类。在利用报纸广告进行招聘时，需要注意报纸的读者群、报纸的覆盖面、报纸广告的投入产出率等因素。

2. 员工推荐

员工推荐一般指本企业员工推荐或关系单位主管推荐。这种招聘方式的优点是：由于是熟人推荐，所以招聘应聘双方在事先已有进一步的了解，可节约不少招聘程序和费用，尤其是招用关键岗位的职缺人员，如专业技术人员等，常用此法；缺点是由于熟人推荐，有时会有碍于情面而影响招聘水平。如果此类录用人员一多，易在企业内形成裙带关系，给管理带来困难。

3. 校园招聘

每年有大批应届生毕业，为企业招聘工作提供了大量的人选。企业招聘对象可以分为两类人员：一类是经验型，另一类是潜力型，应届生属于后者。一批青年人进入企业，给企业注入了活力，带来了生气，由于他们缺少实际工作经验，故企业必须投资进行培训。西方的大公司还对新进公司的应届大学生采用评价中心技术进行评估，选出发展潜力大的优秀者予以重点培养，若干年后不少人成了公司高级管理人员。目前，越来越多的国外大公司倾向于从国内的大专院校直接招聘所需的人员。

4. 就业服务机构

就业服务机构服务的优点是能提供经过筛选的现成人才给企业，从而减少企业的招募和甄选时间。但是在实践上，由就业服务机构提供的应征者往往不符合工作岗位的资格要求，继而造成高流动率或效率低下等现象。

5. 猎头公司

“猎头”在英文里叫“headhunting”，在国外，这是一种十分流行的人才招聘方式。我国香港和台湾地区把它翻译为“猎头”，所以引进大陆后我们也称之为代理招聘猎头，意思即指“网罗高级人才”。高级人才委托招聘业务，又被称之为猎头服务。专门从事中高级人才的中介公司，又往往被称之为猎头公司。人们通常所说的“猎头公司”就是指一种高级管理人员代理招聘机构,它常被企业利用来搜寻高级管理人才。

猎头公司具有“挖墙角”专长,特别擅长接触那些正在工作而且还没有流动意向的高级人才,能为用人单位节约不少广告征求和筛选大批应征者所花费的费用和时间。但是猎头公司收取的费用相当昂贵,而且部分猎头公司的工作能力有限。

外部招聘有一些明显的优势:有比较广泛的人才来源满足组织的需求,有可能招聘到一流的管理人才;可给组织带来新的思想、新的方法,防止组织的僵化和停滞;大多数应聘者都具有一定的理论知识和实践经验,因而可节省在培训方面所耗费的大量时间和费用。同时外部招聘也存在一些缺点:组织内部员工的士气或积极性将受到影响;应聘者对组织的历史或现状不了解,不能迅速开展工作。

一般说来,当组织内有能够胜任空缺职位的人选时,应先从内部提升;当空缺的职位不很重要,并且组织已有既定的发展战略时,应当考虑从内部提升。然而,当组织急需一个关键性的主管人员,而组织内又无胜任这一重要职位的人选时,就需要从外部招聘,否则将会导致组织处于停顿甚至后退状态。

三、人员甄选

人员甄选,是指用人单位在招募工作完成后,根据用人条件和用人标准,运用适当的方法和手段,对应征者进行审查和选择的过程,是组织通过多种方法,收集应聘者各方面的信息,对应聘者进行区分评估,以挑选最适合职位要求的人员的过程。人员选拔是招聘工作中最关键的一步,也是技术性最强的一步。

(一) 招聘测试

招聘测试是一种科学的测量方法,它是通过调查、问卷、面谈、模拟、民意测验等多种综合方法对人员的能力、性格、态度、素质、智力水平、工作绩效等方面进行综合评定,这种评定以定量和定性相结合为特征。

1. 知识测评

亦称笔试,用笔试测评知识,可从记忆、理解、应用三个层次上进行。常用题型包括供答型、选答型与综合型。

2. 智力测试

这种测试是对人所具有的整体能力的总和,即对学习能力的测试。智力测验可以用来甄选各种职业的工作者,在同一职业中,聪明的人比愚笨的人学得快,做得好;不同职业对人的智力要求也不尽相同。

3. 能力测试

主要测试应聘者是否具备所应聘岗位要求的能力水平。

4. 个性测试

主要用于判断候选人的个性特点,包括个人的需要、动机、爱好、兴趣、感情、态度、性格、气质、价值观、人际关系等各种与社会行为有关的心理特质。

(二) 测评中心

测评中心(assessment center)是为测评被试者的操作能力和管理素质所进行的一系列标准化活动。评价中心不是一个地理概念,而是一种综合、全面的测评方式和技术。测评中心的核心是使用情景性的测验方法对被测评者的特定行为进行观察和评价。

1. 无领导小组讨论

无领导小组讨论是指一组被评价者在给定的时间里、在既定的背景之下,围绕给定的问题展开讨论,并得出一个小组的意见。参加讨论的被测评人数一般是4~8个人,最好是6个人;讨论的时间通常是一个小时左右。所谓"无领导"就是参加讨论的这一组被评价者,他们在讨论的问题情境中的地位是平等的,其中并没有指定哪一个人充当小组的领导。无领导小组讨论可以考察被评价者的领导欲望、主动性、辩论说服能力、协调能力、领导能力、人际交往能力以及决策能力等,同时也可以考察被评价者的自信心、进取心、责任感、灵活性、情绪的稳定性以及团队精神等个性方面的特点及风格。

2. 公文处理练习

在这种测评方法中,被评价者将扮演某一领导者的角色,他将面对一堆信件或文稿,包括通知、报告、客户的来信、下级反映情况的信件、电话记录、关于人事或财务等方面的一些信息以及办公室的备忘录等。这种测评方法可以评价被评价者在管理方面的计划能力、组织协调能力、判断能力、沟通能力、决策能力以及领导能力等,此外还反映了对信息的收集和利用能力、处理问题的条理性和灵活性以及对他人的敏感性等。

3. 情景模拟

情景模拟通过设置一定的模拟情景,让被测评者扮演一定的角色,在模拟的情景中,按照考官的要求完成一个或一系列的任务和活动,从而测评其在拟聘岗位上的实际能力和水平。一般是指根据被试可能担任的职务,编制一套与该职务实际情况相似的测试项目,将被试安排在模拟的、逼真的工作环境中,要求其处理可能出现的各种问题,用多种方法来测评其素质和操作能力的一系列方法。

4. 管理游戏

管理游戏是一种以完成某种"实际工作任务"为基础的标准化模拟活动,通过活动观察与测评被试的实际管理能力。比如要求被试扮演一个特定的管理角色来处理日常的管理事务,以此来观察其表现,了解其心理素质,测评其人际关系处理等能力。

(三) 面试

面试是一种面试人与求职者之间相互交流信息的有目的的双向沟通,它使招聘方和受聘方都能得到充分的信息,以在招聘中作出正确的决定。

1. 结构化面试

由一系列与工作相关的问题构成;可靠性和准确性较非结构化面试强;主持人易于控制局面;面试通常从相同的问题开始。其缺点和局限性是灵活性不够,面试人多易被后来应试者所掌握。

2. 非结构化面试

面试者会提出探索性的无限制的问题,鼓励求职者多谈。面试没有应遵循的特别形式,谈话可向各方向展开。可以根据求职者的最后陈述进行追踪提问。

如果没有经过良好的组织并按标准化的方式进行,面试可能会存在一些偏见和误差。为了使得面试有效,应做到:培训面试者;着重了解工作要求的那些知识、技术、能力和其他特点;严格根据工作分析的结果设计面试问题;在轻松的气氛下进行面试;编制特制的表格,根据标准来评价申请者;面谈中做记录;等等。

讨论性案例

材料1：

微软公司的招聘流程

微软公司是一个知识密集型企业，它的持续成长，依赖于一个稳定的充满智慧和激情的员工队伍。正如公司的一位高级副总裁指出的："你不可能使用低水平的编程员编制出伟大的计算机程序。"1989年，公司的工资单上共有4 000名员工。到1992年，员工人数超过了1万人。填补公司员工配置需要的任务真是非常艰巨。发现和选聘最优秀的人才，是微软公司的首要任务。当比尔·盖茨被问到他过去几年为公司所做的最重要的事时，他回答说："我聘用了一批精明强干的人。"

微软公司是如何发现和选聘人员的？负责招聘者每年要访问130多所大学。申请者在汇集到西雅图郊外的公司总部前，可能已在校园内接受了多次考察。到总部后，他们要花一天时间与公司中从各部门来的至少4位考官进行面谈。面谈的问题侧重于应聘者的创造力与解决问题的能力，而不是具体的程序编制知识。而且，微软公司的薪金倾向于较低，通常每周要工作60～80个小时。因此，公司寻找的是那些重视价值实现而不是报酬多少的人。当然，了解情况的应聘者知道，公司为表现卓越的员工提供的股票期权，已经使这些人中的2 000余人成为百万富翁。

微软公司的人员选聘过程，很明显是行之有效的。这家公司已经赢得了良好的声誉，招聘到许多美国年轻的杰出工程、营销和管理人才。实践是最好的检验标准。微软公司的成长记录已经有力地证明了其人员选聘过程的效果。

材料2：

外企招聘员工面试"怪题"

看图说话：外企招聘员工，需测试应聘者的反应能力，有的外企在转动的机器上装上彩色图画，画面上有动物、植物、建筑物、交通工具、家用电器等，在应聘者面前按一定的速度移过，要求应聘者在规定的时间内说出自己所看到的内容。

分蛋糕：有一家外企招聘员工面试时，出了这样一道题，要求应聘者把一盒蛋糕切成8份，分给8个人，但蛋糕盒里还必须留有1份。面对这样的怪题，有些应聘者绞尽脑汁也无法分成；而有些应聘者却感到此题实际很简单，把切成的8份蛋糕先拿出7份分给7人，剩下的1份连蛋糕盒一起分给第8个人。应聘者的创造性思维能力就显而易见了。

冒着烈日长跑：考验应聘者的意志、吃苦耐劳精神，常是外企招聘面试要出的题。有一家外企从应届技校毕业生中招一批员工，面试时，要求应聘者冒着烈日，跑到近郊的一座山再返回。测试结果，有的应聘者投机取巧，未跑到目的地就返回；有的应聘者虽跑到目的地，但在返回途中搭乘出租车；也有的应聘者按规定跑到目的地后再跑回。外企公布录取名单时，前两种人榜上无名，后一种人被录用为员工。

雨中打伞走路：作为外企的员工，要求具有团结协作精神。因此，一家外企招聘员工时，要求应聘者冒雨到附近指定地点然后返回，但只有一半的应聘者发到伞。应聘者在这场面试中出现这样的情况：有的发到伞的应聘者主动与无伞的应聘者搭档，风雨同伞；有的无伞的应聘者则与有伞的应聘者协商合用一把伞；还有的有伞的应聘者只顾自己不顾别人，独自撑一把伞。结果，独自撑一把伞者被淘汰。

谈观后感：有的外企招聘员工时，组织应聘者先参观本企业。然后，要求应聘者谈观后感。测试中，有的应聘者谈不出什么感想，或只讲本企业的好话；而有的应聘者，则能对本企业不足之处提出意见，并提出改进的建议，比如如何加强安全防护措施等。显然，后一种应聘者更关心企业的发展，具有较强的事业心和责任感，因而受到外企的欢迎。

第三节　人员培训与绩效考核

绩效考核是对员工的工作绩效进行评价，是人力资源管理中很重要的一环，它与员工挑选、培训等相辅相成。同过去的人事管理有所不同，人力资源管理中的绩效评价更侧重于通过绩效评价不断提升员工素质，并给员工带来发展的机会。

一、人员培训概述

人员培训是指企业通过各种方式使员工具备完成现在或将来工作所需要的知识、技能，并改变工作态度，以改善员工在现在或将来职位上的工作绩效所进行的有计划的、系统的战略性人力资本投资的活动过程。

获取和维护能长期保持高绩效水平的杰出员工，是人力资源管理的重要任务。在知识快速更新的信息社会，组织必须向全体员工提供不断学习以便更新技能的条件。以前，人们强调在工作过程中学习，采用的方法如工作轮换、工作扩大化、工作丰富化等，这些方法侧重于员工在工作中自我摸索，具有很多的局限性，结果只是少部分员工受益。进入 20 世纪 90 年代，为了迎接竞争的挑战，全员在职培训(on-the-job training)在企业界盛行起来。

近些年来，优秀的企业主动承担起培训员工的责任，拨出巨额资金用于员工在职培训，收到了明显的效果。摩托罗拉公司拥有 107 000 名员工，每名员工一年平均接受培训 36 小时，公司每投入 1 美元的培训费用，就获得了 30 美元的生产率回报。

表 8.1　管理专业领域本专科学历教育与企事业在职培训的区别

项　目	本专科学历教育	企事业单位短期在职培训
学生特点	年龄小，不具备实践经验	有工作经验但分布集中年龄差距大，有管理层次区分
学习目标	不清楚具体用途，获取学位很重要	渴望解决具体问题，无学历压力
师生角色	教师教，学生学	教师作为教练引导，学员参与
沟通方式	多为单向沟通	特别鼓励学员的参与
教学重点	理论型知识	突出应用型知识和技能
教学方法	教材为主	案例、游戏、模拟、练习手册等
教师要求	基本理论基础	广泛了解实践的基础上有重点地深入

企业在职培训不同于学校的学历教育，表 8.1 从多方面对二者进行了比较。在职培训的

目的之一是技能培养，即培养员工技术的、人际关系的和解决问题的能力。开展在职培训，必须从课程设计、教学方法、教师选聘、教材建设、教学设施等多方面体现出在职培训的特殊性。在摩托罗拉大学，每门课程都配备了专门的课程建设班子，对学员手册、教授用书、联系手册、教学案例、投影胶片、录象带进行不断的调整更新，以期改进培训效果。同时，摩托罗拉大学特别注重教学方法的研究，来自国内外的每一位教师，不管什么样的背景，正式在摩托罗拉大学授课之前，都必须上一门为期 5 天的有关教学方法的课程，熟悉和掌握适用于在职培训的教学方法。大量的研究表明，不同教学方法对培养有关能力的作用差别很大，见表 8.2。

表 8.2　不同教学方法对培养有关能力的作用

教学方法	分析能力	想象能力	预见能力	分辨能力	逻辑思维能力	主动性	忍耐力	决策能力	独立思考
案例分析	…	…		…	·	· ·		· ·	…
小组活动		· ·	· ·	…	· ·		…		· ·
小班讨论	· ·	· ·	· ·	…	· ·	· ·	· ·		· ·
上大课	· ·			· ·	· ·		· ·		
个别辅导	· ·		· ·	…	· ·	· ·		…	
商业游戏	…	…	…	…	…	· ·	· ·	· ·	…
项目实践	· ·	…	· ·	· ·	· ·	· ·		· ·	
实际体验		· ·	…	…		· ·			
个人自学	· ·	·		· ·	…	· ·		· ·	· ·

注：…表示特别有效；· · 表示比较有效；· 表示可能有效。

资料来源：欧洲议会商业教育会议。转引自《中华工商时报》，1998-01-02。

二、人员培训的目标

人员培训的目标可以从以下两个层面来考察。从组织方面看，员工培训就是要把由于员工的知识、能力不足及员工态度不积极而产生的机会成本的浪费控制在最小程度；从员工个人方面看，培训可以提高员工自身的知识水平和工作能力，帮助员工自我实现。

员工培训的具体目标如下：

1. 传递信息

通过培训，要使管理人员了解组织在一定时期内的生产特点、产品性质、工艺流程、营销政策、市场状况等方面情况，熟悉公司的生产经营业务。

2. 改变态度

通过培训，使员工逐步了解组织文化，接受组织的价值观念，按照组织认同的行动准则从事管理工作。

3. 更新知识

利用培训的方法，对员工的科学、文化、技术知识进行及时的补充和更新。

4. 发展能力

根据管理工作的要求，努力提高管理人员在决策、用人、激励、沟通、创新等方面的管理能力。

三、人员培训的方式

1. 新员工培训(导入培训)

新员工培训,又称岗前培训、导入培训,是一个企业所录用的员工从局外人转变成为企业人的过程,是员工从一个团体的成员融入另一个团体的过程。通过培训,员工逐渐熟悉、适应组织环境,并开始初步规划自己的职业生涯,定位自己的角色,发挥自己的才能。成功的新员工培训与发展已经深入到了员工的行为和精神的层次。

研究发现,新员工在进入企业之初将面临如下三个典型问题:(1)是否会被群体接纳?(2)公司当初的承诺是否会兑现?(3)工作环境怎么样?上述问题直接关系到新员工对企业的评价和印象,进而会直接影响员工在公司的绩效。

为了回答新员工的以上问题,培训应包含以下内容。(1)公司概况。有效的新员工培训首先应让员工全面了解、认识公司,减少陌生感,增加亲切感和使命感。公司概况既包括有形的物质条件如工作环境、工作设施等,也包括无形的积累如公司的创业过程、经营理念等。(2)职位说明及职业必备。要向新员工详细说明岗位说明书上的有关条款,描述出恰当的工作行为,并做出示范,制定日程安排,并在规定的时间内让新员工掌握工作方法和工作技能。要接受新员工提出的问题并给予必要的指导。对于绩效考核、晋职、加薪等规定也要详加说明。(3)法律文件与规章制度。法律文件是指劳动合同以及公司的身份卡、钥匙、考勤卡、社会保障等方面基于法律和有关规定而签署的文件。

2. 在职培训

由于在职培训的成本较低,所以大多数的培训是以在职方式进行的。在职培训常见的方法包括职务轮换和预备实习。职务轮换是通过横向的交换,使员工从事另一岗位工作。它使员工在逐步学会多种工作技能的同时,也增强其对不同工作间相互依赖关系的认识,并产生对组织活动的更广阔的视角。对于新员工而言,经常采取的在职培训是预备实习,即通过跟随经验丰富的老师傅学会如何工作。

3. 离职培训

在职培训是边工作边学习,可能会扰乱工作的正常秩序,并导致工作失误增加。另外,有些技能的培训相当复杂,难以做到边工作边学习。在这种情况下,就需要离职培训。

最常见的离职培训包括课堂讲座、电视录像以及模拟练习。课堂讲座特别适用于传播具体的信息,因此可以用来有效地发展员工的技术及解决问题的技能。电视录像可以用来清晰地展示技术方面的技能。人际关系和解决问题方面的技能可以通过模拟练习更好地学到,诸如案例分析、实验演习、角色扮演和小组互动会议等。复杂的计算机模型,如航空业中用以培训飞行员的模型,也是模拟练习的一种,它可以用来教授技术方面的技能。

四、绩效考核的一般过程

绩效考核是对员工的工作行为与工作结果进行全面、系统、科学的考察、分析、评估与反馈的过程,是考核组织成员对组织的贡献,对组织成员的价值进行评价。绩效考核是人员配备的一项重要活动,通过绩效考核,可以使员工矫正个人成长的方向,找到现存的不足,明确与组织要求的差距,获得组织的支持;可以使组织掌握制定薪酬、培训、晋升、奖惩等各项人力资源决策的客观依据;可以使员工与组织加强沟通交流,融洽关系。因此,甚至可以说,没有考核就没有管理。

绩效评价是一项非常细致的工作,必须严格地按一定的程序进行。绩效评价的基本程序主要包括:

1. 确定工作构成

一项工作往往由许多活动所构成,但评价不可能针对每一个工作活动内容进行,因为这样做,一是没有必要;二是不易操作。这里所说的工作构成,一般是指工作结果对组织有重大影响的活动或虽然不很重要但却是大量重复的活动。

2. 确定绩效评价标准

绩效应以完成工作所达到的可接受程度为标准,不易定得过高。由于绩效标准是评价判断的基础,因此必须客观化、定量化。具体做法是将评价内容逐项进行分解,形成评价的判断基准。

3. 评价实施

如何消除评价中的非客观因素是评价的关键环节,具体做法是将工作的实际情况与评价标准逐一对照,判断绩效的等级。

4. 评价面谈

面谈是评价中的一项重要技术,但常常被忽略。通过面谈,双方形成对绩效评价的一致看法,并就下一阶段的工作达成协议。经过这样的面谈,下属会满怀积极的态度,而不是不满的情绪。

5. 制定绩效改进计划

绩效改进计划是评价工作最终的落脚点。一个切实可行的绩效改进计划应包括以下要点:(1) 切合实际;(2) 计划要有明确的时间性;(3) 计划要具体;(4) 计划要获得认同。

6. 绩效改进指导

现代评价技术中,应把在工作中培养下属视为改进工作绩效的重点来抓。因此,主管人员要经常带头与下属讨论工作,以如何有效地完成工作作为讨论的核心,并时常对下属的工作和绩效改进予以具体的指导。对绩效改进计划的指导,要一直持续到下次评价为止。

五、绩效考核的方法

绩效考核非常重要,但又如何对员工的绩效进行考核呢?主要的绩效考核方法如下:

1. 评分量表法

评分量表法是最普遍、最常用的方法,考核者根据量表对员工每一个考核项目的表现作出评价和计分。

2. 配对比较法

配对比较法也称相互比较法,就是将所有要进行评价的职务列在一起,两两配对比较,其价值较高者可得1分,最后将各职务所得分数相加,其中分数最高者即等级最高者。按分数高低顺序将职务进行排列,即可划定职务等级。由于对比两种职务不是十分容易,所以在评价时要格外小心。

3. 强制选择法

强制选择法要求定级者必须从一对陈述关于雇员级别情况的语句中选择出一个最符合某一雇员特性的描述语句。通常一对陈述要么都是积极肯定,要么都是消极否定的。

用强制选择法评估时，定级者对被评估者必须像对其他雇员一样做出选择，以减少偏见。这种方法也便于管理，广泛适用于不同的工作，且容易标准化。但这种方法与具体工作联系不紧，限制了它改进雇员表现的作用。更糟的是，雇员在一组中只选择一项，会感到有的方面被轻视。因为提供不了许多有益的反馈，考核者和被考核者都不太喜欢这种方法。

4. 关键事件法

关键事件法是由美国学者福莱诺格（Flanagan）和伯恩斯（Baras）在1954年共同创立的，它是由上级主管者记录员工平时工作中的关键事件：一种是做得特别好的，一种是做得不好的。在预定的时间，通常是半年或一年之后，利用积累的记录，由主管者与被测评者讨论相关事件，为测评提供依据。其主要原则是认定员工与职务有关的行为，并选择其中最重要、最关键的部分来评定其结果。这种方法考虑了职务的动态特点和静态特点。

关键事件法的主要优点是研究的焦点集中在职务行为上，因为行为是可观察、可测量的。同时，通过这种职务分析可以确定行为的任何可能的利益和作用。但这个方法需要花大量的时间去搜集那些关键事件并加以概括和分类；关键事件的定义是显著的对工作绩效有效或无效的事件，但这就遗漏了平均绩效水平。

5. 现场考评法

现场考评是指考评机构到现场采取勘察、询查、复核等方式，核实有关情况，在此基础上对所掌握的有关信息资料进行分类、整理和分析，提出考评意见。

6. 行为锚定评分量表法

行为锚定评分量表法是一种基于关键行为的评价量表法，是将关键事件法和评分量表法相结合的一种方法。行为锚定评分量表通常由行为学专家与组织内的评估人员共同讨论设计。针对某一被评估职务，选出适当的评估维度，每一评估维度附有行为描述文字和相对应的评分标准。

7. 书面描述法

书面描述法是以一篇简短的书面鉴定来进行评估的方法。评估的内容、格式、篇幅、重点等均不拘，完全由评估者自由掌握，不存在标准规范。

8. 目标管理法

目标管理法是依托目标管理制度，通过使每个员工都为完成组织使命而努力来实现组织的有效性。

考核后，考核者按照组织规定与被考核者正式面谈，就考核结果及其原因、成绩与问题及改进措施进行沟通。这是员工得到有关其工作绩效的反馈信息的一个主要渠道。绩效考核的结果要使员工感觉到考核是公正的和客观的，让员工了解自己现在工作的不足，并决心加以改正，提高绩效。但是，由于员工往往会对自己的绩效有过高的估计，而管理者往往反馈的不是"好"结果，这就需要在绩效考核结果反馈时掌握足够的技巧。在反馈过程中，管理者应该事先做好充分准备，将反馈聚焦于绩效与发展，要具体解释考核结果，并确定考核对象今后发展的措施，要充分肯定和强化考核对象的理想表现，要重点强调未来绩效的改善。

讨论性案例

少年与老板间的距离

一位成功商人到一个偏僻的山村度假,遇见一个敦厚的少年,决心带他出去闯闯。商人问少年想不想将来当大老板,少年说不想,因为他不知道什么是老板。商人耐心解释什么是老板,并循循善诱,说了许多当老板的好处。少年心动,随商人离开了小山村。过了半年,少年说自己想当老板。商人问他知不知道老板要做什么,少年回答"在大办公室里签字,坐高级轿车去吃饭"。商人觉得很失败,认为是自己教导不够,从此让少年跟随自己,亲眼目睹老板要做些什么。又过半年,少年再次提出想自己当老板。商人又问了同样的问题,少年朗朗而答:"老板就是Boss,要分析信息、进行决策、制定计划、组织资源、领导员工、监督执行、协调内部、联系外界、处理突发事件……"少年足足说了半小时,商人认为少年已很清楚一个老板的工作内容,便将一个子公司交给少年经营管理。然而不到一年,子公司不得不宣布停业整顿。商人质问少年,你不是知道应该做些什么吗?少年怯懦地说,我只知道要做什么,但我并不知道该如何去做呀。商人顿时醒悟,要将一个无知少年变成一个成功的老板,必须让他知道老板是什么、要做什么以及如何去做。

第四节 职业生涯规划

职业生涯就是一个人的职业经历,是指一个人一生连续从事和负担的职业、职务、职位的过程。职业生涯不仅仅是职业活动,而且包括与职业有关的行为和态度等内容。职业生涯是人一生中最重要的历程,是追求自我价值的重要人生阶段,对人生价值的实现起着决定性作用。

一、职业生涯规划的涵义

职业生涯规划也叫职业生涯设计,是指个人和组织相结合,在对一个人职业生涯的主客观条件进行测定、分析、总结研究的基础上,对自己的兴趣、爱好、能力、特长、经历及不足等各方面进行综合分析与权衡,结合时代特点,根据自己的职业倾向,确定其最佳的职业奋斗目标,并为实现这一目标做出行之有效的安排。

职业生涯规划包括个人对自己进行的个体生涯规划,使个人在职业起步阶段成功就业,在职业发展阶段走出困惑,取得职业上的成功。职业生涯规划也包括企业对员工进行的职业规划管理。良好的职业生涯管理体系可以充分发挥员工的潜能,给优秀员工一个明确而具体的职业发展引导,保证企业拥有必需的人才。

二、职业生涯的阶段

美国的职业指导专家萨帕(Donald E. Super)把人的职业发展过程分为五个阶段,如图8.1所示。

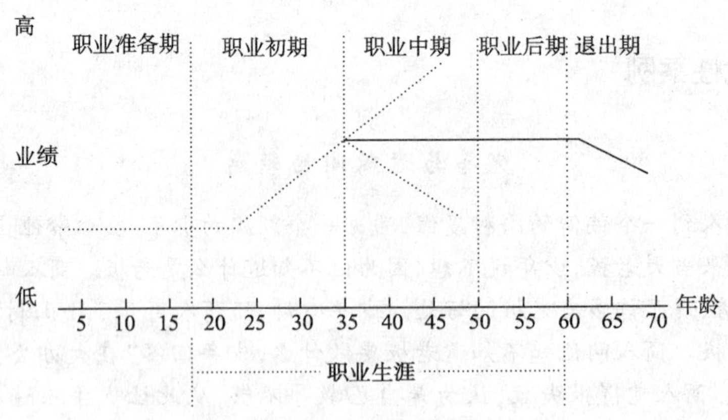

图 8.1　职业阶段划分

1. 职业准备阶段

职业准备阶段典型年龄段为 0 ~ 18 岁,其主要任务是形成职业想象力,评估不同的职业,选择第一份工作,接受必需的教育。虽然职业教育或大学教育也有分科、分系,学生可以学到一些专业的知识,并摸索到自己的兴趣所在,对自己的未来事业也会有些期望和目标,但事实上,由于种种原因,学校教育和实际工作差异颇大,大多数学生对专业设置、自身的兴趣、社会未来的变迁不可能在进入校门后就能完全了解和确定。

2. 职业生涯初期阶段

职业生涯初期阶段,典型年龄段为 18 ~ 35 岁。这时找到并开始了自己的第一份工作。刚出校门的职场新人,对企业运作、工作本质及职业的内涵特质并不十分了解,等到实际工作后,往往事与愿违,差异颇大,因此,不稳定是他们的特点,理想与现实的落差也使他们不断调职、跳槽、换工作,这就是"试验期"。在这个期间,他们逐渐改进工作表现,不断犯错,不断改进。

3. 职业生涯中期阶段

职业生涯中期阶段典型年龄段为 35 ~ 50 岁。这个时期主要任务是对职业生涯初期阶段重新评估,强化或转变职业理想,对中年生活做适当选择,在工作中再接再厉。职业生涯中期阶段有人称之为危险期。这时小部分表现特殊或特别获得赏识的人员,可能更上一层楼进入企业核心,或成为独当一面的部门主管、高级顾问等,肩负更大的责任。但大部分人员可没那么幸运,金字塔型的组织越往上层人数愈少,这是必然的。一般人心理上一时无法调适,因而对自己的能力、理想等产生怀疑。生涯的停滞是危险期的特征,会使许多人重新评估自身生涯目标及工作,最后可能会做出离开现在的公司、自行创业、重新进入学校充电等,试图另创新的局面。也可能调整自己的生活重心,由工作转移至家庭、兴趣爱好等,以逃避工作上的挫折。"中年危机"是大部分上班族可能面对的问题,但也可借此时机对自身未来生涯再做一次思考。

4. 职业生涯后期阶段

职业生涯后期阶段典型年龄段为 50 ~ 60 岁,大多数人在此时的抉择可能是"宜静不宜动",而进入"维持期",选择留在公司里。就算没能晋升,也可能被安排为一个中、高级的资深管理者、技师、工程师、专员等。此时对组织所能贡献的,就是他们多年累积的专业知识和判断力。从事顾问、教导和技能传承工作,这都是幸运的一群。在现实的企业环境中,他们也有可能被冷落、忽视。所以，职业生涯后期的个人际运差别会很大。

5. 退出阶段

退出阶段一般是指60岁或65岁（西方发达国家由于人口老龄化，退休年龄稍大）退休以后至死亡为止。当然，每个人退休后情况不尽相同。如果年龄不到60岁或身体状况还不错，许多人仍然选择退而不休，接受单位返聘或继续从事一些其他工作。因为，对一个工作了近40年的人来说，一下子无事可做，身心难以适应。有些人退休后，突然老了许多，就是心理无法调适的结果。

美国学者萨帕的"职业生涯阶段"只是一个模式，但这个模式有助于规划职业生涯，排除不安的心理及障碍，顺利度过人生的各个阶段。

三、职业生涯成功要领

斯蒂芬·罗宾斯（Stephen P. Robbins）总结了10条职业生涯成功要领，这是一些经过管理者实践检验过的有效策略和建议，这些要领对职场新人特别有帮助。

1. 审慎选择第一项职务

一个管理者在组织中的起点，对于其后来的职业发展具有重要的影响。第一份工作对今后的职业生涯有绝对性的影响。如果有选择机会的话，应该选择在组织中有权力的部门中工作。你所在的部门权力越大，则越受重视；越受重视，则担负的责任越大；责任越大，则可能做出的贡献越大，在组织中影响力就越大。在这样的部门工作，你自身的能力能迅速得到提升，你也能受到更多的关注。在这样的职位上，以后得到提升的机会就会更多。

2. 做好工作

做好自己的工作是实现职业生涯目标的必要条件。因为，只有你有好的工作业绩，才会受到组织的重视和赏识，才有可能晋升。但做好工作，并不能保证职业生涯一直顺当。

3. 展现正确的形象

什么是正确的形象，看看你的领导们的形象就知道了。他们做事的方式，甚至衣着打扮等都值得学习，因为这些体现着一个公司的文化。作为一个管理者，其形象应该体现公司的文化。

4. 了解权力结构

组织的权力结构和组织结构经常是不同的。组织结构明确了职权，但那只是权力的一种。了解权力结构，就是要知道谁在控制局面，谁在控制资源等。一旦对这些权力结构有了更好的了解，那么你就可以更熟练、自如地在组织中工作。

5. 获得组织资源的控制

这也是权力的一大来源。知识和技术就是其中一类特别有效的可控制资源，这些可以让你显得更有价值，个人的核心竞争力是职业的保障和晋升的保证。

6. 保持可见度

由于管理绩效评估很难避免主观性，所以，要让你的上司和组织中有权力的人意识到你的贡献。你应该学会采取一些手段来曝光，比如向上级汇报工作，出席社交集会，参加有关的职业协会，与正面评价你的人结成有力的同盟等。

7. 不要在最初的职务上停留太久

如果有机会的话，你应该尽早选择转换到不同的岗位上，在不同的岗位上工作，会给大家一种你在“快车”上的感觉。而这会加强自我成就感。

8. 找个导师

组织也许会指定一个导师给你,也许你自己会找到一个愿意指导你的导师。无论是哪一种情况,对你都会很有帮助。你可以从导师那里学习到工作技能,得到鼓励和帮助。有一个位高权重的导师则对你的发展帮助更大。

9. 支持你的上司

你的未来掌握在你现有的上司手里。很少有人能挑战自己上司的权威。假如你的上司很有才干,他很有可能在组织中得到晋升,你如果是他的有力支持者,将自然获得晋升机会。

10. 保持流动性和考虑横向发展

让组织了解你愿意在各种职位和区域工作,并争取这样的机会,通过工作的轮调和交流,工作经历将更丰富,工作也将更有趣,也可以获得更多的满足感和成就感,这无疑对以后的职业生涯有很大的帮助。

讨论性案例

鲶鱼效应

西班牙人爱吃沙丁鱼,但沙丁鱼非常娇贵,极不适应离开大海后的环境。当渔民们把刚捕捞上来的沙丁鱼放入鱼槽运回码头后,用不了多久沙丁鱼就会死去。而死掉的沙丁鱼味道不好,销量也差,倘若抵港时沙丁鱼还存活着,鱼的卖价就要比死鱼高出若干倍。为延长沙丁鱼的活命期,渔民想方设法让鱼活着到达港口。后来渔民想出一个法子,将几条沙丁鱼的天敌鲶鱼放在运输容器里。因为鲶鱼是食肉鱼,放进鱼槽后,鲶鱼便会四处游动寻找小鱼吃。为了躲避天敌的吞食,沙丁鱼自然加速游动,从而保持了旺盛的生命力。如此一来,沙丁鱼就一条条活蹦乱跳地回到渔港。

管理启示:

一个公司,如果人员长期固定,就缺乏活力与新鲜感,容易产生惰性。尤其是一些老员工,工作时间长了就容易厌倦、疲惰,倚老卖老,因此有必要找些外来的“鲶鱼”加入公司,制造一些紧张气氛。当员工们看见自己的位置多了些“职业杀手”时,便会有种紧迫感,知道该加快步伐了,否则就会被“吃”掉。这样一来,企业自然而然就生机勃勃了。当压力存在时,为了更好地生存发展下去,惧者必然会比其他人更用功,而越用功,跑得就越快。适当的竞争犹如催化剂,可以最大限度地激发人们体内的潜力。

复习题

1. 什么是人员配备?它要实现什么目标?
2. 员工招聘有哪些渠道?
3. 面试应该注意哪些问题?
4. 人员培训有哪些方法?
5. 如何进行绩效考核结果反馈?

6. 管理者职业生涯成功的要领有哪些？

分析性案例

零售业的人才争夺战

案例一：零售业为何天天喊缺人？

临近年关，南京商业零售业正迎来新一轮市场高峰。在大量开业、布点的信息背后，随之而来的则是人才需求的旺季。事实上，这种旺盛的人才需求一直在持续。

各家超市、家电零售等行业的老总如今最烦心的事情，并不是人们想象中的"资金紧缺"，而是"缺人"。一些公司甚至出现"周周在招聘、天天在进人"的局面。

与此同时，伴随着零售市场全面开放，大量的外资零售企业进入中国，中外零售企业竞争越来越激烈，各家零售商之间也开始了明争暗斗，不断抬高薪金互挖墙角的故事频繁上演。零售业人才紧缺，本早已不是新闻，可他们对人才近乎"疯狂"的渴求，就不能不引起人们关注了。

超市招聘每天上演

每到周六，苏果连锁的会议室，并未因周末而关门，人力资源部的工作人员忙碌地接待着应聘者。而据江苏商报了解，像这样的招聘会，苏果总部每周都会有。

从中层领导到普通一线员工，苏果所提供岗位之全面、所需人才数量之大，令人惊诧。

据苏果有关人士透露，苏果每一家新店的开业，至少需要400多名员工。苏果正处于高速发展时期，临近年底苏果更是爆发新一轮的开店狂潮，至少有近十家大的卖场诞生，对熟悉零售行业的人才的需求可见一斑。"苏果现在面向社会全年招聘，天天招聘。"苏果行政部胡科长告诉江苏商报。

刚开业的家乐福三店，目前也在南京全面招聘。家乐福相关负责人对外表示，到2007年年底前将在国内建立100家分店。据称，家乐福明确宣称至少需要3 500名中高级以上管理人员加盟，仅店长级别的职位空缺就在百位以上。

据了解，欧尚超市也对外宣布，将在南京大肆招兵买马，仅见习经理一职就将提供数十个岗位。

"不怕缺钱就怕缺人"

据了解，在沃尔玛、家乐福、金润发这样的外资卖场，高管的薪资待遇直接与业绩浮动挂钩，平均每月5 000~6 000元，店长最多能享受15~16个月薪水，算下来也在10万元以上。

如此优厚的待遇，却不能招到想要的人，这让不少外资卖场开始犯难。据介绍，一家1万平方米以上的新店开业，就需要400多名工作人员，其中管理职位大约占20%。目前各家店都在储备人才，通过社会招聘，又都缺乏工作经验，人才紧缺已经超过资金紧缺。

"跳槽"事件频繁上演

在商贸零售业中高层管理人才匮乏的现状下，很多超市都采取了"抢挖"的方式来解人才缺乏的燃眉之急。于是，在零售业竞争激烈的今天，"挖"人、"跳槽"事件十分频繁。

一般有几年工作经验的部门主管，跳槽的几率最高，而且每跳一家超市待遇和职位都会相对有所提高。

随着零售业人才竞争的加剧,“挖角”之风日益盛行。自从近几年多家外资零售企业相继涌入国内,面对既抢地又抢人的洋巨头们,国内零售企业为了壮大自己,不得不加速扩张。而对于一些急需的中高层管理人才,只好不惜重金从本土同行或外国同行那里“挖”来,以解燃眉之急。同样想在中国扎稳脚跟推行本土化的国外零售企业,也“挖”走了一批本土的零售业人才。华润万佳的采购总监是家乐福来的;新一佳的顾问是家乐福来的;而家乐福店长是好又多来的,公关总监则是沃尔玛来的。

目前零售企业之间互挖墙脚已经公开化,企业或亲自抛头露面广发“英雄帖”,或找猎头公司代为物色。业内人士透露,现在挖人不同以前,“挖一个人不顶用,需要团队作战,因此是一个团队一个团队地挖”。而此次华联挖人就酝酿了很长时间,本来想挖一个人,但经过谈判后还是引入了一个团队。

零售业为何人才紧缺

据了解,我国目前零售业人才不仅数量少,而且素质也不高,具有大专以上文化程度的各类专门人才只占3%左右。

这样的比例让有些人把国内零售业人才的匮乏归结于外资商企的频频“挖人”,而苏果一位高层则认为根本原因是国内院校对零售人才的培养力度大大削弱了。目前仅有少数几家大学保留了商贸专业,而且即便是保留商贸专业的院校,其课程设置与实际需求严重脱节,对连锁商业的针对性也不强,有的高校甚至找不到连锁超市的专业或课程。

资料来源:《江苏商报》2007年1月25日。

案例二:国美圈地急,苏宁抢人忙

7月25日,国美电器与永乐合并,完成了国内家电业最大的合并行动。当晚,10多名包括门店经理在内的上海永乐员工因担心被裁员而转投苏宁电器。第二天,上海永乐不少“老臣”投奔苏宁。

为稳定人心,7月27日,国美、永乐召开新闻发布会,矛头直指苏宁,称其“恶意挖角”。另一方面,国美方面紧急安抚员工,重申“不关闭门店、不裁员”的承诺。

针对国美的指责,7月28日,苏宁电器总裁高调透露,从国美、永乐宣布合并以来,已经有近30名上海永乐员工转投苏宁。

鉴于有大量永乐员工投奔苏宁,8月1日,苏宁在上海市各大媒体刊出大幅招聘广告,正式宣布启动“人才争夺战”。招聘团队由苏宁电器副总裁亲自挂帅,这也是苏宁总部高管首次走出南京到其他城市亲自进行招聘。

尽管副总裁再三强调,此次招聘是出于自身发展需要面向全社会的公开招聘,并不是针对哪一家,是“选拔贤才”,而非“接收人才”,但由于其开出了比同行业高20%~30%的薪酬标准,还是引起了永乐和国美的强烈不满,永乐更是指责苏宁这时大规模高薪招聘是趁火打劫。

永乐指责苏宁在这个节骨眼上突然跑到上海大规模招聘人才是“别有用心”,并再次对永乐员工承诺,永乐不会关一个店,也不会裁减一个人。永乐新闻发言人表示,招聘人才是企业的正常行为,但有针对性地挖人就违反了公平竞争的原则。

发言人表示,希望双方保持冷静,否则永乐将联手国美进行反击。国美新闻发言人也表示,苏宁此时在上海招聘比较敏感,希望对方低调行事。

但苏宁坚持说,此次大规模招聘就是为总部迁沪作准备,是计划中的事,与国美、永乐合并无关。苏宁对永乐的反应表示难以理解,认为是其心理太脆弱,把正常的人才招聘行为当成进攻,且如临大敌。

现在的竞争已经不仅仅是资金、技术等的竞争了,更是人才的竞争。苏宁在国美并购永乐完成前就称要将本部迁至永乐老巢上海。入驻上海直接对抗国美,首先就是招揽本地人才。正如苏宁老总所说,国美要店我们要人。苏宁如今就是要加强人才储备,对抗国美。

家电连锁企业的发展,不仅看中门店数字的增长,更重要的是提升卖场的综合运营水平,人才在其中会扮演越来越重要的角色。

苏宁同时还透露,苏宁上海总部定位为"发展国际化,用人本土化",未来员工主体将以上海员工为主,在人才培养方面还将在上海投资建立一个大型培训基地,作为苏宁向全国其他地区输送人才的源泉。

连锁行业的竞争到最后就是人才和后台的竞争。近两年,家电连锁业人才争夺日益激烈,除了公开招聘,一些得力干将基本都是从对手处"挖墙脚"得来的。为了抵制竞争对手的"挖"人行为,苏宁不惜启动股权激励政策,给予中高层管理人员持有苏宁电器股票的机会,以此笼络人心。

人才紧缺导致争夺加剧

今年,国美、苏宁在全国扩张开店都要超过100家,五星在华东地区要拓展80到100家商业网点,苏宁在南京也要再开40家、外埠50家左右。目前由于零售业疯狂扩张,中高端人才的数量和质量已经远远供不应求,甚至成为制约连锁业跑马圈地的瓶颈。一家新卖场开业,从店长、店长助理到部门经理、采购人员和财务人员等,少说要3到4人,100家门店需要400人,而且公司总部也要相应增加100到200人进行对接管理,人才紧缺导致争夺加剧。

在巨型"机器"急速膨胀的同时,更需要大量人才的跟上。据悉,从2002年开始,全国零售业新增从业人员每年都要超过100万人。与不断增加的人才需求相比,国内零售业的人才储备却是寥寥无几。虽然零售业人才总量有所增加,但是跟快速发展的零售业相比显得供不应求。

人才危机,使正处于扩张高峰期的零售业一愁莫展。华润万佳就有这样的经历,万佳在中山开一家店也不是很贵,才5 000万元,问题是没有人,要从深圳调过去300人,"有钱没人的感觉相当强烈"。连华润万佳这样早已名声在外的零售企业都为找不到人而发愁,更何况那些中小企业了。

企业要完善造血功能

连锁快速扩张对人才的需求变得越来越大。各巨头同时扩张,向对手内部"挖"人已经不能解其缺人之渴。"无人可挖"的尴尬局面使它们不得不开始建立"人才蓄水池工程"。

国美从2002年就开启了"蓄水池工程",每年招聘大批量的应届毕业生,经过3年培养后才有上岗资格,目前高层80%都来自于这个蓄水池。

3月15日,国美电器宣布,在包括上海在内的其7个大区主要城市成立7个国美电器管理学院分院,在内部重点培养中层零售人才,以保证门店扩张的人才需要。该公司同时表示,将每年拿出员工工资2%的经费用于员工培训。

去年2月20日,国美电器与北京大学合作,成立了国美电器管理学院,旨在对国美电器的中高层进行培训。目前,该学院已培训了200名店长以上的零售管理人才。

此前麦德龙中国总部也宣称，投入4 000万元设立培训基金，启动储备干部培养计划。

五星两年前与大学合办了“人才订单式培养”班，在高校建立了人才资源培训基地。目前江苏经贸职业技术学院五星班的在校生已达100人，陆续输送了500名人才。“五星班”的学生毕业后将分别担当卖场专柜负责人。

资料来源：《商界名家》2006年12月6日。

讨论题：

1. 人力资源在零售业发展中的重要性如何？
2. 什么原因导致了零售业人才短缺？
3. 如果你是一家零售业的人力资源部门的经理，你打算怎么应对零售业人才紧缺的问题？

第四篇

领　导

本篇讲解的是管理的第三个职能：领导职能。

在计划的组织实施过程中，对个体与组织的激励、沟通和领导，是管理者的一项重要管理内容。组织团队高质量、高效率地完成任务是管理者的职责。设计什么样的激励制度、如何进行有效的领导和沟通是本篇学习的重点。

本篇包括以下三章：

第九章　激励

第十章　领导

第十一章　沟通

第九章

激 励

引导案例

材料1：

小猴进城

小猴想进城，可没人拉车。他想呀想，终于想出了一个好主意。他在车上系了三个绳套：一个长，一个短，一个不长也不短。他叫来了小老鼠，让他闭上眼，拉长套。又叫来小狗，让他闭上眼，拉短套。他再叫来小猫，在小猫背上系了一块肉骨头，让小猫闭上眼拉不长不短的绳套。小猴爬上车，让大家一齐睁开眼。小老鼠看见身后有猫，吓得拉着长套拼命跑；小猫看见前面有只老鼠，拉着套使劲地追；小狗看见猫背上的肉骨头，馋得直往前撵。小猴快快活活地坐在车里，不一会儿就进了城。

管理启示：

从以上故事可以看出，小猴是一个真正的激励高手。现代激励理论承认人的需求的差异化，要想达到激励效果，就必须按照"各求所需"进行设计。

材料2：

赞美的力量

某足球队教练将该队队员分成三个集训小组，并在训练时做了一个心理实验。

教练对第一个小组队员的表现大加赞赏，说："你们表现卓越，配合度非常高，太棒了！你们是一流的球员。"

对第二小组则说："你们也不错，如果你们运球速度快一点，步伐再稳一点，就更好了。"

对第三小组则说："你们怎么搞的？总是抓不到要领，靠你们，我什么时候才有出头之日呀！"

其实这三个小组成员的素质、能力都一样，但是经过这样一个实验之后，结果第一小组获得最好的成绩，第二小组次之，第三小组最差。

管理启示：

这是个完美的管理员工的例子。怎样激发员工的工作热情呢？是指出他们的不足，然后让他们奋勇改变呢？还是用大量的赞美语言，让他们更加努力呢？其实很多时候赞美比批评更能激发一个人的潜能和积极配合的愿望。

员工的能力和天赋并不能直接决定他对组织的价值,其能力和天赋的发挥很大程度上取决于被激励的水平。因此,如何对员工进行有效的激励,成为组织管理者一项重要的工作内容。

第一节 激励的内涵

激励,顾名思义就是激发和鼓励。激发是对人的动机而言,鼓励则是指对人的行为趋向加以控制。激励实际上是一个针对所激励对象的需要,采取外部诱因对其进行刺激并使被激励对象按激励实施者的要求自觉行为的心理过程。激励是现代人力资源管理的核心,是管理功能的精髓。

一、人的行为模式

1. 人的行为模式:需要、动机和行为之间的关系

从心理学的角度分析,人的行为由动机所支配,动机是由需要引起的,动机引起行为、维持行为并指引行为去满足某种需要。可以将人的行为总结为如图 9.1 的模式。

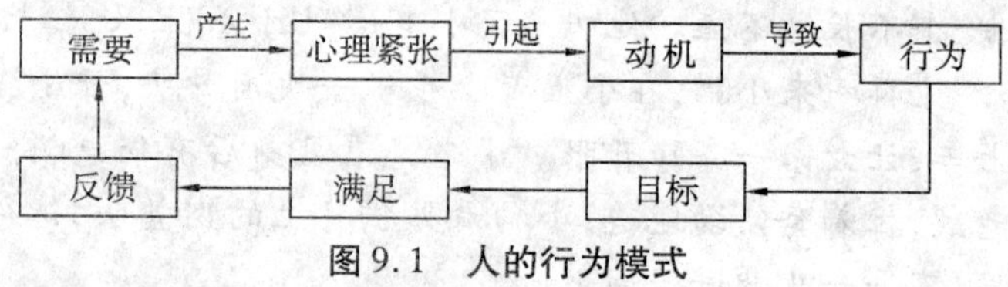

图 9.1 人的行为模式

2. 需要和动机

需要是指客观的刺激作用于人的大脑引起的个体缺乏某种东西的状态。这里所说的客观刺激包括身体内部的刺激,如饥饿,也包括身体外部的刺激如食物的香味、电视广告等。个体缺乏的可能是个体内维持生理作用的物质因素,如水、食物等,也可能是社会环境中的心理因素,如友谊、尊重、成就感等。

当人们产生某种需要而又未能满足时,身心便会失去平衡,会出现紧张和不安的状况,这种不安和紧张成为内在的驱动力,促使个体采取某种行为,心理学把这种现象称为动机。

未满足的需要是形成人的行为动机的根本原因,有某种需要就有某种动机,有某种动机就有某种行为。但事实上有某种需要不一定就会产生某种动机,有某种动机也不一定就会引发某种行为。因为一个人的需要和动机是个体和环境相互作用的结果,因时、因地、因情、因个人差异而表现出不同的反应,而且一个人可能同时有许多未满足的需要,产生的动机之间不仅有强弱之分,而且会有矛盾和冲突。一般来说,只有最强烈的动机可以引发行为,这种动机称为强势动机。例如,一个刚参加工作的年青人,有购买住房、增添衣物、购车等多种需要,但一般不可能同时满足这几种需要,只能根据动机的强弱来选择其中的一项或几项。

影响动机强度的因素主要有:

(1) 在外界条件一定时,动机的强度与个体缺乏的程度以及个人的个性直接有关。

(2) 在内部条件一定时,某种动机的强度随外部环境的刺激而变化。例如,某人想升工资的动机强度,随组织该年升工资的计划、比例以及其他单位同类人员升级的情况而变化。

(3) 某种动机的强度还取决于这种动机过去是否得到强化。如果过去这种动机引发的

行为曾取得良好的结果,这个动机就会得到强化,该行为会重复出现。如果这种动机过去曾取得坏的结果,该动机会因此削弱或消失,从而使该行为不再出现。

(4) 动机强度随着行为进行的过程而有所改变。同一动机随着目标导向行为的进行,越接近目标,动机强度越大;而随着目标行为的进行,需要逐渐得到满足,其强度逐渐减弱。例如,饥饿时越接近食堂和自己喜爱的食物,食欲越旺盛;而随着进食过程的进行,食欲越来越弱。

3. 行为:建设性行为和破坏性行为

人的行为是由动机决定的,人们采取的行为总是直接或间接、自觉或不自觉地为了满足某种需要。但行为的结局可能发生两种情况:第一,实现了目的,满足了需要,于是在新的刺激下,又会产生新的需要;第二,没有实现目的,产生挫折感,这时他(或她)可能采取以下两种类型的行为:

(1) 建设性行为。建设性行为是指个人受挫后采取的积极的理智的行为,主要可能表现为以下几个方面:① 增强努力:发现目标难以达到,鼓起勇气继续努力。② 模仿:学习榜样的观念和言行。③ 重新解释目标:目标设置难以达到,延期、修订或转化目标。④ 补偿或替代:目标受条件限制而无法达到,制定另一个目标取代原来目标。⑤ 合理化:为解释自己的挫折,寻求合理借口或折衷妥协办法。

(2) 破坏性行为。破坏性行为是指个体受挫后采取的不理智的消极的行为,主要表现是:① 攻击:直接攻击——针对构成挫折的人或物辱骂、动手侵犯、败坏其名誉等;间接攻击——对方力量太强(上级或重要客户),寻找替罪羊攻击,或转向自我责备。② 固执:拒绝别人劝告,拒绝任何事实,顽固不化地从事某一行为。③ 退化(回归):受挫之后,表现出和自己年龄、身份很不相称的幼稚行为。④ 推诿:诿过于人。⑤ 冷漠:心灰意懒,自暴自弃,麻木不仁。⑥ 压抑:压抑愤怒、焦虑的情绪反应,表现出正常情况下的谈笑自若的状态。

二、激励的定义

激励指通过刺激激发人的动机,增强人的内在动力,促使个体有效地达到目标的心理过程,即通常所说的调动人的积极性。这一定义包含以下几方面的内容:

(1) 激励的出发点是满足组织成员的各种需要,即通过系统地设计适当的外部奖酬形式和工作环境,来满足企业员工的外在性需要和内在性需要。

(2) 科学的激励工作需要奖励和惩罚并举,既要对员工表现出来的符合企业期望的行为进行奖励,又要对不符合企业期望的行为进行惩罚。

(3) 激励贯穿于企业员工工作的全过程,包括对员工个人需要的了解、个性的把握、行为过程的控制和行为结果的评价等。因此,激励工作需要耐心。

(4) 信息沟通贯穿于激励工作的始末,从对激励制度的宣传、企业员工个人的了解,到对员工行为过程的控制和对员工行为结果的评价等,都依赖于一定的信息沟通。企业组织中信息沟通是否通畅,是否及时、准确、全面,直接影响着激励制度的运用效果和激励工作的成本。

(5) 激励的最终目的是在实现组织预期目标的同时,也能让组织成员实现其个人目标,即达到组织目标和员工个人目标在客观上的统一。

三、激励的实质与内外因

如前所述,人的行为是由需要引起的,需要产生动机,动机导致行为,而行为的目的是为了满足需要。如果能够激发人们的动机,满足人们的需要,并使人看到满足需要的可能性,那么就可以激励其行为。因此,激励的实质就是根据员工的需要设置某些目标,并通过一定措施激发员工和组织目标一致的强势动机,并按组织所需要的方式引导员工的行为的过程。激励的实质主要强调以下几个方面:

(1) 激励是一个满足员工需要的过程。

(2) 激励是激发员工动机,调动员工积极性的过程。

(3) 激励是引导员工的行为指向组织目标,并且和组织的目标保持一致的过程。

(4) 激励是减少员工挫折行为,增加建设性行为的过程。

激励来自两方面:一方面是"内在的";另一方面是"外在的"。由内在因素即内因起作用的激励称为内激励;来自外部因素即外因的激励称为外激励。

内激励与外激励往往是同时存在的。人的内在因素是促使人产生行为的基本原因,外在因素是一种"诱因"。这些诱因包括物质的刺激,也包括精神的刺激。外在的刺激能否有效地影响激励效果,取决于外在的诱因与被激励者的需要、价值观和个性特征等内在因素相吻合并发生共鸣的程度。人们只有在感觉到某种东西正好适合自己的需要并有可能得到时,才会产生较强的吸引力和影响力,从而激发人的工作动机,否则不会产生激励作用。

四、激励的原则

激励是一门学问,科学地运用激励理论,可以有效地激发员工的潜力,使组织目标和个人目标在实现中达到统一,进而提高组织的经营效率。正确的激励应遵循以下原则:

1. 目标结合原则

在激励机制中,设置目标是一个关键环节。目标设置必须同时体现组织目标和员工需要的要求。

2. 物质激励和精神激励相结合的原则

物质激励是基础,精神激励是根本。在两者结合的基础上,逐步过渡到以精神激励为主。在市场经济条件下,物质激励无疑是一种相当不错的激励手段,但一味依赖经济杠杆在激励中的作用也会导致需要上的失衡。行为科学家认为,"一种需要一旦得到满足便失去其对人的行为的动力作用,取而代之的将是另外一种更高层次的需要"。因此,在激励方式的设置上要重视物质奖励的精神化和精神奖励的物质化,精神激励与物质激励方式交互兼用。

3. 创新原则

同一种刺激多次重复,激励主体便会失去兴趣,其作用也就会降低。因此,激励的手段要创新,要有变化。激励的频率要适度,激励用多了、用滥了,或激励频率过疏、过密,都会削弱激励的作用。企业职工教育管理部门应分析和把握员工培训的内部条件和外部环境,了解员工的需要和个性,创造性地运用有形和无形的激励因素,不断改进激励的方式和手段,提高激励的有效性。

4. 公平性原则

公平理论认为,人们都有一种将自己的投入和所得与他人的投入和所得进行比较的倾向,如果比较的结果是相等的,他会感受到公平待遇而产生一种积极性,反之则会产生消极心理。所谓投入是指接受教育和训练,获得经验和技能等;所谓所得是指薪酬、提升和地位。企业培训要发挥激励的调控作用,通过培训、考核、使用、待遇等方法的有机结合来平衡投入与所得,彻底改变"学与不学一个样,有无技术一个样"的现象,给员工以培训提升的动力。

5. 明确性原则

激励的明确性原则包括三层含义:其一,明确。激励的目的是需要做什么和必须怎么做。其二,公开。特别是在分配奖金等为员工普遍关注的问题上,公开更为重要。其三,直观。实施物质奖励和精神奖励时都需要直观地表达它们的指标,优化予以奖励和施以惩罚的方式。直观性与激励影响的心理效应成正比。

6. 时效性原则

激励要把握时机,"雪中送炭"和"雨后送伞"的效果是不一样的。激励越及时,越有利于将人们的激情推向高潮,使其创造力连续有效地发挥出来。

7. 正激励与负激励相结合的原则

所谓正激励就是对员工的符合组织目标的期望行为进行奖励。所谓负激励就是对员工违背组织目的的非期望行为进行惩罚。正负激励都是必要而有效的,不仅作用于当事人,而且会间接地影响周围其他人。

8. 按需激励原则

激励的起点是满足员工的需要,但员工的需要因人而异、因时而异,并且只有满足最迫切需要(主导需要)的措施,其效价才高,其激励强度才大。因此,领导者必须深入地进行调查研究,不断了解员工需要层次和需要结构的变化,有针对性地采取激励措施,才能收到实效。

讨论性案例

两只水桶

一位挑水夫挑着两只水桶,其中一只桶子有裂缝,另一只则完好无缺。在每趟长途的挑运之后,完好无缺的桶子总能将满满一桶水从溪边送到主人家中,但是有裂缝的桶子到达主人家时,却只剩下半桶水。两年来,挑水夫就这样每天挑一桶半的水到主人家。当然了,好桶子对自己能够送满整桶水很感自傲。破桶子呢?对于自己的缺陷则非常羞愧,它饱尝了两年失败的苦楚,终于忍不住了,在小溪旁边对挑水夫说:"我很惭愧,必须向你道歉。"

"为什么呢?"挑水夫问道:"你为什么觉得惭愧?"

"过去两年,因为水从我这边一路地漏,我只能送半桶水到你主人家,我的缺陷使你做了全部的工,却只收到一半的成果。"破桶子说。

挑水夫替破桶子感到难过,他很有爱心地说:"我们回到主人家的路上,我要你留意路旁盛开的花朵。"

果真,他们走在山坡上,破桶子眼前一亮,看到缤纷的花朵,开满路一旁,沐浴在温暖的阳光之下，这景象使它开心很多！但是，走到小路的尽头，它又难受了，因为一半的水又在路上漏掉了！破桶子再次向挑水夫道歉。挑水夫说："你有没有注意到小路两旁，只有你的那一边有花，好桶子的那边却没有开花呢？我明白你有缺陷，因此我善加利用，在你那边的路旁撒了花种，每回我从溪边来，你就替我一路浇了花！两年来，这些美丽的花朵装饰了主人的餐桌。如果你不是这个样子，主人的桌上也没有这么好看的花朵了！"

管理启示：

挑水夫为发扬破桶的自身特点，在路上撒下花种，恰好使破桶漏出来的水作为浇灌之用。这种处理方法非常合理。在企业中，要想每个员工都完美无缺是不可能的。人无完人，每个人都有他自身的弱点。在这样的情形下，管理者就要懂得怎样去发挥员工的长处，对他的短处不要过多地苛责。如果宽容地来看，不难发现，很多时候员工的弱点也可以是一种长处。

第二节 人性假设与激励

随着管理实践的发展，人们对管理中人性的认识也不断深化，先后经历了"经济人"假设、"社会人"假设、"自我实现人"假设和"复杂人"假设等阶段。本节将对人性假设理论的演变作出分析和总结。

一、"经济人"假设

1. "经济人"假设概述

"经济人"(economic man)又称"理性—经济人"、"实利人"或"唯利人"。这种假设最早由英国经济学家亚当·斯密(Adam Smith)提出。他认为人的行为动机根源于经济诱因，人都要争取最大的经济利益，工作就是为了取得经济报酬。为此，需要用金钱与权力、组织机构的操纵和控制使员工服从和为此效力。此假设认为，人的一切行为都是为了最大限度地满足自己的利益，工作动机是为了获得经济报酬。

美国管理学家麦格雷戈(D. M. McGregor)在他所著《企业的人性方面》一书中，提出了两种对立的管理理论。其中，"X 理论"就是对"经济人"假设的概括。其基本观点是：多数人十分懒惰，他们总想方设法逃避工作；多数人没有雄心大志，不愿负任何责任，而甘心情愿受别人指导；多数人的个人目标都是与组织目标相矛盾的，必须用强制的方法，才能迫使他们为达到组织的目标而工作；多数人工作都是为了满足基本的需要，只有金钱和地位才能激励他们工作；人大致可以划分为两类，多数人都是符合于上述设想的人，另一类是能够自己鼓励自己，能够克制感情冲动的人，这些人应担当管理的责任。

基于这种假设所引出的管理方式是，组织应以经济报酬来使人们服从和做出绩效，并应以权力与控制体系来保护组织本身及引导员工。其管理要点在于提高效率，完成任务。其管理特征是订立各种严格的工作规范，加上各种法规和制度。为了提高士气，则用金钱刺激，同时对消极怠工者严厉惩罚，即采取"胡萝卜加大棒"政策。泰罗就是"经济人"观点的典型代表。

2. 对"经济人"假设的评价

"经济人"假设及其相应的"X 理论"曾风行于 20 世纪初到 30 年代的欧美企业管理界。

这种理论改变了当时放任自流的管理状态;加强了社会上对消除浪费和提高效率的关心,促进了科学管理体制的建立。这对我国目前的管理实践有一定借鉴作用。但"经济人"假设及X理论也有很大局限性。

(1)"经济人"假设的管理是以金钱为主的机械的管理模式,否认了人的主人翁精神,否认了人的自觉性、主动性、创造性与责任心。他们认为由于人是天性懒惰的,因此必须用强迫、控制、奖励与惩罚等措施,以便促使他们达到组织目标。

(2)"经济人"假设认为大多数人缺少雄心壮志,只有少数人起统治作用,因而把管理者与被管理者绝对对立起来,反对工人参与管理,否认工人在生产中的地位与作用,其人性观是不正确的。

二、"社会人"假设

1."社会人"假设概述

"社会人"假设的理论基础是人际关系学说,"社会人"(social man)又称为"社交人"。"社会人"假设最早来自于梅奥主持的霍桑试验。梅奥认为,人是有思想、有感情、有人格的活生生的"社会人",人不是机器和动物。作为一个复杂的社会成员,金钱和物质虽然对其积极性的产生具有重要影响,但是起决定因素的不是物质报酬,而是职工在工作中发展起来的人际关系。之后又经英国塔维斯托克学院煤矿研究所再度验证。后者发现,在煤矿采用长壁开采法先进技术后,生产力理应提高,但由于破坏了原来的工人之间的社会组合,生产力反而下降了。后通过吸收社会科学的知识,重新调整了生产组织,生产力就告上升。这两项研究的共同结论是,人除了物质需求外,还有社会需要,人们要从社会关系中寻找乐趣。

霍桑试验使大家注意到:社会性需求的满足往往比经济上的报酬更能激励人们。人们在长期的社会生活中发现,只有在顾全群体利益时,个人利益才能得到保障。"社会人"的基本假设就是:从根本上说,人是由社会需求而引起工作动机的,并且通过同事的关系而获得认同感;工业革命与工业合理化的结果,使工作本身失去了意义,因此只能从工作上的社会关系去寻求意义;员工对同事们的社会影响力,比对管理者所给予的经济诱因控制更为重视;员工的工作效率随着上司能满足他们社会需求的程度而改变。

根据这一假设得出的管理方式与根据"经济人"假设得出的管理方式完全不同,前者强调除了应注意工作目标(指标)的完成外,更应注意从事此项工作的人们的要求;不应只注意指挥、监督等,而更应重视员工之间关系的培养和员工归属感与整体感的养成;不应只注意对个人的奖励,而应提倡集体奖励制度。这种假设无疑比后一个假设进了一步。

2."社会人"假设的特点

"人际关系学说"的独特之处是对人的本性的基本论点。简单地说,他们认为职工是"社会人"。这种假设认为人不但有经济方面和物质方面的需求需要得到满足,更重要的是人有社会方面和心理方面的需求需要得到满足。正是基于对人的本性的这种认识,人际关系学说认为,要调动职工的积极性,就应该使职工的社会和心理方面的需求得到满足。人际关系学说的这种认识正好与泰罗的科学管理理论对人的本性的基本认识相反。因此,基于"社会人"假设建立起来的人际关系学说正好是从与科学管理理论相反的角度研究如何提高企业的生产效率问题的。所以说,人际关系学说的提出,完全改变了管理理论发展的进程。

"社会人"假设有如下三个特点:

(1) 在劳动中同其他人进行交往,紧密地结合在一起。经营管理者忽视人际关系的调整,必然造成生产中的重大问题。

(2) 一个工人进入工厂以后与同班组其他人的关系如何,在很大程度上决定了这个工人的工作表现,并直接影响其才能的正常发挥。

(3) 经营管理人员一旦抛弃"人是懒惰的"假设,重视企业内部的人际关系的不断调整,就能获得惊人的效果。

3. 对"社会人"假设的评价

社会生产力的发展,企业之间竞争的加剧和企业劳资关系的紧张,使得管理者开始重新认识"人性"问题。从"经济人"到"社会人"的假设,从以工作任务为中心的管理到以职工为中心的管理,无疑是在管理思想与管理方法上进了一步。尽管如此,"社会人"假设也存在不可摆脱的局限性。

"社会人"的假设认为人与人之间的关系对于激发动机、调动职工积极性是比物质奖励更为重要的,这一点对于企业制定奖励制度有一定参考意义。但它过于偏重非正式组织的作用,对正式组织有放松研究的趋向。这是一种依赖性的人性假设,对人的积极主动性及其动机的研究还缺乏深度。

三、"自我实现人"假设

1. "自我实现人"假设概述

"自我实现人"(self-actualizing man)是20世纪50年代末美国管理学家、心理学家马斯洛(Abraham Maslow)提出来的。所谓"自我实现"指的是"人都需要发挥自己的潜力,表现自己的才能,只有人的潜力充分发挥出来,人的才能充分表现出来,人才会感到最大的满足"。这就是说,人们除了上述的社会需求之外,还有一种想充分运用自己的各种能力,发挥自身潜力的欲望。

马斯洛认为:人类需要的最高层次就是自我实现,每个人都必须成为自己所希望的那种人,"能力要求被运用,只有潜力发挥出来,才会停止吵闹"。这种自我实现的需要就是"人希望越变越完美的欲望,人要实现他所能实现的一切欲望"。具有这种强烈的自我实现需要的人,就叫"自我实现人",或者说最理想的人就是"自我实现人"。

2. "自我实现人"假设的依据

"自我实现人"假设认为:人有好逸恶劳的天性,人的潜力要充分挖掘才能得以发挥,人才能感受到最大的满足。

马斯洛通过对社会知名人士和一些大学生的调查,指出自我实现的人具有15种特征,主要有敏锐的观察力,思想高度集中,有创造性,不受环境中偶然因素的影响,只跟少数志趣相投的人来往,喜欢独居,等等。但马斯洛也承认,在现实中这种人极少,多数人不能达到自我实现人的水平,原因是由于社会环境束缚,没有为人们自我实现创造适当的条件。

麦格雷戈总结并归纳了马斯洛等人的观点,结合管理问题,提出了"Y理论"。其基本内容如下:

(1) 工作中的体力和脑力的消耗就像游戏休息一样自然。厌恶工作并不是普通人的本性。工作可能是一种满足(因而自愿去执行),也可能是一种处罚(因而只要可能就想逃避)。到底怎样,要看可控制的条件而定。

(2) 外来的控制和处罚的威胁是促使人们努力达到组织目标的唯一手段。人们愿意实行自我管理和自我控制完成应当完成的目标任务。

(3) 致力于实现目标是与实现目标联系在一起的报酬在起作用。报酬是各种各样的,其中最大的报酬是通过实现组织目标而获得个人的自我满足,自我实现的需求。

(4) 普通人在适当条件下,不仅学会了接受职责,而且还学会了谋求职责。逃避责任、缺乏抱负以及强调安全感,通常是经验的结果,而不是人的本性。

(5) 大多数人,而不是少数人,在解决组织的困难问题时都能发挥较高想象力、聪明才智和创造性。

(6) 在现代工业化社会的条件下,普通人的智能潜力只得到了部分的发挥。

3."自我实现人"假设的评价

"自我实现人"的假设是工业经济高度发展的产物。在机械化生产条件下,工人的工作日益专业化,特别是传送带工艺的普遍运用,把工人束缚在狭窄的工作范围内。工人只是重复简单、单调的动作,看不到自己的工作与整个组织任务的联系,工作的"士气"很低,影响产量和质量的提高。正是在这种情况下,管理界才提出了"自我实现人"假设和"Y理论",并采取了相应的管理措施,如工作扩大化、工作丰富化等。

四、"复杂人"假设

1."复杂人"的概念

"复杂人"(complex man)是20世纪60年代末至70年代初由史克恩(Schen)提出的假设。"复杂人"的含义有以下两个方面:其一,就个体人而言,其需要和潜力会随着年龄的增长、知识的增加、地位的改变、环境的改变以及人与人之间关系的改变而各不相同;其二,就群体的人而言,人与人是有差异的。

根据这一假设,提出了一种新的管理理论,与之相应的是"超Y理论"。

2. 超Y理论

麦克雷戈在《企业中的人性方面》一书中把根据"经济人"的人性假设提出的管理思想概括为"X理论";把根据"自我实现人"的人性假设提出的管理思想概括为"Y理论"。摩尔斯(J. Malse)和赖斯克(J. W. Larsch)则根据史克恩的"复杂人"的人性假设提出了新的管理理论——"超Y理论"。"超Y理论"具有权变理论的性质,它既区别于"X理论",又不同于"Y理论"。它倡导企业管理方式要根据企业所处的内外条件而随机应变。它认为,根本不存在一成不变的普遍适用的"最好的"管理原则和管理方法。他们认为,"X理论"并非一无用处,"Y理论"也不是普遍适用,应该针对不同的情况,选择或交替使用"X理论"、"Y理论",这就是"超Y理论"。

这种理论是要求将工作、组织、个人三者作最佳的配合,其基本观点可概述如下:

(1) 人怀着各种不同的需要和动机加入工作组织,但最主要的需要乃是实现其胜任感。

(2) 胜任感人人都有,它可能被不同的人用不同的方法去满足。

(3) 当工作性质和组织形态适当配合时,胜任感是能被满足的(工作、组织和人员间的最好配合能引发个人强烈的胜任动机)。

(4) 当一个目标达到时,胜任感可以继续被激励起来,目标已达到,新的更高的目标就又产生。

根据“超Y理论”的分析，企业中职工需要的复杂性表现为以下五个方面：

(1) 人的需要是多种多样的，而且这些需要随着人的发展和生活条件的变化而发生变化。每个人的需要各不相同，需要的层次也因人而异。

(2) 人在同一时间内有各种需要和动机，它们会发生相互作用并结合为统一整体，形成错综复杂的动机模式。例如，两个人都想得到高额奖金，但他们的动机可能很不相同。一个可能是要改善家庭的生活条件，另一个可能把高额奖金看成是达到技术熟练的标志。

(3) 人在组织中的工作和生活条件是不断变化的，因此会不断产生新的需要和动机。这就是说，在人生活的某一特定时期，动机模式的形成是内部需要与外界环境相互作用的结果。

(4) 一个人在不同单位或同一单位的不同部门工作，会产生不同的需要。例如，一个人在工作单位可能落落寡合，但在业余活动或非正式群体中却可使交往的需要得以满足。

(5) 由于人的需要不同，能力各异，对于不同的管理方式会有不同的反应，因此，没有一套适合于任何时代、任何组织和任何个人的普遍行之有效的管理方法。

3. Z理论

“Z理论”是美国加利福尼亚大学教授、日裔美籍管理科学家威廉·大内提出来的。“Z理论”是西方管理理论中有别于“X理论”、“Y理论”和“超Y理论”的一种新的管理理论。由于威廉·大内兼具日、美两国文化背景，加之他对日、美两国的企业管理进行了长时期的比较研究，因而他所概括的“Z理论”在管理界引起了较大反响。这一理论的核心是企业管理必须重视人与人的关系，企业内部必须具有共同的意识和责任，而且要造就亲密和合作的人际关系。

“Z理论”的主要内容可以概括为以下八个方面：

(1) 终身雇佣制。即企业对职工的雇佣是长期的而不是临时的。职工一旦被雇佣，就不轻易解雇。这样，职工的职业有了保障，工作就有了稳定感，他们就会积极地关心企业的利益和发展。

(2) 采取上情下达的经营管理方式，采用协议参与式的决策过程。

(3) 实行比较缓慢的评价和提升制度。

(4) 实行个人分工负责制。

(5) 采用中等程度的专业化途径培训职工，既注意培养他们的专业技术能力，又注意使他们得到多方面的职业训练。

(6)实行含蓄的控制机制，注意发挥职工的积极性和协调合作精神。

(7)全面地关心职工，建立上下级之间融洽的人际关系。

(8)对职工的考察应是长期而全面的，不仅要考察职工的生产技术能力，而且要考察他们的社会活动能力等。

“Z理论”是对“X理论”、“Y理论”和“超Y理论”的继承和超越。从“Z理论”的深层结构来看，它出自一种比“经济人”、“社会人”和“复杂人”更为深刻的人性假设，这就是“全面而自由发展的人”的假设。

“Z理论”所依据的人性假设，相对而言，更符合东方传统文化的价值观，更富于人情味与人道主义精神。在破除了“人身依附观念”，现代企业中由“契约”关系所堆成的雇佣观念，还不足以充分调动人的积极性。调动人的生产、工作积极性，提高生产效率，实际需要的正是一种真正的、全面的、人与人之间的信任与平等的合作关系。这正是“Z 理论”能够产生较大影响的主要原因之所在。

讨论性案例

材料 1：

遭拒的帮助

一位中国学者到意大利去旅游，回来的时候买了很多纪念品，装了几大包。在机场上飞机的时候，一个 50 多岁的意大利行李员吃力地在搬运他的行李。中国学者顿生怜悯之心，于是过去表示要帮助老人搬行李。在国人看来“热脸贴了冷屁股”的一幕出现了——老人严辞拒绝了这位中国人，倍感羞辱地质问道：你帮我是觉得我不能胜任这份工作？是觉得我很无能吗？如果我不能做好这份工作，我会自动辞职。你来帮我，是觉得我根本就不胜任做这份工作，对不对？

管理启示：

国人总把自己当作弱者，弱者是需要被同情或帮助的。被同情或帮助可以不用付出，也就减少了很多责任，或者说根本不用负责任。首先承认自己是弱者，希望别人的帮助；然后就导致不进步，不能自我超越，跨不过自己这道门槛，不能担负起应有的责任，最终导致“积弱”，失去价值。企业管理应拒绝怜悯式搀扶，让管理者充分负担起本岗位应有的责任才是对他最大的提升和帮助。

材料 2：

巴斯夫公司的员工激励之道

巴斯夫公司之所以能够在百年经营中兴旺不衰，在很大程度上归功于它在长期的发展中确立的激励员工的五项基本原则。具体地讲，这五项基本原则是：

1. 职工分配的工作要适合他们的工作能力和工作量，不同的人有不同的工作能力，不同的工作也同样要求有不同工作能力的人。企业家的任务在于尽可能地保证所分配的工作适合每一位职员的兴趣和工作能力。巴斯夫公司采取四种方法做好这方面的工作。

(1) 数名高级经理人员共同接见每一位新雇员，以对他的兴趣、工作能力有确切的了解；

(2) 除公司定期评价工作表现外，公司内部应有正确的工作说明和要求规范；

(3) 利用电子数据库贮存了有关工作要求和职工能力的资料和数据；

(4) 利用“委任状”，由高级经理人员小组向董事会推荐提升到领导职务的候选人。

2. 论功行赏。每位职工都对公司的一切成就做出了自己的贡献，这些贡献与许多因素有关，如和职工的教育水平、工作经验、工作成绩等有关，但最主要的因素是职工的个人表现。

巴斯夫公司的原则是：职工的工资收入必须看他的工作表现而定。他们认为，一个公平的薪酬制度是高度刺激劳动力的先决条件，工作表现得越好，报酬也就越高。因此，为了激发个人的工作表现，工资差异是必要的。另外，公司还根据职工表现提供不同的福利，例如膳食补助金、住房、公司股票等。

3. 通过基本和高级的训练计划，提高职工的工作能力，并且从公司内部选拔有资格担任领导工作的人才。除了适当的工资和薪酬之外，巴斯夫公司还提供广泛的训练计划，由专门的部门负责管理，为公司内人员提供本公司和其他公司的课程。公司的组织结构十分明确，职工们可以获得关于升职的可能途径的资料，而且每个人都了解自己在哪个岗位。该公司习惯于从公司内部选拔经理人员，这就保护了有才能的职工，因此，他们保持很高的积极性，而且明白有真正的升职机会。

4. 不断改善工作环境和安全条件。一个适宜的工作环境，对激发劳动者的积极性十分重要。如果工作环境适宜，职工们感到舒适，就会有更佳的工作表现。因此，巴斯夫公司在工厂附近设立各种专用汽车设施，并设立弹性的工作时间。公司内有 11 家食堂和饭店，每年提供 400 万顿膳食。每个工作地点都保持清洁，并为体力劳动者设盥洗室。这些深得公司雇员的好感。

5. 实行抱合作态度的领导方法。巴斯夫公司领导认为，在处理人事关系中，激励劳动力的最主要原则之一是抱合作态度的领导方法。上级领导应像自己也被领导一样，积极投入工作，并在相互尊重的气氛中合作。巴斯夫公司给领导者规定的任务是商定工作指标、委派工作、收集情报、检查工作、解决矛盾、评定下属职工和提高他们的工作水平。巴斯夫公司的多年经验表明，抱合作态度的领导方法，由于能使雇员更积极地投入工作和参与决策，因而是一个为达到更高生产率而刺激劳动力的优越途径。

该公司由于贯彻了上述五项基本原则，近十年来销售额增长了 5 倍。目前，巴斯夫公司生产的产品品种达 6 000 种之多，每年还有数以万计的新产品投入市场出售。

思考题：

你认为该公司哪些做法值得我们学习和借鉴？其理论依据何在？

第三节　激励理论

在经济发展的过程中，劳动分工与交易的出现带来了激励问题。激励理论是行为科学中用于处理需要、动机、目标和行为四者之间关系的核心理论。行为科学认为，人的动机来自需要，由需要确定人们的行为目标，激励则作用于人内心的活动，激发、驱动和强化人的行为。激励理论是业绩评价理论的重要依据，它说明了为什么业绩评价能够促进组织业绩的提高，以及什么样的业绩评价机制才能够促进业绩的提高。

一、内容型激励理论

（一）马斯洛的需要层次理论

需要层次理论（need－hierarchy theory）是解释人格的重要理论，也是解释动机的重要理论，由美国著名犹太裔人本主义心理学家亚伯拉罕·马斯洛于 1943 年提出。马斯洛认为动机是由多种不同层次与性质的需求所组成的，而各种需求间有高低层次与顺序之分，每个层次的需求与满足的程度将决定个体的人格发展境界。

1. 需要的五个层次

马斯洛理论把需求分成生理需要、安全需要、社会需要、尊重需要和自我实现需要五类，依次由较低层次到较高层次，如图 9.2 所示。

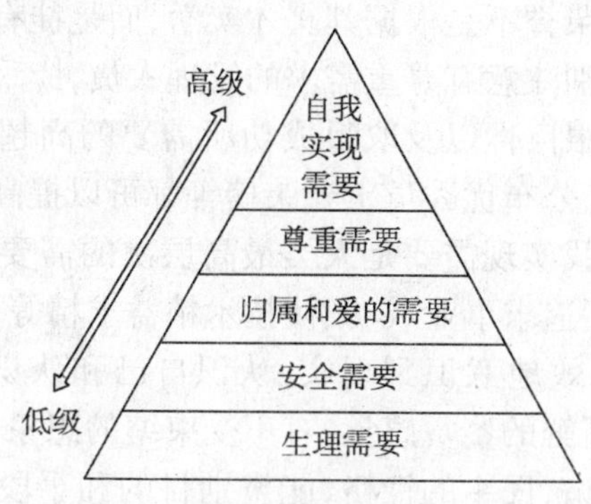

图 9.2　马斯洛的需要层次图

（1）生理需要。生理需要是人类的第一层次需要，是维持人类自身生存的基本需要，是人类最原始、最基本的需要。如衣、食、住、行、性的需要都是生理需求，这类需求的级别最低，人们在转向较高层次的需求之前，总是尽力满足这类需求。一个人在饥饿时不会对其他任何事物感兴趣，他的主要动力是寻到食物。即使在今天，还有许多人不能满足这些基本的生理需求。管理人员应该明白，如果员工还在为生理需求而忙碌时，他们所真正关心的问题就与他们所做的工作无关。当努力用满足这类需求来激励下属时，我们是基于这种假设，即人们为报酬而工作，主要是关于收入、舒适等。在这种假设下，常倾向于利用增加工资、改善劳动条件、给予更多的业余时间和工间休息、提高福利待遇等来激励员工。

（2）安全需要。安全需要是人类的第二层次需要，指能满足个体免于身体与心理危害恐惧的一切需要。在生理需要得到满足之后，人就会产生安全需要，如避免职业病及事故，摆脱失业威胁，以及对某些社会保障的需要。和生理需求一样，在安全需求没有得到满足之前，人们关心的就是这类需求，具体表现在：① 物质上的，如操作安全、劳动保护和保健待遇等；② 经济上的，如失业、意外事故、养老等；③ 心理上的，如希望解除严酷监督的威胁，希望免受不公正待遇，工作有应付能力和信心。安全需要比生理需要更高一级，当生理需要得到满足以后就要保障这种需要。

（3）社交需要。社交需要是人类的第三层次需要，指能满足个体与他人交往的一切需要，如友谊、爱情、归属感等。社交的需要比生理和安全需要更细微、更难捉摸。当生理需求和安全需求得到满足后，社交需求就会突出出来，进而产生激励作用。在马斯洛需求层次中，这一层次是与前两层次截然不同的另一层次。这些需要如果得不到满足，就会影响员工的精神，导致高缺勤率、低生产率、对工作不满及情绪低落。管理者必须意识到，当社交需求成为主要的激励源时，工作被人们视为寻找和建立温馨和谐的人际关系的机会，能够提供同事间社交往来机会的职业会受到重视。管理者感到下属在努力追求满足这类需求时，通常会采取支持与赞许的态度。

（4）尊重需要。尊重需要是人类的第四层次需要，指能满足他人对自己的认可及自己对自己认可的一切需要，如名誉、地位、尊严、自信、自尊、自豪等。尊重需求既包括对成就或自我价值的个人感觉，也包括他人对自己的认可与尊重。有尊重需求的人希望别人按照他们的实际形象来接受他们，并认为他们有能力，能胜任工作。他们关心的是成就、名声、地位和晋升机会，这是由于别人认识到他们的才能而得到的。当他们得到这些时，不仅赢得了人们的尊重，同时其内心也因对自己价值的满足而充满自信。不能满足这类需求，就会使他们感到沮丧。如果别人给予的荣誉不是根据其真才实学，而是徒有虚名，也会对他们的心理构成威胁。在激励员工时应特别注意有尊重需求的管理人员，应采取公开奖励和表扬的方式，布置工作要特别强调工作的艰巨性以及取得成功所需要的高超技巧等。颁发荣誉奖章、在公司的刊物上发表表扬文章、公布优秀员工光荣榜等都可以提高人们对自己工作的自豪感。

(5) 自我实现需求。自我实现需要是人类最高层次的需要，指满足个体把各种潜能都发挥出来的一种需要，如不断追求事业成功、使技术精益求精等。马斯洛在其著作中描述了自我实现人的特征："能更有效地意识到现实，认识自己和认识别人，自发性，集中处理问题，独立性，自主性，不断有新鲜的鉴赏感觉，有不受束缚的想象力，对社会有兴趣，遇有同样自我实现需要的人有深厚友谊，民主的性格，能辨别目的和手段，幽默感，创造性，有反潮流的精神"。自我实现人解决问题能力强，自觉性高，善于独立处事，要求不受打扰地独处。要满足这种尽量发挥自己才能的需求，他应该已在某个时刻部分地满足了其他需求。当然，自我实现的人可能过分关注这种最高层次的需求的满足，以致自觉或不自觉地放弃满足较低层次的需求。

马斯洛的需要层次中，底部的三种需要可称为缺乏型需要，只有在满足了这些需要后个体才能感到基本上舒适。上部的两种需要可称为成长型需要，因为对它们的满足主要是为了个体的成长与发展。

2. 各需要层次之间的关系

马斯洛需求层次理论假定，人们被激励起来去满足一项或多项在他们一生中很重要的需求。更进一步说，任何一种特定需求的强烈程度取决于它在需求层次中的地位，以及它和所有其他更低层次需求的满足程度。马斯洛的理论认为，激励的过程是动态的、逐步的、有因果关系的，在这一过程中，一套不断变化的"重要"的需求控制着人们的行为。这种等级关系并非对所有的人都是一样的，社交需求和尊重需求这样的中层需求尤其如此，其排列顺序因人而异。不过马斯洛也明确指出，人们总是优先满足生理需求，而自我实现的需求则是最难以满足的。马斯洛认为，各层次需要之间有以下一些关系：

(1) 一般来说，这五种需要像阶梯一样，从低到高。低一层次的需要获得满足后，就会向高一层次的需要发展。一般来说，只有在较低层次的需求得到满足之后，较高层次的需求才会有足够的活力驱动行为。已经满足的需求，不再是激励因素。

(2) 这五种需要不是每个人都能满足的，越是靠近顶部的成长型需要，满足的百分比越少。

(3) 同一时期，个体可能同时存在多种需要，因为人的行为往往是受多种需要支配的。每一个时期总有一种需要占支配地位。

(4) 满足较高层次需求的途径多于满足较低层次需求的途径。

3. 需要层次论在管理中的应用

了解员工的需要是应用需要层次论对员工进行激励的一个重要前提。在不同组织中不同时期的员工以及同组织中不同的员工的需要充满差异性，而且经常变化。因此，管理者应该经常性地用各种方式进行调研，弄清员工未得到满足的需要是什么，然后有针对性地进行激励。表9.1给出了需要层次与管理措施的对应关系。

表9.1 需要层次与管理措施

需要的层次	诱因(追求的目标)	管理制度与措施
1. 生理需要	薪水、健康的工作环境、各种福利	身体保健(医疗设备)、工作时间(休息)、住宅设施、福利设备
2. 安全需要	职位的保障、意外的防止	职务保证、退休金制度、健康保险制度、意外保险制度
3. 社会需要	友谊(良好的人群关系)、团体的接纳、与组织的一致	利润分配制度、团体活动制度、互助金制度、娱乐制度、教育训练制度
4. 尊重需要	地位、名份、自尊、权力、责任、与他人薪水之相对高低	人事考核制度、晋升制度、表彰制度、奖金制度、选拔进修制度、委员会参与制度
5. 自我实现的需要	能发展个人特长的组织环境,具有挑战性的工作	决策参与制度、提案制度、研究发展计划、劳资会议

近年来,管理学界对需要层次理论的研究又有了一些新发现:

(1) 缺乏型需要几乎人人都有,而成长型需要并不是所有人都有的,尤其是相当部分的人没有自我实现的需要。

(2) 满足需要时不一定先从最低层次开始,有时可以从中间层次甚至高端层次开始;有时个体为了满足高层次的需要而牺牲低层次的需要。

(3) 任何一种需要并不因为满足而消失,向高层次需要发展时,低层次需要仍然存在,在许多情景中,各层次的需要相互依赖与重叠。

(二) 麦克利兰的成就需要论

美国管理学家大卫·麦克利兰(David Maclelland)专门研究了人的后天需要问题。他认为,人的需要并非都是与生俱来的,有些需要是在后天的个人生活经历中获取的。人在后天形成的需要主要有三种:成就的需要、权力的需要和亲和的需要。

1. 成就需要(need for achievement):争取成功和希望做得最好的需求

麦克利兰认为,具有强烈的成就需求的人渴望将事情做得更为完美,提高工作效率,获得更大的成功。他们追求的是在争取成功的过程中克服困难、解决难题、努力奋斗的乐趣,以及成功之后的个人的成就感,并不看重成功所带来的物质奖励。个体的成就需求与他们所处的经济、文化、社会、政府的发展程度有关,社会风气也制约着人们的成就需求。

2. 权力需要(need for power):影响或控制他人且不受他人控制的需求

权力需求是指影响和控制别人的一种愿望或驱动力。不同人对权力的渴望程度也有所不同。权力需求较高的人对影响和控制别人表现出很大的兴趣,喜欢对别人"发号施令",注重争取地位和影响力。他们常常表现出喜欢争辩、健谈、直率和头脑冷静;善于提出问题和要求;喜欢教训别人并乐于演讲。他们喜欢具有竞争性和能体现较高地位的场合或情境,他们也会追求出色的成绩,但他们这样做并不像高成就需求的人那样是为了个人的成就感,而是为了获得地位和权力,或与自己已具有的权力和地位相称。权力需求是管理成功的基本要素之一。

麦克利兰还将组织中管理者的权力分为两种:一是个人权力。追求个人权力的人表现出来的特征是围绕个人需求行使权力,在工作中需要及时的反馈和倾向于自己亲自操作。

麦克利兰提出，一个管理者若把他的权力形成建立在个人需求的基础上，不利于他人来续位。二是职位性权力。职位性权力要求管理者与组织共同发展，自觉接受约束，从体验行使权力的过程中得到一种满足。

3. 亲和需要（need for affiliation）：建立友好亲密的人际关系的需求

亲和需求就是寻求被他人喜爱和接纳的一种愿望。高亲和动机的人更倾向于与他人进行交往，至少是为他人着想，这种交往会给他带来愉快。高亲和需求者渴望亲和，喜欢合作而不是竞争的工作环境，希望彼此之间的沟通与理解，他们对环境中的人际关系更为敏感。有时，亲和需求也表现为对失去某些亲密关系的恐惧和对人际冲突的回避。亲和需求是保持社会交往和人际关系和谐的重要条件。

麦克利兰的亲和需求与马斯洛的感情上的需求基本相同。麦克利兰指出，注重亲和需求的管理者容易因为讲究交情和义气而违背或不重视管理工作原则，从而会导致组织效率下降。

根据麦克利兰的研究，那些有着高成就欲望的人，往往成长为企业家；有着强烈友谊需求的人一般是成功的"人际关系调节者"；而对权力有着强烈需求的人有较多的机会晋升到组织的高级管理层。

在大量的研究基础上，麦克利兰对成就需求与工作绩效的关系进行了十分有说服力的推断。首先，高成就需求者喜欢独立负责，喜欢可以获得信息反馈和中度冒险的工作环境，他们会从这种环境中获得高度的激励。麦克利兰发现，在小企业的经理人员和在企业中独立负责一个部门的管理者中，高成就需求者往往会取得成功。其次，在大型企业或其他组织中，高成就需求者并不一定就是一个优秀的管理者，原因是高成就需求者往往只对自己的工作绩效感兴趣，并不关心如何影响别人去做好工作。再次，亲和需求与权力需求和管理的成功密切相关。麦克利兰发现，最优秀的管理者往往是权力需求很高而亲和需求很低的人。如果一个大企业的经理的权力需求与责任感和自我控制相结合，那么他就很有可能成功。最后，可以通过对员工的训练来激发他们的成就需求。如果某项工作要求高成就需求者，那么，管理者可以通过直接选拔的方式找到一名高成就需求者，或者通过培训的方式培养自己原有的下属。

麦克利兰的成就动机理论在企业管理中很有应用价值。首先，在人员的选拔和安置上，通过测量和评价一个人动机体系的特征对于如何分派工作和安排职位有重要的意义。其次，由于具有不同需求的人要求不同的激励方式，了解员工的需求与动机有利于建立合理的激励机制。再次，麦克利兰认为动机是可以训练和激发的，因此可以训练和提高员工的成就动机，以提高生产率。

（三）赫兹伯格的双因素论

双因素理论（two – factor theory）是美国心理学家弗雷德里克·赫兹伯格（F · Hterzberg）提出的。

1. 主要内容

赫茨伯格和他的同事对匹兹堡地区 11 个工商机构的 300 多名工程师和会计人员进行了调查。调查时，他设计了许多问题，如什么时候对工作满意，什么时候不满意等，他将调查结果制成表并加以分类。经过分析，赫茨伯格发现导致满意和不满意的因素是截然不同的。他把影响员工行为的因素划分为两类，即保健因素和激励因素，如表 9.2 所示。

表9.2 激励因素与保健因素的比较

项目	激励因素	保健因素
特性	性质上属于心理方面的 长期满足 满足或没有满足 重视目标	性质上属于生理方面的 短暂满足 不满足或没有不满足 重视任务
满足和不满足的源泉	工作性质(对个人来说主要是内部的) 工作本身 工作标准	工作条件(对个人来说主要是外部的) 工作环境 非工作标准
显示出来需要	成就 成长 责任 赏识	物质的 社交的 身份地位 方向、安全 经济的
具体内容	工作上的成就感 工作中得到认可和赞赏 工作本身的挑战意义和兴趣 工作职务上的责任感 工作的发展前途 个人成长、晋升的机会	公司(企业)的政策和行政管理 技术监督系统 与高级主管之间的人际关系 与下级之间的人际关系 工作环境或条件 薪酬 个人的生活 职务、地位 工作的安全感

(1) 保健因素(hygiene)。赫茨伯格通过对1 844人次的调查发现,导致员工极端不满意的因素主要有:① 公司的政策与行政管理;② 技术监督系统;③ 与主管的关系;④ 工作条件;⑤ 酬薪;⑥ 与同级的关系;⑦ 个人生活;⑧ 与下属的关系;⑨ 地位;⑩ 工作安全。他认为这些工作环境和工作条件不具备时,会使员工感到不满意,从而降低员工工作的积极性和热情。如果具备这些条件,就不会降低其工作热情。换句话说,就能够维持员工已有的现状,但不会因此而提高其积极性。赫茨伯格把这些影响员工积极性的工作环境条件方面的因素叫保健因素,或称为维持因素。

(2) 激励因素(motivator)。赫茨伯格从1 753人次的调查中发现,使员工感到极端满意的因素主要有:① 工作富有成就感;② 工作成绩能得到认可;③ 工作本身富有挑战性;④ 职务上的责任感;⑤ 个人发展(成长、晋升)的可能性。他认为这些工作本身因素的改善,能激发和调动员工的积极性和热情,从而会经常性地提高员工的工作效率。如果这些因素没有处理好,也能引起员工的不满,但影响并不很大。赫茨伯格把这些影响员工工作积极性的与工作本身有关的因素称为激励因素。

赫茨伯格认为,传统的满意与不满意的观点是不正确的。满意的对立面应当是没有满意,不满意的对立面应该是没有不满意。满意和不满意并非共存于单一的连续体中,而是截然分开的,这种双重的连续体意味着一个人可以同时感到满意和不满意,它还暗示着工作条件和薪金等保健因素并不能影响人们对工作的满意程度,而只能影响对工作的不满意的程度。

图9.3显示了传统观点与赫茨伯格的观点的区别。

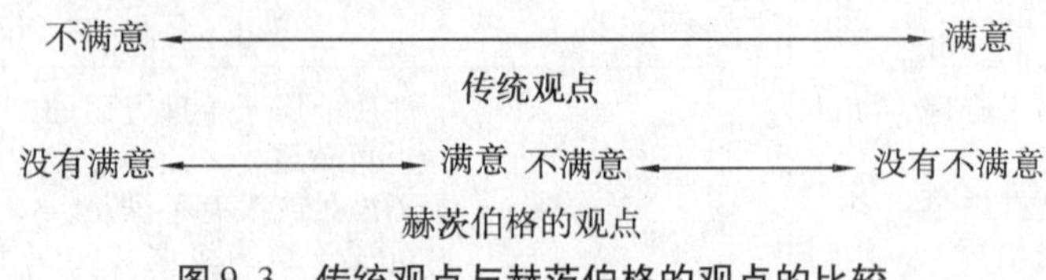

图9.3 传统观点与赫茨伯格的观点的比较

2. 对双因素激励理论的评价

赫茨伯格的双因素激励理论同马斯洛的需要层次理论有相似之处。他提出的保健因素相当于马斯洛提出的生理需要、安全需要、感情需要等较低级的需要；激励因素则相当于受人尊敬的需要、自我实现的需要等较高级的需要。当然，他们的具体分析和解释是不同的。但是，这两种理论都没有把"个人需要的满足"同"组织目标的达到"这两点联系起来。有些西方行为科学家对赫茨伯格的双因素激励理论的正确性表示怀疑，有人做了许多试验，也未能证实这个理论。赫茨伯格及其同事所做的试验，被有的行为科学家批评为是他们所采用方法本身的产物：人们总是把好的结果归结于自己的努力，而把不好的结果归罪于客观条件或他人身上，问卷没有考虑一般的心理状态。另外，被调查对象的代表性也不够，事实上，不同职业和不同阶层的人，对激励因素和保健因素的反应是各不相同的。实践还证明，高度的工作满足不一定就产生高度的激励。许多行为科学家认为，不论是有关工作环境的因素或工作内容的因素，都可能产生激励作用，而不仅是使职工感到满足，这取决于环境和职工心理方面的许多条件。

但是，双因素激励理论促使企业管理人员注意工作内容方面的重要性，特别是它们同工作丰富化和工作满足的关系，因此是有积极意义的。赫茨伯格告诉我们，满足各种需要所引起的激励深度和效果是不一样的。物质需求的满足是必要的，没有它会导致不满；但是即使获得满足，它的作用往往是很有限的、不能持久的。要调动人的积极性，不仅要注意物质利益和工作条件等外部因素，更重要的是要注意工作的安排，量才录用，各得其所，注意对人进行精神鼓励、给予表扬和认可，注意给人以成长、发展、晋升的机会。随着温饱问题的解决，这种内在激励的重要性越来越明显。

二、过程激励理论

过程型激励理论着重研究人从动机产生到采取行动的心理过程，它的主要任务是找出对行为起决定作用的某些关键因素，弄清它们之间的相互关系，以预测和控制人的行为。这类理论表明，要使员工出现企业期望的行为，须在员工的行为与员工需要的满足之间建立起必要的联系。过程型激励理论主要有：期望理论、公平理论、目标设置理论等。

（一）期望理论

期望理论(expectancy theory)是美国行为科学家维克多·弗鲁姆(Victor Vroom)在1964年出版的《工作与激励》一书中提出的，该理论一出现，就受到国内外管理学者和实际管理工作者的普遍重视。目前，人们已把期望理论作为最主要的激励理论之一。期望理论的基本内容主要是弗鲁姆的期望公式和期望模式。

1. 期望公式

期望理论认为，人的行为过程实际上是一种决策过程。人们在做出某种行为之前，总要对行为可能产生的结果、行为结果对个人会带来何种报酬、这种报酬对个人的吸引力等问题进行估计，人们对行为的结果将会带来的满足寄予期望，这种期望是激发人们采取行动的动机。

弗鲁姆认为，一个人从事某一活动时激励力量(motivation)的大小取决于“该项活动所产生的成果的吸引力的效价的大小”(value)以及“获得预期成果的可能性”即期望值(expectancy)。

期望公式为：激励力量(M) = 效价(V) × 期望值(E)

激励力量指调动一个人的积极性，激发人的内部潜力的强度；效价是个体对达成目标后满足个人需要价值的估计；期望值指个体对某项目标能够实现预期结果的可能性大小的估计。

2. 期望模式

怎样使激发力量达到最好值，弗鲁姆提出了人的期望模式：

个人努力→个人成绩(绩效)→组织奖励(报酬)→个人需要

在这个期望模式中有四个因素，需要处理好三个方面的关系：

(1) 努力和绩效的关系。这两者的关系取决于个体对目标的期望值。期望值又取决于目标是否适合个人的认识、态度、信仰等个性倾向，及个人的社会地位、别人对他的期望等社会因素。即由目标本身和个人的主客观条件决定。

(2) 绩效与奖励关系。人们总是期望在达到预期成绩后，能够得到适当的奖励，如奖金、晋升、提级、表扬等。组织的目标如果没有相应的有效的物质和精神奖励来强化，时间一长，员工的积极性就会消失。

(3) 奖励和个人需要关系。奖励什么要适合各种人的不同需要，要考虑效价。要采取多种形式的奖励，满足各种需要，最大限度地挖掘人的潜力，最有效地提高工作效率。

(二) 公平理论

公平理论又称社会比较理论，它是美国行为科学家亚当斯提出来的一种激励理论。该理论侧重于研究工资报酬分配的合理性、公平性及其对职工生产积极性的影响。其基本内容包括三个方面：

1. 公平是激励的动力

公平理论认为，人能否受到激励，不但视他们得到了什么而定，还要视他们所得与别人所得是否公平而定。

这种理论的心理学依据，就是人的知觉对于人的动机的影响关系很大。它认为，一个人不仅关心自己所得所失本身，而且还关心与别人所得所失的关系。他们是以相对付出和相对报酬全面衡量自己的得失的。如果得失比例和他人相比大致相当时，就会心理平静，认为公平合理而心情舒畅；比别人高则令其兴奋，是最有效的激励，但有时过高会带来心虚，使不安全感激增；低于别人时则产生不安全感，心理不平静，甚至满腹怨气，工作不努力、消极怠工。因此，分配合理性常是激发人在组织中工作动机的因素和动力。

2. 公平理论的模式

公平理论的方程式为：$Qp/Ip = Qo/Io$

式中，Qp 代表一个人对他所获报酬的感觉；Ip 代表一个人对他所做投入的感觉；Qo 代表这个人对某比较对象所获报酬的感觉；Io 代表这个人对比较对象所做投入的感觉。

3. 不公平的心理行为

当人们感到不公平待遇时，在心里会产生苦恼，呈现出紧张不安，导致行为动机下降、工作效率下降，甚至出现逆反行为。个体为了消除不安，一般会出现以下一些行为反应：通过自我解释达到自我安慰，主观上造成一种公平的假象，以消除不安；更换对比对象，以获得主观的公平；采取一定行为，改变自己或他人的得失状况；发泄怨气，制造矛盾；暂时忍耐或逃避；等等。

公平与否的判定受个人的知识、修养的影响，即使外界氛围也是要通过个人的世界观、价值观而发挥作用的。亚当斯认为，当员工发现组织不公正时，会有以下六种主要的反应：改变自己的投入；改变自己的所得；扭曲对自己的认知；扭曲对他人的认知；改变参考对象；改变目前的工作。

（三）目标设置理论

1. 目标设置理论概述

美国马里兰大学管理学兼心理学教授爱德温·洛克（Edwin A. Locke）和休斯在研究中发现，外来的刺激（如奖励、工作反馈、监督的压力）都是通过目标来影响动机的。目标能引导活动指向与目标有关的行为，使人们根据难度的大小来调整努力的程度，并影响行为的持久性。

于是，在一系列科学研究的基础上，洛克于 1967 年最先提出“目标设定理论”（goal setting theory），认为目标本身就具有激励作用，目标能把人的需要转变为动机，使人们的行为朝着一定的方向努力，并将自己的行为结果与既定的目标相对照，及时进行调整和修正，从而实现目标。这种使需要转化为动机，再由动机支配行动以达成目标的过程就是目标激励。目标激励的效果受目标本身的性质和周围变量的影响。该理论模型如图 9.4 所示。

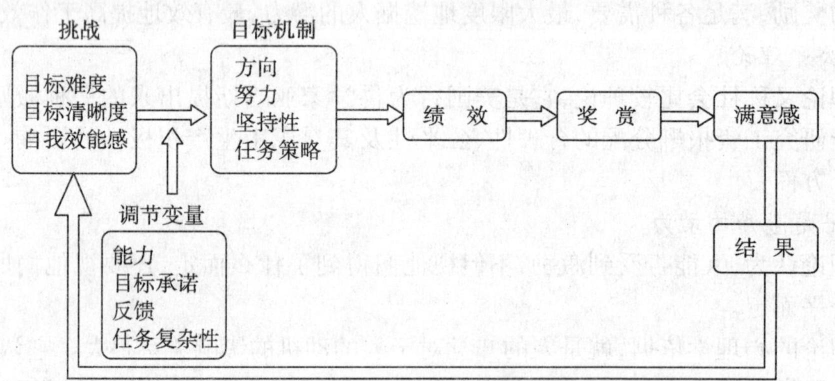

图 9.4 目标设置模型

2. 目标设定理论的主要观点

目标设置理论的主要观点是：

第一，明确而具体的目标能提高员工的工作绩效。目标设置的具体明确要比笼统的目标“尽最大的努力”效果更好，具体的目标规定了员工努力的方向和强度。例如，一个销售人员在一个月内要销售 5 000 件产品，这个目标给他设置了一个要达到的具体目标，这要比只有笼统目标“尽最大努力”更好。也就是说，目标的具体性本身就是一种内部激励因素。

第二，目标越具挑战性，绩效水平越高。该理论认为，如果能力和目标的可接受性这样的因素不变,目标越困难,绩效水平越高。一旦员工接受了一项艰巨的任务,他就会投入更多的努力,直到目标实现。

第三,绩效反馈能带来更高的绩效。如果人们在朝向目标的过程中能得到及时的反馈,人们会做得更好,因为反馈能帮助人们了解他们已做的和要做的之间的差距,也就是说反馈引导行为。

第四,参与设置自己的目标可以提高目标接受性。目标设置理论认为,在某些情况下,参与式的目标设置能带来更高绩效。在另一些情况下,上级指定目标时绩效更高,也就是参与设置目标不一定比指定目标更有效。但是,参与的一个主要优势在于提高了目标本身作为工作努力方向的可接受性。目标越困难,阻力越大,如果人们参与目标设置,即使是一个困难的目标,相对来说也更容易被员工接受。因此,尽管参与设置目标不一定比指定目标更有效,但参与设置使困难的目标更容易被接受。

目标设置理论认为,明确并且困难的目标能带来更高的工作绩效。是否会有例外情况?研究表明:除了明确性、挑战性和绩效反馈以外,还有三个因素影响目标和绩效的关系。

第一,目标承诺。目标设置理论的前提假设是每个人都忠于目标,即个人作出承诺不降低或不放弃这个目标。因此,当目标是当众确定的,或目标是自己参与设置而不是指定的,可能导致更高的工作绩效。

第二,自我效能感(self-efficacy)。自我效能感是指一个人对他能胜任一项工作的信心。自我效能感越高,对自己获得成功的能力就越有信心。事实是:① 在困难情况下,具有高自我效能感的人会努力把握挑战,而自我效能感低的人则降低努力或放弃目标;② 高自我效能感的人对消极反馈的反应是更加努力,而自我效能感低的人面对消极的反馈则可能降低努力程度。

第三,个体差异。目标设置理论假设的条件是:下级有相当的独立性,管理者和下属都努力寻求挑战性的工作,管理者和下属都认为绩效是非常重要的。如果这些前提条件不存在(事实上也不一定存在),则有一定难度的具体目标则不一定能带来员工的高绩效。

三、行为激励理论

人的行为是人的心理的外部表现,一切有意识的行为的产生和发展,都离不开心理活动的支配。而人的心理的积极能动作用的发挥,也必须通过人的行为才能实现。关于如何才能更好地改造和转变人的行为的问题,各学派试图从不同的途径去分析和解决。这里重点介绍行为主义激励理论、强化理论、挫折理论和归因理论。

(一) 行为主义激励理论概述

行为主义激励理论包括老行为主义激励理论、新行为主义激励理论、行为修正激励理论。行为主义研究的就是行为,其心理学理论基础是条件反射理论,它是通过一定手段对人的行为进行定向控制或改造,以导到预期的最佳状态。

1. 老行为主义激励理论

20 世纪 20 年代,美国风行一种行为主义的心理学理论,其创始人为华生。这种理论认为,管理过程的实质是激励,通过激励手段,诱发人的行为。在“刺激 —反应”这种理论的指导下,激励者的任务就是去选择一套适当的刺激,即激励手段,以引起被激励者相应的反应标准和定型的活动。

2. 新行为主义激励理论

新行为主义者斯金纳在后来又提出了操作性条件反射理论。这个理论认为,激励人的主要手段不能仅仅靠刺激变量,还要考虑到中间变量,即人的主观因素的存在。具体说来,在激励手段中除了考虑金钱这一刺激因素外,还要考虑到劳动者的主观因素的需要,包括意图、愿望、行为目的、映象和计划。根据新行为主义理论,激励手段的内容应从社会心理观点出发,深入分析人们的物质需要和精神需要,并使个体需要的满足与组织目标的实现一致化。

新行为主义理论强调,人们的行为不仅取决于刺激的感知,而且也决定于行为的结果。当行为的结果有利于个人时,这种行为就会重复出现而起着强化激励作用。如果行为的结果对个人不利,这一行为就会削弱或消失。所以,在教育中运用肯定、表扬、奖赏或否定、批评、惩罚等强化手段,可以对学习者的行为进行定向控制或改变,以导向预期的最佳状态。

在新行为主义者看来,人的行为计划是按尝试—操作—执行这一系统建立的,因而又称为操作主义。尽管加上主观因素这一环节,但是最终的目的仍然是去完成一定的动作、行为。正由于此,激励手段也不能再仅仅靠刺激变量,而要较多地考虑被管理者的主观因素需求,从而使激励手段复杂化、多样化。

3. 行为修正激励论

行为修正激励论是以操作条件反射为其理论基础的。操作性条件反射有别于巴甫洛夫的经典式条件反射,这一学说认为,人类的许多行为具有操作性、工具性,人由于某种需要而引起探索或"自发的"活动。在探索的过程中,偶发的一种行为成为达到目的的一种工具,因此他就学习利用这种反应去操纵环境,达到目的。由于这种反应是产生某种结果、达到目的的工具,因此称之为工具性条件反射,也称之为操作性条件反射。这是一种反应型条件反射,这种反射只有在强化的条件下才会学会。而强化又取决于反应,不取决于对刺激的感知。既得的反应都会因强化的增加而增加,也会因强化的减弱而消退。将这种理论应用于管理,就产生了行为修正激励论。

在管理中,对人的某种行为给予肯定和奖赏,使这个行为巩固、保持、加强,这叫做正强化。对某种行为给予否定和惩罚,使之减弱、消退,这叫做负强化。正、负强化都是强化的一种方式、手段,应用得当,就可以对人的行为进行定向控制和改造,最后引导到预期的最佳状态。

行为主义激励论从总体上讲是机械主义时代的产物,它把人的行为简单地看成是人的神经系统对客观刺激反应的机械联结,这与当时心理学理论不成熟有关,与当时被管理者地位和受教育水平低下有关,更与管理者与被管理者之间对立的雇佣与被雇佣关系有关,管理者是"牧羊人",而被管理者只是些会说话的工具而已。

(二) 斯金纳的强化理论

强化理论是以斯金纳的操作性条件反射理论为基础发展起来的一种激励理论。这个理论的主要特点是,从人的行为与客观环境刺激的相互关系中,去寻求改造人的行为的方法,而不重视人的心理活动的作用。在管理中,运用强化理论改造行为一般有四种类型。这四种类型可以单独使用,也可以结合使用。

1. 正强化

正强化是运用刺激因素,使人的某种行为得到巩固和加强,使之再发生的可能性增大的一种行为改造方式。简单的正强化,如小学生拾到一支钢笔交给了老师,老师当着全班学生表扬了这个拾金不昧的学生,并号召大家向他学习。这个学生就受到了有力的正强化。他以后拾到东西交给老师的行为再发生的可能性就增大了,甚至把妈妈给他的买冰棍的钱也交给了老师,谎称是在校门口捡到的。在各种各样的管理活动中,正强化是最经常使用且易收到良好效果的强化方式,能起到强化作用的因素主要有认可、表扬、赏识、增加工资和奖金、提升、分配好工作等。在管理中运用正强化手段比对儿童行为的强化要复杂得多,管理中往往是在人发生了许多积极行为后才给予一次正强化。例如,在医院管理中,年终要通过许多步骤评选出年度医术高明、医德高尚的医务人员和表现出色的护理人员,举行隆重仪式,授予他们优秀医务工作奖或优秀护理工作奖,并颁发奖金。这些措施既能起到加强被强化者积极行为的作用,也能使其他人出现积极行为的可能性增大。

2. 负强化

负强化指的是预先告知某种不符合要求的行为或不良绩效可能引起的后果,允许职工通过按所要求的方式行事或避免不符合要求的行为来回避一种令人不愉快的处境。如果职工能按要求行事时,即可减少或消除这种不愉快的处境,从而也就增加了职工符合要求行为重复出现的可能性。因此,负强化与正强化的目的是一致的,但两者所采取的手段则不同。

3. 惩罚

惩罚指的是以某种带有强制性、威胁性的结果,如用批评、降薪、降职、罚款、开除等来创造一种令人不快乃至痛苦的环境或取消现有的令人满意和愉快的条件,以示对某一不符合要求的行为的否定,从而消除这种行为重复发生的可能性。惩罚虽然能够阻止某一要求行为的发生,但却不能鼓励任何一种合乎要求行为的出现,而且惩罚往往还会引起员工的抵触、厌烦情绪。

4. 衰减

衰减是指撤消对人的某些行为的强化,使这种行为出现的频率逐步减少、衰弱。例如,一个职工在生产工作中表现出色,经常加班加点,上半年已经在干第二年的活了。他积极的工作行为经常受到厂领导和车间领导各种形式的强化。但后来发现他身体不好,工作中体力不支,于是领导除嘱咐他多注意身体外,不再对其工作行为进行强化,使其加班加点、超负荷工作的行为衰弱减少。

开始,斯金纳只将强化理论用于训练动物,如训练军犬和马戏团的动物。后来,斯金纳又将强化理论进一步发展,并用于人的学习上,发明了程序教学法和教学机。他强调在学习中应遵循小步子和及时反馈的原则,将大问题分成许多小问题,循序渐进;他还将编好的教学程序放在机器里对人进行教学,收到了很好的效果。

斯金纳的强化理论和弗鲁姆的期望理论都强调行为同其后果之间关系的重要性,但弗鲁姆的期望理论较多地涉及主观判断等内部心理过程,而强化理论只讨论刺激和行为的关系。

(三) 亚当斯的挫折理论

挫折理论是由美国的亚当斯提出的。挫折是指人类个体在从事有目的的活动过程中,指向目标的行为受到障碍或干扰,致使其动机不能实现、需要无法满足时所产生的情绪状态。挫折理论主要揭示人的动机行为受阻而未能满足需要时的心理状态,并由此而导致的行为表现,力求采取措施将消极性行为转化为积极性、建设性行为。

1. 挫折产生的条件

由于目标无法实现，动机和需要不能满足，就会导致产生一种情绪状态，这就是"挫折"。使人产生挫折心理的三个必备条件是：

第一，个人所期望的目标是重要的、强烈的。

第二，个人认为这种目标有可能达成。

第三，在目标与现实之间存在难以克服的障碍。

2. 人受挫折后的行为表现

根据不同人的心理特点，受到挫折后的行为表现主要有两大类。

第一，采取积极进取态度，采取减轻挫折和满足需要的积极适应的态度。

第二，采取消极态度，甚至是对抗态度，诸如攻击、冷漠、幻想、退化、忧虑、固执和妥协等。

(四) 海德的归因理论

海德的归因理论（Heider's attribution theory）是关于人的某种行为与其动机、目的和价值取向等属性之间逻辑结合的理论。

1. 海德的归因理论概述

归因理论最初是由 F. 海德（F. Heider）在《人际关系心理》中提出来的，因此，海德是归因理论的创始人。他指出人的行为的原因可分为内部原因和外部原因。内部原因是指存在于行为者本身的因素，如需要、情绪、兴趣、态度、信念、努力程度等；外部原因是指行为者周围环境中的因素，如他人的期望、奖励、惩罚、指示、命令，以及天气的好坏、工作的难易程度等。

海德认为，人们归因时，通常使用不变性原则，就是寻找某一特定结果与特定原因间的不变联系。如果某特定原因在许多条件下总是与某种结果相联，如果特定原因不存在，相应的结果也不出现，这就可把特定结果归结于那个特定原因。不变性原则的思想方法是科学的，用这种方法可找到某种行为或其结果的关键原因。

海德的归因理论是关于人的某种行为与其动机、目的和价值取向等属性之间逻辑结合的理论。

2. 归因的种类

(1) 情境归因。情境归因是把个人行为的根本原因归为外部力量，如环境条件、社会舆论、企业的设备、工作任务、天气的变化等。

(2) 个性倾向归因。个人倾向归因，是把个人行为的根本原因归结为个人的自身特点，如能力、兴趣、性格、努力程度等。

在管理工作中，当员工完成任务受挫折时，管理人员要及时了解职工的归因倾向，才能帮助职工正确总结经验教训和顺利进行归因，使职工胜不骄、败不馁，进一步严格要求自己，更加发奋努力。

3. 海德的归因理论的主要内容

归因理论认为：人们把过去的成功或失败主要归结于四个方面的因素：努力、能力、任务难度和机遇。这四种因素又可按内外因、稳定性和可控性进一步分类：从内外因方面来看，努力和能力属于内因，而任务难度和机遇则属外部原因；从稳定性来看，能力和任务难度属于稳定因素，努力与机遇则属不稳定因素；从可控性来看，努力是可以控制的因素，而任务难度和机遇则超出个人控制范围。

海德指出,在日常生活中,每一个人,不光是心理学家,都对各种行为的因果关系感兴趣,力图弄清周围人们行为的前因后果。他认为行为观察者对因果关系进行朴素分析时,试图评估影响因素的作用,而且对行为的归因和对行为的预测两者密切相关。海德的归因理论开创了归因问题的先河,他对行为原因所做的个人—环境的划分一直是归因的基础,影响深远。

随后,琼斯和戴维斯的相应推断理论扩充和发展了海德的归因理论。这种理论认为,人们的外显行为是由行为者内在的人格特质直接引起的,也就是说一个人的行为与其人格特征是相当一致的。

四、综合激励理论

综合激励理论是综合了各种激励理论,吸取了它们的优点,克服了其不足后提出来的。最具代表性的是美国心理学家、管理学家波特和劳勒的综合激励模式。

波特和劳勒模型是以弗鲁姆的期望理论为主要基础的,勾勒出一个更完美的激励模型。这一模型比较复杂,但有着重要意义,它把激励更系统、更充分地表达出来,激励不是一种简单的因果关系,领导者应该仔细研究其报酬结构,并通过周密的计划、目标、管理和组织结构明确职责,把努力—成绩—报酬这一连锁关系整合到整个管理系统中。

1. 波特和劳勒的综合激励模型分析

波特和劳勒在 1968 年提出了如图 9.5 所示的激励模型。

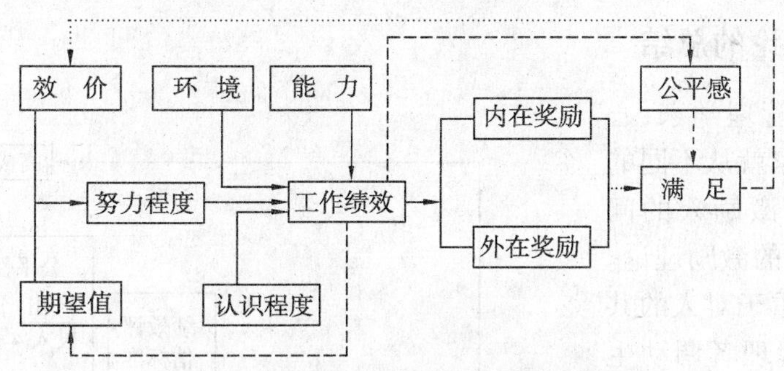

图 9.5　波特和劳勒的综合激励模型

这个模型表明:

(1) 人的努力程度是由效价和期望值两个因素决定的。

(2) 人经过努力能否导致一定的工作绩效,受诸多因素影响。

(3) 一定的工作绩效会带来一定的奖酬,奖酬包括内在性奖酬和外在性奖酬两个方面。

(4) 奖酬能否带来满足感,还受公平感的影响。

(5) 满足感会反过来影响效价。

(6)新的效价和期望值会重新调整人的努力程度。

2. 波特和劳勒综合激励模型的特点

从以上的分析可以看出,波特和劳勒的激励模型具有以下特点:

(1) 该模型是一种过程激励模型。它不仅研究行为的起点、行为的动力,还研究行为的终点、行为的结果,以及结果对行为起点的影响,较为详细地考察了整个行为过程中各个因素的激励作用。

(2) 该模型是一种综合激励模型。既包含了行为主义激励理论的外在激励,又包括了认知派激励理论的内在激励,从而将各类激励理论尽可能地融入自己的激励模型中。从模型的每一片断考察,也渗透着综合性的特点。如对于绩效的影响,认为不仅受努力单方面的影响,还受到能力、认识、环境等因素的综合作用;对于奖励的认识,提出不仅满足于外在的有形的奖酬,还提出了内在性奖酬,强调绩效所导致的奖酬是内在性奖酬与外在性奖酬的综合。

(3) 明确了绩效、奖酬、满意三者的关系。即满意是其所获得奖酬的函数,奖酬又是绩效的函数。

(4) 在奖酬与满足之间加进了中间变量"公平感",揭示了职工在获得了奖酬后仍感到不满足的谜底。也就是说,一个人要把自己所得到的报酬同自己认为应该得到的报酬相比较,如果他认为相符合,他就会感到满足,并激励他以后更好地努力;如果他认为自己得到的报酬低于"所理解的公正报酬",那么,即使事实上他得到的报酬量并不少,他也会感到不满足,甚至失落,从而影响他以后的努力。

波特和劳勒综合激励模型在20世纪60至70年代是非常有影响的激励理论,在今天看来仍有相当的现实意义。它告诉我们,不要以为设置了激励目标、采取了激励手段,就一定能获得所需的行动和努力,并使员工满意。要形成激励→努力→绩效→奖励→满足并从满足回馈努力这样的良性循环,取决于奖励内容、奖惩制度、组织分工、目标导向行动的设置、管理水平、考核的公正性、领导作风及个人心理期望等多种综合性因素。

五、激励理论的总结

20世纪初,管理学家、心理学家和社会学家就从不同的角度研究了怎样激励人的问题,并提出了相应的激励理论。这种激励理论侧重于对人的共性分析,服务于管理者调动生产者积极性的需要,以克服泰罗首创的科学主义管理在人的激励方面存在的严重不足。自20世纪初以来,激励理论经历了由单一的金钱刺激到满足多种需要、由激励条件泛化到激励因素明晰、由激励基础研究到激励过程探索的历史演变过程。

本节激励理论的整合模型如图9.6所示。

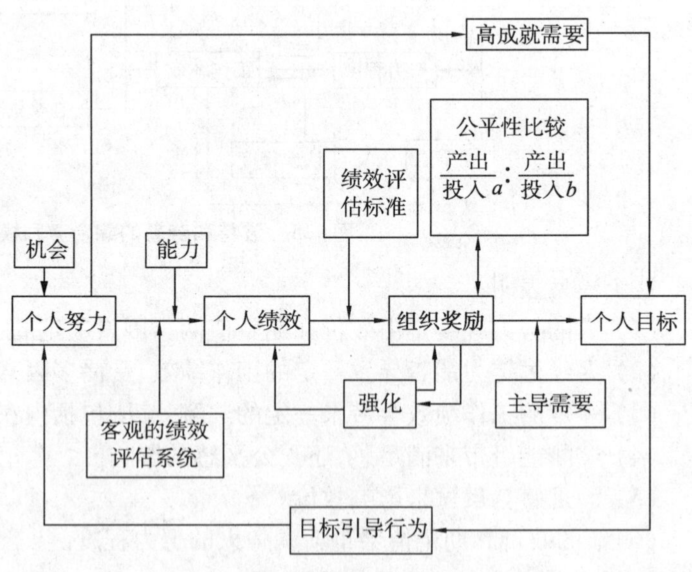

图9.6 激励理论整合模型

讨论性案例

辛迪该怎么办?

辛迪·纳多尼刚到一所规模很大的东方大学的管理系报到工作。她的新上级简短地向她交代了这个系的工作性质,并把她介绍给她的同事们和系里的老师们。辛迪觉得她的同事们挺惹人喜欢,即使他们的工作任务那么重,但大家都很愉快。这点对辛迪来说很重要,因为她上次干过的那项工作,没有让她跟同事们来往的机会。

她的上司把辛迪留下,临走时,把她叫到一边,对她说,她的新的事业的成败,就看她打算怎么干了,她的工资将按照她的生产率付给,而且以后无论是加工资还是晋升,都要考虑她的生产率。但是她开始工作后不久,她的同事们就用毫不含糊的口气告诉她,要想跟大伙合得来,就得按这个系里的"规范"办事。没有一位秘书可以干得超出规范。前任秘书干得比规范多,结果就发现她自己很"孤立",受到"无言的冷遇"。

辛迪该怎么办呢? 她会不顾这个群体已经形成的"规范",而去力争达到她自己的最高生产率呢,还是屈服于压力,限制自己的工作量,来讨好这个群体呢?

思考题:

用需要层次论、成就需要理论、双因素理论和期望理论来分别分析辛迪遇到的问题,并比较分析各种解释之间的异同。

第四节 激励技术和方法

未来企业经营的重要趋势之一,是企业经营管理者不再像过去那样扮演权威角色,而是要设法以更有效的方法,间接引爆员工潜力,创造企业最高效益。这些更有效率的方法或者叫做法则的东西,到底是什么呢? 本节将对这些问题展开分析。

一、报酬激励

由于赫茨伯格的双因素论把薪金列入保健因素,因此有人便怀疑金钱的激励作用。正如前面所指出的,赫茨伯格的双因素理论所考察的对象是当时美国的工程师和会计师等白领阶层,对他们来说,薪金已经不是最重要的,他们更加重视从工作本身获得满足。这正好说明金钱并不是唯一的和万能的因素。

金钱虽然不是唯一的和万能的因素,但在许多情况下确实是重要的激励因素。金钱的激励作用对于抱着经济动机、经济收入偏低且需养家糊口的职工来说,显得尤为重要。而对于那些经济收入已相当可观,物质生活根本不成问题,尊重和成就需要已成为优势需要的工作者来说,金钱的激励作用也就大大降低了。

即便这样,金钱作为一种激励因素仍然不可忽视。因为金钱不仅是钱,它还是一个人的工作成就、地位和价值的反映。因此,高工薪、高奖金成为许多单位留住人才、吸引人才的一种手段。当工作者取得某项成果或贡献突出获得组织奖给的一笔数量较大的奖金时,就会受到极大的激励。相反,数量不大或平均发放的奖金,就会转化为保健因素。

可见,金钱在某些情况下是激励因素,在某些情况下成为保健因素。

二、工作激励

工作激励就是通过工作本身满足工作者的需要,从而使工作者受到激励。这种激励方法也称为“内激”。行为科学家们普遍强调工作激励。

工作激励主要有以下一些方法:

(1) 要让员工认识本职工作的意义,树立工作的责任感。

(2) 工作安排要尽可能考虑员工的兴趣和爱好,发挥员工的专长,做到人尽其才。

(3) 工作要有挑战性,能力略低于工作的要求。

(4) 参与管理。

(5) 工作丰富化。这是指工作设计要尽可能做到内容丰富多样,使工作者具有责任感、成就感和充满乐趣。

三、精神激励

精神激励,就是通过满足员工精神方面的需要,如情感、尊重、成就感、自我实现的需要,在较高的层次上调动员工的积极性。这方面的激励方法很多,主要有:

1. 目标激励

目标具有诱发、导向和激励作用。许多有经验的领导者都非常注意将组织的长远目标、近期目标经常地向员工们大力宣讲,让全体员工看到自己工作的意义和光明前景,从而激发大家强烈的事业心和使命感。

运用目标激励时,要注意把组织目标与个人目标结合起来,组织目标要尽可能体现个人目标,要让职工认识到组织目标与个人目标的一致性,个人目标要通过组织目标的实现来体现。

2. 支持激励

对下属的工作采取支持的态度,会大大调动下属的积极性。下属的工作得到上司的支持,遇到困难得到上司的帮助,为其排忧解难,万一失败,得到领导的理解,这比什么都重要。

3. 关怀和尊重激励

人是有思想有感情的动物,希望得到别人的关心和尊重。在工作环境中,领导者若能关心职工,解决职工的实际困难,平时经常与职工沟通,让职工感受到领导的关怀和组织的温暖,就会激发职工强烈的工作热情和爱集体如家的精神。

尊重激励是一种基本的激励方式。员工的作用和价值得到领导的充分肯定和承认,有助于促使员工树立自信和调动员工的积极性。上下级之间、员工之间的相互尊重,有利于形成和谐的人际关系,加强集体的凝聚力。尊重员工不能停留在口头上,而是要在实际行动上处处体现。如果领导者不重视员工,不尊重员工,就会大大打击员工的积极性。

四、培训教育和发展机会激励

通过培训教育,培养员工的成就欲望、进取精神,充实知识,提高业务能力,提高自我激励能力,是重要的激励方法。

通过培训教育,充实他们的知识,提高他们的能力,提高他们的学历或取得等级证书,或获得专业技术职称的晋升等，这就为员工提供了进一步发展的机会，满足了他们自我实现的需要。

讨论性案例

用心良苦的表演大师

有一位表演大师上场前，他的弟子告诉他鞋带松了。大师点头致谢，蹲下来仔细系好。等到弟子转身后，又蹲下来将鞋带解松。有个旁观者看到了这一切，不解地问："大师，您为什么又要将鞋带解松呢？"大师回答道："因为我饰演的是一位劳累的旅者，长途跋涉让他的鞋带松开，可以通过这个细节表现他的劳累憔悴。""那你为什么不直接告诉你的弟子呢？""他能细心地发现我的鞋带松了，并且热心地告诉我，我一定要保护他这种热情的积极性，及时地给他鼓励。至于为什么要将鞋带解开，将来会有更多的机会教他表演，可以下一次再说啊。"

复习题

1. 如何认识激励的模式？
2. 什么是建设性行为？什么是挫折性行为？其具体表现有哪些？
3. 为什么"人性假设"对激励工作具有非常重要的意义？请结合实际评析各种"人性假设"的理论。
4. 对比马斯洛需要层次理论和赫茨伯格双因素理论的异同。
5. 描述麦克利兰提出的"三种需要"，它们与员工的行为是什么关系？
6. 目标设置理论的主要观点是什么？
7. 解释波特和劳勒模型。
8. 联系实际，谈谈企业可以采取的激励技术和方法。

分析性案例

一场由员工辞职引起的讨论

20世纪90年代以来，人事管理职能变得越来越重要。如何调动员工的积极性成为摆在各人事部门面前的一个重要问题。下面的对话是一个公司的三位高层主管就公司人才流失问题的原因发生的争论。

A——公司总经理。

B——公司人力资源部副总。

C——公司业务部副总。

背景：公司业务部的两位员工辞职，因此，C要求为业务部的骨干管理人员增加20%的工资。B却不同意这种做法。

C:“B,我认为我们对这个问题存在着根本性的分歧,你觉得我们部的管理人员还年轻,经验不足,不该拿这么高的报酬。可以认为,决定一个人的报酬应该根据其能力而不是资历,他们这些年轻人使我们业务部迅速发展,并为公司作出了巨大贡献,而且他们是公司今后发展的骨干力量。目前我们部已有两个人辞职,这两个人工作表现非常出色,但他们对我们的分配方案表示不满意,认为这样的报酬不足以激励他们努力工作。现在他们已被另一家公司以更高的报酬聘用。对这两个人的辞职,该怎么办?如果他们都走了,我们将无法完成公司制定的目标任务。所以我想提高这些出色的管理骨干的收入,以使他们继续为我们公司效力。”

B:“我认为你那几位骨干在公司的收入已经够可以的了,我们公司的经济分配政策是由董事会讨论批准的,而且每一年根据公司的经济效益作出及时的调整,以保证我们公司职工的收入水平高于市场平均水平。你知道,我们的报酬在人才市场上很有吸引力和竞争力。如果有人因为收入未得到满足而辞职,我们可以以现有的报酬水平到人才市场去招聘替代者。”

“本月初,我们对业务部的员工进行了一次问卷调查,在这次调查中我们发现,那两位辞职的员工并未对他们的收入不满,而是他们对工作不满意,认为他们的工作目标没有挑战性,工作不足以调动他们的积极性。同时我们也发现,你们部门的其他人员对现行的收入较满意,但都认为工作有些让他们厌倦。”

两个人不欢而散。B越想越觉得C的要求不合理,于是他们去找A商谈此事,并讲了事情的经过。

B:“A,根据我们的调查,我们公司的报酬水平相比同类型和同规模的企业来说,是略高一些的。C建立的业务部,为我们公司前期发展作出了很大贡献,但随着公司的发展,业务部的任务复杂而且艰巨,人员也由原来的3人发展到30多人,人员素质也在不断提高,部门职能也发生变化,这就对部门主管提出了更高的要求。但据我们的调查和观察,C在领导下属完成任务方面表现得不够理想,我认为他的领导方法有待于改进,管理水平有待于提高。他并没有充分发挥部门员工的积极性,致使他们感到工作乏味,缺乏挑战性,因此导致有人辞职。”

A:“那么你的结论是什么?”

B:“我认为,对员工来说,一份有挑战性的工作比报酬显得更重要。C在分配下级工作时做得不够好,他没有注意到用挑战性工作激励员工,我认为他在领导方面有问题。作为人事部,我们不能满足C给员工增加报酬的要求。如果我们这样做,就会打乱整个经济分配计划,还必须调整其他很多管理人员的工资。我认为我们的分配政策必须保持公平。尽管业务部提出辞职的员工的工作极为出色,但我们人事部有能力找到合适的替代人选。”

A:“是的,以我们公司的实力,我们可以找到替代人。但如果他们留下来会不会更好呢?人才流失的问题在每个公司都会发生,问题是我们如何对待。如果不把有经验、高素质的员工留在企业,似乎他们走了我们也能找到人接替,并且认为这是公司强大的表现,这可能就有点自欺欺人。假如优秀的人才被我们的竞争对手所用,这可能就成为我们公司发展的阻力。现实中已经有不少这样的实例。另外,如果我们认为每一个人都能找到替代者的话,那么有些具有特殊价值的人就可能被我们忽视。”

B:“A,你说得对。但在企业的经营过程中经常会有人离职,包括优秀的企业也会有优秀的人才离开的。如果不管代价地挽留他们,则会有很大的耗费,不利于我们公司的发展。”

A:“刚才你谈到C不能给下属以挑战性工作,却要求我们公司增加报酬,也许,这就表现出我们的经济分配制度对出色工作人员的奖励还不够。在某种程度上我们不得不在公平与奖励出色贡献两个方面作出选择。如果将报酬与工作绩效相联系,我们就会发现:一些人与另一些人做同样的工作,但收入较少,他们就会感到不公平。我知道,我们公司的经济分配制度是经过精心设计的,对广大员工来说是公平的,并在市场平均水平以上,也是合理的。但是业务部中确有一些优秀的人才,他们为公司发展作出了贡献,现在公司发展比较关键,正需要这样的业务骨干。如果这些优秀人才离开公司,那我们的业务工作能否做好?”

B:“但如果我们不让他们走,他们会提出增资的条件。如果他们走了,我们还可以提升其他人员到他们的位置上,这也许是一件好事。”

A:“是的。但让优秀的人才离开我们到其他地方去,尤其是到竞争对手那里施展才能,无论如何对我们不是一件好事。C挽留人才是对的。”

B:“业务部两个人的辞职也给该部一个信号,表明他们对工作已感到乏味,也许C应该知道他在领导职能方面出现了问题。他或许应该将部门重新加以组织,让部门的主要管理人员有更多挑战性的工作。”

A:“可以让他这样做。但这是解决问题的全部吗?仅靠挑战性的工作就能住留他们吗?难道他们不想报酬再高些吗?

“你知道,经济分配是最难处理、最不灵活的一类事情,我们公司现在这么复杂的分配制度,目的是为了适应各类情况。”

“一些优秀的人才看起来是因为工作乏味而离开公司,实际上我认为他们嫌报酬不合理才离开。如果我们用挑战性工作取代增加报酬,这就会使员工感到,我们要求员工更加努力地工作而不必付给他们更多的报酬。我们的报酬制度对优秀人才是否合理,现在是应该考虑一下了。C的做法应该引起我们对人才流失现象的注意。”

B似乎改变了看法,说:“好吧,我们要好好研究一下这类问题,考虑一下多给一些人报酬。”

讨论题:

1. 在本案例中,所使用到的激励理论有哪些?
2. 根据理论联系本案例,你认为员工辞职的原因是什么?
3. 若该公司人事部副总利用报酬激励员工,那应该针对哪几类员工?
4. 假如你作为本公司总经理,你认为应该采用什么样的措施调动员工的积极性?

第十章 领　导

引导案例

动物王国选举

动物王国公开选举下一届的领导,各动物议论纷纷,究竟谁能当选?经过资格审查,共有五位候选人进入最终的面试,分别是:老虎、大象、猴子、黄鹂和乌龟,面试的内容为公开宣讲施政纲领。公选结果公布,乌龟最终当选。是什么原因让乌龟当选呢?《动物报》记者麻雀向大家作了解读:老虎威风凛凛,很有领导的风范,但是强势的森林之王让大家产生强烈的不安全感,公众害怕它借助权力以强凌弱,整个动物界将不得安宁;大象沉稳且原则性很强,但是灵活性不够,而且经常自忙自的,不会体察民情;猴子聪明且人缘极好,但是猴子总是上窜下跳,工作不够踏实,虽然做了很多工作,但是思考力不够,不会总结,办事经常劳而无功;黄鹂呢,说起来头头是道,但是经验不足,各类工作很少去做,总是担心它说的比唱的好听;而乌龟呢,看起来呆头呆脑非常笨拙,但是论管理思想和领导艺术,它却是数一数二的。那么它究竟有哪些领导艺术呢?

管理启示:

乌龟也能当领导?它不仅能当领导,还能做好领导。现实中,很多下属喜欢含沙射影地将领导和乌龟作比,无非是喻指领导胆小怕事、自我保护之类。可是我们仔细静下心来思考,会发现乌龟其实是再合适不过的领导,它有着很多优秀的品质和管理的艺术,我们不妨认真体味一下乌龟的领导艺术。

在现代社会中,领导这一现象随处可见:每个国家都离不开执政党和政府机构的领导,企业离不开董事长、总裁、总经理和部门经理等各级领导者的领导,军队离不开各级军官的领导,即使是在非正式组织中,也存在一个相对权威的人领导着组织内的成员。本章就领导职能进行讨论。

第一节　领导的本质

领导是管理活动的一项重要职能。那么,领导的本质是什么?领导与管理有什么区别与联系?领导有什么样的作用?本节将对这些问题展开分析。

一、领导的定义

领导有多方面的含义,不可能给它下一个简短而精确的定义。如管理学者孔茨认为领导就是影响力或对人们施加影响的艺术或过程,通过领导可使人们心甘情愿地为实现组织目标而努力。另外两位学者卡茨和卡恩将领导解释为"在机械地服从组织的常规指令外所增加的影响力"等。

习惯上,人们给领导下的定义包含如下要点:设定组织的价值观和目标,并以这些价值观和目标去引导组织成员;具有获取和组织资源的能力;具有反馈能力;能够通过分派任务显示出对下属的支持和信任;在遇到暂时困难时,能显示出实现组织目标的决心;在困难和批评面前敢于承担责任;善于支持组织中的其他成员;具有解决冲突的能力;能保持父亲(或母亲)般慈爱的形象;能缓冲打击和失望;等等。

在这里,领导的定义是广义的,即领导是一种影响力,是引导人们行为,从而使人们情愿地、热心地实现组织或群体目标的过程。领导者是在组织中发挥领导作用的人。从领导的定义上,可以看到领导至少要有三个要素:首先,它揭示了领导的本质,即影响力;第二点,这个定义明确指出了领导的过程性,是一种有引导性的过程;第三点,这个定义也指出了领导的目的,领导者实施领导的唯一目标就是达到组织的目标。

真正的领导是一个集体过程,它是领导者与追随者在动机和目标上从冲突到和谐的产物。它不需要领导者把自己的动机和目标强加给追随者,也不需要追随者以同样的方式对待领导者。通过各种途径调动、满足和重塑追随者的需求和其他动机,领导者与追随者建立起全方位的关系,可以促使他们一起向更高级的动机转移,从而提升领导者和追随者的个人素质。

二、领导与管理

领导与管理两者间存在的差别与联系,管理学界历来争论颇多。一种观点认为,领导和管理两个概念之间并没有明显差别,两个概念可以替换使用。这样的观点随着管理理论的发展,已经逐渐淡出人们的视线。另一种观点认为,领导是引领方向的活动,是比管理更大的范畴,而管理是其中的特定内容。与此观点相反的是孔茨和韦里克等人的观点,他们认为管理才是更大的范畴,而领导是其中的一个重要组成部分,是管理的一项重要职能或功能。迄今,孔茨等人的观点在学界的支持者最多,仍具有很大的影响力。

简单比较管理过程与领导过程,不难发现,管理要比领导更加关注细微环节的工作。管理侧重微观计划,领导更加注重宏观规划,尽管这样的计划或者规划都有相应的实施步骤。另外,管理更注重事,而领导更注重人。管理比领导对人员的要求更加详细,管理会明确每个工作人员的切实任务,而领导对人员的整合与团队要求更高,对工作只会让参与者了解大致方向。最后,管理目标的实现依靠实质性的监控机制或手段,而领导目标的实现更加依赖情感、价值观的倾向性引导。

尽管管理和领导的定义不同,过程也有差别,但管理和领导都涉及到了对事情做出决定,都需要建立一个人际关系网络来完成计划。也正是从这个角度出发,管理和领导都是相对完整的行为体系。如果仅仅讨论是管理包含了领导,或是领导包含了管理,都偏离了问题的本质。那些认为管理是领导过程中的一部分的观点,忽略了领导行为本身有自己的执行过程；而认为领导是管理过程中的一部分的观点，则忽略了领导过程中有确定经营方向的特性。

肯定了管理和领导之间无法忽略的相似性之后，对于管理与领导两者之间存在的显著差异，具体可以从四个阶段进行分析说明：

阶段一：制定议程。这一阶段中，管理主要表现为制定计划、编制预算的过程，具体来说就是编制为实现目标而采取的具体步骤和行动安排，并且对实行计划过程中所需要的物资进行安排。领导表现为确定组织未来发展的方向，考虑组织发展的长远目标，对未来进行规划，制定宏观的战略，并且为将来可能出现的风险设计变革战略。

阶段二：发展完成计划所需的人力网络。管理表现为企业组织和人员配备，即根据具体计划的要求建立组织机构，配备人员时要注意专业分工，给予他们完成任务所需的相应权力，并承担与此相符的责任，通过一定的规则制定和政策引导来保证计划的实施，并且建立一定的监督系统来监督计划的执行。领导在这一阶段表现为联合群众，具体来说就是将已经确定的组织发展方向传达给广大员工，争取有关人员的支持与合作，并以此来形成影响力，使为达成共同愿景而接受组织目标和战略的人们形成联盟。

阶段三：执行计划。这一阶段管理侧重于控制、解决问题，一旦发现偏差，立刻组织人员予以纠正，实行严格的监督，保证计划的完成。领导在这一过程中侧重于激励和鼓舞，具体而言就是对人们没有得到满足的基本需求予以满足，鼓舞和激励人们，尤其是在面临变革过程中的各种障碍时，能够保持士气，坚持不懈。

阶段四：实施结果。结果阶段也是最后一个阶段，管理在一定程度上实现了预期计划，实现计划的过程中组织秩序得以维持，并且能够持续发展。领导的结果通常引起变革，常常还是剧烈变革，在变革中形成巨大的发展潜力，能够很快地适应新变化、新要求，随时形成新的竞争力。

除了上述各个阶段的区别，领导和管理还有一个很基本也是最重要的不同点需要关注，那就是它们的功用不同。领导可能引起变革，但它自身无法保证组织按时间、按计划完成预定任务；而管理可以使组织高效运转，能够维持组织秩序，但永远也不会引起变革。两者相互结合，就可以带来高效、有序的变革过程。

三、领导者及其作用

一般人们认为管理者就是领导者，其实两者不尽一致。管理者是被组织任命的，拥有合法的权力奖励和惩罚下属，他的影响力来自职位所赋予的正式权力，而且具有一定的强制性。而领导者可以是任命的，也可以是从群体中自发产生的，领导者往往运用非正式权力影响他人，其影响力是非强制性的。管理者并不一定都是领导者，相反领导者也并不一定都是管理者。

领导者在管理中的作用是极其重要的，其主要作用是将本企业或组织的宗旨和经营方向与内部环境统一起来，创造一个紧张而团结、活跃而又高效的充满集体主义色彩的企业文化和环境，使全体员工能充分参与管理的各项活动，达到企业的预定目标。领导在管理活动中的作用主要体现为以下三个方面：

第一，在决策过程中起指向和决断的作用。一个组织在其存在和发展的过程中，不但需要一个明确的目标，而且还需要选择通往这个目标的道路，所以对组织来说一致性是非常关键的。如果大家的目标不一致,或者说虽然大家的目标一致,但是每个人努力的方式、方法都互相冲突,这样的组织就没法存在和发展。所以,任何一个组织都需要有人能够深谋远虑、高瞻远瞩,为组织指明方向。领导者首要的任务也就在于此。

第二,在组织体系中起到权衡和调动的作用。组织的资源从来都是不均衡分布的。有重点才能有成果,到底哪些资源该用在这儿,哪些资源该用在那儿,孰轻孰重,这就需要领导者去权衡,在权衡的基础上才能进行调度和安排。企业有五大资源:人、财、物、信息、时间,对这些资源的数量、质量,领导者都要做到心中有数。领导者自己未必是能者、智者,但一定是贤者;凡事未必自己动手,但一定要善于调动有专门才能的人去动手。

第三,在组织行为方面发挥的是激励与协调的作用。在组织的各个部门开始运转、广大员工都开始行动以后,领导者要对这些行为进行主动的追踪和监控。首先就是实施协调。所谓协调就是使企业的一切工作都互相配合,以便组织运转能够顺利进行。在协调的同时还要激励,就是使用物质上的、精神上的奖励或是惩罚的手段来引导、鼓励员工为企业目标做出贡献。

领导者的领导过程如果用一个简单的表述来概括的话,就是在权力支撑的基础上实施指引、激励、沟通和营造氛围的工作,以便能够影响员工的行为,促使他们共同努力去完成组织的目标。

在具体的管理过程中,现代领导者的作用主要有两个方面:

第一,制定变革的设想。在制定变革的设想时,应包括:企业能够并且应该实现的设想;这些设想应考虑到有关当事人的长期合法的利益;应有实现这些设想的战略安排;战略安排应考虑到相关的企业和环境因素。

这里可以看出,领导制定的是一个“变革的设想”,是一个“经营方向”,是为实现目标而制定变革的战略。为什么美国十大最受推崇的企业领导者平均年龄达58岁,这在中国已是“夕阳无限好,只是近黄昏”的年岁,而他们领导的企业仍充满活力,即使是所谓“夕阳企业”也是如此呢?其中一个秘诀就是这些企业的老板是领导者,而不是管理者。美国企业家巴菲特说:“有远见是极其难得的,但领导者拥有一种梦想——这是关键而微妙的部分——而梦想不会完全变为现实的特点正是他们永不满足的原因所在。”

第二,建立强有力的实施体系。在建立强有力的设想实施体系中,应包括:一支担负着把设想变为现实这一责任的核心队伍;一群热情高涨的核心队伍成员;与实现战略设想有关的支持关系;上述支持关系足以导致企业内部的服从和合作。

没有核心队伍的企业是一群散兵游勇,也是不可能完成远大目标的。而由于领导者在提出“设想”的时候,就需要考虑到有关当事人的长期合法利益,这些“有关当事人”也就是主要的合作伙伴或领导班子成员或管理专家,所以实施设想的领导必然拥有一班情绪高涨的核心队伍成员。

讨论性案例

GE的领导力品牌打造

众所周知,美国通用电器公司(GE)不仅以产品的质量好、竞争力强而闻名,其培养优秀领导人的能力更是有目共睹的。在通用电器126年的历史里,包括现任总裁——杰夫·伊梅尔特,一共才有9位,几乎都是内部提拔的,而且创建于1878年的通用电器是1896美国道琼斯指数公司中今天还幸存的唯一的一家企业。也许使得GE基业常青的原因很多,但是它总能在不同的时期选拔最合适的领导者,这不能不说是GE成功最重要的因素之一。GE被称为"由著名CEO管理的著名公司",对于领导者的培养它有自己的一套方法,但是其与众不同的基本宗旨在于:它不仅仅培养领导者的个人能力,而且更加注重打造通用的领导力,也就是所谓的"领导力品牌"。

如同产品的品牌一样,领导力品牌也是企业为自己创造的一种声誉。企业要想打造强有力的领导力品牌,需要遵循以下五个原则:

一是必须练好培养领导人的基本功,比如制定战略、培养人才等。

二是必须确保管理者能够把外部投资者对公司的高期望内化在自己的日常管理运作之中。

三是必须依据外部利益相关者的视角,来评价自己的领导人。

四是必须对广泛领导力的培养与开发进行投资,帮助管理者磨练管理技巧,以满足顾客和投资人的期许。

最后,也是最关键的一点,企业必须长期追踪其打造领导力品牌的成效。

这些原则看似简单,可为什么没有几个企业能够做到呢?

第二节 领导理论

在领导理论的发展历史中,主要形成了以下几种理论:最早是20世纪30年代提出的领导特质理论,认为成功的领导者应该具备他人所不具有的独特技能,这些技能是先天具备和后天学习所共同形成的;20世纪50年代的领导行为理论认为,领导者不是与生俱来就是领导者,领导者个人的素质特征是通过后天的培训、发展,使其具备了有效领导能力的一种行为模式;20世纪60年代,领导权变理论兴起,认为领导与领导的有效性关系主要受到情境的影响,领导在企业管理和决策的过程中必须根据具体情境来选择或确定最好的领导行为,领导权变理论的形成考虑到了外部因素。

一、领导特质理论

早期的领导理论着重研究杰出领导者所具有的某些共同的特性或品质,即特质论(或品质论)。

何为特质?从狭义上来说,特质就是指个性特征,就是一个人给他人的直观印象(如形象、气质、语言风格及基础性、习惯性的心理结构和行为方式)。从广义上来说,特质包括了生理、心理、行为和观念等的所有特征。

特质理论是20世纪最流行的领导理论,也是最早对领导活动及行为进行系统研究的尝试。研究依据和方法是从优秀的人物身上寻找共同的东西,人们希望了解:为什么他们能够成为领导?什么是领导力的决定因素?领导者区别于普通人的到底是什么?

传统的领导特质论认为,领导特质是天生的,领导者具有某些固有的特质,这些特质是人与生俱来的,只有先天具备这些特质的人才可能成为领导者。然而,用现代的研究方法探讨这一问题，特质论的研究并不乐观，因为找不到一组独特的成功领导者的特质可以作为鉴定领导者和非领导者的标准。不过，而后的相关研究找出了与领导力高度相关的六种特质，它们是：

(1) 内驱力(drive)。更努力、成就需求高、企图心强、充满精力、永不倦怠、积极主动。

(2) 领导欲(desire to lead)。有影响和领导他人的强烈欲望，展现负责的意愿。

(3) 诚实正直(honesty and integrity)。领导者之间以及与追随者之间以诚信无欺和言行一致来建立信赖关系。

(4) 自信(self-confidence)。追随者仰望领袖以解除自我疑惑，因此，领导者必须展现自信以说服目标和决策的正当性。

(5) 睿智(intelligence)。有足够的智慧以收集、综合、解释大量的资讯，以创造愿景、解决问题和做正确的决策。

(6) 工作相关知识(job-relevant knowledge)。具备公司、产业和技术方面的充分知识。

现代研究表明，领导是一个动态的过程，是一种发展变化的行为过程。领导者的特性和品质并非与生俱来的，而是在具体实践中逐渐形成的，是可以训练和培养造就的。但是，尽管如此，由于领导者对组织的重要作用，人们还是不间断地探讨研究这个问题。

在早期，美国管理学家齐赛利(Edwin E. Ghiselli)在其《管理者探索》中研究得出了领导者的八种个性特征和五种激励特征。八种个性特征为：才智、首创精神、督察能力、自信心、决断力、适应性、性别、成熟程度。五种激励特征为：对工作稳定的需求、对金钱奖励的需求、对指挥别人权力的需求、对自我实现的需求、对事业成就的需求。

1969 年，美国心理学家吉普(Gibb)的研究认为，天才领导者应该具有七种特质：善于言辞、外表英俊、高超智力、充满自信、心理健康、支配趋向、外向敏感。

再后来，斯托格蒂尔(R. M. Stogdill)提出领导者的特质应包括 16 种特质：良心、可靠、勇敢、责任心强、有胆略、力求革新进步、直率、自律、有理想、善处人际关系、风度优雅、乐观、身体健壮、智力过人、有组织能力、有判断力。

二、领导行为理论

随着研究的不断深入，研究者发现仅仅依靠特质并不能充分解释有效的领导，完全基于特质的解释忽略了领导者与下属的相互关系以及情境因素。具备恰当的特质只能使个体更有可能成为有效的领导人。因此，从 20 世纪 40 年代末至 60 年代中叶，有关领导的研究集中在探讨领导人偏好的行为风格上。与特质理论不同，它不是研究个人如何能作为领导者，而是研究领导效能；不是把领导行为放在一个维度来考察，而是强调以任务为中心和以职工为中心的两个维度。

(一) 民主式与专制式领导作风的比较

1. 勒温理论

勒温及同事的研究探索了三种领导风格。一是独裁型作风(autocratic style)——倾向于集权管理，采用命令方式告知下属使用何种工作方法，单边做出决策，限制员工参与，权利定位于领导者个人手中；二是民主型作风(democratic style)——倾向于在决策时考虑员工的利益，实施授权管理，鼓励员工参与决策，权利定位于集体；三是放任型作风(laissez-faire style)——给群体充分的自由去做出决策，并按照他们认为合适的做法完成工作，权利定位于每个职工手中。与此异曲同工的还有美国管理学家怀特(Ralph K. Wbite)和李皮特(Ronald Lippett)所提出的三种领导方式理论:权威式(authoritarian)、民主式(democratic)及放任式(laissez-faine)。

勒温对三种风格中哪种最有效进行了研究,在此仅做专制型作风与民主型作风的比较。结果表明,民主型作风更有利于良好的工作质量和工作数量。但若仅考虑工作绩效,问题又变得不那么简单。有时候民主型作风比专制型作风带来的工作绩效更高,有时候民主型作风的绩效更低或二者之间没有明显差别。不过,如果以下属的工作满意感作为测量指标,得到的结果却是趋于一致的:相比专制型领导者,民主型领导者所领导的企业群体中,下属有更高的满意感。

2. 领导连续流

美国管理学家罗伯特·坦南鲍姆(Robert Tannen-baum)和沃伦·施密特(Warren H. Schmidt)在《怎样选择领导模式》一文中提出了领导连续流(leader-ship as continuum),并说明了连续统一体的领导理论。这种连续流也称作主管者—非主管者的行为连续流。他们认为领导方式有各式各样,一个适宜的领导方法取决于环境和谐性。他们描述了从主要以领导人为中心到主要以下属为中心的一系列领导方式,这些方式依领导者把权力授予下属的大小程度而不同。因此,领导方式不是在两种方法(专制的或民主的)中任选其一,而是把专制和民主这两个对立的领导方式作为两个极端,在这极端之间,领导行为存在着多种不同的专制和民主水平,从而形成一个领导行为的连续统一体。领导连续流提供的是一系列的领导方式,说不上哪一种方式总是正确的,而另一种方式总是错误的。

3. 利克特理论

美国心理学家、行为科学家利克特从20世纪40年代开始了对领导问题的研究,通过大量的面向企业、医院及政府各种组织结构的调查,于1961年提出了"工作中心"与"员工中心"理论,即把领导者分为两种基本类型:"以工作为中心"(job—centered)的领导与"以员工为中心"(employee—centered)的领导。前者的特点是:任务分配结构化,严密监督,工作激励,依照详尽的规定做事;而后者的特点是:重视人员行为反应及问题,利用群体实现目标,给组织成员较大的自由选择的范围。在考虑民主与专制的程度对比上,利克特假设了四种管理方法,以此来研究并阐明他的领导原则。

(1) 专制的独裁型。领导者发布指示,决策中有下属参与,惯于由上而下地传达信息,把决策权局限于最高层。主要用恐吓和处分,有时也偶尔用奖赏去激励下属。

(2) 仁慈的专制型。允许一些自下而上传递的信息。向下属征求一些想法与意见并允许把某些决策权授予下属,但加以严格的政策控制,且已作出的决策不会因此而受到动摇。主要用奖赏兼某些恐吓及处罚的办法去鼓励下属。

(3) 民主协商型。领导者在做决策时征求、接受和采用下属的建议,通常试图去酌情利用下属的想法与意见。运用奖赏并偶尔使用处罚的办法和让员工参与管理的办法来激励下属,既使下情上达,又使上情下达。由上级领导者制定主要的政策和应对一般情况,但让低一级的领导者去作出具体的决定,并采用其他一些方法商量着办事。

(4) 民主参与型。领导者向下属提出挑战性目标并对他们能够达到目标表示出信心。在诸如制定目标与评价目标所取得的进展方面,让群众参与其事并给予物质奖赏,既使上下属之间的信息畅通,又使同级人员之间的信息畅通。鼓励各级组织作出决定,或者领导者将他们自己与下属结合起来作为一个群体从事活动。

利克特发现,那些用民主参与型去从事管理活动的领导者,一般都极有成就,以此种类型来管理的组织,在制定目标和实现目标方面是最有成绩的。他把这些主要归之于员工参与管理的程度,以及在实践中相互支持的程度。据此,利克特倡议员工参与管理。他认为有效的领导者是注重于面向下属的,他们依靠信息沟通使所有部门像一个整体那样行事。群体的所有成员(包括领导者在内)实行一种相互支持的关系,在这种关系中,他们之间在需求价值、愿望、目标与期望方面有着真正共同的利益。由于这种领导方式要求对人采取激励方法,因此利克特认为,它是领导一个群体最为有效的方法。

(二) 领导的二维构面理论

1. 四分图理论

1945 年,美国俄亥俄州立大学教授 Stogdill 和 Shartle 在调查研究的基础上把领导行为归纳为“抓组织”和“关心人”两大类。“抓组织”,强调以工作为中心,是指领导者以完成工作任务为目的,注重工作的组织、计划和目标,规定下属的工作职责和关系,建立明确的组织形态、信息沟通渠道及工作程序方法,要求群体成员遵守标准的规章制度。“关心人”,强调以人为中心,是指领导者强调建立领导者与下属之间相互尊重、相互信任的关系,倾听下属意见,关心下属。调查结果证明,“抓组织”和“关心人”这两类领导行为在同一个领导者身上有时一致,有时并不一致。因此,他们认为领导行为是两类行为的具体结合,并用二维空间的四分图的形式将这一概念加以表示。

从图 10.1 中可以看出,属于低体贴、高组织的领导者,最关心的是工作任务。高体贴、低组织的领导者大多数较为关心领导者与部属之间的合作,重视互相信任与互相尊重的气氛。低组织、低体贴的领导者,对组织对人都漠不关心,一般来说,这种领导方式效果较差。高组织、高关心人的领导者,对工作对人都较为关心,一般来说,这种领导方式效果较好。

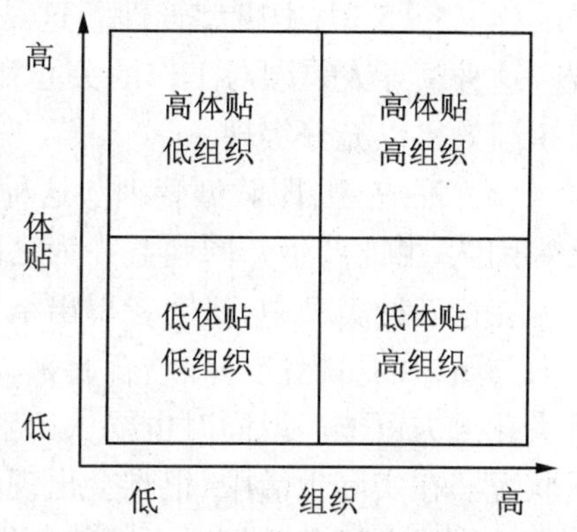

图 10.1 领导行为四分图

2. 管理方格图理论

1964 年,布莱克(R. R. B1ake)和莫顿(J. Mouton)在以往领导行为研究的基础上,提出了“管理方格理论”,他们用纵坐标表示对人的关心程度(concern for people),横坐标表示对生产的关心程度(concern for production)。两者按程度大小各分成九等分,从而形成一个方格图。这样,在理论上能组合成 81 种不同的领导方式。在这 81 种领导方式中,可以选取五种典型的领导方式。如图 10.2 所示。

根据图 10.2 的五种典型领导方式,可以归类为以下五种类型,并对其产生的领导效果作出分析。

(1) 1—1 型,贫乏型管理。领导者既不关心生产,也不关心人员,他们用最小的努力去完成必要的工作并维持人际关系。这种方式的领导者缺乏热情和上进心,他们往往会以授权的名义把工作交给部属。

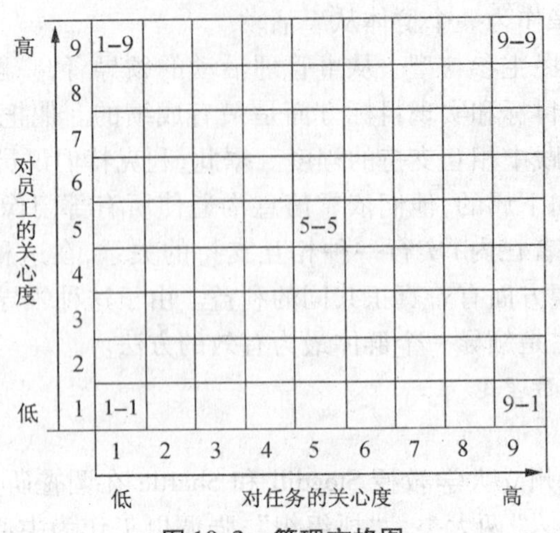

图 10.2 管理方格图

(2) 9—1 型,任务型管理。这种领导人对工作非常关心,但忽略对人的关心。他们往往强调工作环境对工作效率的影响,并对此不断完善,从而将人的因素对工作效率的影响降到最低程度。

(3) 1—9 型,乡村俱乐部型管理。这种领导人对人非常关心,重视自己与下属、上司和同僚之间的关系,为员工营造一个舒适友好的氛围,但忽视工作的状况。

(4) 5—5 型,中庸型管理。这是一种介于 9—1 型和 1—9 型之间的管理方式,不走极端。这种领导人兼顾对工作的关心和对人的关心,在保持组织平衡和员工平衡的情况下使组织绩效得以充分实现。

(5) 9—9 型,团队型管理。这种领导者与员工相互信任和尊重,个人通过组织目标凝聚为团队,由此产生共同利益并为之团结协作。

在这五种类型中,研究者得出结论:9—9 型领导者可以充分调动组织成员的积极性,把个人与组织的目标统一和结合起来,实现人人为组织目标的实现而努力的局面,使效益达到最大化成为可能。但同时也要认识到,上述五种典型也仅仅是理论上的描述,都是一种极端的状况。在实际生活中,很难会出现纯之又纯的典型领导方式。而且,也没有证据证明9—9 型管理模式在所有的情况下都能获得成功。

三、领导权变理论

"权变"一词有"随具体情境而变"或"依具体情况而定的意思"。权变理论是西方组织管理学中以具体情况及具体对策的应变思想为基础而形成的一种管理理论。针对领导特质理论、领导行为理论研究的不足,有些学者在研究领导与绩效的关系时把情境因素考虑在内,形成了领导权变理论。在此方面较有代表性的有费德勒模型、情境领导理论、领导者—参与模型、路径—目标理论等。

(一) 费德勒模型

心理学家费德勒(F. Fiedler)是最早对领导权变理论作出理论性评价的人。1962 年,费德勒提出了一个"有效领导的权变模型(contingency model of leadership effeveness)",即费德勒模型(图 10.3)。这个模型把领导者的特质研究与领导者的行为研究有机结合起来,并将其与情境分类联系起来研究领导的效果。通过 15 年调查研究得出结论:有效的领导行为,依赖于领导者与被领导者之间相互影响的方式及情境给予领导者的控制和影响程度的一致性。基于此,费德勒模型是建立在工作导向和员工导向的基础之上的。该权变模型指出,有效的群体绩效取决于以下两个因素的合理匹配:

1. 与下属相互作用的领导者的风格

为了检测领导者的基本领导风格,费德勒设计出诊断领导风格的独特指标——LPC(Least Preferred Coworker,最难共事者)问卷。该问卷是针对自己最讨厌的同事作出评价,如果回答者大多用敌意的词句评价自己的同事,则趋向于任务型领导方式(低 LPC 型);如果评价多用善意的词句,则趋向于关系型领导方式(高 LPC 型)。

2. 情境对领导者的控制和影响程度

费德勒认为领导行为效果的好坏,主要取决于三种情境因素:

(1) 职位权力(position power)。指领导者所固有的地位和权力的大小。

(2) 工作结构(task structure)。指工作任务(工作结构)是否明确,即被领导者对组织任务的理解程度。

(3) 领导者和成员关系(leader - member relation)。指领导者受下属拥护、尊敬和信任的程度。

费德勒根据上述三个条件把领导者所处的环境从最有利到最不利分为八种类型(如图 10.3 所示)。三个条件都齐备或基本齐备是最有利的环境(情境 1、2、3),三者俱缺是最不利的环境(情境 8),对于这两种极端的情况,采用“任务导向型”领导方式效果最佳;有一项或两项具备是处于中间状态的一般环境(情境 4、5、6、7),对此则是采用“关系导向型”领导方式效果较好。

上下级关系	好				差			
任务结构	明确		不明确		明确		不明确	
职位权力	强	弱	强	弱	强	弱	强	弱
情境类型	1	2	3	4	5	6	7	8
领导所处的环境	有利			中间状态				不利
有效的领导方式	任务型			关系型				任务型
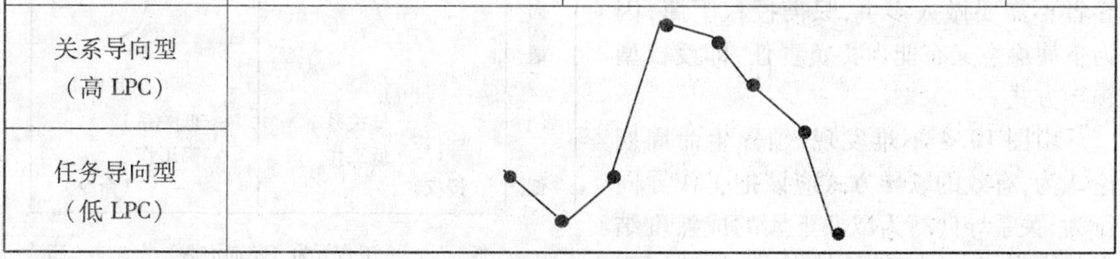 关系导向型(高 LPC)								
任务导向型(低 LPC)								

图 10.3 费德勒模型

(二) 情境领导(生命周期)理论

由科曼首先提出,保罗·赫塞(Paul Hersey)和肯·布兰查德(Ken Blanchard)予以发展的情境领导理论(situational leadership theory,SLT),是一个受到极大推崇的模型,又叫“领导生命周期理论”。这是一个重视下属的权变理论,因为下属可以接纳或拒绝领导者的命令,领导者的领导效果经常取决于下属的行为和活动。

赫塞和布兰查德认为,领导的有效性取决于工作行为(指领导者和下属为完成任务而形成的交往形式,代表领导者对下属完成任务的关注程度)、关系行为(指领导者给下属以帮助和支持的程度)和下属的成熟程度(指人们对自己的行为承担责任的能力和意愿的大小,包括工作成熟度和心理成熟度)。成功的领导是通过选择恰当的领导方式而实现的,选择的过程主要是依据下属的成熟度而定。

根据赫塞和布兰查德的看法,成熟度指的是:个体能够并愿意完成某项具体任务的程度。

情境领导模式使用的两个领导维度与费德勒的划分相同:任务行为和关系行为。但是,赫塞和布兰查德更向前迈进了一步,他们认为每一维度有低有高,从而组合成四种具体的领导风格:指示、推销、参与和授权。具体描述如下:

命令型领导方式(高工作—低关系):领导者定义角色,告诉下属应该干什么、怎么干以及何时何地去干。

说服型领导方式(高工作—高关系):领导者同时提供指导性的行为与支持性的行为。

参与型领导方式(低工作—高关系):领导者与下属共同决策,领导者的主要角色是提供便利条件与沟通。

授权型领导方式(低工作—低关系):领导者提供极少的指导或支持。

该模型还定义了下属的成熟度可以自低而高分为四个阶段:

R1:无能力且不愿意。这一阶段需要得到具体而明确的指导,即命令型领导方式。

R2:无能力但愿意。这一阶段领导者需要采取高工作—高关系行为,即说服型领导方式。高工作行为能够弥补下属能力的欠缺,高关系行为则试图使下属在心理上“领会”领导者的意图。

R3:有能力但不愿意。这就涉及一个激励问题,领导者运用支持性、非领导性的参与型领导方式可获得最佳解决。

R4:有能力而且愿意。这一阶段领导者不需要做太多事,只需授权下属,因为下属愿意又有能力担负责任,即授权型领导方式。

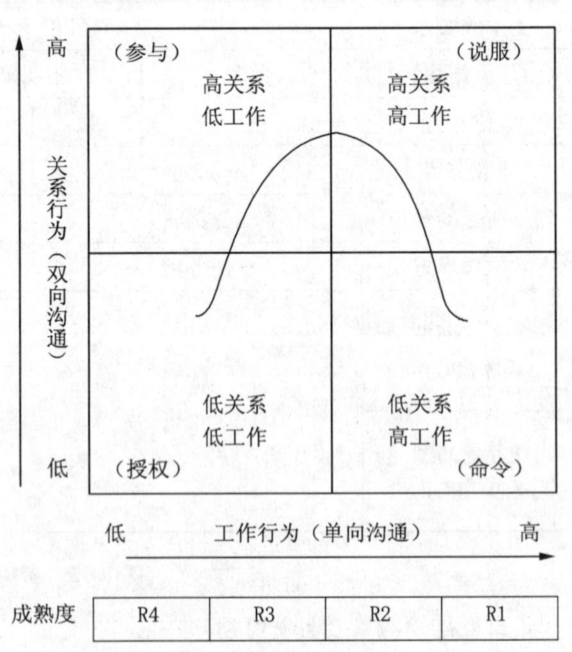

图 10.4　领导生命周期理论曲线图

由图 10.4 不难发现,领导生命周期论认为,有效的领导方式应该把工作导向行为、关系导向行为以及下属的成熟度结合起来考虑。对于不同成熟度的下属要采用不同的领导方式;对于不同成熟度时期的同一名下属,也要采用不同的领导方式;对于同一个时期的同一名下属,不同的成熟度时期仍然要采用不同的领导方式。

（三）领导者—参与模型

1973 年，维克多·弗鲁姆和菲利普·耶顿（Phillip Yetton）提出了领导者—参与模型（leader-participation model），该模型将领导行为与参与决策联系在一起。由于认识到常规活动和非常规活动以及介于其之间的某种形式对任务结构的要求各不相同，研究者认为领导者的行为必须加以调整以适应这些任务结构。弗鲁姆和耶顿的模型一定程度上来说是十分规范化的——它提供了根据不同的情境类型而遵循的一系列规则，以确定参与决策的类型和程度。这一复杂的决策树模型包含七项权变因素和 5 种可供选择的领导风格。七项权变因素是由七个问题来表达的，这些问题是：

A. 是否存在能使某一解决方案更合理的质量要求？

B. 是否有足够的信息做出高质量的决策？

C. 决策的问题是否结构清晰？

D. 下属对解决方案的接受程度是否会严重影响到决策的有效实施？

E. 如果领导者独立做决策，下属是否会接受？

F. 下属是否赞成这种解决方案所要达成的组织目标？

G. 准备选择使用的方案是否会在下属中引起冲突？

对上述七个问题的不同回答可以组成多种情境，利用决策树可以对各种情景加以区别并选择出最合适的决策方案（见图 10.5）。弗鲁姆和亚瑟·加哥（Arthur Jago）后来又对该模型进行了修订，领导行为仍为五种，但将权变因素扩展为 12 个。

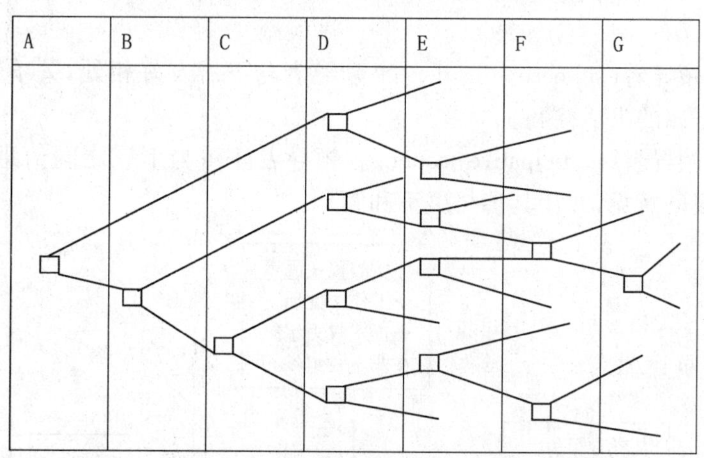

图 10.5　领导—参与模型的决策树

领导者—参与模型认为，对于某种情境而言，五种领导行为中的任何一种都是可行的。它们是：独裁 I（AI），独裁 II（AII），磋商 I（CI），磋商 II（CII）和群体决策 II（GII），具体描述如下：

AI：你使用自己手头现有的资料独立解决问题或作出决策。

AII：你从下属那里获得必要的信息，然后独自作出决策。在从下属那里获得信息时，你可以告诉或不告诉他们你的问题。在决策中下属的任务是向你提供必要信息，而不是提出或评估可行性解决方案。

CI：你与有关的下属进行个别讨论，获得他们的意见和建议。你所作出的决策可能受到或不受下属的影响。

CII：你与下属们集体讨论有关问题，收集他们的意见和建议，然后你所作出的决策可能受到或不受到他们的影响。

GII：你与下属们集体讨论问题，你们一起提出和评估可行性方案，并试图获得一致的解决办法。

弗鲁姆和加哥运用计算机程序降低了新模型的复杂性，没有严格的时间限制，并且下属在地域上也不分散时，管理者可以运用决策树来选择他们的领导风格。

（四）路径—目标理论

领导方式的"路径—目标理论"由多伦多大学的组织行为学教授罗伯特·豪斯（Robert House）最先提出，后来华盛顿大学的管理学教授特伦斯·米切尔（Terence R. Mitchell）也参与了这一理论的完善和补充。和菲德勒不同，豪斯主张领导方式的可变性。他认为，领导方式是有弹性的，不同的领导方式可能在同一个领导者身上出现，因为领导者可以根据不同的情况斟酌选择，在实践中采用最适合于下属特征和工作需要的领导风格。豪斯强调，领导者的责任就是帮助下属达到他们的目标，并提供必要的指导和支持以确保各自的目标与群体或组织的总体目标相一致，从而需要根据不同的环境因素来选择不同的领导方式。如果强行用某一种领导方式在所有环境条件下实施领导行为，必然会导致领导活动的失败。对此，豪斯提出了"路径—目标理论"，并总结了四种类型的领导方式：

（1）指示型领导者（directive leader）。领导者对下属提出要求，指明方向，给下属提供他们应该得到的指导和帮助，使下属能够按照工作程序去完成自己的任务，实现自己的目标。

（2）支持型领导者（supportive leader）。领导者与下属友好相处，关系融洽，平易近人，平等待人，关心下属的生活福利。

（3）参与型领导者（participative leader）。领导者注重与下属之间信息的沟通，商量工作，虚心听取下属的意见，并让其参与决策和管理。

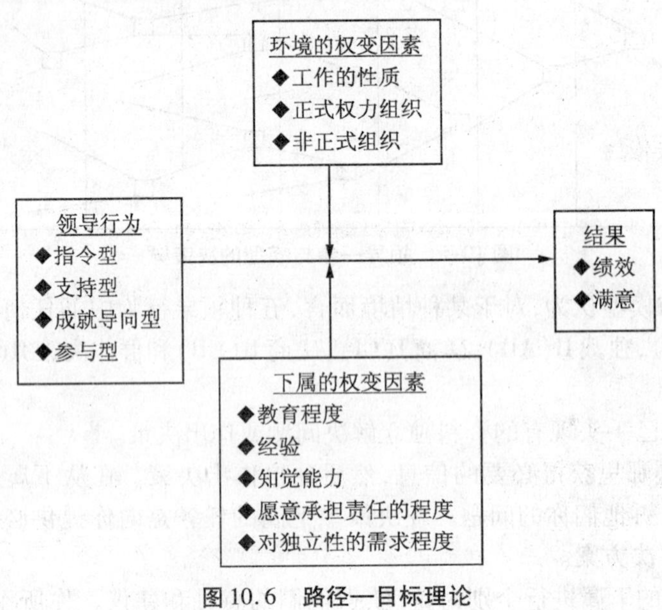

图10.6　路径—目标理论

(4) 成就导向型领导者(achievement-oriented leader)。领导者树立起具有挑战性的组织目标,激励下属想方设法发挥自己的最佳水平去实现目标,迎接挑战。

如果说费德勒把注意力集中于情境因素的权变,那么豪斯则是强调了领导者本身的权变,是一种以部下为核心的领导活动。按照豪斯的概括,领导人的职能具体表现为六个方面:① 唤起下属对成果的需要和期望;② 对完成工作目标的下属增加报酬,兑现承诺;③ 通过教育、培训、指导等方式,提高下属实现目标的能力;④ 帮助下属寻找达成目标的路径;⑤ 排除下属前进路径上的障碍;⑥ 增加下属获得个人满足感的机会,而这种满足又以工作绩效为基础。

要实现这种以部下为核心的领导活动,必须考虑部下的具体情况。显然,现实中的部下是千差万别的。员工的差异主要表现在以下两个方面:

一是职工的个人特质。就这点而言,新手和老手不一样,技术高低不一样,责任心的强度不一样,甚至年龄大小、任职时间长短的不同都会产生不同的反应。举性格差异为例,内向型的职工更易于接受参与式领导,而对指示式领导有抵触心理;外向型员工则更易于接受指示式领导,不大适应参与式。如果一个人对自己的能力估计过高,那他就会抵触指令;而如果一个人对自己的能力估计过低,那他就会害怕授权。

二是员工需要面对的环境因素。就这点而言,不同企业、不同岗位的工作任务不一样,企业组织的权力系统不一样,基层的工作群体不一样。如果是明确清晰的工作任务,有效得力的权力系统,友好合作的工作群体,那么,强化控制不仅明显多余,还会伤害员工的满足感;而如果情况相反,放松管制就会出现偏差,同样会招来员工的抱怨。单纯以工作任务而论,如果完成任务不能使员工得到满足,那么领导者越加强规章制度,越施加任务压力,员工的反感就越大。

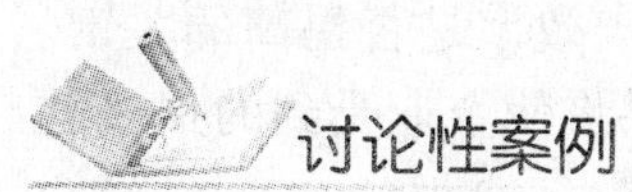

讨论性案例

狮子出征

狮子图谋霸业,准备开拓自己的疆域,便决定与邻国开战。出征前它举行了御前定事会议,并派出大臣通告百兽,要大家根据各自的特长担负不同的工作。

大象驮运军需用品,熊冲锋厮杀,狐狸出谋策划当参谋,猴子则充当间谍深入敌后。有动物建议说:“把驴子送走,它们的反应太慢了,还有野兔,他们会动摇军心的。”

“不!不能这样办,”狮子说,“我要用它们,而且它们会在战斗中发挥至关重要的作用。驴子可作司号兵,它发出的号令一定会使敌人闻风丧胆。野兔奔跑迅捷,可以在战场上做联络员和通讯员。”

那些动物觉得狮王说得很有道理。后来在战争中果然是每个动物都发挥出了最大的用处,取得了胜利。

管理启示:

对人的管理其实就是识人的本领。人人都不相同,优秀的管理者就是在普通之中发现每个人的优点和长处,然后让他们到最适合的岗位上去做最适合他们做的事情。这是一个发现人和用人的学问。作为一个团队的领导,要学会发现每个成员的优点和长处。

第三节　领导艺术

什么是领导艺术？领导艺术是指在领导的方式方法上表现出的创造性和有效性。领导艺术是领导者个人素质的综合反映，是因人而异的。黑格尔说过："世界上没有完全相同的两片叶子。"同样也没有完全相同的两个人，没有完全相同的领导者和领导模式，有多少个领导者就有多少种领导模式。

一、提高工作效率的艺术

在人类发展史上，人们为了提高工作效率，不断地进行实践。发展是企业经营的根本目的，在当今社会，企业间的竞争日益加剧，这就要求现代企业不但要发展，而且要快速发展，发展速度要快于竞争对手，只有这样企业才能生存下来。现代企业间的竞争是多层次、多方位的立体化竞争，在众多影响企业竞争的因素中，提高企业每个员工的工作效率是十分重要的。工作效率就是在同等的时间内工作人员完成的工作成果实现最大值。那么，如何才能提高企业员工的工作效率呢？

先来分析员工提高工作效率的平台——企业。企业是经济组织，一般来说一个组织包括决策层、管理层和操作层，每层的人数配备都是因企业的差异而不同的，大多数情况下这三个层次的人员数量组成是呈金字塔形状的，越往下人数越密集。我们往往以为企业的工作效率来自金字塔的底端，其实不然。企业组织的三个层次对提高企业生产效率的关系如下：

1．决策层

决策层作为一个企业在战略问题上的把关者，肩负着企业生产效率是否提高的关键。如果在决策上出现了差错，那么下面执行的效率越高，带来的结果将使企业受到的损失越大。从这里我们可以看出决策层对提高企业生产效率的关键作用。

2．管理层

作为对决策层的理念付诸实践的执行层，管理层首先要对决策层的意图或者战略的实质性问题的理解把握要准确，其次是将战略问题的实现转化成战术上的应用，并将这种战略的理念灌输到操作层去。如果管理层在译读决策层的问题上出现差错，那么对企业的生产效率的提高也是一大阻力。此外，管理层在管理操作层的时候是十分关键的，如果管理得当会推进生产效率的提高，否则就会起到负面的作用。管理层促进操作层提高工作效率，这是企业管理上的一个概念，它要求企业管理者要将企业的管理理念在操作层进行沟通，同时管理层要做好模范带头作用，用实际行动来鼓励和促进操作层提高工作效率。

3．操作层

首先，作为一个企业前沿的员工，他们的工作应该得到企业决策层和管理层的认可；其次，一个员工要有责任心，要有使命感，这些思想的形成与企业长久的人才管理机制有很大关系；再次，要建立完善的企业激励制度，以促进企业员工提高工作效率。

要提高企业的综合竞争力，第一，必须合理分工，使得企业运转更加有效和灵活，这将会提高企业整体的工作效率，同时将会对企业员工的工作效率的提高起到很大的促进作用；第二，必须抓好企业的文化建设，以软环境来推动硬环境的发展，给员工以宽松的工作环境，这也是提高员工工作效率的手段；第三，必须树立良好的企业愿景，给企业员工以希望，这样可以保证员工的信心，也可以促进员工工作效率的提高。

在现今社会里，领导者在行使激励行为职能时，一方面要着眼于社会需要和社会目标，另一方面要着眼于个人需要和个人目标，要使二者结合，并在结合点上进行有效的激励。这样，才能在社会需要得到满足、社会目标得到实现的同时，个人需要和个人目标也得到相应的满足和实现，就可以通过激励真正调动人们的积极性和创造性，使每个人都能充分发挥其应有的作用，提高工作质量和工作效率。

二、知人善任的艺术

实践证明，领导者对人才的选拔、使用是否得当，直接关系到领导的效能，关系到事业的成败甚至国家的兴衰。“得人才者得天下，失人才者失天下”。第二次世界大战以来，西方最推崇的理论是美国舒尔兹首创的“人力资本理论”。他认为人才是最重要的资源、最重要的资本，只有重视人才资本，才能创造更大的物质财富。这一思想在今天得到了发扬光大。当今世界的竞争，其本质是人才的竞争，谁拥有一流的人才，谁就占据主动地位；人才开发得好，使用得当，事业就兴旺发达，反之就会衰退。

知人善任与知人善免作为人力资本管理的两个方面，相比较而言，后者对管理者的领导方法与领导艺术的要求更高一些，所以在解雇下属时大多数管理者会感到为难，原因也就在这里。但无论如何，只要从维护企业的利益出发，而并非以惩戒他人为目的，就可以说是正确的选择。

战国时期就有“帝王之美德莫大于知人”的说法。知人善任是对领导者的基本要求。在知人善任这个统一的整体中，知人是善任的必要前提，善任须以知人为基本依据。只有知人，才能善任。只有了解人的思想觉悟、道德品质、知识水平、工作能力等，才有可能把每个人合理地安排在适当的岗位上，做到人尽其才，才尽其用。

(一) 知人——领导者的择人艺术

领导者的用人艺术，可以分为择人艺术和人才管理两个方面。择人艺术就是要“知人”。“知人”，首先要对所需、所用之人有一个较全面的了解，在“知人”的基础上选择合适的人才。在某种程度上讲，“知人”即为“择人”，因而“知人”就成为领导者用人的第一要素和前提。“知人”识才是为了“善任”，通过“善任”人才来获得持续的竞争力，才是用人艺术的最终落脚点。

要用好人才，就必须“择人任势”。一个人不可能具备种种才能、胜任一切岗位，某一特定人才总有最适合于他的位子。这就需要领导者在“知人”的基础上，在人才的使用上给予恰当安排，实现人员配置的最佳组合。管理学家汤姆·彼得斯曾说过：“企业或事业唯一真正的资源是人，管理就是充分开发人力资源以做好工作。”如何有效地开发人力资源？首先，领导者要广泛地了解他人的长处。如果只关注人的短处，是很难发现企业所需的合适人才的。正所谓“尺有所短，寸有所长”，一个人即使是“寸”也有“所长”的一面，领导者必须将其长处发掘出来并加以合理运用，才算是“知人”和“择人”。其次，制定人才工作机制。伯乐虽然在“择人”方面有很重要的作用，但毕竟个人精力有限，伯乐再尽心尽力，其相中的人也是有限的。因此，需要领导者建立一个公开、公平、公正的“择人”机制，让一匹匹千里马竞相亮相、驰骋疆场。

管理大师韦尔奇对择人艺术有其独特的见解。他认为,挑选最好的人才是领导者最重要的职责,领导者的工作,就是每天把全世界各地最优秀的人才延揽过来。他提出了著名的"活力曲线":一个组织中,必有 20% 的人是最好的,70% 的人处于中间状态,10% 的人是最差的。这是一个动态的曲线,即每个部分所包含的具体人一定是不断变化的。一个合格的领导者,必须随时掌握那 20% 的动向,并制定相应的机制在 70% 的"中间者"中发掘出有特长的人才,从而使 20% 的优秀者不断地得以补充与更新。从韦尔奇的"活力曲线"理论可知,领导者的择人艺术方面要注重在制度的保证下,从内部发现优秀的人才,力求把人才开发的视角放在最近处,近距离接触人才,全方位挖掘人才。

(二) 善任——领导者的人才管理艺术

善任是领导者的重要职责,也是事业发展的强大推动力。善任的重要意义在于:每个人的积极性都能充分发挥出来,减少用人失误带来的损失,增强凝聚力,提高工作效率。善任应包含以下几方面的内容:

1. 扬长避短

金无足赤,人无完人。想找到只有优点没有缺点的"完人",实际上是办不到的。即使是贤能之人,也各有所长,各有所短。因此,领导者在选人用人时,要破除求全责备的观点,坚持扬长避短的原则,做到用人所长,避人所短。唐朝魏征说过,用人"因其才以取之,审其能而用之,用其所长,掩其所短"。管理学家杜拉克说,用人决策,不在于如何减少人的短处,而是在于如何发挥人的长处。一位领导者如果仅能见人之短,而不能识人之长,用人之时只着眼于避其所短而非着眼于展其所长,则这位领导者是不合格的。所以,有效的领导者从来不问属下不能做什么,而问的是属下能做什么。他们用的是在某一方面有所长的人,而不是在各方面都大致不差的人。事实上,只有混乱的管理,没有无用的人才。

2. 人尽其才

对于人才管理,领导者必须对人才有合理的分配和调度,做到人尽其才,物尽其用。面对越来越复杂的环境,领导者只有广泛汇集人才,多渠道延揽人才,形成群英汇集、群贤毕至的良好局面,才能在残酷的竞争中占据主动,赢得先机。正所谓"集合众智,无往不利"。事实也正如此。何以做到"人尽其才"? 一是领导者要有博大胸怀和谋略家的远见卓识,发扬民主作风,广开选人渠道,敢于知人善任,放手管理。二是建立科学的人才管理机制,为人才管理提供规范化、制度化的运作保证。三是敢于提拔那些充满激情活力的创新型人才,大胆使用开拓进取的瑕疵型人才。四是加强人才管理,要做到把重视人才使用和重视事业发展放在同等重要的地位。

3. 用人也疑

俗语说"用人不疑,疑人不用",但现代行政管理工作由于面临着复杂多变的环境,却不得不"用人也疑"。这是因为:一个人可能不胜任目前的岗位,但却能在别的岗位上干得很出色;多变的环境使领导不能保证每一个人都能胜任称职,考核与监督将更有利于人才的成长;人才应是与时俱进,目前适用的人才不能保证永远都是人才,知识老化是人才成长的最大致命伤。尽管存在种种人才之"疑",但事业要发展,潜力终归还是蕴藏在每个下属之中,如何运用"疑"人来推进事业发展,关键在于领导者掌握和运用好人才管理艺术。所谓运用之妙存乎一心,这需要领导者挖掘和运用知人善任的艺术,焕发出无穷的积极性和创造力,在这种动态的人才组合中,创造出不断发展壮大的推动力,奠定坚实的人才基础。

4. 方圆兼顾

领导用人有“方”“圆”之分。“方”指用人的原则性,包括用人的规范和范围;“圆”指用人的灵活性,包括用人的技艺和策略。前者是用人的内在要求;后者是用人的艺术形式。领导用人的方圆艺术即“方”与“圆”的辩证统一,也即原则性与灵活性的有机结合。过于求“方”,可能有“迂腐”之嫌,会导致下级和群众敬而远之;过于求“圆”,则会有“圆滑”之嫌。两者的结果都是没有用好人,没有发挥人才的最大效益,都是领导不称职的表现。

所谓“先有伯乐而后有千里马,千里马常有而伯乐不常有”。用人之道,是一门复杂精细的领导艺术,需要领导者在实践中不断地探索总结。在竞争日益激烈的今天,用人艺术已经成为领导者磨练内功、提升魅力、不断增强内部活力和外部竞争力的重要课题。

三、冲突管理的艺术

无论什么地方出现改革的需要,冲突都在所难免,因为总是有人愿意创新,有人想维持现状。有改革就有冲突。冲突管理(conflict management)成功的关键是不出现输方,长远的解决办法是建立共同遵守的游戏规则。

(一) 冲突的概念

冲突是指人们由于某种抵触或对立状况而感知到的不一致的差异。一般所说的争议,指的是对抗、不协调甚至抗争,这是形式上的意义;在实质层面,冲突是指在既得利益或潜在利益方面摆不平。什么是既得利益呢?就是指目前所掌握的各种方便、好处、自由;而潜在利益则是指未来可以争取到的方便、好处、自由。

对组织中存在的冲突形成了三种不同的观点:

第一种为传统的冲突观点,认为冲突是有害的,会给组织造成不利影响。冲突成为组织机能失调、非理性、暴力和破坏的同义词。因此,传统观点强调管理者应尽可能避免和清除冲突。

第二种为冲突的人际关系观点,认为冲突是任何组织无法避免的自然现象,不一定给组织带来不利的影响,而且有可能成为有利于组织工作的积极动力。既然冲突是不可避免的,管理者就应该接纳冲突,承认冲突在组织中存在的必然性和合理性。

第三种是新近产生的冲突的互动作用观点。与人际关系观点只是被动地接纳冲突不同,互动作用观点强调管理者要鼓励有益的冲突,认为融洽、和平、安宁、合作的组织容易对变革和革新的需要表现出静止、冷漠和迟钝,一定水平的有益的冲突会使组织保持旺盛的生命力,善于自我批评和不断革新。

管理者不仅要解决组织中的冲突,更要刺激功能性的冲突,以促进组织目标的达成。故管理者处理冲突的能力与管理成功与否,具有正相关。管理学者杜拉克曾说:“任何组织,包括人或机构,如果不能为它(他)所置身的环境做出贡献,在长期发展中,这个组织就没有存在的必要,也没有存在的可能。”所以,讲求绩效是现代经营者非常重要的使命。而经理人如果能够做好冲突管理,对提升绩效应该有实质的帮助。

(二) 冲突管理的基本方法

处理组织内的冲突一般可选择三种主要方法:结构法、对抗法和促进法。结构法和对抗法通常假定冲突已经存在并且要求处理,结构法往往通过隔离各个部分来减少冲突的直接表现;与之相反,对抗法则力图通过把各个部分聚集在一起使冲突表面化。促进法则以缺乏“足够”的冲突的假设为基础，因此，促进法力图提高冲突的等级、数量或者同时提高两者。

1. 结构法

组织通常运用以下方法来处理冲突，即运用职权控制、隔离法、以储备作缓冲、以联络员作缓冲等。

(1) 运用职权控制。管理人员可通过发出指示，在职权范围内解决冲突。这些指示指出期望下级遵循的行动步骤。例如，在同一家企业的两位副总裁可能都在拟定组织的策略。一位副总裁可能倡导以增产为基础，而另一位副总裁要求把权力集中到组织的最高层，这样，增产和集中权力的目标发生了直接的冲突。总裁则应该行使权力来确定执行什么目标。

(2) 隔离法。管理人员可以直接通过组织设计减少部门之间的依赖性。分别向各部门提供资源和存货，使之独立于其他部门的供应，能够将它们隔离起来，从而减少部门之间冲突发生的可能性。不过，由于隔离需要花费精力和设备，这种独立可能会提高成本。

(3) 以储备作缓冲。完全隔离部门，或者使它们完全独立，可能花费太大，因此，一个组织可能通过储备缓冲部门之间的工作流程。如果部门 A 生产的产品是部门 B 的输入，那么可以在两个部门之间建立储备，防止部门 B 受到部门 A 的暂时停产或减产的严重影响。这样，部门 B 的成员对部门 A 担心的可能性减低了。

(4) 以联络员作缓冲。当两个部门之间整体性很差并存在不必要的冲突时，组织可以安排一些了解各部门操作情况、通过联系活动来协调部门的联络员，从而协调各部门活动。

2. 对抗法

冲突管理中的对抗不是指包含敌对的相互行动，而是用来描述一种处理冲突的建设性方法。在这种意义上，对抗是冲突双方直接交锋、公开地交换有关问题的信息、力图消除双方分歧，从而达到一个双方都满意的结果的过程。对抗法假设所有的部分都有所得，实际上是一种双赢的局面。用对抗法解决冲突的方法有：

(1) 谈判。当双方对某事意见不一致而希望达到一致时，他们可能进行谈判，在这个过程中，双方力图就每一方在交易中付出什么和得到什么达成一致意见。像做买卖一样，谈判中既有分配性因素，又有增益性因素。如果双方仅仅看到非赢非输因素，谈判就不会产生对抗。但是如果双方都认识到取胜因素，谈判就能为冲突的建设性对抗处理提供机会。运用对抗型处理冲突方式要求公开地交流信息、寻找共同的目标、保持灵活态度并避免使用威胁手段。

(2) 咨询第三方。大多数对抗都采取双方谈判的形式，但中立者即第三方提供意见者，能帮助双方解决他们的冲突。第三方在策略上所起的作用如下：保证相互激励，每一方都应当有解决冲突的动机；维持双方力量平衡，如果双方力量不是大致相等，就很难建立相互信任，保持公开的沟通渠道；使对抗努力同步。

3. 促进法

认识性冲突能够帮助避免小团体思想，所以促进职能的认识性冲突可能是处理冲突的一种有效的实际方法。

(1) 辩证探究法。辩证探究法是把认识性冲突导入决策过程的一种方法。这指的是由一位或一组倡议者提出并推荐一套行动方案，同时由另一位或另一组倡议者提出并推荐另一套对立的行动方案，决策者在选择一种方案或综合方案之前考虑这两组建议。既然推荐的行动方案来自同一形势下的相反观点,决策者考虑这两组建议时,必然产生了认识性冲突。通过解决这种冲突,决策者能够做出反映冲突观点的统一决策。

(2)树立对立面法。把认识性冲突导入决策过程的另一个方法是树立对立面法,它是对所推荐的行动方案采用系统化的批评,而不像辩证探究法那样提供可供选择的行动方案。单纯的批评已经能推动决策者产生认识性冲突。解决认识性冲突的需要会促成对问题的更好理解,从而使决策更合理。在某些情况下,和辩证探究法相比较,树立对立面能形成更好的决策。它可能使决策者不把任何个人或群体的建议当作既定方案,并且对所推荐的行动方案表示肯定或否定的资料更加敏感。

(三)高管团队的冲突管理方法

对冲突进行管理就是要坚持权变的观点,正视高层管理团队冲突的客观存在,采取有效措施,防止冲突发展成情感冲突,使冲突的负面作用减少,最大限度地发挥冲突的积极作用。

1. 冲突管理预警机制的构建

高层管理团队的冲突是客观存在的,如果冲突严重而不能解决,会引起高层管理危机,因此建立高层管理团队的预警机制很有必要。构建该预警机制的原则是:

(1)对冲突变动情况进行监测和评价,以此明确冲突的安全状态及变动趋势。

(2)对冲突的内外环境进行监测,以此明确企业高层管理成员所处的环境以及由此对冲突产生的正面或负面影响。

(3)建立冲突预警管理活动的评价指标体系,可分成两类指标,一类是评价指标,一类是预警指标。另外,必须构建预警部门。通过监测、识别、诊断、评价等步骤来分析企业面临的冲突状况,然后把分析结果反馈给决策部门,采取措施及时进行控制。

2. 营造公开交流和团队协作的氛围

如果在决策过程中,仅仅是少数人发挥作用,那么企业高层管理团队的价值也就不复存在了。所以,一定要培养一种既能提高绩效,又能促进成员积极参与、公开交流、团结协作的氛围,公开的交流可以使高层管理团队成员真诚参与决策,加强团队成员的共识。尽管这种公开、坦诚的交流可能导致一些争论甚至冲突,但是如果团队成员能够认识到冲突是以决策目标为导向的,是为了提高绩效,他们就能积极对待冲突,从而提高团队成员的决策满意度。

3. 构建合理的权力结构

合理的权力结构往往能使权力既不过于集中又不过于平均。构建合理的权力结构主要应做到:第一,变革组织结构。传统企业的组织结构,尤其是直线职能结构极易诱发破坏性冲突,因为传统职能结构的一大特点是同级之间的互逆协调性,也即同一层次人员彼此相互独立,无法协调,既不能相互指挥,又出现多头领导,很多事情都靠上级跨部门协调。因此,企业应改变金字塔式的组织结构,变为扁平化、网络化的组织结构,减少管理层次,扩大管理幅度,广泛引入工作团队。第二,改变管理模式。过度集权所带来的信息代理成本和过度分权所带来的过高代理成本都会引起决策总成本的上升,从而降低效率。因此必须改变传统的管理模式,实行知识化管理。随着知识化管理的实施,企业信息将会实现低成本传播,这样就会对过去的集权产生制约。

4. 确立目标导向机制

高层管理团队应共同参与企业共同愿景和目标任务的设计和确认。调查显示,高效的高层管理团队总是能把工作重点放在与核心问题有关的难题和事情上;高层管理团队如果缺乏共同目标就容易把彼此放在竞争的位置上，做出负面的决定。如果团队有共同目标，就会用更广的视野讨论企业的目标和怎样取得更高的绩效，虽然彼此在相关议题上有异议，但本质是建设性的。

（四）冲突管理的技巧

识别冲突，调解争执，是管理最需要的能力之一。在人们的共同生活中，冲突是一种司空见惯的正常现象，长期没有冲突的关系根本不存在。凡是人们共同活动的领域，总会产生不同意见、不同需求和不同利益的碰撞，或在个人之间，或在小团体之间，或在大组织之间。日常生活中的绝大多数冲突无需多费口舌便会自然平息下去，要么是这一方让了步，要么是另一方让了步，或者双方都作出可以承受的妥协。但是，也有一些事情却突然莫名其妙地变成另外一副样子，好好的对话变成了争吵，再由争吵变成各持己见而互不相让。诸如恼怒、仇恨和蔑视等情绪更使冲突升温，对立的双方开始攻击和反击，造成伤害，甚至突然掀起一场力图消灭对方的战争，其结局要么一胜一负，要么两败俱伤。

无论从伦理观念还是从经济观念出发，在家庭里或在工作部门中防止这类事情发生都是第一位的目标。所以，及时识别冲突状况，使改革顺利进行，而且将损失控制到最小，这才是当今管理人员事业有成最需要的能力之一。重新建立信任是调解冲突的基本前提。任何一种冲突都有来龙去脉，决非突发事件，更非偶然事件，而是某一发展过程的结果。冲突多是受到"误导"所致的，要想彻底消除冲突，必须让冲突"不受误导"，即一定要理解发生的事情，逐步减少不信任，重新建立信任。对于误入"歧途"的双方一定要共同回过头去重温一下，才能共同走上一条新路，而没有旧病复发的危险。要通过双方的坦诚沟通，建立共同遵守的游戏规则。

（1）建立直接的交流。总的来说，冲突必须由直接与冲突有关的双方亲自去解决。然而，在发生冲突的初期，双方直接沟通的可能性或已被打断。这时，恢复直接对话的首要条件，即将对立的双方拉到同一张谈判桌上。

（2）监督对话。冲突的双方最初或许不可能真正地沟通，没有外力的帮助，他们在原有的片面观察问题的基础上极可能在很短的时间内再度彼此误解，重新争吵。所以，在解决冲突的第一个阶段，有必要由一个中立的第三方密切监视冲突双方的双向行为。

（3）袒露感情。若双方不能坦白地说出主观的感受，例如失望、受冤屈和伤害的感觉等，则没有希望解决冲突。只有袒露感情，才能减缓积蓄已久的压力，使冲突回复到本来的根源上，即具体的需求和利益上去。

（4）正视过去。仅仅说出感觉还不够，双方都必须让对方明白引起自己失意、失望和愤怒的具体情景、情况或事情，以及具体原因。做到这一点，对方才能明白自己在冲突中所占的分量，不论是有意的还是无意的，并且学会去承认这个事实。反过来，这也成为不再将对方视为冲突中的唯一"责任者"的基本前提。

（5）找到双方可承受的解决办法。障碍清除以后，即应共同制定一个长远的解决办法，关键是不允许出现"输方"。双方在这时最好的举措是，跳出自己的阴影去协商解决办法，照顾双方的利益。但是解决办法是一回事，通过伙伴式的协商去达成协议又是一回事。习惯于合作才是化解冲突的关键步骤，解决冲突的质量一定要由实施来检验。坦率地交谈往往让双方如释重负，却容易导致盲目乐观，以为现在一切正常。日常工作中总会出现差错，即便在双方都抱有良好愿望的情形下仍然会出现故障，于是双方又开始挖空心思地去考察对方是否在认真对待沟通和合作。只有严格地遵守制定好的游戏规则,才有助于克服新的危机,不至于重新陷入争吵之中。新的协作系统需要呵护,不过随着时间的推移,双方将逐渐学会与对方打交道,相互关系会正常起来,谁也不会再想着过去的冲突。直到这时,冲突才算真正地消除了。

四、会议管理的艺术

会议管理即对议事活动的管理,包括会议议题的确定、筹备到举行的全过程。会议是集众议事的一种组织活动。

根据不同的标准,会议种类可划分为:告知性会议、谋划性会议、执行性会议、立法性会议、临时性会议和常设性会议。常设性会议有固定的出席者和固定的议事规则,甚至有固定的开会时间和会议内容。

(一)会议管理的两个阶段

会议管理应把握的原则是控制会议数量,提高会议质量,使会议充分发挥应有的作用。会议管理一般分为两个阶段。

1. 准备阶段

(1)确定会议的议程、时间和地点。根据要解决问题的必要性和迫切性,确定会议的主题,选定议题,排列议程,决定出席者及会议的时间、地点。重要会议还须正式写出筹备计划。

(2)对会议议题进行准备。包括对各个议题所需材料的调查、研究、讨论、拟制、印制。

(3)会议的组织技术准备。包括向会议出席者发出通知,提前分发会议材料,安排会议场所及生活服务措施,会场布置等。

2. 举行阶段

(1)按时举行会议,并在开幕时宣布或通过会议议程。

(2)严格按照议事规则或有关制度组织会议,包括对发言时间的限制。

(3)会议主持者要研究主持艺术,使会议开得有序、紧凑、高效,尤其要注意调动与会者的积极性。

(4)做好会议总结。每次会议要有最后成果,并告知与会者,必要时可在一定范围内公布。

(5)做好会后工作,整理会议记录和材料,做好财务决算,安排对会议决议的贯彻落实。

会议管理应讲究效率,全面考虑会议人力、财力和时间的消耗与收益之比。滥开会议会给行政管理带来许多弊端。

(二)会议管理需要注意的问题

1. 规定角色

一般会议召开过程中必须规定三个角色:一是主持人,二是记录人,三是调度人。这三个角色中,会议主持起到一个主线的作用,其职责是宣布会议开始、提出会议议题、把握会议时间、执行会议制度、总结会议内容、跟踪会议结果。调度人,起到把握整个会议主题,以防跑题的作用。一般由与会者中职位最高者担任,负责控制会场秩序、紧扣议题议论、指定发言人、总结会议优劣。记录人,详细记录会议的要点和细节,准备会议纪要,以便于会后做出客观的会议评估。记录人起到一个支持的作用,负责准确记录会议的要点并发放会议纪要,最后确认执行人及完成时间。

2. 督查执行

会议组织者除了通知、组织会议外，还有一个任务就是保证会上决定的工作任务得到全面贯彻。很多企业开会，会上决定的事情很多，但是往往不当场明确工作任务的完成时间，导致会后工作任务迟迟不能完成。所以，会议在充分讨论一个事情后，主持人必须马上决定此事的负责人、需要协调的部门以及完成时间。接着，会议组织者在会议结束后要检查督办各项事情的完成情况。只有做好了检查这个环节，会议管理才最终真正告一段落。

讨论性案例

刘邦和毛泽东的用人之道

刘邦在打败项羽的庆功宴上向群臣提问："我为什么能得天下？"群臣各抒高见，可刘邦都不满意。后来，刘邦解释说："运筹帷幄，我不如张良；决胜于千里之外，我不如韩信；筹集粮草银饷，我不如萧何。而他们都为我所用，这就是我得天下的原因。"

毛泽东同志曾指出："领导者的责任，归纳起来，主要是出主意、用干部两件事。"这"用干部"就是"用人"之意。一个领导者各方面的才能并不一定都要高于下属，但在用人方面的才能却要出类拔萃。知人善任，做到活用人、巧用人、用活人。用好每个人，这是领导者成功的一个关键因素。

谈谈你对这种看法的认识。

复习题

1. 领导者的作用是什么？
2. 谈谈领导理论的演变过程。
3. 如何理解领导权变理论？
4. 费德勒模型的内容是什么？
5. 用人该疑还是不疑？理由是什么？
6. 如何开一个高效率的会议？

分析性案例

德胜公司的领导力

一、企业背景简介

德胜（苏州）洋楼有限公司（以下简称德胜公司）成立于1997年，注册地址为苏州工业园区娄葑东区淞江路3号，是美国联邦德胜公司（FEDERAL TECSUN，INC.）在中国苏州工业园区设立的全资子公司，它的前身是美国联邦德胜公司在中国上海设立的代表处。德胜公司从事美制现代木（钢）结构住宅的研究、开发设计及建造，是迄今为止中国境内唯一具有现代轻型木结构住宅施工资质的企业。

经过数年的发展,德胜公司现已成为拥有固定资产超过2亿元的企业,德胜公司的中国苏州总部占地约52.5亩;在昆山购地236亩建设"德胜昆山工业园",作为公司的工业生产基地。现公司年生产加工能力可以满足1 000栋以上的木结构别墅工程所需全部材料(按平均每幢300平方米计)。

截至2005年12月31日,公司拥有员工1 260名。其中接受过轻型木结构住宅培训的工程及技术人员830名;专业管理人员56名;轻型木结构专家4名;轻型木结构设计人员19名;高级工程师28人;博士生导师2名;独立质量监督人员10名;全面质量服务神秘访客6名;现场施工总监12名;资料员8名。

1998年2月,德胜公司被美国住宅协会吸纳为海外会员,成为中国境内唯一一家进入此协会的企业。

2003年10月,经教育部门批准,由德胜公司捐资创办的德胜—鲁班(休宁)木工学校正式开学,首批学生于2005年6月毕业,并获得匠士学位(中国首批)。中国政府相关领导及美国、加拿大和芬兰等国驻华使领馆官员参加了隆重的毕业典礼。

2005年8月,由德胜公司捐资成立、专门招收家境困难农村学生的休宁德胜平民学校正式开学。凡进入该校的学生衣、食、住、行、学杂等费用一律全免。

2006年1月,"TECSUN德胜洋楼"被江苏省工商行政管理局认定为江苏省著名商标。

为了开拓员工的视野,增强专业技能,从2001年开始,德胜公司每年派送一批普通员工和技术骨干赴美国、加拿大、芬兰等国家学习和复训,以便更好地服务客户。

德胜公司自创建以来,一直积极参与社会公益事业,尽最大努力回报社会。据不完全统计,截至2005年底,德胜公司向西部大开发、贫困人群、各种学术团体、学校及其他文化事业等捐款过千万元。

德胜公司的价值观是"诚实、勤劳、有爱心、不走捷径"。

二、有效的公司领导力

公司总裁聂胜哲,美籍华人,安徽黄山人,原中国科技大学老师。由于聂总裁领导卓越,中层管理的优秀与有力,聂总裁平时非常悠闲,每天只花十分钟时间上网打开公共邮箱处理公司事务。聂总裁每年只花五分之一在国内,在国外时从事大量文艺、科研、公益事业。在国内时由于公司文化与管理的完善,他对公司管理没有耗费多少时间精力,而把大量时间放在文艺、科研、公益事业和其他社会活动上。

聂总裁培养了高度自主、自觉、敬业和高尚的工作团队,德胜员工可以做到以下四点:

- 开放式长途电话。
- 从不打卡。
- 员工自主自由调休。
- 报销不需领导签字,直接报销。

三、案例分析

讨论1:

德胜公司副总w先生,负责众多工地的工程建设,在公司刚创立时就来公司,与总裁同甘共苦,吃苦耐劳,对公司贡献很大,与聂总裁是一个县的老乡,而且也结下了深厚的友谊。

w先生在苏州购买的一套住房需要装修,他发现其他任何装修公司都比不上德胜公司自己的装修队伍，于是他利用自己拥有的调度人、物的权力，从公司工地上调动员工10人次，共计20多天，装修材料价值数万元，为自己的房子进行装修。此事直到公司财务发现时，w先生没有请示任何上级。但w先生在调用每个员工时，在考勤表上写的是"去w先生家"，在领用建材时，在出库单上写的也是"用于w先生家"，也就是说他没有掩盖用公司人、物的事实。

假如你是德胜公司聂总裁，你将如何处理w先生？要不要开除他？采取什么方式解决这次事情？

讨论2：

作为德胜公司根本大法的《德胜员工手册》开宗明义："员工的生命是公司最宝贵的财富。在任何危急的情况发生时，公司都奉行生命第一的原则。公司不认同员工冒着生命危险去抢救国家财产、集体财产及他人财产的价值观，带病坚持工作不但不能得到表扬，而且有可能受到相应的处罚。"曾有一名德胜员工因自己违规操作而导致全身96%严重烧伤，送到苏州医院烧伤科医治时认为在医学上无救活的先例，医院准备决定放弃抢救，而且就是要抢救，花费也要几百万元。这时公司管理层给公司最高层打电话，如实告诉实情，问还要不要采取抢救措施。

这时，假如你是德胜公司最高层，你会怎样面对这件事？会抢救这名员工吗？

讨论3：

德胜公司在上海建设美林别墅完工后不久，业主开始入住。入住后不少业主反映美林别墅的闭路电视系统存在严重问题，如果不马上修好，很多业主准备退租或退住。德胜公司发现闭路电视系统确实存在问题，维修该系统需要花费7万元左右。但该系统不是德胜公司安装的，是一家闭路电视公司安装的，责任应该由电视公司负责，可向电视公司从说明到解决问题需要最起码1个月时间。美林别墅项目经理向聂总发邮件请示该事情如何处理，一种是向业主如实说明该闭路电视系统不是德胜公司安装的，应该是闭路电视公司负完全责任，并且通知闭路电视公司；另一种是承担该事情责任，德胜公司自己修好电视系统。

讨论题：

如果你是聂总裁，你将如何处理该事情？

第十一章

沟　通

引导案例

诸葛亮巧辩联东吴

东汉末年，有一场著名的赤壁之战。曹操统率百万大军准备攻打吴国，当时吴国分为主战、主和两派。诸葛亮为了说服孙权和蜀汉联手抗曹，不远千里来到东吴，企图增加主战派的声势。

这时，吴国的主战论者鲁肃对诸葛亮说："为了促使孙权下决心打仗，希望你能把曹操的实力说得弱一点。"可是，当孙权向诸葛亮询问曹操兵力时，诸葛亮却说："据说曹操有一百万的精锐兵力，可是实际上并不止这个数字。所以，在这个时候，求和是比较明智的。"孙权很惊讶地问道："那为什么兵力比吴国还弱的刘备，敢和曹操打仗呢？"诸葛亮说："我的主公为了要复兴大汉皇室，所以必须和曹操一战。所谓正义之战，兵力乃是次要的问题。为了吴国的安全着想，我劝你还是谋和。"听了孔明这番话，孙权也立志要和曹操决一胜负。于是蜀吴两国合力抗曹，终于打胜了赤壁之战，而在历史上写下辉煌的一页。

诸葛亮知道孙权是一位英雄人物，所以如果把敌方的兵力说弱了，他不会因此而参加战争，反而因为敌人的强大，更容易激起他的斗志。由孔明游说孙权的例子可以证明，诸葛亮"说话因人而异"是成功的。

管理启示：

如果有好的意见却不被人接受或采纳，那么就得想法说服对方。而说服力产生的最大要素，就是要因人而异去使用说服方法。简单地说，就是因人而选择适宜的说词。如果不管对方是谁，都用同一种方法去说服，就很难顺利达成目标。因为对某些人只要解说大意即可，而对某些人就要动之以情，晓之以理。要想说服人就必须巧妙妥善地运用各种方法才行。要能适当地因人而选择说服的方法，自己也必须具备知识和体验。

沟通是人们社会生活的基本要求之一，也是组织得以生存、运行和发展的必备功能之一。本章将就沟通问题从个体沟通和组织沟通两个方面进行讨论。

第一节　沟通概述

企业管理过程中每一件事都包含着沟通的任务。管理者没有信息就不可能做出决策，而一旦做出决策，没有沟通就不可能实现目标。因此，企业管理者和员工都要从各自的角度认识沟通的重要性，掌握沟通的有效方法，否则就会陷入无穷的问题与困境之中。那么，沟通是什么？沟通包括哪些要素？沟通有哪些种类？本节将对这些问题展开分析。

一、沟通的定义及重要性

沟通，简单地说，就是人与人之间进行信息交流的活动，是为了设定的目标，人们在互动过程中，发送者通过一定渠道（也称媒介或通道），以语言、文字、符号等表现形式为载体，与接受者进行信息（包括知识和情报）、思想和情感等交流、传递与交换，并寻求反馈以达到相互理解的过程。

沟通的定义包含了三方面的含义：首先，沟通包含着意义的传递。如果信息或想法没有被传送到，则意味着沟通没有发生。也就是说，说话者没有听众或写作者没有读者都不能构成沟通。其次，要使沟通成功，信息不仅需要被传递，还要被理解。比如，收到一封来自美国的英文信件，但收信人对英语一窍不通，那么不经翻译他就不能看懂，也就无法称之为沟通。最后，有效的沟通是一个双向的、互动的反馈和理解过程。也就是说，接受者所认知的想法或思想恰好与发送者发出的信息完全一致。

另外需要注意的是，良好的沟通常常被错误地理解为沟通双方达成协议，而不是准确理解信息的意义。很多人认为良好的沟通是使别人接受自己的观点。但事实上，一方可以很明白对方的意思却不同意对方的看法。当一场争论持续了相当长的时间，旁观者往往断言这是由于缺乏沟通导致的。然而，调查表明恰恰此时正进行着大量有效的沟通，他们中的每一个人都充分理解了对方的观点和见解。所以，人们常常把有效的沟通与意见一致混为一谈。

良好的管理沟通首先表现在它与管理者的工作密切相关，并随着管理层次的递增，管理者用于沟通上时间也就越多。一项研究表明，一个基层管理人员工作时间的20%～50%用于言语沟通；而中、高层管理人员工作时间的66%～87%用于面对面和电话形式的沟通。沟通体现在不同的管理职能方面，如计划的制定与安排，部门之间的协调，人与人之间的交往，领导者与下属的联络，控制中的纠偏矫正工作，企业间的交流等。

一般来说，沟通的重要性体现在以下几个方面：

（1）沟通是实现组织目标的重要手段。组织中的个体、群体为了实现一定的目标，在完成各种具体工作的时候都需要相互交流，统一思想，自觉地协调。信息沟通使组织成员团结起来，把抽象的组织目标转化为组织中每个成员的具体行动。没有沟通，一个群体的活动就无法进行。特别是管理者通过与下属的沟通，使员工们了解和明确自己的工作任务，以保证目标的实现。

（2）沟通使管理决策更加合理有效。对信息的收集、处理、传递和使用是科学决策的前提。在决策过程中利用信息传递的规律，选择一定的信息传播方式，可以避免因延误决策时间而导致的失败。管理人员通过一定的方式推行决策方案，赢得上级的支持和下级的合作，没有有效的沟通是不会达到这一目标的。

（3）沟通成为企业中各个部门、各个成员之间密切配合与协调的重要途径。由于现代组织是建立在职能分工基础上的，不同职能部门之间"隔行如隔山"，不易相互了解和协作配合。通过有效的沟通，可以使组织内部分工合作更为协调一致，保证整个组织体系的统一指挥、统一行动,实现高效率的管理。

(4) 沟通是管理人员激励下属,影响和改变别人的态度和行为,实现领导职能的基本途径。沟通不仅能增进员工彼此间的了解,促进彼此之间的合作,改善人与人之间的关系,也是最大限度地调动员工积极性的一种方式。管理者与员工的定期沟通会提高员工的满意度,从而提高工作效果,降低组织的缺勤率和流动率。

(5) 沟通也是企业与外部环境之间建立联系的桥梁。企业外部环境处于不断变化之中,企业为了生存就必须适应这种变化。企业必然和顾客、政府、公众、原材料供应商、竞争者等发生各种各样的关系,它必须按照顾客的要求调整产品结构,遵守政府的法规法令,担负自己应尽的责任,获得适用、廉价的原材料,并且在激烈的竞争中取得一席之地,这就不得不和外部环境进行有效的沟通。不同规模和不同类型的组织沟通联络的着重点也有所不同。例如,一个规模很小的企业里,沟通的重点应是对外的,小企业的主管们需要从外部获得信息,以便决定自己的产品和服务。

二、沟通的过程

沟通发生之前,必须存在一个意图,称之为"要被传递的信息"。它在信息源(发送者)与接受者之间传送。信息首先被编码(转化为信号形式),然后通过媒介物(通道)传送至接受者,由接受者将收到的信号转译回来(解码)。这样信息的意义就从一个人那里传给了另一个人。一个完整的沟通过程一般由七个基本要素构成,如图 11.1 所示。

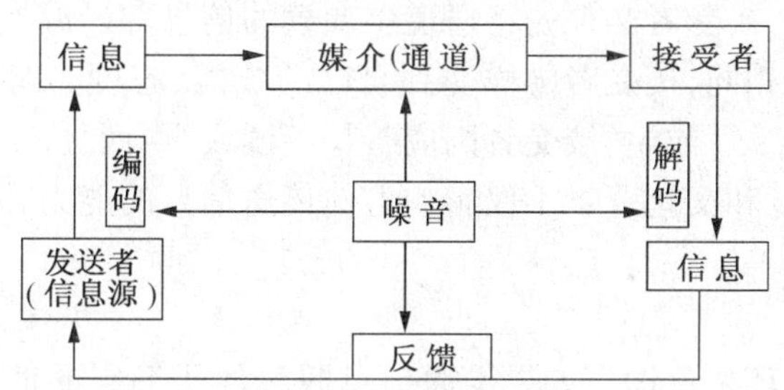

图 11.1 沟通的过程

1. 信息源

信息源,又称为信息沟通的发送者,是指发出信息的人,也称作信息的来源。在一个沟通过程中,总有一方是信息的主动发送者。信息源把头脑中的想法进行编码(encoding)而生成了信息。这里所说的信息包括的范围很广,诸如想法、观点、资料等。被编码的信息受到四个条件影响:技能、态度、知识和社会——文化系统。如果教科书的作者缺乏必要的技能,则很难用理想的方式把信息传递给学生。另外,成功的沟通要求一个人具备听、说、读及逻辑推理技能。发送者对许多事情有自己预先定型的想法及态度,这些态度影响着沟通。沟通活动还受到发送者在某一具体问题上所掌握的知识范围的限制。发送者无法传递自己不知道的东西;反过来,如果发送者的知识极为广博,则接受者又可能不理解发送者的信息。也就是说,发送者关于某一问题的知识量影响着发送者要传递的信息。最后,与态度影响行为类似,发送者在社会—文化系统中所持的观点和见解也影响着行为。发送者的信仰和价值观均是文化的一部分,它们都影响到作为沟通信息源的发送者。

2. 信息

信息是指信息发出者希望传达的思想、感情、意见和观点等。信息包括语言和非语言的行为,以及这些行为所传递的所有影响语言使用的音调、身体语言,如面部表情、姿势、手势、抚摸、眼神等,都是发出信息的组成部分。信息事实上是经过信息源编码的物理产品,当说话的时候,说出的话是信息;当写字的时候,写出的内容是信息;绘画的时候,图画是信息;做手势的时候,胳膊的动作、面部的表情是信息。信息受到三个因素的影响:用于传递意义的编码或信号群;信息本身的内容;对编码和内容的选择与安排。

3. 编码

发送者需将信息做成接受者能够理解的一系列符号,这就是编码。为了有效地沟通,这些符号必须能够符合适当的媒体。例如,如果媒体是书面报告,符号的形式应选择文字、图表、照片。

4. 通道

通道是指传送信息的媒介物,它由信息源选择。信息源必须确定何种通道是正式的,何种通道是非正式的。正式通道由组织建立,它传递那些与工作相关的活动信息,并遵循着组织中的权力网络;另一种信息形式,如个人或社会的信息,在组织中通过非正式通道传递。

5. 接受者

接受者是信息指向的客体。

6. 解码

在信息被接收之前,接受者必须先将通道中加载的信息翻译成他理解的形式,这就是对信息的解码。与编码者相同,接受者同样受到自己的技能、态度、知识和社会—文化系统的限制。信息源应该善长于写或说,接受者则应善长于读或听,而且二者均应具备逻辑推理能力。一个人的知识、态度和文化背景不仅影响着他传送信息的能力,同样也影响着他接受信息的能力。

7. 反馈

沟通过程的最后一环是反馈。如果沟通信息源对他所编码的信息进行解码,而信息最后又返回到信息源,这就意味着反馈。反馈对信息的传送是否成功以及传送的信息是否符合原本意图进行核实,从而确定信息是否被理解了。

三、沟通的分类

沟通可以进行如下分类:

(一)按沟通是否具有正式的组织系统划分

按是否具有正式的组织系统,沟通可分为以下两类:

1. 正式沟通

正式沟通指通过正式组织的沟通网络,如组织层次联系、横向协作关系进行的沟通。正式沟通是组织内部信息传递的主要方式,大量的信息都是通过正式沟通网络传递的。正式沟通的优点是:沟通效果好,严肃可靠,约束力强,易于保密,沟通信息量大,并且具有权威性。缺点是:因靠组织层次系统层层传递,沟通速度一般较慢。

2. 非正式沟通

非正式沟通指在正式沟通网络之外进行的信息沟通。非正式沟通是正式沟通不可缺少的补充,也是一个正式组织中不可能消除的沟通方式。非正式沟通的优点是:传递信息的速度快,形式不拘一格,并能提供一些正式沟通所不能传递的内幕消息。缺点是传递的信息容易失真;传递越广,失真就越多,容易在组织内引起矛盾;非正式沟通的控制也较困难。

(二)按沟通中信息流动的方向划分

按信息流动的方向不同,沟通可分为以下四种:

1. 上行沟通

上行沟通是指下级向上级进行的信息传递,如各种报告、汇报等。上行沟通是领导了解实际情况的重要手段,是掌握决策执行情况的重要途径。所以,领导不仅要鼓励上行沟通,还要注意上行沟通的信息的真实性、全面性,防止报喜不报忧的现象。

2. 下行沟通

下行沟通是指上级向下级进行的信息传递,如企业管理者将计划、决策、制度规范等向下级传达。下行沟通是组织中最重要的沟通方式。通过下行沟通,才可以使下级明确组织的计划、任务、工作方针、程序和步骤。企业领导者必须做好下行沟通工作,其标准可以用一句俗语来概括,就是"家喻户晓、人人皆知"。下行沟通还可以使职工感到自己的主人翁地位,从而激发他们的积极性。

3. 平行沟通

平行沟通是指正式组织中同级部门之间的信息传递。平行沟通是在分工基础上产生的,是协作的前提。做好平行沟通工作,在规模较大、层次较多的组织中尤为重要,它有利于及时协调各部门之间的工作步调,减少矛盾。

4. 斜向沟通

斜向沟通是指处于不同层次的没有直接隶属关系的成员之间的沟通。这种沟通方式有利于加速信息的流动,促进理解,并为实现组织的目标而协调各方面的努力。

管理中四种沟通缺一不可。纵向的上行沟通、下行沟通应尽量缩短沟通渠道,以保证信息传递的快速与准确;横向的平行沟通应尽量做到广泛和及时,以保证协调一致和人际和谐。同时,为加速信息流动,可灵活运用斜向沟通。

(三)按沟通所借助的中介或手段划分

按所借助的中介或手段不同,沟通可分为以下几种:

1. 口头沟通

口头沟通是指采用口头语言进行的信息传递。口头沟通是最常用的沟通方式,其优点是:沟通过程中,信息发送者与信息接受者当面接触,有亲切感,并且可以运用一定的体语、手势、表情和语气、语调等增强沟通的效果,使信息接受者能更好地理解、接受所沟通的信息。口头沟通通常还可以即时获得反馈意见,具有双向沟通的优点。但口头沟通也存在一些不足之处:一是沟通范围有限;二是沟通过程受时间限制,沟通完成后缺乏反复性;同时对信息传递者的口头表达能力要求比较高。

2. 书面沟通

书面沟通是指采用书面文字形式进行的沟通,如各种文件、报告。书面沟通的优点是:严肃、准确,具有权威性,不易被歪曲;信息接受者可反复阅读以增强理解;信息传递者对要传递的信息所采用的语言可以仔细琢磨,以便用最好的方式表达出来。但书面沟通也存在着不足之处,主要是:应变性较差,只能适应于单向沟通。所以,一般需要反复强调。内容量大、涉及面广的信息，多采用书面沟通的方式。

3. 书面口头混合沟通

书面口头混合沟通是指在沟通过程中，既有书面表达的信息，同时又以口头沟通的方式加以阐述、强调，以使信息接受者加强理解。如一些重要会议中，报告人的报告既以书面形式印发给与会者，报告人又亲自作口头报告，同时还召开有报告人参加的座谈会，以加强信息沟通。这种方式兼顾了口头沟通与书面沟通的优点。其不足之处是沟通费用较高，只有一些特别重要的信息才采用这种沟通方式。心理学家戴尔曾以大公司各部门员工得知消息的内容为对象，对口头沟通、书面沟通、混合沟通的效果进行过测验调查，结果如表 11.1 所示。

表 11.1 各种沟通方式的平均测验分数

沟通方式	员工人数	平均测验分数
混合	102	7.70
口头	94	6.17
书面	109	4.91

从表 11.1 可知，混合沟通方式的得分最高、效果最好，而书面沟通方式的效果最差。虽然这只是一个方面的实验结果，难说是规律，但它还是反映出了一定的问题。一般来说，在文化水平较低的人群中进行口头沟通，效果要好于书面沟通，而在文化水平普遍较高的人群中，就不尽然了。

4. 非言语沟通

非言语沟通指的是除言语沟通以外的各种人际沟通方式，它包括形体语言、副语言、空间利用及沟通环境等。非言语沟通涉及人们面对面沟通中的诸多方面，有时候人们有意识地运用非言语沟通技巧，而有时候却是一种下意识的行为。非言语沟通在实际沟通活动中起着非常重要的作用，甚至比通过言语表达的信息更为重要。根据有关研究表明，在人们实际沟通过程中，非言语信息量占人们所接受的总信息的 60% 以上。显然，非言语沟通所包含的信息远远超出言语所提供的信息，正所谓“此时无声胜有声”。比如上课时，学生们无精打采或在做其他事情，传达给老师的信息是学生们已经开始厌倦了；同样，当大家纷纷把笔记本开始合上时，则意味着该下课了。还有如一个人的办公室和办公桌的大小，一个人的穿衣打扮等都向别人传递着某种信息。

非语言沟通中最常见的是体态语言和语调。体态语言，包括手势、面部表情和其他的身体动作。比如，一副怒吼咆哮的面孔所表达的信息显然与微笑不同。手部动作、面部表情及其他姿态能够传达的信息意义有攻击、恐惧、腼腆、傲慢、愉快、愤然等。语调，指的是个体对词汇或短语的强调。我们可以从下面的例子中体会语调对信息的影响。假设一名学生问老师一个问题，老师听完后，反问了一句：“你这是什么意思？”发问的声调不同，学生的理解和反应也不一样。轻柔、平稳的声调和刺耳尖利、重音放在最后一个词所产生的意义完全不同。一般人们会认为第一种语调表明某人在寻求更清楚的解释，第二种语调则表明了这个人的攻击性或防卫性。

5. 电子媒介沟通

电子媒介沟通是指在沟通中依赖各种各样复杂的电子媒介来传递信息。除了常见的媒介(如电话电报、邮政等)之外,还有闭路电视、计算机、静电复印机、传真机等一系列电子设备。将这些设备与言语和纸张结合起来就产生了更有效的沟通方式。其中发展最快的应该是互联网了。人们可以通过计算机网络快速传递书面及口头信息。如电子邮件迅速而廉价,并可以同时将一份信息传递给若干人。

(四)按沟通过程中信息发送者与信息接受者的地位是否变化划分

按沟通过程中信息发送者与信息接受者的地位是否变化划分,可把沟通分为两类:

1. 单向沟通

单向沟通是指信息的发送者与接受者的地位不改变的沟通。在这种沟通中,一方只发送信息,另一方只接收信息。也就是说,接收信息一方对信息不进行反馈。正式沟通中多为单向沟通,这种沟通方式适合于工作任务的紧急布置、工作指示、做报告等,不存在信息反馈。其优点是:信息发送者不会受到信息接受者的询问,能保持发送者的尊严,信息沟通比较有秩序,速度较快。其不足之处是:信息接受者不能进行信息反馈,没有理解的信息只能是囫囵吞枣地强制接受。这样,容易降低沟通效果,严重时甚至可能产生对抗心理,使下属无法在沟通中得到心理满足。只有在比较特殊,特别是时间紧迫、不允许采用耗时较多的双向沟通时才采取单向沟通。

2. 双向沟通

双向沟通是指在信息沟通过程中,发送者和接收者的位置不断交替变换,接收者获取发送者的信息后,通过自身的理解,把意见反馈给原发送者,这时,双方的位置正好交换一下,这样一直可以延续到沟通活动的结束。一般说来,双向沟通才具有信息反馈的特征,具有反馈过程的双向沟通是较为有效的。非正式沟通大多数都是双向沟通,因为没有反馈就很难达到情感信息的沟通。双向沟通信息传递准确性高,接收者有反馈意见的机会,有参与感,有助于沟通双方建立感情。团体在处理陌生、复杂的问题或做重要决策时都宜用双向传播。双向沟通对于组织内部沟通很重要,它比单向沟通有效得多,组织和团体成员都应该多用双向沟通。但双向沟通一般费时较多,速度较慢,易受干扰,信息发送者的心理压力较大。如果时间允许,为了保证信息传递的准确性和提高沟通的效果,应尽量采取双向沟通的方式。然而,要达到真正有效的双向沟通也不是太容易,反馈障碍的存在是造成双向沟通困难的原因。

讨论性案例

一次战略方案制定引起的风波

天讯公司是一家生产电子类产品的高科技民营企业。近几年,公司发展迅猛,然而,最近在公司出现了一些传闻。公司总经理邓强为了提高企业的竞争力,在以人为本、创新变革的战略思想指导下,制定了两个战略方案:一是“引人换血”计划,年底从企业外部引进一批高素质的专业人才和管理人才,给公司输入新鲜血液;二是内部人员“大洗牌”计划,年底通过绩效考核调整现有人员配置,从内部选拔人才。邓强向秘书小杨谈了自己的想法,让他行文并打印。中午在公司附近的餐厅吃饭时,小杨碰到了副总经理张建波,小杨对他低声说道:“最新消息,公司内部人员将有一次大的变动,老员工可能要下岗,我们要有所准备啊。”这些话恰好又被财务处的会计小刘听到了,他又立即把这个消息告诉他的主管老王。老王听后,愤愤说道:“我真不敢相信公司会做这样的事情,换新人,辞旧人。”这个消息传来传去,2 天后又传回邓强的耳朵里。公司上上下下都处于十分紧张的状态,唯恐自己被裁,根本无心工作,有的甚至还写了匿名信和恐吓信对这样的裁员决策表示极大的不满。

邓强经过全面了解,终于弄清了事情的真相。为了澄清传闻,他通过各部门的负责人把两个方案的内容发布给全体职工,把所有员工召集在一起来讨论这两个方案。员工们各抒己见,但一半以上的员工赞同第二个方案。最后邓强说:“由于我的工作失误引起了大家的担心和恐慌,很抱歉,希望大家能原谅我。我制定这两个方案的目的就是想让大家来参与决策,来一起为公司的人才战略出谋划策,其实前几天大家所说的裁员之类的消息完全是无稽之谈。大家的决心就是我的信心,我相信公司今后会发展得更好。谢谢!关于此次方案的具体内容,欢迎大家向我提问。”

通过民主决议,该公司最终采取了第二个方案。由此,公司的人员配置率得到了大幅度的提高,公司的运作效率和经营效益也因此大幅度地增长。

思考题:

案例中的沟通渠道有哪些?案例中邓强的一次战略方案的制定为什么会引起如此大的风波?如果你是邓强,从中能吸取什么样的经验和教训?

第二节 个体沟通

企业由数人、数十人、数百人甚至成千上万人组成,企业每天的活动也由许许多多的具体工作构成。由于个体的地位、利益和能力不同,他们对企业目标的理解、所感受的信息也不同,这就使得各个个体的目标有可能偏离企业总的目标,甚至完全背道而驰。如何保证上下一心、不折不扣地达成企业的总目标呢?这就需要相互交流意见,统一思想认识,自觉地协调各个个体的工作活动,以保证组织目标的实现。因而,个体沟通在组织中是最基本的协调工作,认识不到这一点,就不可能完全实现企业的目标。那么,什么是个体沟通呢?个体间有效沟通的障碍有哪些?如何改善个体沟通呢?本节将对这些问题展开分析。

一、个体沟通的含义

所谓个体沟通,是指两人或多人之间的沟通。在组织中,个体沟通构成组织沟通最基本的内容。在一般意义上,组织中的个体沟通是指组织中的个体成员间相互传递相关信息以促成行为与目标相互协调并与组织目标相一致的过程。

个体沟通对组织的重要意义在于组织中人的管理。自 20 世纪 90 年代以来,随着外部经营环境的巨大变化,传统的将人视作成本因素的观念转变为当今的把人视作资源因素观念。从成本观到资源观的转变,说明了企业由传统的经营实体向以资源为基础的,以知识获取和管理为中心的新型企业组织发展,企业员工日益成为企业经营流程中专有知识的载体,成为产生企业核心竞争能力的源泉。员工之间的交流及其效率,在一定程度上是企业知识在内部传递的表现。

二、个体沟通的障碍

在个体沟通过程中，常会出现一些障碍，这些障碍往往会降低沟通效果，严重时甚至可能使沟通过程中断。因此，认识沟通障碍，防止沟通障碍，排除沟通障碍，就十分重要了。

（一）个体沟通障碍的表现

在企业日常的管理中，经常发生一些信息沟通上的障碍，具体表现可以做以下罗列：

（1）距离。上级与下级之间的物理距离减少了他们面对面的沟通。较少的面对面沟通可能会导致误解或不能理解所传递的信息。物理距离还使得上级与下级之间的误解不易澄清。

（2）曲解。当一个人分不清实际材料和自己的观点、感受、情绪的界限时，就容易发生曲解。很多时候，人们不仅在工作层面上进行交流，也在情感层面上进行沟通，但有时上级和下级都倾向于根据自己的观点、价值观念、意见和背景来解释信息，而不是对它做客观的解释。

（3）语义。这涉及沟通的语言、文字、图象、身体语言等。几乎所有的信息沟通都利用符号来表达一定的含义，而符号通常有多种含义，人们必须从中选择一种。有时选错了，就会出现语义障碍。比如词语这一符号，会从词的多重含义、专业术语、词语的下意识联想等方面引起沟通障碍。

（4）缺乏信任。这种障碍与上下级相处的经历有关。在以往经历的基础上，如果下级觉得把坏消息报告给上级于己无益，他就会隐瞒这些消息。另一方面，如果他觉得上级能体谅并且帮助人，他就不会把坏消息或不利信息过滤掉。

（5）不可接近性。在一些企业中，会有这样的管理人员，他们经常外出，或者把自己置身于繁琐的小事之中，下级没有机会与他们进行商谈、讨论或得到他们的指导。这种难以接近上级的情形会导致沟通的失败，它会挫伤下级从上级那里寻求适当指导的积极性。不可接近并不一定非得是实体上的，它也可以是心理上的。由于上级采取严厉的态度，下级们要弄懂他的观点，也许并不容易。

（6）职责不明确。当一个下级的职责不明确时，他们往往会找替罪羊或者捏造理由。我们常常听人说“我以为这是你要我做的”，或者“我以为该由某某来做”。职责不明会导致职务和作用的含糊，这恰恰意味着下级对其所处的职位以及所履行的职责感到模糊。

（7）个性不相容。上下级的个性不相容，常常发生冲突，并因此而产生沟通障碍。

（8）拒绝倾听。一些管理人员，或是自高自大，或是漫不经心，拒绝倾听上级或下级的意见。这种态度阻碍了有效的沟通。拒绝倾听有两种类型：源于“我知道所有事情”的优越情绪，或者源于“我一无是处”的自卑情结。

（9）没有利用恰当的媒介。在组织环境下进行沟通，可以利用好几种媒介。沟通的有效性依赖于管理人员如何根据自己的情况选择恰当的媒介。有些管理者以给下级发送充满行话的便条为自豪，却不顾下级是否具备阅读和理解的技巧。

（10）沟通缺口。这指的是沟通的正式网络中所存在的缺陷与漏洞。在一些规模较大、较复杂的组织中，这种障碍是一种普遍现象。正式沟通网络是沿着组织的权责路线而建立的。随着组织的增长和扩大，这些网络便倾向于变得大而复杂，同时又没有很多的计划工作。在这种情况下，沟通网络便开始出现了缺陷，过分依赖于正式沟通而不利用其他来源和方法，导致沟通系统产生缺口。

(11) 方向迷失。信息内容缺乏导向可能会导致沟通障碍。有些信息分两部分内容：外显的或明显的意义和潜在的或真正的含义。在有些情况下，消息的外显意义被弄得过分吸引人，从而导致真正意义的丢失。

(12) 负载过重。当人们负载的信息过度时，就易于导致业绩完成不佳，其绩效比接受信息不足的员工要低。

(二) 个体沟通障碍的影响因素

以下几点是个体沟通障碍的主要影响因素：

1. 过滤

过滤是指故意操纵信息，使信息显得对接受者更有利。如某管理人员向上级传递的信息都是对方想听到的东西，这位管理人员就是在过滤信息。过滤的程度与组织结构层次和组织文化有关。组织纵向管理层次越多，过滤的机会也就越多。组织文化则通过奖励系统鼓励或抑制这类过滤行为。如果奖励只注重形式和外表，管理人员便会有意识地按照上级的习惯、品位调整和改变信息的内容，现实生活中"报喜不报忧"就是典型的信息过滤行为。

另外，信息过滤的程度与组织的层次数目也有关。信息在传递过程中，同其他的物体运动一样，会发生损耗。如果一个信息从发送者那里发出，达到接受者那里时经过的环节越多，这种过滤现象就会越严重，使到达最终接受者那里的信息大打折扣，或者被歪曲、曲解、篡改。所以，在沟通过程中，沟通的层次应当尽可能地减少，以防信息被过多地过滤。

2. 认知因素

人的认知因素直接影响沟通的效果。在沟通过程中，需要对信息进行"译码"。这时，发送者对于接受者或"听众"的敏感性，对沟通效果有显著影响。人们的背景、经历、价值取向等也会影响对于信息的解释。

首先，语言的表达和理解的障碍。语言是人们交流思想最重要的工具。但语言不是思想，而是表达思想的符号系统。人的语言修养不同，同一思想有的人能表达清楚，有的人则表达不清楚。如果一个领导者不能清楚地传达上级决策的内容和要求，下属听了以后模糊不清，自然会影响沟通效率。另一方面，听众不能正确地理解上级的意图和精神，也会造成沟通上的障碍。误解和曲解上级领导者的意图常是造成这种沟通障碍的原因。误解可能是信息发出者表达不清，也可能是信息接受者听错了、理解错了。曲解可能是随着时间的流逝，记忆模糊不清了，或者有意无意地断章取义，使原来的意义变形。

其次，人们的判断和思维能力对于沟通信息的编码与解码具有很大的影响。由于同样的词语对于不同人员可能具有不同的"语义"，因而对"同样的语言"容易给予不同的信息加工，或在编码与解码之间不兼容，从而造成沟通偏差。

第三，知识经验水平的限制。当发送者与接受者在知识经验水平上相距太大时，有些在发送者看来很简单的内容，接受者却由于知识经验水平太低而理解不了。因为双方没有"共同的经验区"，接受者不能理解发送者的信息含义，所以无法沟通信息。各人的参照框架会有较大的差异，处于第一线的员工、主管等具有不同于中高层经理的参照框架，因而易产生内隐性的沟通歪曲和偏差。

第四，知觉的选择性障碍。人们在沟通中倾向于表现出某种"选择性倾听"，以至于阻碍新的似乎有所冲突性的信息加工，并且在上行沟通中起到"过滤"的作用，例如，下属对上级保留不利信息。各级员工不同的选择性注意和知觉水平会在很大程度上制约沟通者对于信息的选择、筛选、搜寻、加工和反馈，也会由于经验不同，对于相同的沟通信息作出不同的解释。过滤是组织沟通中常见的由于传递不良、信息弱化等带来的问题。知觉的选择性既受客观因素的影响，也受主观因素的影响。客观因素是组成信息的各部分的强度不同，对受讯人的价值大小不同，使有些部分比较容易引人注意，为人们所接受，另外部分则为人们所摈弃。主观因素是个性特征、兴趣、需要、动机、态度、价值观及个人的身份意识等，它们使人们在不知不觉、有意无意之中产生知觉的选择性。信息发送者表达能力不足也会给理解造成障碍。语言是信息的载体，准确地选择语言是实现沟通目标的必要前提。准确的语言选择不仅包括选用最恰当的词句，使用正确的语法，而且还包括采用书面沟通形式时清晰的字迹、简明的图表等。由此可见，影响信息传递者表达能力的因素，除了自身的语言文字水平之外，还有工作责任心等非文字方面的因素。所以，信息发送者若要消除表达障碍，必须努力提高自己的语言表达能力，同时，在发送信息时，应具有高度的责任心。

3. 情绪

在接受信息时，接受者的感觉会影响到他对信息的解释。不同的情绪感受会使个体对同一信息的解释完全不同。任何极端的情绪体验都可能阻碍有效的沟通。当人们处于狂喜或盛怒的状态时，由于不能进行客观理性的思维活动，而代之以情绪性的判断，这些都会阻碍有效沟通。因此，应避免在情绪很不稳定（沮丧、狂喜等）的时候做出决策，因为此时无法冷静、周密地思考问题。

4. 信息超载

接受者在收到过多的信息时，必然有一部分信息会被忽略，信息发送者对此应给予重视。同样，对信息接受者来说，也要引起重视。一个人在信息化的社会中，所接收到的信息必然是纷繁复杂的，信息接受者不能整天埋在信息堆里，而应有重点地接受重要的信息。

5. 态度

对信息的态度不同也会造成理解的障碍。这又可分为不同的层次来考虑。一是认识差异。在管理活动中，不少员工和管理者忽视信息的作用的现象还很普遍，这就为正常的信息沟通造成了很大的障碍。二是利益观念。在团体中，不同的成员对信息有不同的看法，所选择的侧重点也不相同。一些员工只关心与他们的物质利益有关的信息，而不关心组织目标、管理决策等方面的信息，这也成了信息沟通的障碍。

有效的信息沟通要以相互信任为前提，这样，才能使向上反映的情况得到重视，向下传达的决策迅速实施。管理者在进行信息沟通时，应该不带成见地听取意见，鼓励下级充分阐明自己的见解，这样才能做到思想上和感情上的真正沟通，才能接收到全面可靠的情报，才能做出明智的判断与决策。

在管理实践中，信息沟通的成败主要取决于上级与上级、领导与员工之间全面有效的合作。但在很多情况下，这些合作往往会因下属的恐惧心理以及沟通双方的个人心理品质而形成障碍。一方面，如果主管过分威严，给人造成难以接近的印象，或者管理人员缺乏必要的同情心，不愿体恤下情，都容易造成下级人员的恐惧心理，影响信息沟通的正常进行。另一方面，不良的心理品质也是造成沟通障碍的因素。

6. 传递形式

传递形式不协调会产生沟通障碍。信息发送者在发送信息时，形式要适当，如语言符号和体态语应保持一致。例如,领导在批评下级的错误时,态度不严肃,就可能使下级难以认识到错误的严重性。正式、重大的事件信息用很平常的方式传递,就可能使人怀疑信息的真实性。所以,在沟通中,信息沟通的形式应同沟通的信息内容相一致,消除因内容和形式不一致带来的障碍。

三、改善个体沟通的技术

从上述的沟通障碍可以看出,只要采取适当的措施克服这些沟通障碍,就能实现有效的沟通。

1. 改进沟通态度

信息沟通不仅仅是信息符号的传递,它包含着更多的情感因素,所以在沟通过程中,沟通双方采取的态度对于沟通的效果有很大的影响。只有双方坦诚相待时,才能消除彼此间的隔阂,从而求得对方的合作。另外,在信息沟通过程中还要以积极的、开放的心态对待沟通,要愿意并且有勇气用恰当的方法展示自己的真实想法,在沟通过程中顾虑重重,会导致很多误解。

2. 提高自己的语言表达能力

语言是信息的载体,是提高沟通效率要解决的首要问题。掌握语言表达艺术的前提是通过学习和训练,使自己运用语言的能力达到熟练自如、得心应手的水平。一般规律是沟通中要与沟通对象、沟通环境、沟通内容结合起来考虑怎么使用语言。也就是说,无论是口头交谈还是采用书面交流的形式,都要力求准确地表达自己的意思。同时,还要双方相互了解对方的接受能力,根据对方的具体情况来确定自己的表达方式和用语等;选择正确的词汇、语调、标点符号;注意逻辑性和条理性,对重要的地方要加上强调性的说明;借助于体态语言来表达完整的思想和感情,加深相互理解。

3. 培养倾听的艺术

沟通是双向的行为,要使沟通有效,双方都应当积极投入交流。当员工发表自己的见解时,管理者也应当认真地倾听。美国的一项研究表明:多数公司的员工把60%的时间用在倾听上,经理们平均把57%的时间用在倾听上。而人们在四种沟通技术上的时间分配依次是:倾听占53%,读占17%,说占16%,写占14%。当别人说话时,我们在听,但是很多时候都是被动地听,而没有主动地对信息进行搜寻和理解。

积极地倾听要求管理者把自己置于员工的角色上,以便于正确理解他们的意图。同时,倾听的时候应当客观地听取员工的发言而不做出判断。当管理者听到与自己不同的观点时,不要急于表达自己的意见,因为这样可以避免漏掉余下的信息。积极地倾听应当是接受他人所言,而把自己的意见推迟到说话人说完之后再表达出来。

积极倾听原则:一是要认识到倾听的重要性;二是要从肯定对方的立场去倾听;三要有正确的心态,克服先验意识;四要学会给对方以及时、合适的反应。

积极倾听的技巧分为以下五种:一是解释,倾听者学会用自己的词汇解释讲话者所讲的内容,从而检查自己的理解;二是向对方表达你对他的感受的认同;三是要适当表达反馈意思,即把讲话者所说的内容、事实简要概括;四是能够综合处理对方信息,即综合讲话者的几种想法为一种想法;五是大胆地设想,即从讲话者角度大胆地设想。

学会积极倾听要养成良好的倾听习惯。例如,听时集中注意力,了解对方的心理,创造谈话的兴趣,观察对方的身体语言,辨析对方意思并给予反馈,听取谈话者的全部意思,等等。

根据临床心理学及心理治疗的研究与经验,学者们归纳了以下十条积极倾听的建议:

(1) 即使你认为对方所讲的无关紧要甚或错误,仍然从容而耐心地倾听。虽然不必表示你对他所说的都赞同,但应在适当间歇中以点头或应声之类举动表示你的注意和兴趣。

(2) 不仅要听对方所说的事实内容或说话本身,更要留意他所表现的情绪并加以捕捉。

(3) 必要时,将对方所说的予以提要重述,以表示你在注意听,也鼓励对方继续说下去。不过语调要尽量保持客观中立,以免影响或无意中引导对方的讲话。

(4) 安排较充分而完整的交谈时间,不要因其他事而打断,更不要使对方感到这是官方式谈话。

(5) 在谈话中间避免直接的质疑或反驳,让对方畅所欲言。即使有问题,留到稍后再来查证。此时重要的是获知究竟对方有什么想法。

(6) 遇到某个你确实想多知道一些的事情时,不妨重复对方所说的要点,鼓动他做进一步解释或澄清。

(7) 注意对方尽量避而不谈的有那些方面,这些方面可能正是问题的症结所在。

(8) 如果对方确实想要知道你的观点,不妨诚实以告。但是在听的阶段,仍以了解对方意见为主,自己意见不要说得太多,以免影响对方所要说的话。

(9) 不要在情绪上过于激动,不管赞成也好,反对也好,稍后再加评论。

(10) 倾听并不是任何情况下都能采用,也不是采用之后都能生效,还需考虑合适的条件。如是否有足够时间倾听,是否值得投入较多时间倾听,要认识到每个人的特殊之处,包括态度、价值观念和情绪之类,这样才会注意和发掘各个人的特点和问题。管理者本身要有适当的修养,保持冷静和客观。

4. 控制情绪

在接受信息的时候,接受者的情绪会影响到他们对信息的理解。情绪激动会使人们无法进行客观理性的思维活动,而代之以情绪化的判断。管理者在与员工进行沟通时,应该尽量保持理性和克制。如果情绪出现失控,则应当暂停沟通,直至恢复平静后再进行。

5. 注意非语言提示

在倾听他人的发言时,还应当注意通过非语言信号来表示你对对方谈话的关注。比如,赞许性地点头,恰当的面部表情,积极的目光相配合。如果员工认为你对他的话很关注,他就乐意向你提供更多的信息;否则,员工有可能把自己知道的信息不向你汇报。研究表明,在面对面的沟通当中,一半以上的信息不是通过词汇来传达的,而是通过肢体语言来传达的。要使沟通富有成效,管理者必须注意自己的肢体语言与自己所说的话的一致性,并熟练掌握以下非言语沟通技巧:

(1) 使用目光接触。当你在听他人说话时,对方可能通过观察你的表情判断你是否在认真倾听和真正理解。所以,与说话者进行目光接触可以使你集中精力,减少分心的可能性,并可以鼓励说话的人。

(2) 展现恰当的面部表情。有效的倾听者会将所听到信息后的反应通过非语言信号表示出来。例如,赞许性的点头、疑惑性的摇头、恰当的面部表情(微笑等)与积极的目光接触等,这些都是向说话人表明你在认真倾听及是否听懂,从而有利于沟通。

(3) 选择合适的沟通空间距离。与对方保持怎样的空间距离,对于不同国家的人而言,有着不同的意义。研究发现,越往北走时,人与人之间的空间距离越大越舒适;而越往南走,人与人之间越亲近则越舒适。考虑到文化背景的不同而区别对待固然十分重要,在沟通中考虑到个人的不同而灵活应变则更为重要。在沟通中不要太急于入题,在交谈之前应让他选择适合的界限,以保持轻松自如。在与任何人的交往中都有一个空间距离的问题存在,不同文化背景的人对空间距离的选择也蕴含着不同的信息。

管理者与下属的刺猬理论

在冷风瑟瑟的冬日里,有两只困倦的刺猬相拥取暖休息。但无奈的是双方的身上都有刺,刺得双方无论怎么调整睡姿也睡得不安稳。于是,它们就分开了一定的距离。但又冷得受不了,于是又凑到了一起。几经反复,两只刺猬终于通过自己的努力找到了一个合适的距离,既能互相取暖,又不至于刺到对方,于是舒服地睡了。

管理启示:

管理实践中,管理者与被管理者之间的距离应该是多远呢?无疑,刺猬理论给了我们最贴切的答案。心理学家研究表明,领导者要想搞好工作,应该与下属保持较为亲密的关系,这样容易赢得下属的尊重,下属在工作时也愿意从领导的角度出发,替领导考虑,并尽可能地把事情做好。但同时又要保持适当的距离,尤其在心理距离上,这样可以保持领导的神秘感,而且减少下属或下属与下属之间的胡乱猜疑,避免不必要的争斗。

第三节 组织沟通

我们无时无刻不在沟通,正如我们呼吸空气一样自然。可是,许多组织沟通的进行并不是很有效、完善以及充分的,结果就出现了许多信息扭曲,组织内部充满谣言蜚语,上下级关系不和谐,同事之间相互猜忌,上层决策得不到充分执行等不良情况。这些对于组织(企业)来说,都是发展的隐患问题。那么,什么是组织沟通呢?组织沟通会有哪些障碍呢?如何有效地改善组织沟通以避免或减少这些问题的出现呢?本节将对这些问题展开分析。

一、组织沟通的含义

组织沟通是指以组织为主体的沟通活动,主要是围绕如何整合组织资源、减少企业内部的信息成本进行的,目的是提高组织效率,进行有效的沟通。

组织沟通是管理中极为重要的部分。管理与被管理者之间的有效沟通是任何管理艺术的精髓。美国著名未来学家奈斯比特曾指出:"未来竞争是管理的竞争,竞争的焦点在于每个社会组织内部成员之间及其外部组织的有效沟通上。"

组织是按一定规则和程序为实现其共同目标而结成的群体,组织目标的实现与否取决于组织沟通是否畅通,有效的组织沟通有利于信息在组织内部的充分流动和共享,可以提高组织的工作效率,增强组织决策的科学、合理性。另外,行为科学理论告诉我们,组织成员并不是单纯的物质利益追求者，他们同时还有精神层次的需求，比如说对组织（企业）的归属感、荣誉感和参与感，而这一切也都是借助于有效的组织沟通得以实现的。因为只有有效的组织沟通，组织成员的意见、建议才能得到充分的重视；只有有效的组织沟通，组织成员的工作成绩才能得到应有的评价和认可。所以说，组织沟通是一切企业管理行为的灵魂。

二、组织沟通的障碍

组织沟通是企业最为常见的管理行为。从其行为构成要素来看，它包括沟通背景、沟通发起者、沟通编译码、沟通渠道、沟通干扰、沟通接受者和沟通反馈。上述诸要素的配置合理与否对组织沟通的效果都有不同程度的影响。一般来说，组织沟通的障碍表现在以下几个方面：

（一）组织结构因素形成的组织沟通障碍

1. 地位差别

组织成员间因地位不同而造成的心理隔阂，被管理学者称为“位差效应”。它是指由于地位的不同使人形成上位心理与下位心理，具有上位心理的人因处在比别人高的层次而有某种优势感，具有下位心理的人因处在比别人低的层次而有某种自卑感；有上位心理者的自我感觉能力等于他的实际能力加上上位助力，而有下位心理者的自我感觉能力等于他的实际能力减去下位减力。我们在实际工作和交往中也常有这样的体验，在一个比自己地位高或威望高的人面前往往会表现失常，事前想好的一切常在惊慌失措中乱了套，以致出现许多尴尬的场面；可是如果在一个地位或能力都不如自己的人面前，我们却可一切应付自如，乃至有超常发挥。有关的研究也表明，地位的高低对沟通的方向和频率有很大的影响，地位是沟通中的一个重要障碍。在一个公司的组织结构中，由于管理级别的不同而在员工中产生了一些地位、等级感。在沟通过程中，地位和职位的不同将表现得更加明显。由于在公司中的职位不同，经理人员可能与员工的观点亦不一致，这是两者相互沟通的严重障碍。

沟通双方的地位很大程度上取决于他们的职位，由于地位和职位差别而产生的障碍也可歪曲信息的向上传递。因为地位和职位的关系，员工可能删去了一些不好的细节，而只汇报他们认为经理“喜欢听”的信息，这种情况被称为“筛选”问题。同样，部门经理在向上级汇报情况时也可能删去一些自认为失败的细节。因此，由于害怕如实汇报会对自己的职位不利，从而使下级主管或员工在向上汇报情况时，往往遗漏了一些重要的商业信息，经过这么几层的筛选，信息到了企业最高主管那里已经面目全非了。一般来说信息通过的层级越多，它达到目的地的时间也越长，信息失真率则越大。

2. 信息传递链

在传统的工业经济下形成的组织结构大多是直线型的职能组织，主要表现为：管理层次多，名目繁多的科室“叠床架屋”，总公司机构庞大；沟通效率低，庞大的机构运转困难，于是创业时期上下级之间、部门与部门之间的联系减弱；公司的制度越来越多，文牍主义盛行，会多、文件多，事事请示，层层批示；沟通信息失真。

从沟通的意义上看，这种组织的信息流动是单向的，每一个层次只对它的上一个层次负责。由于管理层次多，下情往往要通过重重关卡才能上达。况且，被称为信息传递的“永久冻土层”的中层科室虽然最了解实际情况，但或是为了部门利益，或是慑迫于企业领导者的威严，经常采取报喜不报忧的做法，对信息进行过滤，只有少部分来自基层的真实情报被送到领导那里。所以，在信息沟通中就非常容易出现放大和缩小效应，导致信息失真。日本管理学家在实践中证实：信息每经过一个层次，其失真率约为10%～15%；上级向他的直接下属所传递的信息平均只有20%～25%被正确理解，而下属向他的直接上级所反映的信息被正确理解的则不超过10%。根据此种情况，艾科卡指出："若只有一个经过过滤、再过滤、净化、消毒的信息渠道，无助于总裁做出正确的决策。"所以，管理者在与下属沟通和交流时，除了要尽力获得原始信息外，还应多注意了解反面信息，并要在沟通和交流中保持信息内容的准确无误。

（二）信息技术对组织沟通的影响

由于信息沟通在组织中无所不在，因此，信息化技术的应用对于管理沟通本身有十分重要的改善作用。沟通是目的，信息技术要为沟通服务。

1. 信息技术与沟通速度

信息技术的应用，对企业的内部沟通来说，其首要的意义就是，通过网络和计算机技术使信息传递数字化，加快了信息沟通的速度，使企业的管理沟通成为一种快速的信息交流；信息化技术的应用或者说企业信息化，使沟通的流程发生变化，并使沟通的方式、手段和类型出现新的形态。例如，信息技术使网际的虚拟沟通成为可能。

2. 信息技术与沟通效果

当今是一个信息爆炸的时代，企业主管人员面临着"信息过量"的问题。尽管信息技术对沟通的信息量、速度都有积极意义，可以改善沟通的效果，但信息技术应用带来的信息过剩问题，也会导致沟通结果的混杂和无序。信息过量不仅使主管人员没有时间去处理信息，而且也使他们难于向同事提供有效的、必要的信息。

3. 信息技术创造沟通全新工具

信息技术使企业沟通工具越来越丰富，继传统的人际与书面媒介的沟通工具之后，出现了计算机、网络等电子沟通媒介。信息技术在沟通中的应用，也带来一系列的新问题，如网络沟通中的信任、信息的过剩等，都给组织管理沟通带来新的挑战。

（三）企业文化对组织沟通的影响

任何组织的沟通都是在一定背景下进行的，受到组织文化类型的影响。企业的精神文化直接决定着员工的行为特征、沟通方式、沟通风格，而企业的物质文化则决定着企业沟通的技术状况、沟通媒介和沟通渠道。

例如，世界著名的GE公司，它的企业文化突出"以人为本"的经营哲学，鼓励个人创造力的展现，并充分重视和强调个人，尊重个体差异，因此GE的沟通风格是个体取向的，并直言不讳，企业内部的员工在任何时候都会将自己的新思想和意见毫不掩饰和过滤地反映给上层管理者。而对于公司的管理协调，GE员工习惯于使用备忘录、布告等正式沟通渠道来表明自己的看法和观点。与此同时，前通用CEO杰克·韦尔奇在公司管理沟通领域提出了"无边界理念"。GE公司"将各个职能部门之间的障碍全部清除，工程、生产、营销以及其他部门之间的信息能够自由流通，完全透明"。在这样一个沟通理念的指引下，GE更为有效地使公司内部信息最大程度上实现了共享。实践证明，良好的企业必然具有良好的沟通，而良好的组织沟通必然由其良好的企业文化所决定。

（四）领导者风格对组织沟通的影响

领导者风格是影响组织沟通的重要因素。社会心理学家勒温曾把领导者在领导过程中表现出来的工作作风分为三种类型：专制作风、民主作风和放任自流作风。三种不同的领导作风对于组织沟通效果的影响是大不相同的。专制作风的领导者实行的是个人独裁领导，把权利完全集中于自己手中。他个人独断设计工作中的一切，很少与组织成员进行沟通，更谈不上向组织成员征求决策意见。所以，这种领导作风表面上看来虽然是一种极为严格的管理，但无法顾及组织成员的精神与情感需求。因而，组织内部弥漫着消极态度和对抗情绪。从长远看这种领导作风必将有害于组织的发展与成长。民主作风的领导则会把部分权力授权给组织成员，并积极提倡组织成员之间相互交流并商讨组织事务与决策。同时，还关心他人、尊重他人，鼓励组织成员提出新意见、好想法。放任自流型的领导者与专制型正好相反，在组织中缺乏起码的权威和必要的集中，听之任之，不闻不问，其结果必然是管理的混乱和低效。

三、实现有效组织沟通的技术

（一）明确组织沟通的重要性，正确对待组织沟通

随着社会经济的不断发展，企业竞争日趋激烈，愈来愈多的企业家们意识到企业发展的根本动力还是来自于本企业内部的员工。因此，为了充分调动企业员工的主动性、积极性和创造性，有效地解决员工与经理人员之间的信息沟通是必不可少的。传统管理十分重视计划、组织、领导和控制，而对组织沟通常有疏忽。不少国内企业认为信息的上传下达有了组织系统就可以了，对非正式沟通中的小道消息常常采取压制的态度。这表明管理层还没有从根本上重视组织沟通问题。只有企业的管理人员和普通员工都认识到组织沟通对提高组织绩效、实现和谐管理的重要意义时，才能真正实现有效的组织沟通，提高企业整体管理水平。

（二）健全组织的沟通渠道，提高沟通效率

1. 结合运用正式沟通渠道和非正式沟通渠道

应设法缩短信息传递链，拓宽沟通渠道，保证信息的畅通和完整。如减少组织机构重叠，降低信息的损耗率；在利用正式沟通的同时，开辟高层管理人员至基层管理人员的非正式的沟通渠道；等等。

组织的沟通渠道对组织沟通效率的提高具有决定意义。作为一个组织，要充分考虑组织的行业特点和人员心理结构，结合正式沟通渠道和非正式沟通渠道的优缺点，设计一套包含正式沟通和非正式沟通的通道，以使组织内各种需求的沟通都能够准确及时而有效地实现。

在正式沟通渠道方面，目前大多数企业的组织沟通还是停留在指示、汇报和会议这些传统的沟通方式上，它们不能顺应社会经济的发展、组织成员心理结构以及需求层次的变化，从而使得组织成员的精神需求不能得到充分满足。定期的领导见面和不定期的群众座谈会是一种很好的方式。领导见面会是让那些有思想、有建议的员工有机会直接与主管领导沟通；群众座谈会则是在管理者觉得有必要获得第一手关于员工真实思想、情感信息，而又担心通过中间渠道会使信息失真而采取的一种领导与员工直接沟通的方法。群众座谈会是由上而下发起的，上级领导是沟通的主动方；而领导见面会则是应下层的要求而进行的沟通。至于具体形式的采用，还是应根据组织的实际情况来决定。

在非正式沟通渠道方面，大多数企业也同样存在着类似的问题。它们没有利用现有的

资源、技术条件，及时有效地对沟通渠道进行改进和完善，从而使得一些非正式渠道显得过于呆板和陈旧，同时也不易控制。许多企业采用的郊游、联谊会、聚会等形式，都是非正式沟通的良好方式。这些渠道既能充分发挥非正式沟通的优点，又因它们都属于一种有计划、有组织的活动，而易于被组织领导者控制，从而大大减少了信息失真和扭曲的可能性。

2. 减少沟通的层级

人与人之间最常用的沟通方法是交谈。交谈的优点是快速传递和快速反馈。在这种方式下，信息可以在最短的时间内被传递，并得到对方回复。但是，当信息经过多人传送时，口头沟通的缺点就显示出来了，在此过程中涉及的人越多，信息失真的可能性就越大。每个人都以自己的方式理解信息，当信息到达终点时，其内容常常与开始的时候大相径庭。因此，管理者在与员工进行沟通的时候应当尽量减少沟通的层级。越是高层的管理者越要注意与员工直接沟通。

（三）塑造有利于沟通的组织文化

1. 塑造提供沟通机会的组织文化

首先要鼓励所有员工去思考并将所思所想表达出来，创造机会让人沟通。这种文化要让人感觉到沟通的正面效果，使之有诱因去进行新的沟通，这就要建立一些特别的奖励机制。组织中和谐的人际关系是优化沟通环境的前提，平时组织领导者可以多开展一些群体活动（球赛、观看演出、聚餐等），鼓励工作中员工之间的相互交流、协作，强化组织成员的团队协作意识。这些措施在一定程度上都能起到促进人际关系和谐的作用。

2. 营造平等、理解、信任的组织文化氛围

组织成员之间也应相互承认并尊重彼此的差异，促进相互理解，在此前提下的人际沟通也将会更有效地改善人际关系。信任不是人为的或是从天上掉下来的，而是诚心诚意争取来的。组织中民主的文化氛围和领导作风是良好沟通环境的核心要素。所以，组织者应致力于营造一种民主的组织氛围，组织领导者也应适当地改善自己的领导风格和提高领导水平。

在这方面，美国企业的一些做法值得我们借鉴。在这些企业中，管理人员办公室的门总是敞开的，随时欢迎下属来沟通情况，交换想法。同时，他们还在组织内部设立了奖励基金，奖励那些善于提出自己的想法和意见，并有利于组织发展的组织成员。在领导方式上，他们善于充分发挥管理者非权力性影响力的作用，凭借自身的人格魅力而不是权力去领导人。并且他们善于和组织成员进行私人性的沟通，以准确、全面地了解组织成员的思想感情，为组织的管理沟通打下了良好的基础。摩托罗拉的每一个高级管理人员都被要求与普通操作工在人格上千方百计地保持平等，所有的员工——甚至包括总裁、副总裁——都在同一座餐厅排队买菜买饭。更能表现摩托罗拉“对人保持尊重不变”个性的是它的“敞开门”文化，所有管理者办公室的门都是绝对敞开的，任何职工在任何时候都可以直接进来，与任何级别的上司平等交流。

讨论性案例

AC 航班坠落事件

一个初春的晚上7点40分,AC航班正飞行在离目的地K市不远处的高空。机上的油量还可维持近两个小时的航程。在正常情况下,AC这样的航班飞行到降落K机场仅需不到半小时的时间。但没有想到,AC航班在降落前遭遇了一系列耽搁和问题。

首先,晚上8点整,K机场航空交通管理员通知AC航班飞行员,由于机场出现了严重的交通问题,他们必须在机场上空盘旋待命。8点45分,AC航班的副驾驶员向机场报告他们飞机的燃料快用完了。交通管理员收到了这一信息,然而,在9点24分之前,飞机并没有被批准降落机场。而在此之前,AC航班机组成员没有再向K机场传递任何情况十分危急的信息,只是飞机座舱中的机组成员在相互紧张地通告说他们的燃料供给出现了危机。

晚上9点24分,AC航班第一次试降失败。由于飞行高度太低及能见度太差的原因,飞机安全着陆没有保证。当机场指示AC航班进行第二次试降时,机组成员再次提到他们的燃料将要用尽,但飞行员还是告诉机场交通管理员说新分配的飞行跑道"可行"。几分钟后,准确时间是9点32分,飞机有两个引擎失灵了。1分钟后,另外两个也停止了工作。耗尽燃料的飞机终于在9点34分坠毁于K市,机上73名人员全部遇难。

当事故调查人员研究了飞机座舱中的磁带并与当事的机场交通管理员交谈之后,他们发现导致这场悲剧的原因实际上很简单:机场方面不知道AC航班的燃料会这么快耗尽。

下面是有关人员对这一事件所做的调查:

第一,飞行员一直说他们"油料不足",交通管理员则告诉调查者,这是飞行员们惯用的一句话。当因故出现降落延误时,管理员认为,每架飞机都不同程度地存在燃料不足的问题。但是,如果飞行员发出"燃料危急"的呼声,管理员有义务优先为其导航,并尽可能迅速地允许其着陆。一位管理员这样指出:"如果飞行员表明情况十分危急,那么,所有的规则程序都可以不顾,我们会尽可能以最快的速度引导其降落。"事实是,AC航班的飞行员从未说过"情况危急",由此导致K机场交通管理员一直未能理解飞行员所面临的真正问题。

第二,AC航班飞行员的语调也并未向交通管理员传递有关燃料危急的严重信息。机场交通管理员普遍接受过专门训练,可以在多数情况下捕捉到飞行员声音中极细微的语调变化。尽管AC航班机组成员内部也表现出对燃料问题的极大忧虑,但他们向K机场传达信息时的语调却是冷静而职业化的。

另外也应当指出,AC航班的飞行员不愿意声明情况紧急是有一些客观原因的。如按条例规定,驾驶员在飞行中作了紧急情况报告之后,他们事后需要补写出长篇的、正式的书面汇报交给有关方面。还有,紧急情况报告后,如果飞行员被发现在估算飞行中需要多少油量方面存在严重的疏漏,那么,飞行管理局就有理由吊销其驾驶执照。这些消极的强化因素,在相当程度上阻碍着飞行员发出紧急呼救。在这种情况下,飞行员的专业技能和荣誉感便会变成一种"赌注"。

思考题:

1. AC 航班和K机场航空交通管理员之间的沟通存在什么问题?

2. 从AC航班坠落事件中可以吸取哪些教训?

复习题

1. 简述沟通的作用。
2. 影响个体沟通的因素有哪些?
3. 个体沟通的基本方法有哪些?
4. 体态语言在人际沟通中起什么作用?
5. 组织沟通的主要障碍有哪些?
6. 如何提高组织沟通的有效性?

分析性案例

从惠普文化看企业有效沟通

1938年,惠普公司的创始人比尔·休利特和戴维·帕卡德利用业余时间在一个简陋的汽车房以38美元开始创业,并于1939年1月1日正式创办了仅由他们两人组成的合伙企业。从此以后惠普公司经历了60多年的风风雨雨,逐渐成长为如今全球领先的面向大中小型企业、研究机构和个人用户的技术解决方案提供商,其服务能力遍及170多个国家和地区,在IT基础设施、全球服务、商用和家用计算机以及打印和成像等诸多领域居领导地位,在全球500强公司中居于前列。在截至2005年1月31日的过去的四个财季中,惠普公司的总收入达到了818亿美元。是什么让这个企业如此神奇地、持续而又有活力地成长呢?其答案就在于惠普的企业文化,在于蕴含其中的有效沟通的理念。

一、惠普文化及其沟通理念

惠普中国总裁孙振耀在接受《财富》记者访谈时说,"企业文化就像一个人的价值观,平时看不见,摸不着,但关键时刻就会暴露无遗,高下分明。"细心探寻和领悟惠普的发展历程,不难看出正是惠普的企业文化保证了它走过经济萧条时期,进而在激烈的市场竞争中脱颖而出。在一项题为"惠普精神:梦想成真"的网上员工问卷调查显示,有75%以上的惠普员工为惠普文化感到自豪和骄傲。著名的"惠普之道"成就了惠普卓越的企业文化,也使惠普公司赢得了业界的普遍尊敬,其中归纳了惠普的七个价值观,即"热忱对待客户,把客户放在一切事情的第一位;信任和尊重个人,相信人们想要做好工作,并且在给予恰当工具和支持时将能够做好工作;追求卓越的成就与贡献,意为不懈追求最佳成果;注重速度和敏捷性,即要比竞争对手更快地取得成果;专注有意义的创新,是指惠普公司是发明有意义的、重要技术的公司;靠团队精神达到共同目标,意为有效协作是惠普成功的关键;在经营活动中坚持诚实与正直,不能因妥协而放弃正直"。1958年,戴维·帕卡德提出了惠普公司的11条原则:(1)优先考虑其他同事;(2)帮助他人建立自信心;(3)尊重他人的个性权利;(4)真诚称赞他人;(5)杜绝恶意批评;(6)不用试图直接改变他人;(7)尽力去理解他人;(8)反省对他人的初始印象;(9)注意细节;(10)发展合群的天性;(11)坚持不懈。

时至今日,这些基本原则在惠普已经成为全体员工的集体意识和行为习惯,形成了公司引以自豪的优秀企业文化,其中的“真诚称赞他人”、“杜绝恶意批评”、“不试图直接改变他人”、“尽力去理解他人”、“发展合群的天性”等原则都直接表明了惠普公司的沟通之道。惠普公司倡导,当发现他人把事情完成好的时候要毫不迟疑地让他知道,给予他应得的夸奖,但这并非是明显地去恭维;要尽量减少否定,因为批评很少能实现其使用者的意图,却总会带来怨恨,最小的否定有时也会导致怨恨,甚至会数年产生不利影响;避免公然地试图改变他人,因为即使人人都知道他是有缺点的,他也不会希望别人试图让他改正缺点,如果你想改进一个人,帮助他实现更高的标准、更加理想的工作目标时,他自身来改正要远远有效于你帮他来改正;要尽量去理解他人,要考虑在类似的情况下自己会如何反应,了解他人的理由能使人们之间更好地相处;要发展处于人群中的真正的兴趣,只有拥有真实愿望去喜欢、尊重并帮助他人,才能成功地实现这一原则,获得与他人在愉快的环境下工作的乐趣。

二、惠普沟通的方式和特点

惠普公司非常重视为员工创造最佳的沟通氛围,为此制定了很多相关的政策,不仅增强了员工个人的满意度和成就感,更确保了公司能够有效进行信息沟通,及时制定并执行解决问题的方案。同时,惠普公司通过与客户进行有效沟通,不仅与客户之间建立了紧密的联系,更为其产品的开发与推广提供了高价值的全面信息。从惠普之道以及惠普公司的诸多政策、大量案例和调查问卷中可以总结出惠普的独特沟通方式。

首先,进行“走动式的管理”。

这项政策是惠普公司的一个帮助经理们和监督者们了解其属下员工和他们正在做的工作,同时使他们自己也更加平易近人的办法。“走动式的管理”是经理们同工厂工人一起致力于解决问题的做法,它解决了书面指令难以面面俱到的缺点,使管理者深入实际、亲自参与。《惠普之道》中特别指出,“走动式的管理”虽然听起来是简单明了的,但做起来却也有一些微妙之处和必要的条件。例如,并非每个经理都能轻松、自如地做到这一点。如果做得勉强或不经常,那就不会管用。它必须是经常的、友好的、不特别专注某个问题的,而且是不安排时间表的,但绝不是漫无目标的。由于它的主要目的是要弄清楚人们的思想和意见,这就需要虚心倾听。

其次,实行“开放式管理”。

这项政策是对员工、职能直线经理、人力资源经理、人力资源部雇员关系等的作用和责任进行明确规定,用以确保惠普的开放式工作环境。例如,在员工的责任条款中规定:员工有责任公开提出问题;与直接上司讨论解决问题的最佳选择;明朗而真实地进行沟通交流;了解解决方案应该包括与他人进行交谈;清晰表述具体需要的管理行动;等等。在职能直线经理的责任条款中包括:公开倾听员工提出的问题和关注点,争取充分理解;主动解决问题;识别并寻求人力资源经理的帮助以找到解决方案;采取清晰、决定性的行动解决问题;等等。“开放式管理”政策旨在建立相互信任和理解,以及创造一种环境,使人们感到可以自由表达他们的思想、意见和问题。不管雇员的问题是属于个人的,还是同工作有关的,“开放式管理”政策鼓励他们同一个合适的经理讨论这种问题。从大量的情况来看,这个经理将是雇员的直接上司。但是,如果这个雇员不大愿意同这位上司谈,他(或她)可以越级同较高一级的经理讨论,寻求问题的解决。通过这项政策,人们乐意提出他们可能有的问题或关心的问题,而且经理们通常也能够很快地找出令人满意的解决办法。比尔·休利特和戴维·帕卡德都经常参加不同雇员的“开放式管理”的沟通工作,通常是讨论普遍关心的问题,而不是个人的不满。惠普公司的每个人，包括最高主管，都是在没有隔墙、没有门户的大办公室里工作的。这种开放式的做法虽然也有缺点，但是惠普公司发现这种做法的好处远远超过其不利之处。"开放式管理"政策是惠普管理哲学不可分割的一部分，而且这个做法鼓励并保证了沟通交流不仅是自上而下的，而且也是自下而上的。

第三，比尔的"戴帽子过程"。

在《惠普之道》中特别提到了一个有效的沟通案例就是比尔的"戴帽子过程"。惠普公司1967年在纽约市电气和电子工程师学会的贸易展览会上展示它的一台计算机。一位富有创造性的革新者满怀热情地提出一种新思想，第一次找到比尔。比尔马上戴一顶"热情"帽子，他认真地倾听着，在适当的地方表示惊讶，一般是表示赞赏，同时问一些十分温和的、不尖锐的问题。几天以后，他把创新者又叫来，戴的是"询问"帽子。这回提出了一些非常尖锐的问题，对他的思路进行了深入的探讨，有问有答，问得很详细，但未做出最后决定。不久以后，比尔戴上"决定"帽子，再次会见这位革新者。在严格的逻辑推理和敏感的思维下做出了判断，对这个思路下了结论。即便是最后的决定否定了这个项目，这个过程也给予这个创新者一种满足感。这是"惠普之道"中倡导的使人们继续保持热情和创造性的一个极为重要的沟通方式。

第四，亲密的情感沟通。

惠普的创始人在公司内部营造了浓郁的家庭气氛，并在其年轻的企业里也创造了对这种亲密的情感沟通方式的认同感。"野餐"被惠普的创始人公认是"惠普之道"的重要内容之一。在早期，惠普公司每年在帕洛阿尔托地区为所有的雇员及其家属举行一次野餐。这是一个大规模活动，主要由雇员自己计划和进行。比尔·休利特和戴维·帕卡德以及其他高级行政人员负责上菜，从而有机会会见所有的雇员及其家属。这是一项很受欢迎的福利，因此后来决定在世界其他地区有惠普人聚居的地方也这样做。公司的发展壮大也波及了公司野餐的规模和性质，随着公司的扩大，每个分公司都将举行自己的野餐会。此外，惠普公司还采取了包括会见所有雇员及其家属的多种多样的感情交流方式。例如，惠普公司经理们很好地利用了喝咖啡时的交谈和其他非正式的雇员集会。雇员的刊物、电影和录像带都是有益的沟通工具，但是没有什么东西比亲自的相互沟通更能促进合作和团队精神，更能在雇员之间建立一种信任和理解的气氛了。

第五，有效的外部沟通——倾听客户。

惠普公司获得成功的根本基础，是努力满足顾客的需要。惠普鼓励公司的每一个人经常考虑使自己的活动围绕为顾客服务这一中心目标，认真地倾听客户的意见。"热忱对待客户"位于惠普公司提出的七个价值观的首位，"倾听客户的意见"也是惠普之道的核心部分。在惠普公司，为顾客服务的思想，首先表现于倾听客户意见，并据此提出新的思路和新的技术，在这个基础上开发有用的重要产品。这些新的思路成为开发新产品的基础，而新产品将满足顾客潜在的重要需求。除此以外，惠普公司还提供许多不同种类的产品，以满足不同顾客的需求。兼备彩色打印功能的台式喷墨打印机的问世和成功推广就是惠普有效客户沟通的一个很好的例证。在1991年推出台式喷墨500C型彩色打印机以前，彩色打印机是很昂贵的，只有那些有特殊需要的用户才肯出高价购买它。惠普公司的市场调查表明，顾客并不急于购买彩色打印机。当问他们最需要什么样的打印机时，顾客总是把彩色打印机放在末位，但是当问及"如果我们满足了你的黑白打印的所有需要，同时又使你具有彩色打印的能力，而且基本上不需要加钱，那么你是否买这样的打印机”时，绝大多数的回答是肯定的。尽管顾客并不想买彩色打印机，但他们对兼有彩色打印功能的打印机是非常感兴趣的。因此，惠普公司在认真倾听客户的意见后决定提供兼备彩色打印功能的打印机，其成效是显著的。1991 年，各种非撞击式彩色打印机在全世界的销售量约为 36 万台，而 1994 年仅惠普公司一家销售的彩色打印机就几乎达到 400 万台。惠普公司通过与客户有效沟通，成功地打造了其业务上的辉煌。

三、由惠普沟通得到的启示

从以上的分析和总结中可以看出惠普公司在其企业文化中对沟通的重视和关注。惠普公司成功发展与不断壮大的事实，验证了惠普沟通的有效性。通过有效沟通，惠普公司实现着其“为客户创造价值，助员工实现梦想”的核心价值观。

首先，惠普公司通过有效的信息沟通，提高了决策力和执行力。信息完全有助于决策判断的科学性和正确性。无论是“走动式管理”，还是“开放式政策”，也包括“比尔的戴帽子过程”，都使得经理们和监督者们更加了解属下员工和他们正在做的工作，掌握了最真实、直接的信息。一方面，通过这些有效的信息沟通方式，有助于领导者掌握更真实、全面的信息，有利于他们在决策之前进行全面的科学分析和判断，进而作出科学的决策；另一方面，从“开放式政策”中的各项责任规定也可以看出，惠普公司的沟通交流不仅是自上而下的，而且也是自下而上的，这些信息沟通也有助于员工（被领导者）了解领导者所作出的决策。只有当被领导者真正理解领导者所作出的决策时，才能更好地执行这些决策。惠普公司的信息沟通方式确保了沟通的有效性，进而提高了决策力和执行力。

其次，惠普公司通过有效的情感沟通，增强了凝聚力。感情是建立人际关系的重要基础。惠普公司的情感沟通既体现出公司对员工的关心，也增强了员工的凝聚力和归属感，拉近了经理层与员工之间的距离。一方面，情感沟通能够加深沟通双方之间的信任度，体现出领导者对被领导者的情感尊重，进而增强了企业的凝聚力；另一方面，情感沟通有助于消除冲突，消除误解和情感上的隔阂，进而提高了凝聚力。惠普公司在 2004 年进行的一次内部问卷调查中发现，有 73% 的被访员工表示为公司感到自豪，14% 的人深受鼓舞。这一调查结果也反映出惠普公司通过有效的情感沟通在公司内营造出了一种友善、随和、信任、理解，而很少有压力的气氛。再次，惠普公司通过良好的外部沟通，赢得了客户，在市场竞争中获得了成功。惠普公司与客户的良好沟通，既沟通了有价值的信息，为决策的科学性提供了必要的保障，同时也增进了与客户间的情感，拉近了彼此间的距离，确立了惠普在客户心目中的地位。良好的外部沟通为惠普赢得市场竞争起到了非常重要的作用。

讨论题：

惠普文化对沟通起了一个什么样的作用？

第五篇

控　制

本篇讲解的是管理的最后一个职能——控制职能。

组织目标的有效完成，不仅需要准确的方案设计、科学的激励方法，还需要对整个过程的每个环节进行有效的反馈和控制。本篇学习的重点便是控制，尤其是对控制的重要性的认识。

本篇包括以下内容：

第十二章 控 制

引导案例

扁鹊论医术

据说有一次，魏文王问名医扁鹊说："你们家兄弟三人，都精于医术，到底哪一位最好呢？"扁鹊答："长兄最好，中兄次之，我最差。"文王再问："那么为什么你最出名呢？"扁鹊答："长兄治病，是治病于病情发作之前，由于一般人不知道他事先能铲除病因，所以他的名气无法传出去。中兄治病，是治病于病情初起时，一般人以为他只能治轻微的小病，所以他的名气只及本乡里。而我是治病于病情严重之时。一般人都看到我在经脉上穿针管放血、在皮肤上敷药等做大手术，所以以为我的医术高明，名气因此响遍全国。"

管理启示：

控制有事前控制、事中控制、事后控制。控制贵在事前控制。

在计划的实施过程中，由于组织内外因素的影响，计划的实际执行情况与计划所应达到的标准和目的之间必然会存在一定的偏差，组织要保证有效地执行计划就需要控制职能。本章将对控制职能进行讨论。

第一节 控制概述

控制是管理的一项重要职能，它与计划、组织、领导工作是相辅相成、互相影响的，它们共同被视为管理链的四个环节。计划提出了管理者追求的目标，组织提供了完成这些目标的结构、人员配备和责任，领导提供了指挥和激励的环境，而控制则提供了有关偏差的知识以及确保与计划相符的纠偏措施。那么，控制是什么？控制有哪些类型？控制的原则又是什么呢？本节将对这些问题展开分析。

一、控制的内涵

（一）控制的定义

所谓控制就是指为了实现组织目标，以计划为标准，由管理者对被管理者的行为活动进行检查、监督、调整等的管理过程。控制的概念主要包括如下三项内容：

（1）控制有很强的目的性，即控制是为了保证组织中的各项活动按计划进行。

(2) 控制是通过"监督"和"纠偏"来实现的。

(3) 控制是一个过程。

作为管理的一项职能,控制工作是指主管人员对下属的工作成效进行测量、衡量和评价,并采取相应纠正措施的过程。从组织活动的整体看,控制工作就是根据既定的目标和各种标准,监督检查计划的执行情况,发现偏差,找出原因,采取措施,进行纠正,并根据已变化的情况对原有的设想、打算进行调整,以确保组织目标的实现。

在现代管理活动中,控制既是一次管理循环的终点,是保证计划得以实现和组织按既定的路线发展的管理职能,又是新一轮管理循环的起点,要保证组织的活动按照计划进行,控制是必不可少的。

(二) 控制的必要性

任何组织、任何活动都需要进行控制。尽管计划可以制定出来,组织结构可以调整得非常有效,员工的积极性也可以调动起来,但是这仍然不能保证所有的行动都按计划执行,不能保证管理者追求的目标一定能达到。控制的必要性是由如下因素决定的:

(1) 外部环境的变化。计划从构思、制定到执行一般都要经历较长的时间。在这段时间内,组织外部环境必然会发生变化,从而影响到已定的计划和目标。为了适应变化的环境,组织必须有一个有效的控制系统,来根据变化的环境采取相应的对策。计划的时间跨度越大,控制就越显重要。

(2) 组织内部的变化。受到组织内部环境因素的影响,组织成员的思想、组织结构、产品结构和组织业务活动范围都有可能发生变化。计划的变化对计划的执行也会产生影响。

(3) 组织成员的素质。计划要靠人去执行、实现,而组织成员的才能、动机和工作态度是非均质的、不断变化的,人们对计划的理解也不相同,因而,人的素质对计划的执行也会产生影响。

上述因素的存在,使计划执行过程充满不确定性。为保证计划执行不偏离正确的方向,就必须将控制工作穿插其间。有效的控制工作不仅能衡量计划执行的速度、发现偏差并采取纠正措施,而且在许多情况下,它还可以导致确立新的目标、提出新的计划,甚至改变组织结构、改变人员配备以及在领导方法上做出重大改革。

控制工作通过纠正偏差的行动与其他三个职能紧密地结合在一起,使管理过程形成了一个相对封闭的系统。

(三) 控制的对象

管理者控制什么?许多控制的努力总是使用在以下五个方面的一个上,即人员、财务、作业、信息和组织的总体绩效。

1. 人员

管理者是通过他人来实现其目标的。为了实现目标,管理者需要而且必须依靠下属员工,因此管理者使员工按照所期望的方式去工作是非常重要的。为了做到这一点,管理者最简明的方法就是直接巡视和评估员工的表现。在日常工作中,管理者的任务是观察员工的工作并纠正出现的问题,比如考勤、定时汇报工作等。

2. 财务

企业的首要目标是获得利润。在追求这个目标时,管理者需要借助于费用(成本)控制来降低成本,并使资源得到充分利用。他们可能审阅每季度的收支报告以发现多余的支出,也可能计算几个常用的财务指标,以保证有足够的资金支付各种费用,保证债务负担不至于太重,保证所有的资产都得以有效利用。

以下概括了一些常用的财务比率指标,用来考察组织在利用资产、负债、库存等方面的效率:流动比率,速动比率;资产负债率,利息收益倍比;存货周转率,总资产周转率;销售利润率,投资收益率。

3. 作业

一个组织的成功,很大程度上取决于它在生产产品或提供服务方面的效率和效果。作业控制方法是用来评价一个组织转换过程的效率和效果问题的。典型的作业控制包括:监督生产活动以保证其按计划进行;评价购买能力,以尽可能低的价格提供所需质量和数量的原材料;监督组织的产品及质量,以保证满足预定的目标;保证所有的设备得到良好的维护。

4. 信息

管理者需要信息来完成他们的工作。不精确、不完整、过多的或延迟的信息将会严重阻碍他们的行动。因此,应该开发这样一个信息管理系统,使其能在正确的时间,以正确的数量,为正确的人提供正确的数据信息。

5. 组织绩效

许多研究部门为衡量一个机构的整体绩效或效果做着不懈的努力。当然,管理者们非常关心他们所在组织的绩效,但他们并不是唯一衡量其组织绩效的人,顾客和委托人在他们选择生意对象时也会对此做出判断,证券分析家、潜在投资者、潜在贷款者和供应商也会做出判断。即便是组织雇员,他们也会对组织做出评价。

以上事实证明,为了维持或改进一个组织的整体效果,管理者应该关心控制。但是,衡量一个组织的效果并没有一个单一的标准。生产率、效率、利润、员工士气、产量、适应性、稳定性以及员工的旷工率等毫无疑问都是衡量整体绩效的重要指标。但是,其中任何一个单独的指标都不能衡量组织的整体绩效。

二、控制的类型

(一) 按控制信息获取的时间划分

控制职能可以按照活动的位置,即侧重于控制事物进程的哪一阶段而划分为三种类型:前馈控制、现场控制和反馈控制。

1. 前馈控制

前馈控制亦称预先控制或事前控制,是实际组织活动开始之前进行的控制。前馈控制以未来为导向,在工作之前对工作中可能产生的偏差进行预测和估计,采取防范措施,以便在实际偏差出现之前,管理者就能运用各种手段对可能产生的偏差进行纠偏。典型的前馈控制,如进厂材料和设备的检查、验收,工厂的招工考试,入学考试,干部的选拔,等等。

前馈控制有如下优点:

(1) 前馈控制是在工作开始之前进行的控制,因而能防患于未然,避免事后控制无能为力的弊端。

(2) 前馈控制是针对某项计划行动所依赖的条件进行的控制,不针对具体人员,不会造成心理冲突,易于被员工接受并付诸实施。

2. 现场控制

现场控制亦称同步、实时、事中、同期或过程控制，是指企业组织活动开始以后而进行的指导和监督。现场控制（或过程控制）是一种主要为基层主管人员所采用的控制工作方法。主管人员通过深入现场来亲自监督检查、指导和控制下属的活动。其主要的控制行为有：

（1）向下级指示恰当的工作方法和工作过程。

（2）监督下级的工作以保证计划目标的实现。

（3）发现不合标准的偏差时，立即采取纠正措施。

典型的现场控制如：生产制造活动的生产进度控制，每日情况的统计报表，每日对住院病人进行临床检查等。

现场控制是控制工作的基础。一个主管人员的管理水平和领导能力常常会通过这种工作表现出来。在现场控制中，管理当局授予主管人员的权力使他们能够使用经济的和非经济的手段来影响其下属。控制工作的标准来自于计划工作所确定的目标、政策、战略、规范和制度。现场控制的内容应该与被控制对象的工作特点相适应。例如，对简单重复的体力劳动可以实行严格的监督，而对创造性劳动，应为其创造宽松的工作环境。

在现场控制中，控制工作的有效性取决于主管人员的个人素质、个人作风、指导的表达能力以及下属对这些指导的理解程度。其中，主管人员的言传身教具有很大意义。在现场控制中，主管人员必须避免单凭主观意志开展工作。主管人员必须注意提高自身素质，亲临第一线进行认真细致的观察和监督，以计划（或控制标准）为控制的依据，服从组织原则，遵从正式指挥系统的统一指挥，逐级实施控制。

3. 反馈控制

反馈控制亦称成果控制或事后控制，是指在一个时期的组织活动已经结束以后，对本期的资源利用状况及其结果进行总结。

在产品质量控制中，只对成品进行质量检验就是典型的反馈控制。反馈控制并非最好的控制，但它仍被广泛地使用着。目前，在组织中应用最广泛的反馈控制方法有如下四种：财务报告分析；标准成本分析；质量控制分析；工作人员成绩评定。其中，最重要、最困难的是“工作人员成绩评定”。

反馈控制通过总结过去的经验和教训，为未来计划的控制和活动的安排提供借鉴。这种控制位于活动过程的终点，把好这最后一关，可使错误的态势不致扩大，有助于保证系统外部处于正常状态。但反馈控制有一个致命的缺陷，即整个活动已告结束，活动中出现的偏差已在系统内部造成损害。

前馈控制面向未来，克服了反馈控制中因时间延迟所带来的弊病。反馈控制是纠正式的。与之不同，前馈控制则是预防式的，它作用于计划执行过程的输入环节上，工作重点是防止所使用的各种资源在质和量上产生偏差，而非控制行动的结果。

（二）按采用的手段划分

如果按采用的手段来划分，可以把控制划分为直接控制和间接控制两种类型。

1. 直接控制

直接控制是指通过提高主管人员素质，使他们改善管理工作，从而防止出现因管理不善而造成的不良后果的一种控制方式。这种控制模式的特点是通过培训等形式，着力提高主管人员的素质和责任感，并在控制过程中实施自我控制。

2. 间接控制

间接控制是指根据计划和标准考核工作的实际结果,分析出现偏差的原因,并追究责任者的个人责任以使其改进未来工作的一种控制方法,多见于上级管理者对下级人员工作过程的控制。

这种控制方式是建立在如下假设基础上的:

(1) 工作成效是可以计量的,因而也是可以相互比较的。

(2) 人们对工作任务负有个人责任,个人责任是清晰的、可以分割和相互比较的,而且个人的尽责程度也是可以比较的。

(3) 分析偏差和追究责任所需的时间、费用等是有充分保证的。

(4) 出现的偏差可以预料并能及时发现。

(5) 有关责任单位和责任人将会采取纠正措施。

(三) 按控制源划分

按控制源来划分,可把控制分为三种类型,即正式组织控制、群体控制和自我控制。

正式组织控制是由管理人员设计和建立起来的一些机构或按规定来进行控制,像规划、预算和审计部门是正式组织控制的典型例子。群体控制则是基于群体成员们的价值观念和行为准则,它是由非正式组织发展和维持的。自我控制是个人有意识地去按某一行为规范进行活动。

(四) 按问题的重要性和影响程度划分

可以把控制分为任务控制、绩效控制和战略控制三种类型。

任务控制亦称业务控制,是针对基层生产作业和其他业务活动而直接进行的控制。任务控制多采用反馈控制法,其目的是确保有关人员或机构按既定的质量、数量、期限和成本标准完成所承担的工作任务。

绩效控制是一种财务控制,即利用财务数据来观测企业的经营活动状况,以此考评各责任中心的工作实绩,控制其经营行为。此种控制亦称为责任预算控制或以责任发生制为基础进行的控制。

战略控制是对战略计划和目标实现程度的控制。战略控制站在更高的角度看待问题,而不像低层次的控制活动那样仅局限于矫正眼前的、内部的具体执行工作。

三、控制的原则

为了使控制工作做得更加切实有效,在管理控制中一般需要遵循以下几条原则:

1. 控制应该同计划与组织相适应

管理的各项职能相互关联、相互制约。不同的计划具有不同的特点,因而控制所需的信息也各不相同。例如,对成本计划的控制信息主要是各部门、各单位甚至各产品在生产经营过程中发生的费用;对产品销售计划的控制,则要收集销售产品的品种、规格、数量和交货期的情况。同样,控制还应当反映组织结构的类型和特征。组织结构既然明确规定了企业内每个人所担任的职务和相应的职责权限,因而它也就可以成为确定计划执行的职权所在和产生偏差的职责所在的依据。由此也说明了,有效的管理控制必须能够反映一个组织的结构状况,并通过健全的组织结构予以保证,否则只能是空谈。

健全的组织结构有两方面的含义:一方面,要能在组织中将反映实际情况和工作状态的信息迅速地上传下达，保证联络渠道的畅通；另一方面，要做到责权分明，使组织结构中的每个部门、每个人都能切实担负起自己的责任。否则，偏差一旦出现就难以纠正，控制也就不可能得以实现。

2. 突出重点，强调例外

组织是在一个完整的计划执行过程中选出众多的关键点，把处于关键点的工作预期成果及其影响因素作为控制的重点。在这样的情况下，管理人员不必完全了解计划执行中的全部具体细节，就能达到对工作有效控制的目的。控制要突出重点。管理者不能也没有必要事无巨细地对组织活动的方方面面都进行控制，而是要针对重要的、关键的因素实施重点控制。

控制也应强调例外。管理者将控制工作的重点放在计划实施中的例外情况上，可以使他们把有限的精力集中在真正需要引起注意和重视的问题上。

3. 具有灵活性、及时性和经济性

灵活的控制是指控制系统能适应主客观条件的变化，持续地发挥作用。控制工作本是变化的，其依据的标准、衡量工作所用的方法等都可能会随着情况的变化而变化。控制工作还必须注意及时性。信息是控制的基础，为提高控制的及时性，信息的收集和传递必须及时进行。此外，控制活动还必须注意高效性，追求低投入、高产出。

4. 避免出现目标扭曲的问题

要辨别次一级控制标准的从属性和服务性地位。组织在将规则程序和预算这些低层次的计划作为控制标准时，最容易发生目标与手段相置换的问题。管理者在控制工作过程中特别要注意到次一层级控制标准的从属性和服务性地位，这点对于成功、有效地实施控制至关重要。

5. 培养组织成员的自我控制能力

员工在生产和业务活动的第一线，是各种计划、决策的最终执行者，所以，员工进行自我控制是提高控制有效性的根本途径。

自我控制具有很多优点。首先，自我控制有助于发挥员工的主动性、积极性和创造性。自我控制是员工主动控制自己的工作活动，是自愿的。这样，他们在工作中便能潜心钻研技术，对工作中出现的问题会主动设法去解决。其次，自我控制可以减轻管理人员的负担，减少企业控制费用的支出。再次，自我控制有助于提高控制的及时性和准确性。实际工作人员可以及时准确地掌握工作情况的第一手材料，因而能及时准确地采取措施，纠正偏差。

当然，鼓励和引导员工进行自我控制，并不意味着对员工可以放任自流。员工的工作目标必须服从于组织的整体目标，并有助于组织整体目标的实现。管理者要从整体目标的要求出发，经常检查各单位和员工的工作效果，并将其纳入企业的全面控制系统之中。

讨论性案例

安全事故发生以后

桂林机务段是隶属于铁道部柳州铁路局的一个基层单位，拥有职工 1 300 人，担负着柳州—永州区段的列车牵引任务。该段有两大主要车间：运输车间和检修车间。运输车间负责76台内燃机车的牵引任务，共有正副司机700多人。检修车间负责全段机车的检修任务，共有职工200多人。

段长张××毕业于上海交通大学，在该段工作近30年。2004年11月3日，全段实现了安全运输生产8周年，其成绩在全局名列前茅，因此段长召开了全段庆功大会，并请来了局里的主要领导。可是会开到一半，机务处打电话给局长：桂林机务段司机由于违反运输规章，造成冒进信号的险性事故。庆功会被迫停开，局长也阴沉着脸离开会场。

其实段长早感觉到存在许多安全隐患，只是由于该段安全天数较高，因此存在着麻痹思想。他连夜打电话通知各部门主任，查找本部门的安全隐患，第二天召开全段中层干部会议，要求各主任会上发言。

第二天，会议在严肃的气氛中召开。

段长首先发言："这次发生险性事故主要责任在我，本人要求免去当月的工资和奖金，其他段级领导每人扣400元，中层干部每人扣200元。另外，我宣布原主管安全的副段长现分管后勤，他的职务暂时由我担任。"

随后，各主任进行发言。

运输车间主任说："这次事故主要是由于司机严重违反规章操纵所致。其实车间一直努力制止这种有章不循的现象，但效果一直不明显。主要问题是：(1) 司机一旦出车，将会离开本单位，这样车间对司机的监控能力就会下降；司机能否完全按章操纵，基本上依靠其自觉程度，而司机的素质目前还没有达到这种要求。(2) 车间共有管理干部和技术干部二十多名，我们也经常要求干部到现场，但由于司机人数较多，并且机车的利用率很高，因此对司机的监控具有很大的随意性和盲目性。(3) 干部中'好人'现象严重。干部上车跟乘时，即使发现司机有违章操纵行为，也会替其隐瞒，使司机免于处罚。"

检修车间主任说："这次事故虽然不是由于机车质量造成的，但是检修车间还是存在很多安全隐患。首先，职工队伍不稳定，业务骨干时有跳槽。因为铁路局是按照机修车间定员160人发工资，而检修车间现员230人左右，超员近70人，这样摊到我们头上的工资就很少了，这是职工不稳定的主要原因。"

检修车间主任继续说："火车提速后，对机车的质量要求更高，而我段的机车检修水平目前还达不到这种要求。第一，机车的检修作业标准较为过时，缺乏合理性、实用性、可控性。工人按此标准，劳动效率不高，而且漏检漏修现象时有发生。第二，车间的技术人员多是刚毕业的大学生，虽然有理论知识基础，但解决实际技术问题的能力不强。第三，对发生率较高的机车故障难题一直没有解决好。"

教育主任说："这次事故反映了我段职工素质不高。目前，我段的职工培训工作开展不是很顺利，各车间都以生产任务繁重为由不肯放人脱产学习。因此，每年的职工脱产学习计划很难得以实现。另外，每年一次的职工业务考试没有起到真正督促职工学习的作用。考试结束后只是将成绩公布，对职工考试成绩一视同仁。"

人事主任说："这次事故从某种意义上说是由于司机疲劳所致，因为现在的司机经常请假，造成司机人手不够。因此许多司机连续工作，休息时间不能得到保证。司机经常请假的原因是由于吃大锅饭造成的，干多干少一个样。"

段长说："几位主任讲得都很好，将我段管理上存在的一些弊病都找出来了，会后各有关部门要针对这些弊病迅速制定整改措施。我相信，只要我们共同努力，工作的被动局面会很快扭转的。”

思考题:

1. 事故发生后段长的一系列做法说明了什么?

2. 对会上几位主任的发言中所提到的难题,有什么解决办法?

第二节　控制的程序

控制的对象一般都是针对人员、财务、作业、信息及组织的总体绩效。无论对哪种控制对象,所采用的控制技术和控制系统实质上都是相同的。

一、控制的程序

控制的程序主要包括建立标准、衡量绩效、纠正偏差三个步骤。如图12.1所示。

1. 建立标准

建立标准的任务是明确业绩衡量的尺度。标准是管理者检查和衡量工作过程及其结果的规范,为业绩衡量和偏差纠正提供了客观依据。控制标准来源于计划,但是由于计划的明细度和复杂性都不一样,计划的结果不一定都能作为具体的控制标准:如果计划已经制定了具体的、可考核的目标及指标,则可以直接作为控制的标准;如果计划仅为某一决策目标制定了综合性的行动方案或行动纲领,则需要将计划的目标转换为更具体的、可考核的标准。

控制标准包括定量和定性两大类:定量标准包括实物标准、计划标准、资本标准、成本标准、收益标准、指标标准等;定性标准是一种无形标准,用于衡量那些无法用数量计量的方面,如管理者衡量部门经理人员才干的标准、经理人员衡量产品质量水平是否符合长期目标的标准,等等。

2. 衡量绩效

衡量绩效的任务是将实际工作绩效与控制标准相比较,发现二者的偏差,以利于对实际工作做出客观的评价。衡量绩效的关键是衡量什么和如何衡量两个问题。

关于衡量的内容,应当与控制标准的类型相适应。对于定量标准,直接将实际数与标准数进行比较,计算差异的绝对值和相对值,并分析差异产生的原因;对于定性标准,管理者应当寻求一种主观衡量方法,而不能以难以衡量为借口放松控制。

关于衡量的方法,主要有亲自观察、统计报告、口头汇报、书面报告等形式,统计报告和书面报告是组织正规的控制方法,书面报告的优点在于全面、系统和精确,统计分析报告则具有时效性强的特点;亲自观察和口头汇报是非正规的控制方法,但是亲自观察可以获得员工面部表情、语调、动作等被其他来源忽略的信息,口头汇报可以通过语言语调和词汇本身传达其他被正规衡量方法过滤掉的信息。

这一阶段的具体内容包括:确定衡量的手段和方法;落实进行衡量和检查的人员;通过衡量—对比过程获得偏差信息,即确定实际业绩是否满足了预定或计划的标准。

按照标准来衡量实际成效的最好办法应当建立在向前看的基础上(即前馈控制),这样可使差错在其实际发生之前就被发现,并采取适当的措施加以避免。富有经验与远见的主管人员常常能预见可能出现的偏差。

有些工作的成效是很难精确衡量的,甚至其标准也是难以精确确定的。在这种情况下,要尽量拟定一些可考核的标准，用定量的或定性的“有形”标准去取代那些无形的、笼统的、往往搀杂着许多主观因素的标准。

3. 纠正偏差

纠正偏差的任务是根据业绩衡量的结果，采取管理行动，保证组织目标的实现。衡量比较后，如果没有偏差，或偏差在警界范围内，管理者不必采取行动；如果有偏差，且超出警界范围，则必须采取措施纠正偏差。工作中的偏差可能来自脱离现实的标准，在这种情况下，应当重新审视控制标准的影响因素，制定严格而可实现的控制标准，过于严格或宽松的标准不但不利于计划的执行，而且是导致员工不满或工作懈怠的行为因素；如果偏差是由于绩效不足所产生的，管理者就需要采取纠正行动，改进实际绩效。具体而言，管理者可以通过组织职能调整或明确职责来纠正偏差，可以采用增加人员，更妥善地选拔和培训下属人员，或是最终解散、重新配备人员等方法纠正偏差，以及通过货币与非货币奖惩等管理者补偿方式纠正偏差。

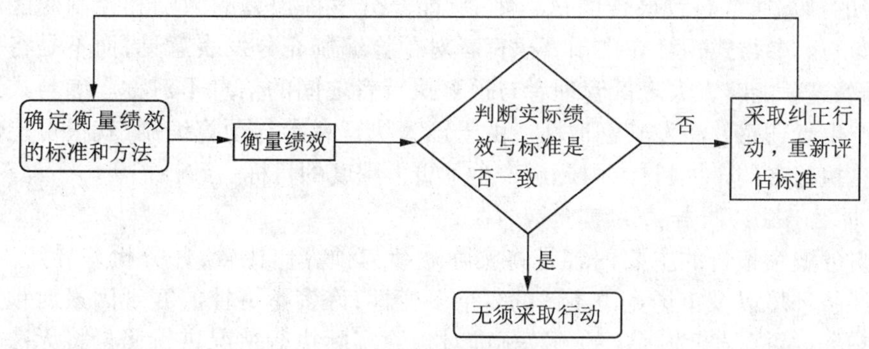

图 12.1　控制的程序

建立标准、衡量绩效与纠正偏差这三个步骤是相互联系、相互制约的。没有标准就没有控制的依据；没有衡量成效、找出偏差，也就没有控制的对象；没有纠正偏差的措施，也就无法进行控制。

二、典型的控制程序

在管理中，典型的控制程序通常包括战略计划、预算准备、分析财务业绩报告、绩效评价和管理者补偿几个步骤。

1. 战略计划

战略计划是一个决定“组织将采取的方案和这一方案在接下来的若干年度内所需分配的资源数量”的过程。战略计划不同于战略选择：战略选择是决定一个新战略的过程，而战略计划是决定如何去执行它；在战略选择的过程中，管理者决定组织的目标和达成这些目标的主要战略，战略计划是针对这些目标和战略，寻求能高效率地、经济地实施这些战略的进一步计划；战略选择是非系统性的，随着市场环境的变化，战略可能被修改，而战略计划是系统的，每一个年度都有战略计划过程，这一过程的结果体现为具体的执行方案和时间表。

一个正式的战略计划过程对组织的贡献体现在：① 战略计划提供一个年度经营预算的编制框架；② 正式的战略计划促使管理者花时间思考重要的长期性问题；③ 战略计划制定过程中的争论和讨论有助于澄清整体战略，统一和协调各层次管理者与组织战略的关系。

战略计划还涉及组织重要的资源分配问题，在这方面，投资分析、价值链分析和作业成本分析都是战略计划制定过程中的重要分析技术。

2. 预算准备

预算准备是为战略计划所作的进一步年度安排。编制预算有三个基本目的：一是协调组织各部门的工作；二是确定管理者的责任，授权其开支数额，告知其要达到的业绩；三是获得一个评估管理者实际业绩的基本标准。全面预算主要包括三个组成部分，即经营预算、专门决策预算和财务预算。其中，财务预算是全面预算的核心，它以价值量指标总体上反映了组织预算期内的现金收支、经营成果和财务状况。

在预算准备过程中，应当考虑两方面重要的行为因素：一是预算目标的难易程度。如果预算目标过于容易，预算标准过于宽松，管理者很可能把他们的期望值定在预算的标准上，使实际的执行结果比没有预算时还要差；如果预算目标过于困难，预算标准过于严格，管理者将预见到预算的不现实性以至于没有动力去实现它。西方实证研究的结果表明，"严格而可实现"的预算通常导致最佳的执行结果，能充分发挥预算的激励和控制职能。二是预算过程的参与。参与式预算允许预算执行者对预算编制充分发表意见，而不是将预算强加给执行者们，这就能够大大降低管理者与预算执行者之间的信息不对称。参与式预算使预算执行者产生责任感并激发其创造性。由于预算执行者参与预算编制，就很可能使预算目标成为预算执行者的个人目标，由此也产生了更大程度的目标一致性。

3. 分析财务业绩报告

分析财务业绩报告的主要内容是将实际业绩与预算作比较，并分析差异产生的原因。由于宏观经济环境以及市场竞争条件的复杂多变性，许多不可控的客观因素对预算执行结果产生影响，继续依据事先确定的预算标准对预算实际执行情况进行衡量将无法体现预算执行的真实效果，这时就要对预算标准进行调整，以反映预算期间组织经营活动的实际经济背景；其次，对于实际作业水平超出弹性预算相关范围的差异，应当扩大预算的弹性空间，并对作业量加以相应调整；另外，对于预算单位现有经营效率的差异问题，在诊断评价中要慎重考虑，因为有些预算单位经营效率很高，如果采用"一刀切"的做法，以增量的方式要求不同效率的预算单位按相同的增减比例控制其业务量及费用水平，势必增加高效率预算单位的负担，而又无法充分挖掘低效率预算单位的潜能。

4. 绩效评价

预算执行效果评价涵盖了组织绝大多数的重要财务性指标，但是并不能反映组织的整体绩效，这主要体现在一些非财务性指标上，如产品质量、客户满意度、创新及组织变革等。如果将预算标准的执行情况作为绩效评价的唯一标准，忽视影响企业组织竞争能力的重要非财务性指标，将会导致短期行为，阻碍组织长期战略的实现。比如，为了改善短期的预算业绩，销售部门可能会选择降低售后服务质量以降低销售费用，生产部门可能会选择低质量的原材料以降低材料成本。这些短期行为势必导致企业组织产品质量下降、市场份额缩小，给组织的长期持续发展造成危害。

因此，绩效管理应在预算业绩评价的基础上，充分考虑预算执行结果对产品质量、客户满意度等指标的影响。平衡积分卡正是综合了财务性指标与非财务性指标的业绩评价方法，从财务方面、客户方面、内部经营方面和创新与学习方面衡量组织多种多样、相互联系的目标。在组织绩效的评价中，既可以采用单一指标衡量（如利润、销售额等），也可以采用多重指标衡量(如分项预算);可以采用财务指标衡量,也可以采用非财务指标衡量;可以采用定性衡量方法,也可以采用定量衡量方法。可供选择的衡量方法包括:选择适当的衡量标准(脱离计划偏差、利润、投资报酬率、剩余收益、经济增加值等);计算价格差异和数量差异;区分固定成本和变动成本;分析衡量标准的可控性。

5. 管理者补偿

在绩效评价的基础上,就要确定管理者的报酬补偿。激励性报酬是鼓励和促使管理者达成组织目标的一个重要机制,管理者通常对有回报的工作投入大量的精力,而对没有回报的工作付出的努力较少。

因此,首先应将预算执行结果以及管理绩效与激励性报酬机制联系起来,对于达到预算控制标准、绩效良好的给予奖励,对于未达到预算控制标准、绩效较差的给予惩罚。其次,还要实施收益分享计划,以促进组织整体效益的提高。所谓收益分享计划,是指按照预先确定的反映生产率和利润率改善的公式,员工和公司分享财务收益的计划。收益分享计划能使员工分享组织或主要部门的效率改进而带来的收益,这些计划鼓励团队合作,并就他们对组织的总贡献进行奖励。普遍应用的收益分享技术包括:利润分享计划、集体收益与分享计划、风险—收益平衡计划和员工持股计划等。另外,在实施财务性激励报酬的同时,还要重视非财务激励手段的运用,比如给予下级部门及所属员工适当的自主权,增强其责任心以及对出色完成工作的满足感;还可以通过实施非货币性的表扬计划增强员工的自尊心和荣誉感;等等。

管理者补偿的宗旨在于激励员工的积极性和成就感,激励措施既可以采取财务性激励(如奖金),也可以采取非财务性激励(如提升、工作委派);激励补偿标准的确定可以以内部奖惩制度为基础(被激励者可预期的、固定的),也可以以高层管理者的主观判断为基础;可以采取个体激励方式,也可以采取群体激励方式。

讨论性案例

格雷格厂长的目标与控制

格雷格担任这家工厂的厂长已一年多时间了。他刚看了工厂有关今年实现目标情况的统计资料。厂里各方面工作的进展都是出乎他意料之外的,他为此而气得说不出一句话来。记得他任厂长后第一件事是亲自制定工厂一系列工作的计划目标。具体地说,他要解决工厂的浪费问题,要解决职工超时工作的问题,要减少废料的运输费用问题。他具体规定:在一年内要把购买原材料的费用降低10%~15%;把用于支付工人超时的费用从原来的11万美元减少到6万美元;把废料运输费用降低3%。他把这些具体目标告诉了下属有关方面的负责人。

然而,他刚看过的年终统计资料却大出他的意料。原材料的浪费比去年更严重,原材料的浪费率竟占总额的16%;职工超时费用亦只降到9万美元,远没达到原定的目标;运输费用也根本没有降低。

他把这些情况告诉负责生产的副厂长,并严肃批评了这位副厂长。而副厂长则争辩说:"我曾对工人强调过要注意减少浪费的问题,我原以为工人也会按我的要求作最大的努力,只对那些必须支付的款项才支付。”而负责运输方面的负责人则说：“我对未能把运输费用减下来并不感到意外，我已经想尽了一切办法。我预测，明年的运输费用可能要上升3% ~4%。”

在分别与有关方面的负责人交谈之后，格雷格又把他们召集起来提出新的要求，他说：“生产部门一定要把原材料费用降低10%，人事部门一定要把职工超时费用降到7万美元；即使是运输费用要提高，但也决不能超过今年的标准。这就是我们明年的目标。我到明年再看你们的结果！”

讨论题：

1. 谁应该对目标未实现负责？
2. 格雷格厂长犯了什么样的错误？他制定的新目标能否实现？
3. 怎样才能实现格雷格厂长的目标？

第三节 控制的方法与技术

本节将对官僚控制的方法、当前流行的两种控制方法以及现代控制的信息技术方法进行探讨。

一、官僚控制的方法

所谓官僚组织，是韦伯对科层组织的一种描述。官僚控制是指利用规则、权威层级、书面文件、标准等组织正式机制对科层组织进行行为和业绩的控制。

（一）预算控制

预算就是用数字，特别是用财务数字的形式来描述组织未来的活动计划，它预估了组织在未来时期的经营收入和现金流量，同时也为各部门或各项活动规定了在资金、劳动、材料、能源等方面的支出的额度。

预算控制就是根据预算规定的收入与支出标准来检查和监督各个部门的活动，以保证各种活动或各个部门在完成既定目标、实现利润的过程中对资源的有效利用，从而使费用支出受到严格有效的约束。

1. 预算的用途

预算的作用包括落实战略计划、制定责任、确定业绩评估的标准、协调等。

2. 预算的类型

预算的种类有收入预算、成本预算、现金预算、资产负债预算等。

3. 预算的编制

预算的编制由主管人员负责，预算部门和预算委员会负责提供预算信息和相关技术。预算要根据组织的发展战略计划，采取“自上而下”与“自下而上”相结合的方式制定。

（二）财务控制

财务报表是用来追踪出入组织的商品和服务的货币价值，它是组织监控资产的流动性、总体财务状况和盈利能力三个主要方面财务状况的基本工具。

1. 资产负债表

报表分三部分：资产、负债、股东权益。三者关系为：资产 = 负债 + 股东权益。

2. 损益表

损益表反映了公司收入和支出的各项内容。

3. 财务评价

财务评价分为偿债能力评价、营运能力评价及盈利能力评价。

（三）审计控制

审计是对反映组织资金运动过程及其结果的会计记录及财务报表进行审核、鉴定，以判断其真实性和可能性，从而为控制和决策提供依据。审计控制有三种主要类型：

1. 外部审计

外部审计是由外部机构选派的审计人员对组织财务报表及其反映的财务状况进行独立的评估。

2. 内部审计

内部审计提供了检查现有控制程序和方法能否有效地保证达成既定目标和执行既定政策的手段。

3. 管理审计

管理审计是利用公开记录的信息，从反映组织管理绩效及其影响因素的若干方面将组织与同行业其他组织或其他行业的著名组织进行比较，以判断组织经营与管理的健康程度。

反映组织管理绩效及其影响的因素主要有：经济功能、组织结构、收入合理性、研究与开发、财务政策、生产效率、销售能力、对管理当局的评价等。

二、当前流行的两种控制方法

随着竞争的加剧和经营复杂性的提高，现代企业需要进行控制的组织层面越来越高，所要控制的活动范围越来越广，这就需要企业采用综合的方法对企业运营的整个过程进行控制。标杆控制和平衡积分卡控制是当前具有代表性的两种控制方法。

（一）标杆控制

1. 标杆控制的内涵

标杆控制是以在某一项指标或某一方面实践上竞争力最强的企业或行业中的领先企业或组织内某部门作为基准，将本企业的产品、服务管理措施或相关实践的实际状况与这些基准进行定量化的评价、比较，在此基础上制定、实施改进的策略和方法，并持续不断反复进行的一种管理方法。标杆控制的心理学基础在于人的成就动机导向，认为任何个人与组织都应设定既富有挑战性又具有可行性的目标，只有这样，个人和组织才有发展的动力。

2. 标杆管理的实施流程

20 世纪 70 年代末以来，标杆管理已经为国外众多企业所采纳，并作为一种重要的常规管理工具，很多企业都在长期的标杆管理活动中摸索和积累了丰富的经验。虽然不同企业的具体做法和步骤会有所不同，但是这种不同通常只是文字表述上的差异，其实施流程是基本一致的，见图 12.2。

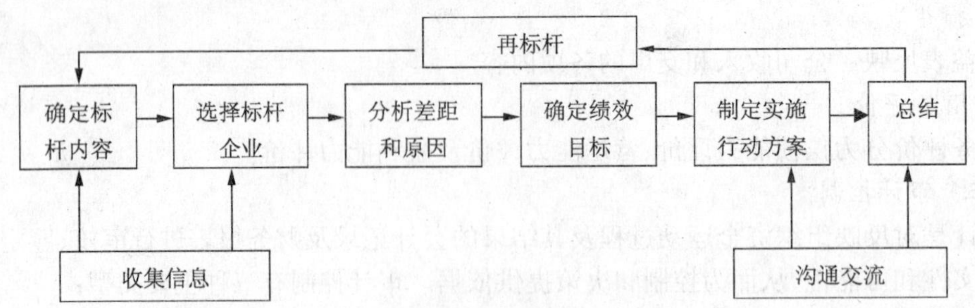

图 12.2　标杆企业管理实施流程图

3. 标杆控制的作用与缺陷

通过设立挑战和赶超对象，并以最关键或最薄弱的因素作为改进内容，标杆控制以此来全面提升企业的竞争力。在标杆管理的控制指标中，不仅要求采用财务指标，还要求采用一些非财务指标。

与其他控制方法一样，标杆控制也存在着不足。一是标杆管理和控制容易导致企业的竞争战略趋同。标杆控制方法鼓励企业相互学习和模仿，因此在奉行标杆控制的行业中，可能所有的企业都企图通过采取类似行动来改进绩效，在竞争的某个关键方面超过竞争对手。模仿可能使得企业之间相对效率差距日益缩小，这会导致各个企业在战略上趋于一致，各个企业的产品、质量、服务甚至供应销售渠道上大同小异，在企业运作效率上升的同时，利润率却在下降。二是标杆控制容易使企业陷入"落后—标杆—又落后—再标杆"的"标杆管理陷阱"之中。如果标杆控制活动不能使企业跨越与领先企业之间的"技术鸿沟"，单纯为赶超先进而继续推行标杆控制，反而会使企业陷入繁杂的"标杆管理陷阱"。

（二）平衡积分卡控制

平衡积分卡（the balanced score card，简称 BSC）是绩效管理中的一种新思路，适用于对部门的团队考核。它是 20 世纪 90 年代初由哈佛商学院的罗伯特·卡普兰（Robert Kaplan）和诺朗诺顿研究所所长、美国复兴全球战略集团创始人兼总裁戴维·诺顿（David Norton）发展出的一种全新的组织绩效管理方法。平衡积分卡自创立以来，在国际上，特别是在美国和欧洲，很快引起了理论界和企业界的浓厚兴趣。平衡积分卡被《哈佛商业评论》评为 75 年来最具影响力的管理方法，它打破了传统的单一使用财务指标衡量业绩的方法，而是在财务指标的基础上加入了未来驱动因素，即客户因素、内部经营管理过程和员工的学习成长。

1. 平衡积分卡控制的内涵

平衡积分卡控制的核心思想就是通过财务、客户、内部流程及学习与发展四个方面的指标之间相互驱动的因果关系展现组织的战略轨迹，实现"绩效考核—绩效改进以及战略实施—战略修正"的战略目标过程。它把绩效考核的地位上升到组织的战略层面，使之成为组织战略的实施工具。

2. 平衡积分卡的特征

从平衡积分卡由来中可以看到，平衡积分卡首先是业绩衡量工具，进而发展为战略实施工具，因而平衡积分卡具有绩效评价和战略实施的双重功能，可概括为以绩效评价为特征的战略管理工具。

罗伯特·卡普兰等在研究总结优秀企业成功经验时发现:财务绩效、内部运营、学习及创新、满足客户需求这四个方面是企业长期成功的关键因素,并且这四方面可具体设立关键绩效指标进行评价。卡普兰等创立的平衡积分卡的出发点就是对以上四方面进行绩效评价,通过业绩评价和引导来促进企业战略的实施及业绩的增长。

平衡积分卡所设的四方面相互之间具有明显的特点,体现出谋求各方面平衡与和谐的思想。平衡积分卡所包含的"平衡"体现为多方面:财务与非财务评价之间的平衡,长期目标与短期目标之间的平衡,外部和内部要求的平衡,结果和过程的平衡,前导指标与滞后指标的平衡,管理业绩和经营业绩的平衡等。

平衡积分卡的四方面具有依次保障促进的关系。"学习及创新"是长期、基础和过程型关键成功因素,其保障促进"内部运营";"内部运营"是改进企业业绩的重点,其保障促进"满足客户需求";"满足客户需求"是速效、直接和过程型关键成功因素,其保障促进"财务绩效";"财务绩效"是企业结果型关键成功因素,是企业经营管理最直观、最重要的绩效指标。

3. 平衡积分卡的作用

平衡积分卡为战略绩效管理和企业战略管理提供强有力的支持。平衡积分卡分析设立四方面关键成功因素,通过建立各级业务单元乃至各岗位的关键绩效指标,并与企业战略目标紧密相连,形成有机统一的企业战略保障体系和绩效评价体系,可以促进各岗位工作的有序化和高效率,明显节约企业管理者的时间,提高企业管理的整体效率和业绩。

平衡积分卡改进了传统绩效评价的不足,能提高企业的激励作用。传统的绩效评价方法要么单单通过财务指标评价,其覆盖面适用部门和岗位过窄;要么是定性且分散的工作任务的设立和评价,难以保障公平性、系统性以及战略目标的实现。平衡积分卡通过四方面指标的系统分解和评价,更加体现出管理的系统性和评价的公平性,明显改进了传统绩效评价的不足。

平衡积分卡有利于促进企业凝聚力和员工参与管理的热情。平衡积分卡通过指标分解让员工参与管理指标的设立,了解到企业战略,认识到自身工作对企业战略及整体业绩的作用,有利于促进团队合作和企业凝聚力,增强员工参与管理的热情,有利于战略的更好执行。

三、现代控制的信息技术方法

1. 电子数据处理系统(EDPS)

电子数据处理系统又称为事务处理系统(TPS),起源于20世纪50年代初。

EDPS系统能迅速有效地处理大量数据的输入输出,能进行严格的数据整理与编辑,通过审计保证输入、输出的完整与准确性,有一定的安全防护能力。它的工作有脱机、联机和混合三种方式。

EDPS系统的主要功能:记录、保存精确的纪录;分类;检索数据;计算;汇总;产生文件、管理报告、账单等。

EDPS系统的特点:支持每日运作;能处理大量的数据;精度要求高;逻辑关系简单;重复性强;能支持多用户;无法制止非法或犯罪行动。

2. 管理信息系统(MIS)

管理信息系统是一个由人、计算机结合的对管理信息进行收集、传递、存储、加工、维护和使用的系统，兴起于20世纪70年代。

管理信息系统的基本组成：EDPS部分；分析部分；决策部分；数据库部分。

管理信息系统的特点：

(1) MIS是一个人机结合的辅助管理系统。

(2) 主要应用于结构化问题的解决。

(3) 主要考虑完成例行的信息处理业务。

(4) 目标是要实现一个相对稳定的、协调的工作环境。

3. 决策支持系统(DSS)

决策支持系统是以管理科学、运筹学、控制论和行为科学为基础，以计算机技术、仿真技术和信息技术为手段，针对结构化的决策问题，支持决策活动的具有智能作用的人机系统。

DSS的概念结构由会话系统、控制系统、运行及操作系统、数据库系统、模型库系统、规则库系统和用户共同构成。

DSS系统的特点：

(1) 系统的使用面向决策者。

(2) 系统解决的问题是针对结构化的决策问题。

(3) 系统强调的是支持的概念。

(4) 系统的驱动力来自模型和用户。

(5) 系统运行强调交互运行的处理方式。

常见的决策支持系统包括群体决策支持系统(GDSS)和智能决策支持系统(IDSS)。

讨论性案例

戴尔公司与电脑显示屏供应商

戴尔公司创建于1984年，是美国一家以直销方式经销个人电脑的电子计算机制造商，其经营规模已迅速发展到当前120多亿美元年销售额的水平。戴尔公司是以网络型组织形式来运作的企业，它联结有许多为其供应计算机硬件和软件的厂商。其中有一家供应厂商，电脑显示屏做得非常好。戴尔公司先是花很大的力气和投资使这家供应商做到每百万件产品中只能有1 000件瑕疵品，并通过绩效评估确信这家供应商达到要求的水准后，戴尔公司就完全放心地让他们的产品直接打上"Dell"商标，并取消了对这种供应品的验收、库存。类似的做法也发生在戴尔其他外购零部件的供应中。

通常情况下，供应商将供应的零部件运送到买方那里，经过开箱、触摸、重新包装，经验收合格后，产品组装商便将其存放在仓库中备用。为确保供货不出现脱节，公司往往要贮备未来一段时间内可能需要的各种零部件。这是一般的商业惯例。因此，当戴尔公司对这家电脑显示屏供应商说"这种显示屏我们今后会购买400万到500万台左右，贵公司为什么不干脆让我们的人随时需要、随时提货"的时候，商界人士无不感到惊讶，甚至以为戴尔公司疯了。戴尔公司的经理们则这样认为，开箱验货和库存零部件只是传统的做法，并不是现代企业运营所必要的步骤，遂将这些"多余的"环节给取消了。

戴尔公司的做法就是，当物流部门从电子数据库得知公司某日将从自己的组装厂提出某型号电脑××部时，便在早上向这家供应商发出配额多少数量显示屏的指令信息，这样等到当天傍晚时分，一组组电脑便可打包完毕分送到顾客手中。如此，不但可以节约检验和库存成本，也加快了发货速度，提高了服务质量。

讨论题：

1. 你认为，戴尔公司对电脑显示屏供应厂商是否完全放弃和取消了控制？如果是，戴尔公司的经营业绩来源于哪里？如果不是，那它所采取的控制方式与传统的方式有何切实的不同？

2. 戴尔公司的做法对于中国的企业有适用性吗？为什么？

复习题

1. 控制有哪几种类型？
2. 控制的关键要素是什么？
3. 什么是预算控制？
4. 什么是标杆控制？试述标杆控制管理的流程。
5. 什么是平衡积分卡控制？
6. 谈谈信息技术在控制技术中的应用。

分析性案例

鄂尔多斯的“四统一分”财务控制

一、四大职能中心的重中之重——财务中心

鄂尔多斯集团公司具有四大职能中心：投资中心、管理中心、财务中心、技术中心。这四大职能中最基础和最根本的是财务控制。

集团在1997年组建了财务公司。它的主要职能可概括为：“四统一分，二级管理，两个重点，六项工作”。

“四统一分”中的“一分”是指分别核算，各成员企业仍旧是独立核算、自负盈亏；“四统”是指机构、人员、制度、资金统一。

机构统一：集团下属企业财务部门的设立全部由集团财务公司统一决定，大企业设部，中企业设科，小企业设股。

人员统一：全集团所有财务人员由集团财务公司派驻和管理，实行垂直领导，人员的工资、奖金、升迁、职称评定全部实行垂直管理。

制度统一：财务方面的制度由财务公司统一执行。过去各成员企业报销制度各行其是，你一个标准，我一个标准，非常混乱。现在就是一个制度，各成员企业必须严格统一执行。

资金统一：全集团所有的资金由财务公司一个账户统一进行管理。所有下属企业在外的开户一律取消，成立内部银行，从源头上管理资金的流向。过去有些企业乱借钱，乱担保，给集团造成了很大的损失。

“四统一分”中的“一分”是指分别核算，各成员企业仍旧是独立核算、自负盈亏。

"四统一分"把过去管不住、管不到位的地方从源头上管住了,只要动用资金,就先报预算,由集团审批,不合理的就给卡住了。

"二级管理"是指集团一级核算,各企业一级管理。集团把下属的各投资主体管住,各企业再对自己的车间、总务、工会、分厂等部门进行二级管理。

"两个重点"是指集团的财务管理以资金和成本为重点,采取"抓大放小"的方式抓资金的源头;控制成本,以倒算成本、模拟市场来进行成本指标的分解。

"六项工作"包括:

1. 比价采购:原辅材料的采购采取货比三家的方式进行。

2. 工程招标:集团所有的建筑、安装、设备维修全部实行招标制,提高透明度。集团下属的建设安装公司和其他非集团企业一样参与竞标。

3. 预算控制:集团所有单位和部门的支出都要实行预算申报,由集团统一进行资金预算管理。

4. 成本否决:集团把成本指标分解给下属企业后,如果该企业完不成,对这个企业领导则要进行否决。

5. 费用包干:除有成本的单位外,党政工作处、事业发展处、企业管理处、劳资处、财务处、财务公司等行政部门都实行成本费用包干,就是核定一定费用,超支不补,节约部分给予奖励。

6. 盈亏考核:指标的考核与部门的经营责任、业绩、职务的升迁都有相互呼应的关系。

二、财务运营只用"一个漏斗"

财务公司实施账户统一管理后,银行的利息费用就降低了 2 800 多万元。因为变散存为统存,仅利息一项 1999 年就至少节约 836 万元。

账户统一管理的好处是:第一,统一管理后,由过去的零存变成现在的统存在集团一个账户上,可积聚大量的资金,从而可以内部运筹资金,形成内部贷款;第二,启动大量资金还贷款,负责财务的副总经理随时控制资金的流向,如果发现有一笔贷款要到期了,就拿出一笔资金先还掉。过去集团内这个企业的钱不可能还那个企业的钱,内部相互间是一种堡垒形式,现在打通了,是一个企业的概念。在财务的运营上他们称之为"一个漏斗进出",财务管理从被动转为主动。

集团的子公司想用资金,首先必须保证它的回款,并预先提出申请。比如说集团某个企业预计年销售额 2 000 万元,那就给它的账上记下 2 000 万元。企业要买原料,需要预付款,必须把原料的购进单、用户单、支借单和用款申请报告提供给财务公司,如果三证齐全,自己的账上有资金,就可以批准动用;如果账上没有钱,那要首先向财务公司贷款,财务公司给予贷款后,计收利息。子公司在财务公司存款也要收取利息。这样各家的核算清晰方便,财务公司统一监控。

子公司给职工发放福利费,要先打报告。如集团规定每个职工福利费一年是 100 元,子公司想发 200 元,财务公司就不给发放。这要在过去就管不了,集团公司一个制度出台以后,全能管住。所以财务管理就由过去的事后管理变成了现在的事前分析、事中管理、事后控制。这样,就把过去的被动管理变成了主动管理。

三、营销环节的财务控制

鄂尔多斯集团的内销市场由集团在北京注册的全资子公司——北京东胜鄂尔多斯工贸

中心负责，集团和它在管理上是垂直领导，在财务关系上也实行"四统一分"，然后通过它，再贯彻到它的分公司去。它的分公司资金都要集中到工贸中心的账户上，然后工贸中心再全部打回集团财务公司的统一账户上来。同时附有一个分配表，说明这个资金里应该给某个企业多少，给另一个企业多少，财务公司再给它分开账户进行管理。如果有一个企业资金闲置不用，集团就可以拿来还集团其他企业的到期贷款，这就提高了资金的利用率。工贸中心在全国各地有 39 家分公司，分公司的业务主要是批发和零售两块。批发主要针对全国各大商场，由专人管理。零售就是管理专卖店，工贸中心在全国有 200 多个专卖店。1999 年集团对工贸中心进行全面整顿后，工贸中心下面的分公司变成了营销、配货、财务三位一体。

财务方面，由集团财务公司对工贸中心、工贸中心对分公司实行直统。就像中央银行层层往下直统管理，财务人员的任命、工资和奖金发放，由工贸中心直接进行。分公司经理不能想雇谁就雇谁，而是由工贸中心的财务部直接给配置，配谁就是谁，账上销售款不准分公司动用，工贸中心财务部指令分公司的财务人员汇款就得全汇来，如果不汇来，就要处理财务人员。

讨论题：

1. 鄂尔多斯的财务控制具有什么特点？其理论依据是什么？
2. 鄂尔多斯的财务控制给我们以什么启迪？

第六篇

发　展

一个组织常规的管理活动包括以上四项管理活动，这是管理的基本内容。然而，社会是向前发展的，组织面对的环境也是动态变化的，组织如何适应自身及环境的变化，这便给管理者提出了更高的要求。

本篇内容从动态的角度探讨组织的发展问题，希望能为读者深入思考组织的管理问题起到抛砖引玉的作用。

本篇包括以下内容：

第十三章　变革、创新与发展

第十三章

变革、创新与发展

引导案例

女儿和父亲的对话

一个女儿对父亲抱怨她的生活,抱怨事事都那么艰难,她不知该如何应付生活,想要自暴自弃了。她已厌倦抗争和奋斗,好像一个问题刚解决,新的问题就又出现了。

她的父亲是位厨师,他把她带进厨房。他先往三只锅里倒入一些水,然后把它们放在旺火上烧。不久锅里的水烧开了。他往一只锅里放些胡萝卜,第二只锅里放只鸡蛋,最后一只锅里放入碾成粉末状的咖啡豆。他将它们浸入开水中煮,一句话也没有说。

女儿咂咂嘴,不耐烦地等待着,纳闷父亲在做什么。大约20分钟后,他把火闭了,把胡萝卜捞出来放入一个碗内,把鸡蛋捞出来放入另一个碗内,然后又把咖啡舀到一个杯子里。做完这些后,他才转过身问女儿,"亲爱的,你看见什么了?""胡萝卜、鸡蛋、咖啡。"她回答。

他让她靠近些并让她用手摸摸胡萝卜。她摸了摸,注意到它们变软了。父亲又让女儿拿一只鸡蛋并打破它。将壳剥掉后,他看到了是只煮熟的鸡蛋。最后,他让她喝了咖啡。品尝到香浓的咖啡,女儿笑了。她怯生生问道:"父亲,这意味着什么?"

他解释说,这三样东西面临同样的逆境——煮沸的开水,但其反应各不相同。胡萝卜入锅之前是强壮的,结实的,毫不示弱;但进入开水之后,它变软了,变弱了。鸡蛋原来是易碎的,它薄薄的外壳保护着它呈液体的内脏;但是经开水一煮,它的内脏变硬了。而粉状咖啡豆则很独特,进入沸水之后,它们倒改变了水。"哪个是你呢?"他问女儿。"当逆境找上门来时,你该如何反应?你是胡萝卜,是鸡蛋,还是咖啡豆?"

当今组织正处在不断变化的内外环境之中,任何设计得再完美的组织,在运行了一段时间以后也都必须进行变革、创新,这样才能更好地适应组织内外条件变化的要求,实现良好的发展。

第一节　变　革

组织变革实际上是而且也应该成为组织发展过程中的一项经常性的活动。组织变革是任何组织都不可回避的问题,而能否抓住时机顺利推进组织变革则成为衡量管理工作有效与否的重要标志。企业只有不断发展和变革,才能保持可持续的生存能力。那么,什么是组织变革呢？推动组织变革的动力是什么？抑制组织变革的阻力又来源于哪里？如何实施组织变革？本节将对这些问题展开分析。

一、组织变革的内涵

组织变革是组织为适应内外环境及条件的变化，对组织的目标、结构及组成要素等适时而有效地进行各种调整和修正。组织变革是组织保持活力的一种重要手段。在组织为开放有机体的前提下，组织必须随着内在及外在的环境变化，进行调适与改变，对内调整目标为改善组织成员态度与行为，提升组织文化；对外调整目标则是使内部组织优势更加发挥于外部环境机会，促进组织稳定成长，提升组织绩效。

所有的组织都会不断地进行一定的变革。组织管理部门需要不断调整工作程序，录用新的干部或员工，设立新的部门或机构，改革原有的规章与制度，实施新的技术，等等。组织总是面临各方面的变革压力，包括来自竞争对手的、信息技术的、客户需求的各种压力。因此，组织变革已经成为管理的重要任务之一。

组织变革可以大致分成三类：

1. 适应性变革

这是指引入已经经过试点的比较熟悉的管理实践，属于复杂性程度较低，确定性较高的变革。适应性变革对员工的影响较少，潜在的阻力较小。

2. 创新性变革

这是指引入全新的管理实践，例如实施“弹性工时制”或股份制，往往具有较高的复杂性和不确定性，因而容易引起员工的思想波动和担忧。

3. 激进性变革

这是指实行大规模、高压力的变革和管理实践，包含高度的复杂性和不确定性，变革的代价也很大。

二、组织变革的阻力

（一）组织变革阻力的来源

组织变革就是要改变那些不能适应企业发展的内外环境，阻碍企业可持续发展的各种因素如企业的管理制度、企业文化、员工的工作方式、工作习惯等。这种变革必然会涉及企业的各个层面，引起企业内部个人和部门利益的重新分配。因此，必然会遭到来自企业各个方面的阻力。

1. 个人层面

人们对待组织变革的态度与其个性有十分密切的关系。那些敢于接受挑战，乐于创新，具有全局观念，有较强适应能力的人通常变革的意识较为强烈。而那些有强烈成就欲望的人，或是一些因循守旧，心胸狭窄，崇尚稳定的人对变革的容忍度较低，对变革的抵触情绪较大。一些依赖性较强，没有主见的员工常常在变革中不知所措而依附于组织中群体的态度倾向。除此之外，由于变革会打破现状，破坏已有的均衡，必然会损害一部分人的既得利益，这类人常常是组织变革的最大抵触者，他们常常散布谣言，制造混乱，甚至采取强硬措施抵制变革。个人层面的阻力主要来源于员工的个性心理和经济利益的驱使，变革阻力的力度较小，却是构成组织变革阻力的基本单元。

2. 组织层面

在组织层面上产生变革阻力的因素有很多,既包括组织结构、规章制度等显性阻力,还包括组织文化、氛围、员工的工作习惯等隐性阻力。由于组织变革会对组织内部各部门、各个群体的利益进行重新分配,那些原本在组织中权利较大、地位较高的部门和群体必然会将变革视为一种威胁,为了保护自身利益常常会抵制变革。另外,企业的业务流程再造必然会重组企业的组织结构,对某些部门、某些层次予以合并、撤减,以及重新进行权责界定,一些处于不利地位的部门和层次就会反对变革。相对组织内的显性阻力而言,组织内的隐性阻力就更加隐蔽,而且一时间难以克服。组织内的文化、员工的工作方式已经成为一种工作习惯。在长期的工作中,员工与员工之间、员工与领导之间、员工与组织之间已经形成了某种默契或契约,一旦实行变革,就意味着改变员工业已形成的工作关系和工作方式,必然会引起员工的不满。

(二) 组织变革阻力产生的原因

1. 员工不明变革的意义,对变革的发动者缺乏信心

在组织变革的过程中,一些员工对企业变革的紧迫性认识不足,认为变革没有必要,企业推动变革是多此一举,并且会对自己的利益造成损害。更有甚者,为了维护个人利益,常常捏造事实,散布谣言。还有一些员工认为变革很有必要,但对变革发动者发动变革的动机和实施变革的能力产生怀疑,他们中有的认为变革是发动者为了获得私利而进行的,有的认为发动者的知识和能力不足以实现既定的目标。

2. 员工对变革的后果不确定

在实施变革的过程中,一些员工虽然认识到了变革的迫切性,却不能准确把握变革实施的后果,他们常常会对变革产生各种猜疑,认为变革有可能达不到预期的效果,很可能会对组织、个人的利益产生损害。这类人常常认为变革是在冒风险。因此,在变革的过程中,他们常常依附于群体的态度倾向,有的甚至公开抵制变革。

3. 员工对自己的能力产生怀疑,认为变革是对自己的一种威胁

企业的变革常常伴随着技术变革、人事变革,每一次变革的实施都对企业内的员工提出了更高的要求。先进生产线的引进、办公自动化的建立、新技术的应用都要求员工不断提高自己的知识和能力,以适应企业变革的需要。而一些员工担心自己的技术已经过时,一旦企业发生变革,自己就会被淘汰或是地位遇到挑战,因此他们宁愿维持现状。这类人,常常是那些墨守成规、进取心较差的员工或是企业中的高龄员工。

(三) 组织变革阻力的克服

1. 企业的人力资源要为组织变革服务

首先,员工的个性与其对待变革的态度有着密切的关系,因此,企业在招聘的过程中,就应该引入心理测评,招聘一些有较强适应能力,敢于接受挑战的员工。其次,在组织变革的过程中,企业要加强对员工的培训,提高员工的知识水平和技能水平,使得企业的人力资源素质和企业变革同步推进。再次,在企业的日常经营过程中,企业应该建立团队文化,培养员工对组织的归属感。

2. 加强与员工的沟通,让员工明白变革的意义

在变革实施之前,企业决策者应该营造一种危机感,让员工认识到变革的紧迫,让他们了解变革对组织、对自己的好处,并适时提供有关变革的信息,澄清有关变革的各种谣言,为

变革营造良好的氛围。在变革的实施过程中，要让员工理解变革的实施方案，并且要尽可能地听取员工的意见和建议，让员工参与到变革中来。与此同时，企业还应该时刻关注员工的心理变化，及时与员工交流，在适当的时候可以做出某种承诺，以消除员工的心理顾虑。

3. 适当地运用激励手段

在组织变革的过程中适当运用激励手段，会达到意想不到的效果。一方面，企业可以在变革实施的过程中，提高员工的工资和福利待遇，使员工感受到变革的好处和希望；另一方面，企业可以对一些员工予以重用，以稳住关键员工，消除他们的顾虑，使他们安心地为企业工作。

4. 引入变革代言人

变革代言人即通常所谓的咨询顾问。由以上分析我们已经知道，在变革的过程中，一些员工认为变革的动机带有主观性质，他们认为变革是当局者为了能更好地谋取私利。还有一些员工认为变革发动者的能力有限，不能有效地实施变革。而引入变革代言人就能很好地解决上述问题。一方面，咨询顾问通常都是由一些外部专家所组成，他们的知识和能力不容置疑。另一方面，由于变革代言人来自第三方，通常能较为客观地认识企业所面临的问题，较为正确地找到解决问题的办法。

5. 运用力场分析法

力场分析法是卢因于1951年提出来的，他认为，变革是相反方向作用的各种力量的一种能动的均衡状态。对于一项变革，企业中既存在变革的动力，又存在变革的阻力，人们应该通过分析变革的动力和阻力，找到变革的突破口。

6. 培植企业的精神领袖

在企业变革的过程中，如果企业有一位强力型的领导者，相对而言，变革的阻力就会很小。由于企业的精神领袖通常具有卓越的人格魅力和非常优秀的工作业绩，因此由他们发动变革，变革的阻力就会很小。当然，客观而论，在企业中培植精神领袖并不一定是一件好事，但在组织变革的过程中确实能起到立竿见影的效果。

三、组织变革的实施

1. 组织变革的过程

变革过程是一种破旧立新，自然会面临推动力与制约力相互交错和混合的状态。变革管理者的任务就是要采取措施改变这两种力量的对比，促进变革更顺利地进行。具体的力量改变措施有三种：一是增强或增加驱动力；二是减少或减弱阻力；三是同时增强动力与减少阻力。有实践表明，在不消除阻力的情况下增强驱动力，可能加剧组织中的紧张状态，从而无形中增强对变革的阻力；在增加驱动力的同时采取措施消除阻力，会更有利于加快变革的进程。

组织变革模型中最具影响的是勒温（Lewin）变革模型。勒温1951年提出了一个包含解冻、变革、再冻结等三个步骤的有计划组织变革模型，用以解释和指导如何发动、管理和稳定变革的过程。

（1）解冻。这一步骤的焦点在于创设变革的动机，鼓励员工改变原有的行为模式和工作态度，采取新的适应组织战略发展的行为与态度。为了做到这一点，一方面，需要对旧的行为与态度加以否定；另一方面，要使员工认识到变革的紧迫性。可以采用比较评估的办法，把本组织的总体情况、经营指标和业绩水平与其他优秀组织或竞争对手一一加以比较，找出差距和解冻的依据，帮助干部员工“解冻”现有态度和行为，产生变革的迫切要求，愿意接受新的工作模式。此外，应注意创造一种开放的氛围和心理上的安全感，减少变革的心理障碍，提高变革成功的信心。

（2）变革。变革是一个学习过程，需要给员工提供新信息、新行为模式和新的视角，指明变革方向，实施变革，进而形成新的行为和态度。这一步骤中，应采用角色模范、导师指导、专家演讲、群体培训等多种途径，为新的工作态度和行为树立榜样。勒温认为，变革是一个认知的过程，它由获得新的概念和信息得以完成。

（3）再冻结。在再冻结阶段，要利用必要的强化手段使新的态度与行为固定下来，使组织变革处于稳定状态。为了确保组织变革的稳定性，需要注意使员工有机会尝试和检验新的态度与行为，并及时给予正面的强化；同时，加强群体变革行为的稳定性，促使形成稳定持久的群体行为规范。

2. 组织变革的战略、战术

下面的方法可以帮助组织成功地实施变革：

（1）找到组织真正需要变革的原因并使得员工相信这个原因。如果组织没有出现危机，或者组织中的成员没有危机意识，要他们积极参加变革是比较困难的。变革的发动者要想赢得成员对变革的投入和支持，就要在组织成员中树立一种危机意识，必要的时候，着重宣传组织中的问题，把问题放大，增强成员的危机意识。

（2）主动寻找适合变革需求的构思。寻找沟通通常的途经是：与管理人员交谈、指派一个任务小组专门研究变革问题、向客户和供应商发出征求构思的信函、向普通员工征求构思方案等。寻找构思的过程，也是让员工积极参与变革的好机会。

（3）赢得高层的支持。成功的变革需要组织最高管理人员的支持。对于重大变革，如组织架构调整，组织的负责人必须给予支持和鼓励。对于一些小的变革，也需要相关部门的领导支持。例如财务部门要想减少坏账，就需要销售部门领导的积极支持。

（4）实行渐进式变革。历史经验证明，渐进式变革往往比突变式变革更容易成功，因为它减少了改革的阻力。中国改革的成功就是渐进式改革成功的典型案例。组织也可采用在局部先试点变革项目，积累成功经验后再推广变革的做法。

（5）采取措施克服变革阻力。主要方法有：① 沟通和培训。沟通和培训能够给员工提供变革需求和变革预期结果的信息，能有效防止谣言、误解和愤恨。一项研究表明，最常被提到的变革失败的原因是员工从外部获得变革的消息。培训可以帮助员工理解并执行他们在变革中的角色。② 参与。尽早和深入的参与往往给员工一种控制变革的感觉，他们会认为变革是自己的事情。这样，他们往往可以很好地理解变革，他们会对变革实施作出更多的承诺。③ 采用强制手段。这是一般不建议采用的方法，但是当组织变革处在某些关键时刻时，利用权力采取强制手段往往也是必要的。应付变革阻力措施的应用场合及优缺点对比如表 13.1 所示。

表 13.1 应付变革阻力的措施

措施	应用场合	优点	缺点
1. 教育与沟通	缺乏信息沟通	人们一旦理解,会有助于变革的实施	费时
2. 参与	设计变革的信息不充分,另一方有足够的反抗力量	参与者会参与变革的实施,并将信息综合于变革设计中	费时,易受参与者误导
3. 促进与支持	变革的涉及者有调整障碍	帮助适应变革	费时、费钱,但依然有失败的风险
4. 协同	有利益受损失,并具反抗力的一方	组织给予培训,使受损者得到技术补偿,简便易行	允许人们讨价还价
5. 操纵与合作	其他的办法无能为力	快,经济	如意识到被人操纵,会惹麻烦
6. 强制	要求迅速变革,发起人有足够的权力	能克服一切阻力	有风险,使人们对发起者反感

(6) 设立变革团队。企业可以设立独立的创新部门或者风险团队,他们的任务就是不断创新变革。另外,可以设立专门的组织来检查变革实施效果如何。有些企业的做法是成立专门的管理变革部。也可把这些职能交给战略部门或综合管理部门。

讨论性案例

美国炼铝公司的重大变革

在匹兹堡市区最近的一个夏日里,美国炼铝公司(Aluminum Co. of America)的首席执行官保罗·奥尼尔(Paul Oneil)公布了这个原料"巨人"的宏伟规划。该规划将要对这个横跨22个国家、拥有63 000多名员工的公司进行一次全面彻底的革新。

奥尼尔提出了一个新结构,它集中于美国炼铝公司的主顾和业务单位:"不是匹兹堡,不是为它们服务的副总经理,也不是董事长,而是业务单位。"公司集中所有的资源为了这一个目标,并联系和支持着公司的22个业务单位。

与变革有关的不仅仅是公司结构一个因素。通过引进公司的新战略,奥尼尔向公众皆知的持续改进的变革观点提出挑战。他声称,这个方法对那些已经成为市场领导者的公司或许奏效,但是,"如果你落后于世界领先水平,这是个糟糕的方法;如果你远远落后于世界水平,这可能是一个灾难性的方法"。

对美国炼铝公司来说,它似乎是个落伍者。奥尼尔认为公司需要做出迅速的巨大改进,而不是缓慢的渐进变革。奥尼尔对员工提出的挑战是:两年内要消除公司和世界先进水平之间差距的80%。

"等到外部事件来迫使组织进行变革,这是最佳的反应式管理办法,但也是最胆小的管理做法。"他告诉员工,领导并不是"那种组织绩效一团糟以至于股东强烈要求改变现状的强迫变革者"。

思考题:

1. 你认为奥尼尔实施变革的方法如何?

2. 奥尼尔是否认为连续不断的改进(全面质量管理的基本原则)不符合动荡不定的时代?

第二节 创 新

组织、领导与控制是保证计划目标实现所不可缺少的。从某种意义上来说,它们同属于管理的“维持职能”,其任务是保证系统按预定的方向和规则运行。但是,仅有维持是不够的,还必须不断调整系统活动的内容和目标,以适应环境变化的要求,这就是经常被人们忽视的管理的创新职能。

一、创新概述

在英文中,innovation(创新)这个词起源于拉丁语。它的原意有三层含义:第一,更新,就是对原有的东西进行替换。第二,创造新的东西,就是创造出原来没有的东西。第三,改变,就是对原有的东西进行发展和改造。创新是指人为了一定的目的,遵循事物发展的规律,对事物的整体或其中的某些部分进行变革,从而使其得以更新与发展的活动。

(一) 创新的涵义

创新是美籍奥地利经济学家熊彼特(J. A. Schumpeter)在他的《经济发展理论》(1912年)一书中提出的一个经济学概念。熊彼特认为,创新就是把生产要素和生产条件的新组合引入生产体系,即建立一种新的生产函数。他把创新活动归结为五种形式:

(1) 生产新产品或提供一种产品的新质量。

(2) 采用一种新的生产方法、新技术或新工艺。

(3) 开拓新市场。

(4) 获得一种原材料或半成品的新的供给来源。

(5) 实行新的企业组织方式或管理方法。

熊彼特之后,经济学家在发展创新理论的过程中把创新区分为技术性变化的技术创新及非技术性变化的组织创新;也有人把以上五种组织形式概括为三种创新类型:技术创新、管理创新、制度创新,并认为,制度创新是技术创新和管理创新的动力和基础,技术创新是管理创新和制度创新的物质条件。

(二) 创新的类别

从创新的规模以及创新对系统的影响程度来考察,可将其分为局部创新和整体创新。局部创新是指在系统性质和目标不变的前提下,系统活动的某些内容、某些要素的性质或其相互组合的方式,系统的社会贡献形式或方式等发生变动;整体创新则往往改变系统的目标和使命,涉及系统的目标和运行方式,影响系统的社会贡献的性质。

从创新与环境的关系来分析,可将其分为消极防御型创新与积极攻击型创新。防御型创新是指由于外部环境的变化对系统的存在和运行造成了某种程度的威胁,为了避免威胁或由此造成的系统损失扩大,系统在内部展开的局部或全局性调整;攻击型创新是在观察外部世界运动的过程中,敏锐地预测到未来环境可能提供的某种有利机会,从而主动地调整系统的战略和技术，积极地开发和利用这种机会，谋求系统的发展。

从创新发生的时期来看，可将其分为系统初建期的创新和运行中的创新。

从创新的组织程度上看，可将其分为自发创新与有组织的创新。有组织的创新包含两层意思：(1) 系统的管理人员根据创新的客观要求和创新活动本身的客观规律，制度化地检查外部环境状况和内部条件，寻求和利用创新机会，计划和组织创新活动。(2) 系统的管理人员积极地引导和利用各要素的自发创新，使之相互协调，并与系统有计划的创新活动相配合，使整个系统内的创新活动有计划有组织地展开。

(三) 创新的过程

总结众多成功企业的经验，成功的变革与创新要经历"寻找机会、提出构思、迅速行动、忍耐坚持"这样几个阶段的努力。

1. 寻找机会

创新活动是从发现和利用旧秩序内部的那些不协调现象开始的。不协调为创新提供了契机。

就系统的外部来说，有可能成为创新契机的变化主要有：技术的变化，从而可能影响企业资源的获取、生产设备和产品的技术水平；人口的变化，从而可能影响劳动市场的供给和产品销售市场的需求；宏观经济环境的变化，迅速增长的经济背景可能给企业带来不断扩大的市场，而整个国民经济的萧条则可能降低企业产品需求者的购买能力；文化与价值观念的转变，可能改变消费者的消费偏好或劳动者对工作及其报酬的态度。

就系统内部来说，引发创新的不协调现象主要有：一是生产经营中的瓶颈，可能影响劳动生产率的提高或劳动积极性的发挥，因而始终困扰着企业的管理人员。这种卡壳环节，既可能是某种材料的质地不够理想，且始终找不到替代品，也可能是某种工艺加工方法的不完善，或是某种分配政策的不合理。二是企业意外的成功和失败，如派生产品销售额的增长使其利润贡献不声不响地、出人意料地超过了企业的主营产品，老产品经过精心整顿改进后，结构更加合理、性能更加完善、质量更加优异，但并未得到预期数量的订单等，这些出乎企业意料的成功和失败，往往可以把企业从原先的思维模式中驱赶出来，从而成为创新的一个重要源泉。

2. 提出构想

敏锐地观察到了不协调现象以后，还要透过现象究其原因，并据此分析和预测不协调现象的未来变化趋势，估计它们可能给组织带来的积极或消极后果，并在此基础上，努力利用机会或将威胁转换为机会，采用头脑风暴、畅谈会等方法，提出多种解决问题、消除不协调、使系统在更高层次实现平衡的创新构想。

3. 迅速行动

创新成功的秘密主要在于迅速行动。提出的构想可能还不完善，甚至可能很不完善，但这种并非十全十美的构想必须立即付诸行动才有意义。"没有行动的思想会自生自灭"，这句话对于创新思想的实践尤为重要。一味追求完美，就可能坐失良机，把创新的机会白白地送给自己的竞争对手。

4. 坚持不懈

构想经过尝试才能成熟，而尝试是有风险的。创新的过程是不断尝试、不断失败、不断提高的过程。

二、技术创新

技术创新是指人类通过新技术改善经济福利的商业行为。技术创新不是纯技术概念，而是一个经济学范畴。熊彼特认为，创新就是发明创造的第一次商品化。

（一）技术创新的分类

从生产过程的角度来分析，可以将技术创新分为以下几个方面：

（1）材料创新。材料创新的主要内容是寻找和发现现有材料，特别是自然提供的原材料的新用途，以使人类从大自然的恩赐中得到更多的实惠。

（2）产品创新。产品创新包括新产品的开发和老产品的改造。

（3）工艺创新。工艺创新包括生产工艺的改革和操作方法的改进。

（4）手段创新。手段创新主要指生产的物质条件的改造和更新。

上述几个方面的创新，既相互区别，又相互联系、相互促进：材料创新不仅会带来产品制造技术的革命，而且会导致产品物质结构的调整；产品的创新不仅是产品功能的增加、完整或更趋完善，而且必然要求产品制造工艺的改革；工艺的创新不仅导致生产方法的更加成熟，而且必然要求生产过程中利用这些新的工艺方法的各种物质生产手段的改进。反过来，机器设备的创新也会带来加工方法的调整或促进产品功能的更加完善，工艺或产品的创新也会对材料的种类、性能或质地提出更高的要求。总之，上述各类创新虽然侧重点各有不同，但任何一种创新都必然会促进整个生产过程的技术改进，从而带来企业整体技术水平的提高。

综合起来看，技术创新一方面通过降低成本而使企业产品在市场上更具价格竞争优势，另一方面通过增加用途、完善功能、改进质量以及保证使用而使产品对消费者更具吸引力，从而在整体上推动企业竞争力的不断提高。

（二）技术创新的源泉

创新源于企业内部和外部的一系列不同的机会。这些机会可能是企业刻意寻求的，也可能是企业无意中发现并立即有意识地加以利用的。美国学者德鲁克把诱发企业创新的这些不同因素归纳成七种不同的创新来源：意外的成功或失败、企业内外的不协调、过程改进的需要、行业和市场结构的改变、人口结构的变化、人们观念的改变以及新知识的产生等。

1. 意外的成功或失败

意外的成功通常能够为企业创新提供非常丰富的机会。未曾料到的成功则常被企业所忽视。意外的成功也许会被忽视，未曾料到的失败则不能不面对。

不论是意外的成功还是意外的失败，一经出现，企业就应正视其存在，并对之进行认真的分析，努力搞清并回答这样几个问题：（1）究竟发生了什么变化？（2）为什么会发生这样的变化？（3）这种变化会将企业引向何方？（4）企业应采取何种对策才能充分地利用这种变化，以使之成为企业发展的机会？

2. 企业内外的不协调

当企业对外部经营环境或内部经营条件的假设与现实相冲突，或当企业经营的实际状况与理想状况不相一致时，便出现了不协调的状况。这种不协调既可能是已经发生了的某种变化的结果，亦可能是某种将要发生的变化的征兆。同意外事件一样，不论是已经发生的还是将要发生的变化，都可能为企业的技术创新提供一种机会。

3. 过程改进的需要

意外事件与不协调是从企业与外部的关系这个角度来进行分析的，过程改进的需要则与企业内部的工作（内部的生产经营过程）有关。由这种需要引发的创新是对现已存在的过程（特别是工艺过程）进行改善，把原有的某个薄弱环节去掉，代之以利用新知识、新技术重新设计的新工艺、新方法，以提高效率、保证质量、降低成本。由于这种创新的需要通常存在已久，所以一旦采用，人们常会有一种理该如此或早该如此的感觉，因而可能迅速被组织所接受，并很快成为一种通行的标准。

4. 行业和市场结构的变化

企业是在一定的行业结构和市场结构条件下经营的。行业结构主要指行业中不同企业的相对规模和竞争力结构以及由此决定的行业集中或分散度；市场结构主要与消费者的需求特点有关。这些结构既是行业内或市场内各参与企业的生产经营共同作用的结果，也制约着这些企业的活动。行业结构和市场结构一旦出现了变化，企业必须迅速对之作出反应，在生产、营销以及管理等方面组织创新和调整，否则就有可能影响企业在行业中的相对地位，甚至带来经营上的灾难，引发企业的生存危机。

5. 人口结构的变化

人口因素对企业经营的影响是多方位的。人力资源是企业经营中必不可少的资源，人口结构的变化直接决定着劳动市场的供给，从而影响企业的生产成本；作为企业产品的最终用户，人口的数量及其构成确定了市场的结构及其规模。有鉴于此，人口结构的变化有可能为企业的技术创新提供契机。

6. 观念的改变

对事物的认知和观念决定着消费者的消费态度，消费态度决定着消费者的消费行为，消费行为决定一种具体产品在市场上的受欢迎程度。因此，消费者观念上的改变影响着不同产品的市场销路，为企业提供着不同的创新机会。

7. 新知识的产生

一种新知识的出现，将为企业创新提供异常丰富的机会。在各种创新类型中，以新知识为基础的创新是最为企业重视和欢迎的。但同时，无论在创新时间、成败概率预期及对企业家提出的挑战的程度上，这种创新也是最为变化莫测、难以驾驭的。

在企业实践中，创新通常是几种不同来源或影响因素共同作用的结果。

（三）技术创新的决定因素

根据技术创新理论的代表人物莫尔顿·卡曼和南赛·施瓦茨的研究，决定技术创新的因素有三个：

1. 竞争程度

竞争引起技术创新的必要性。竞争是一种优胜劣汰的机制，技术创新可以给企业带来降低成本、提高产品质量和经济效益的好处，帮助企业在竞争中占据优势。因此，每个企业只有不断进行技术创新，才能在竞争中击败对手，保存和发展自己，获得更大的超额利润。

2. 企业规模

企业规模的大小从两方面影响技术创新的能力：因为技术创新需要一定的人力、物力和财力，并承担一定的风险，规模越大，这种创新能力越强；另一方面，企业规模的大小影响技术创新所开辟的市场前景的大小，一个企业规模越大，它在技术上的创新所开辟的市场也就越大。

3. 垄断力量

垄断力量影响技术创新的持久性。垄断程度越高，垄断企业对市场的控制力就越强，别的企业难以进入该行业，也就无法模仿垄断企业的技术创新，垄断厂商技术创新得到的超额利润就越能持久。卡罗和施尔茨他们认为，“中等程度的竞争”即垄断竞争下的市场结构最有利于技术创新。在这种市场结构中，技术创新又可分为两类：一是垄断前景推动的技术创新，指企业由于预计能获得垄断利润而采取的技术创新；二是竞争前景推动的技术创新，指企业由于担心自己目前的产品可能在竞争对手模仿或创新的条件下丧失利润而采取的技术创新。

技术创新主要以企业活动为基础，企业的创新活动需要有一定的动力和机制。在市场经济条件下，作为自主经营、自负盈亏的经济主体，企业之间存在着竞争。要生存和发展，就必须争取市场，否则就会在竞争中被淘汰。要扩大市场，就必须在成本、产品质量、价格上占优势，这就迫使企业必须进行技术创新。企业在市场竞争中求生存和发展，这是促进企业技术创新的必要条件。技术创新也需要有良好的宏观环境。企业进行技术创新的主要动力是获取高额利润，只有当对经济前景有乐观的预期时，才愿意进行技术创新，这就要求宏观经济能稳定增长。政府的主要经济职能就是稳定经济，减少经济波动。完善的社会保障制度是企业进行技术创新的后盾，如缺少这种保障，技术创新的风险会使一些企业难以承受。国家还应从财政、信贷、公共投资等方面保证技术创新的资金供应。

三、组织创新

知识经济正悄然走来，知识在企业生产制造、市场营销、人事管理、财务控制等经营活动中的作用正日显重要。知识经济保障和加速了组织创新。以下从企业制度创新和管理创新两个方面进行探讨。

（一）企业制度创新

1. 企业制度创新的涵义

所谓企业制度创新，就是指随着社会的发展，要不断对企业制度进行变革，因而通常也可以称之为企业制度再造。企业制度创新对企业来讲是极其重要的，因为企业本身就是一种生产要素的组合体，企业对各生产要素的组合，实际上就是依靠企业制度而组合起来的。正是因为如此，所以在谈到企业的定义的时候，往往都认为企业就是一个将各种生产要素按一定制度而组合起来的经营主体。由此可见，企业制度对于企业来说，是极其重要的。

现代企业制度创新是为了实现管理目的，对企业的生产方式、经营方式、分配方式、经营观念等进行规范化设计与安排的创新活动。制度创新是把思维创新、技术创新和组织创新活动制度化、规范化，同时又具有引导思维创新、技术创新和组织创新的功效。它是管理创新的最高层次，是管理创新实现的根本保证。

企业制度创新的目的是建立一种更优的制度安排，调整企业中所有者、经营者、劳动者的权力和利益关系，使企业具有更高的活动效率。

2. 企业制度的重要性

企业制度的重要性，主要表现在这样几个方面：

（1）企业制度是企业赖以存在的体制基础。

（2）企业制度是企业及其构成机构的行为准则。

（3）企业制度是企业员工的行为规范。

（4）企业制度是企业高效发展的活力源泉。

（5）企业制度是企业有序化运行的体制框架。

（6）企业制度是企业经营活动的体制保证。

正因为企业制度有着上述这六个方面的重要性，所以讨论企业问题，首先要讨论的是企业制度创新问题。也就是说，所有要研究企业问题的人以及经营企业的人，都首先要考虑企业制度的创新问题。就经营企业的人来说，如果企业制度问题解决不好，就谈不到企业充满活力的问题，也就谈不到企业的有序化发展的问题，当然更谈不到企业高效益经营的问题；就研究企业问题的人来说，如果搞不清楚企业制度创新问题，就根本不可能深入地把握企业的实质性问题，从而就不可能正确地研究企业问题。由此可见，讨论企业问题，往往首先需要研究的，就是企业的制度创新问题。

3. 企业制度创新思路

在知识经济社会中，市场信息复杂多变，人类知识日益膨胀。企业要根据管理的基本原则，结合企业自身的特点，对企业原有的一些内部制度进行创新，以适应企业在信息多变的环境中生存发展的需求。

（1）要对原有的建立在精细分工基础上的已不适应市场竞争需要的一些管理制度、企业业务流程设计方面的制度、系统化管理方面的制度和议事决策方面的制度进行创新。

（2）信息管理制度的创新是企业信息化的必然要求，企业必须加快制定和完善相关的信息管理制度。

（3）通过建立学习型组织，通过员工学习和组织学习的相互促进，不断提高企业职工接受教育的能力，提高企业的整体科学文化素质，最大限度地发挥员工的潜能。

（4）开辟企业与信息群或信息系统的新的有效的联系方式和途径，建立一种紧密的、渗透式的合作关系。尤其是要提高企业对信息的依赖和开发利用的意识及能力，提高企业对信息作出反应的灵敏程度。在信息社会中，企业对新信息的反应程度和利用率是企业是否具有活力的重要标志。

（5）在及时、全面掌握市场信息的基础上，要着重培养企业的创新意识和创造能力。在信息社会的竞争中，企业的竞争能力最终表现为创新意识的强弱和创造能力的大小。对于获得的信息必须充分消化、吸收，为我所用，面对市场信息适时调整企业战略，大胆地进行管理创新。

（6）引进竞争机制，完善分配制度。建立员工的竞争体制，营造竞争环境，帮助员工树立自主自强、顽强拼搏、竞争进取的敬业精神和思想观念。要改进分配方式，从按生产要素分配转向按知识分配，体现多劳多得与竞争的有机结合，运用分配制度激励人们学习，用竞争的办法来调节收益分配制度，从而调动职工的积极性，加快学习型组织的建设进程。

（二）企业管理创新

1. 企业管理创新的涵义

管理创新是指组织形成创造性思想并将其转换为有用的产品、服务或作业方法的过程，也即富有创造力的组织能够不断地将创造性思想转变为某种有用的结果。当管理者说到要将组织变革得更富有创造性的时候，他们通常指的就是要激发创新。

管理创新是指企业把新的管理要素(如新的管理方法、新的管理手段、新的管理模式等)或要素组合引入企业管理系统,以更有效地实现组织目标的创新活动。

有三类因素将有利于组织的管理创新,它们是组织的结构、文化和人力资源实践。

(1)从组织结构因素看,有机式结构对创新有正面影响;拥有富足的资源能为创新提供重要保证;单位间密切的沟通有利于克服创新的潜在障碍。

(2)从文化因素看,充满创新精神的组织文化通常有如下特征:接受模棱两可,容忍不切实际,外部控制少,接受风险,容忍冲突,注重结果甚于手段,强调开放系统。

(3)在人力资源这一类因素中,有创造力的组织积极地对其员工开展培训以促其发展,使其保持知识的更新;同时,它们还给员工提供高工作保障,以减少他们担心因犯错误而遭解雇的顾虑;组织也鼓励员工成为革新能手;一旦产生新思想,革新能手们会主动而热情地将思想予以深化、提供支持并克服阻力。

2. 管理创新的四个阶段

一般来说,管理创新过程包含四个阶段。

第一阶段:对现状的不满。

在几乎所有的案例中,管理创新的动机都源于对公司现状的不满:或是公司遇到危机,或是商业环境变化以及新竞争者出现而形成战略型威胁,或是某些人对操作性问题产生抱怨。

第二阶段:从其他来源寻找灵感。

管理创新者的灵感可能来自其他社会体系的成功经验,也可能来自那些未经证实却非常有吸引力的新观念。

管理创新的灵感很难从一个公司的内部产生。很多公司盲目"对标"或观察竞争者的行为,导致整个产业的竞争高度趋同。只有通过从其他来源获得灵感,公司的管理创新者们才能够开创出真正全新的东西。

第三阶段:创新。

管理创新人员将各种不满的要素、灵感以及解决方案组合在一起,组合方式通常并非一蹴而就,而是重复、渐进的,但多数管理创新者都能找到一个清楚的推动事件。

第四阶段:争取内部和外部的认可。

与其他创新一样,管理创新也有风险巨大、回报不确定的问题。很多人无法理解创新的潜在收益,或者担心创新失败会对公司产生负面影响,因而会竭力抵制创新。而且,在实施之前,人们很难准确判断创新的收益是否高于成本。因此,对于管理创新人员来说,一个关键阶段就是争取他人对新创意的认可。

讨论性案例

中国式创新的极限

在比亚迪生产手机电池的深圳工厂里,每个车间都有几十条生产线,每条生产线上密密麻麻坐着四五十名工人,他们的身边都放着夹具,帮助他们熟练地完成点焊、监测的工作;而在日本,这样的流水线只需要几名工人。但是,由于中国低廉的劳动力成本,半自动的比亚迪的成本却比全自动的日本厂商低得多。正是依靠这么一个看起来不太起眼的创新,比亚迪击败了曾经不可一世的日本厂商,成为全球第二大手机电池供应商。

这其实也是过去10年来中国企业的缩影,长江商学院教授曾鸣将其称之为低成本创新。在他看来,中国人正在"以西方人难以想象的方式尝试创新,创业者出了格的想象力和看似疯狂,使他们一再突破西方领先者们所固守的可能性边界,在全球化带来的成本革命的过程中,将低成本优势和规模优势发挥到极致,使一个又一个手工作坊蜕变成国际水准的现代化工厂,实现了规模浩大的追赶和超越"。

当中国企业把这种低成本创新策略从制造拓展到研发领域,原有的全球产业秩序也就岌岌可危了。2001年,英特尔公司执行副总裁魏德生(LesVadasz)访问华为,得知华为的研发人员已经超过了1万人的时候不由得大吃一惊,因为华为的研发人员竟然比英特尔还多。如今,这个数字可能已经突破了3万人,而华为还在以每年几千人的规模招收研发人员,扩充遍布全国各地的研发基地。当华为以相当于跨国公司1/10的人均成本、1/2的人均效率开发出同样性能产品的时候,竞争对手们的衰落也就不足为奇了。

过去10年,低成本创新帮助中国企业在一些领域击败了跨国公司;未来10年,它还能帮助中国企业继续成功吗?

答案是否定的。2007年10月,当华为产品与解决方案预研部部长舒骏站在英特尔中国研究论坛的台上,与英特尔资深院士康凯文讨论创新的时候,他的心里一定是既激动又有些担忧。英特尔已经在中国建立起了完善的研发体系,其中位于上海的软件研发中心已经成为英特尔全球最重要的软件研发基地之一;当然,研发中心中的大部分员工都是中国人,他们的创新成果也归英特尔所有。2008年,微软亚洲研究院即将成立10周年了,微软在中国的研发人员已经增长到了3 000人,研发项目从基础研究到产品开发一应俱全。

研发上是如此,生产上更是如此。当跨国公司纷纷把制造和研发基地都建在中国,将成本降到同样水平的时候,中国企业的竞争优势又在哪里呢?在手机和彩电行业,中国企业一度通过低成本占领了市场,但是很快就在跨国公司的反击下被打回了原形。

因此,只有低成本是不够的,中国企业还必须另辟蹊径。例如,爱国者就通过各种新颖的产品外形来换取消费者的欢心,这是典型的产品创新;分众则通过独特的楼宇广告模式进行商业模式的创新;TD-SCDMA则试图通过产业标准上的创新完成对跨国公司的超越。

但是,仅仅依靠这些单点式的创新仍然是不够的。TCL集团总裁李东生在谈到TCL遇到的难题的时候就曾经感慨"最大的挑战在于我们的系统性能力不足",中国企业可以将音乐播放器做得像iPod一样漂亮,但是却既做不到"苹果"那样的时尚气质,也无法建立iTunes那样的网上销售模式;龙芯可以将通用CPU造出来,但是却无法找到支持的主板和芯片组;中国企业可以定义自己的产业标准,但是却无法将其尽快产业化,最后仍然眼睁睁地看着跨国公司将市场占领。在这里,中国企业缺少的不仅仅是某个方面的创新能力,而是将创新这种"胜势"转化成"胜利"的能力。

因此,对于希望在未来10年内成为世界级企业的中国企业来说,培养自己在某个方面的"长板"——创新能力固然重要,踏踏实实地补上在其他领域的"短板"同样也很重要。

(资料来源:整理自2008年3月21日《IT经理世界》)

第三节　发　　展

组织发展作为一个专门的研究领域，始于20世纪40年代勒温应用调查反馈技术开展的态度调查。20世纪六七十年代以来，由于面临着巨大的环境挑战，组织为了适应环境的变化，就必须增强变革的能力，因此组织发展也更为兴盛。那么，什么是组织发展呢？组织发展具有哪些特征？组织发展的方式有哪些？如何实施组织发展？本节将对这些问题展开分析。

一、组织发展及其特征

（一）组织发展的概念

组织发展是指以人员优化和组织气氛协调为思路，通过组织层面的长期努力，改进和更新企业组织的过程，实现系统的组织变革。实施组织发展，往往要在一些专家的指导和帮助下，运用管理心理学和其他学科的理论和技术，以实现预定的组织变革计划和目标。组织发展比较强调正式的工作群体的作用，它的主要对象是工作群体，包括管理人员和员工。这一点不同于传统方式的组织改进活动，传统的办法集中于个别管理人员，而不是群体。全面的组织发展还包括群体间的相互关系以及整个组织系统的问题。组织发展是组织为了实现自己的发展目标，适应主客观环境的变化，不断推进组织学习、提高、创新、变革的过程。

组织变革与组织发展是相互区别、紧密联系的两个概念。组织发展要通过组织变革来实现，变革是手段，发展是目的。组织的效率一般取决于组织的管理体系和组织结构，组织的技术水平和工作安排体系，组织成员的态度、行为、价值观等文化系统。组织发展就是对这些因素进行的一系列变革，其中改变人的因素、发展人的潜能和特性是组织发展的本质。

组织发展是一个连续不断的动态过程，组织领导者不能期望运用某种方法在短期内解决所有的问题，而是需要经历一个由低级到高级的较长的动态过程。组织发展从组织系统出发，需要综合运用多学科知识。组织发展主要是调整领导与员工之间、员工与员工之间、部门与部门之间的关系，力图创造信任、协作的工作氛围。组织发展一般采用有计划的再教育手段实现自己的目的，通过有目的地改变人的态度、影响人的行为，不断创新规范，推动组织的发展。

组织发展是一个通过利用行为科学的技术和理论，在组织中进行有计划的变革的过程。组织发展指的是在外部或内部的行为科学顾问，或有时被称为变革推动者的帮助下，为提高一个组织解决问题的能力及其外部环境中的变革能力而作的长期努力。组织发展也是一个有计划的、涵盖整个组织范围的、同时由高层管理者控制的努力过程，它以提高组织效率和活力为目的，利用行为科学知识，在组织的“进程”中实施有计划的干预。

组织发展是一个数据收集、诊断、行为规划、干预和评价的系统过程，它致力于增强组织结构、进程、战略、人员和文化之间的一致性，开发新的创造性的组织解决方法，以及发展组织的自我更新能力。这是通过组织员工之间及其与使用行为科学理论研究变革的推动者之间进行合作来达到的。

进行组织发展，往往要在一些专家的指导和帮助下，运用管理心理学和其他学科的理论和技术，以实现预定的组织变革计划和目标。组织发展比较强调正式的工作群体的作用，它的主要对象是工作群体,包括管理人员和员工。这一点不同于传统方式的组织改进活动,传统的办法集中于个别管理人员,而不是群体。全面的组织发展还包括群体间的相互关系以及整个组织系统的问题。

现在,组织发展领域正受到全球化和信息技术发展趋势的影响。许多国家和世界性组织正在进行组织发展,这就导致了一整套新的干预方法的产生和对传统组织发展实践活动的适应。另外,组织发展必须使其方法与组织所使用的战略相适应。随着信息技术继续影响组织的环境、战略和结构,组织发展就需要管理变革,使之可以与信息技术相结合。这种发展规则的多样性导致了组织发展专业人士、应用组织发展的组织种类,以及应用组织发展的国家的数量急速增加。

(二)未来组织的特征

从组织发展的趋势看,未来组织将具有如下特征:

1. 高速度

随着信息化和网络经济的发展,规模经济时代正在向速度经济时代转变。正如美国思科公司总裁钱伯斯所言:"新经济规则不是大鱼吃小鱼,而是快的吃慢的。"因此,未来的竞争在很大程度上依赖于速度,未来的社会是"快者生存"的时代。

2. 组织扁平化

由于计算机互联网在组织中的应用,组织的信息收集、整理、传递和控制手段的现代化,"金字塔"式的传统层级结构正在向层次少、扁平式的组织结构演进。在当今组织结构的变革中,减少中间层次,加快信息传递速度,实现直接控制是一个基本趋势。

3. 组织运行柔性化

柔性是指组织结构的可调整性,对环境变化、战略调整的适应能力。在知识经济时代,外部环境以大大高于工业经济时代的速度发生着变化,因此,组织的战略调整和组织结构调整必须及时,应运而生的柔性组织结构使得组织结构运作带有柔性的特征。

4. 组织协作团队化

这里的团队是指在组织内部形成的具有自觉的团结协作精神,能够独立完成任务的集体。团队组织与传统的部门不一样,它是自觉形成的,是为完成共同的任务,建立在自觉的信息共享、横向协调基础上的。在团队中,没有拥有制度化权力的管理者,只有组织者;团队中的成员不是专业化的,而是多面手,分工的界限不像传统的分工那么明确,相互协作是最重要的特征。

5. 组织管理人本化

知识经济时代,组织中最重要的资源是人,特别是具有特殊才能的人才。组织的高效率和高效益,依赖于组织成员的积极性和创造性。因此,组织要尊重每个成员的合理需要,建立科学有效的激励制度和各项规章制度,为员工创造充分发展的机会和环境,使员工得到全面、自由的发展。

6. 学习型组织

知识经济时代的组织必须不断地学习,组织要运用能在所有层次上促进学习和实验的知识基础来支持。阿里·德·格斯在领导皇家荷兰壳牌公司的策划时曾说过:"比你的竞争对手更快学习的能力可能是唯一的持久性竞争优势。"可见,组织要保持领先的唯一办法就是比对手更快、更好地学习。

（三）组织发展的基本特征

组织发展是提高全体员工积极性和自觉性的手段，也是提高组织效率的有效途径。组织发展有几个显著的基本特征。

1. 组织发展包含深层次的变革，包含高度的价值导向

组织发展意味着需要深层次和长期性的组织变革。例如，许多企业为了获取新的竞争优势，计划在组织文化的层次实施新的组织变革，这就需要采用组织发展模型与方法。由于组织发展涉及人员、群体和组织文化，这里包含着明显的价值导向，特别是注重合作协调而不是冲突对抗，强调自我监控而不是规章控制，鼓励民主参与管理而不是集权管理。

2. 组织发展是一个诊断—改进周期

组织发展的思路是对企业进行“多层诊断”、“全面配方”、“行动干预”和“监控评价”，从而形成积极健康的诊断—改进周期。因此，组织发展强调基于研究与实践的结合。组织发展的一个显著特征是把组织发展思路和方法建立在充分的诊断、裁剪和实践验证的基础之上。组织发展的关键部分之一就是学习和解决问题，这也是组织发展的一个重要基础。

3. 组织发展是一个渐进过程

组织发展活动既有一定的目标，又是一个连贯的不断变化的动态过程。组织发展的重要基础与特点，是强调各部分的相互联系和相互依存。在组织发展中，企业组织中的各种管理与经营事件不是孤立的，而是相互关联的；一个部门或一方面所进行的组织发展，必然影响其他部门或方面的进程，因此，应从整个组织系统出发进行组织发展，既要考虑各部分的工作，又需从整个系统出发协调各部分的活动，并调节其与外界的关系。组织发展着重于过程的改进，既解决当前存在的问题，又通过有效沟通、问题解决、参与决策、冲突处理、权力分享和生涯设计等过程，学习新的知识和技能，解决相互之间存在的问题，明确群体和组织的目标，实现组织发展的总体目标。

4. 组织发展是以有计划的再教育手段实现变革的策略

组织发展不只是有关知识和信息等方面的变革，更重要的是在态度、价值观念、技能、人际关系和文化气氛等各方面的更新。组织发展理论认为，通过组织发展的再教育，可以使干部员工抛弃不适应于形势发展的旧规范，建立新的行为规范，并且使行为规范建立在干部员工的态度和价值体系优化的基础之上，从而实现组织的战略目的。

5. 组织发展具有明确的目标与计划性

组织发展活动都是订立和实施发展目标与计划的过程，并且需要设计各种培训学习活动来提高目标设置和战略规划的能力。大量的研究表明，明确、具体、中等难度的目标更能够激发工作动机和提高工作效能。目标订立与目标管理活动，不但能够最大限度地利用企业的各种资源，发挥人和技术两个方面的潜力，而且还能产生高质量的发展计划，提高长期的责任感和义务感。因此，组织发展的一个重要方面就是让组织设立长远学习目标和掌握工作计划技能，包括制订指标和计划，按照预定目标确定具体的工作程序，以及掌握决策技能等。

二、组织发展方式

一般而言，组织发展的方法可以概括为技术结构型的发展方法和人际过程型的发展方法。

（一）技术结构型的发展方法

1. 工作再设计

工作再设计是根据组织成员的需要，重新决定工作的任务和权力，设计更加自治、自由的工作，使之多样化和丰富化，更具反馈性。工作再设计能够提高员工的绩效、适应性、满意度。

工作再设计包括工作轮换、工作扩大化和工作丰富化三个方面。工作轮换是使员工从一个已不再具有挑战性的岗位轮换到同一水平、技术相近的另一个岗位，它能丰富员工的工作技巧，提高积极性。工作扩大化的核心是使职务范围增大，增加一项工作所完成的不同任务数目，提高工作多样性，强调工作培训。工作丰富化是增加工作深度，丰富化的工作允许员工有更大的自主权、独立性和责任感，这种工作也能提供反馈，使员工在工作中获得进步。

2. 职位期望技术

职位期望技术，简称 JET，是确定在组织中员工应扮演的角色。组织角色是指与人们在组织中占据位置相一致的一整套权利、义务的规范与行为模式，它是人们对具有特定身份的人的行为期望。角色是构成组织的基本单元，如果角色不清、角色冲突，则组织的运转就发生混乱；如果角色扮演失败，则可能造成组织失灵。

领导者发现组织中存在角色模糊等问题时，则应选择 JET 技术，让员工明白其目的在于澄清并界定组织中成员的职位角色，通过会议和角色说明书来阐明职位期望，让员工明确职位期望和界定，促使每个人对他人的角色也加以思考和认识，提高角色认同感，消除彼此之间因缺乏了解而产生的沟通障碍。

3. 社会—技术系统方法

领导组织包含有社会系统和技术系统。社会系统包括群体行为、个人行为、人际关系和非正式组织等人的因素；技术系统包括工具、器械等各种设备技术因素。二者都是一个完整的组织不可或缺的应该均衡考虑的因素。

组织出现问题的一个原因是社会系统和技术系统之间失衡。在现代社会，技术呈加速度发展，组织中的技术系统的变迁一般要快于社会系统，从而造成二者失去平衡。作为一种组织发展干预技术，社会—技术系统方法主张，在正规的大型社会系统中另外组建适应技术进步的工作小组，它们具有相对独立性和自主性，是建构组织的“砖块”。

（二）人际过程型的发展方法

1. 敏感性训练

敏感性训练，又称实验室训练、T 团体训练、交友团体训练等。虽然名称不同，但都是指通过无结构小组的交互作用方式来改善行为的方法。在训练中，成员处于一个自由开放的环境中，由一位专家作顾问，讨论他们自己以及相互之间的交互作用。团体注重的是相互作用的过程，而不是讨论的结果，因为训练的目的在于使团体成员通过观察和参与而有所领悟，了解自己，了解自己如何看待别人以及别人如何看待自己，了解人与人之间如何相互作用，并借此表达自己的思想、观念、态度。

敏感性训练小组的目标是使团体成员更明确地意识到自己的行为以及别人如何看待自己，并使自己对他人的行为更敏感，更理解小组的活动过程。它追求的具体目标包括：提高受训成员的移情能力（即理解他人情感的能力）；提高倾听技能；更为真诚坦率；提高接受个体差异、应付人际冲突的能力；等等。

如果个体对别人如何看待自己缺乏了解,那么通过成功的敏感性训练可以使他们的自我知觉更为现实,群体凝聚力更强,功能失调的人际冲突减少。总而言之,敏感性训练的理想结果是:个人和组织更为一体化。

2. 群体间关系开发

领导者不但要注意群体内的组织发展干预,而且要注意群体间的组织发展干预,关注群体间功能失调的冲突。群体间关系开发致力于改变群体间的态度、成见和观念,消除部门主义和职业偏见。

群体间关系开发的第一步是领导者让每一群体独立列出一系列冲突的原因,其中包括对自己的认识,对其他群体的认识;第二步是领导者召开会议,让各群体信息共享,讨论并确定发生分歧和冲突的原因;第三步是整合阶段,寻求解决方法并改善团体间的关系,制定一个解决问题的进度表和具体的处理步骤,在领导者的协调下各自执行。

群体间关系开发也可以经常化和制度化,通过由来自每个冲突群体的代表参加共同组成协调委员会多方代表会议等各种形式,进一步深入诊断并找出各种可行性活动方案以改善群体间关系。通常,领导者也应该列席这种亚群体会议。

3. 进行团队建设

企业的大多数员工都在一个常规的小组中工作,为同一个工作任务而努力,为确保达成共同的目标,他们必须协调一致。这样的一个合作小组就称为任务团队。任务团队不同于一个临时决策小组或矩阵组织中的项目团队,任务团队的成员交往频率更高,这样才能便于达成协调。另外,任务团队不是临时性的,它是长期存在的。

团队建设是组织发展的有效办法。专家们认为团队能提高员工的积极性,增强下属的满意感,提高员工的忠诚度,改善沟通状况,拓展工作技能,增加组织的灵活性。建立团队,领导者应从以下方面着手:

首先,普及团队意识。领导者首先要普及团队意识,让下属明白团队的概念、种类、利弊,它与群体的区别。工作团队通过其成员的共同努力能够产生积极协同作用,其团队成员努力的结果使团队的绩效水平远大于个体成员绩效的总和。而工作群体则是成员通过相互作用、共享信息作出决策,帮助每个成员更好地承担责任。

其次,培养团队选手,包括选拔、培训、奖酬。选拔,要使下属成为一名团队选手,必须具备两种技能,一种是完成工作所需的技能,另一种就是成为有效团队成员的人际技能,后者尤其重要。培训是领导者自己或者请培训专家通过种种练习,让员工体会到团队工作带来的好处,通常是让下属参加培训班,帮助下属解决问题,与下属沟通、谈判,处理冲突并指导他们技能。奖酬,领导者通过奖酬来鼓励下属合作,而不是鼓励下属之间的竞争。组织中的晋升、加薪和其他形式的认可,应该给予那些善于合作的人,那些对团队作出无私贡献的人。并且,领导者也要让下属从团队中得到奖励。

再次,塑造高绩效团队。主要做法有:

(1) 分配角色以增强多样性。高绩效团队能够给下属分配不同的角色,这些角色的分配要求领导者识别下属的优势劣势,并把他们安排在适当位置上。一系列研究认为,组织中需要产生新思想的创造革新者,支持并拥护新思想的倡导探索者,分析决策的评价开发者,提供结构的组织推动者以及生产者、检查者、协调者和联络者等,通过团队角色的多样化达到团队的高效性。

(2) 寻求共同承诺。每个团队总有其存在的目的，它是一种远见。领导者要使团队成员有共同承诺，为他们指引方向，提供动力，让团队成员为它贡献力量。通常团队成员被邀请和领导者一同花费大量的时间和精力来讨论和完善共同承诺的目标。

(3) 培养相互信任精神。信任是高绩效团队存在的粘合剂，团队成员彼此相信各自的正直、个性特点、工作能力。领导者可从正直、能力、惯性、忠实和开放等五个方面来考察信任。领导者宜首先和团队领导之间保持信任，要表明既为自己的利益也为别人的利益而工作，用自己的言语和行动来支持团队。领导者要做到公平，开诚布公，讲出自己的感觉，并且为下属保密。

(4) 使成熟团队再添生机。领导者在进行组织发展时，必然会注意到组织的老化，团队也有老化的时候。有效的团队也可能会陷入停滞不前的状态，最初的热情可能为冷漠所替代。成熟的团队其内聚力增强，但多样化思维和多样性观点的优势就会丧失。因此，领导者应该提醒下属认真对付成熟问题，并着手进行新型培训，培养下属解决复杂问题的技能，或者调整角色分配和团体结构，引入新的成员，为团队的不断学习和发展提供动力。

三、组织发展过程

组织发展过程是指一次完整的组织发展活动所经历的一系列阶段和步骤。组织发展通常开始于组织某个不断出现问题而急需解决的关键部分，它大致包括了组织的学习、需求分析、分析诊断、变革创新和评价等发展阶段。在组织发展过程中，咨询专家是相当重要的角色，他帮助组织领导层深入了解组织状况，了解现状形成的原因，以及变革与改进的阻力。咨询专家还帮助开阔组织未来的视野，挖掘促使组织产生变革的动力。

1. 诊断

当领导者发现组织不能适应环境或组织不能正常运转时，领导者需要对组织进行初步的考察，通过与下属面谈、观察记录、调查研究等方式收集信息，从而大致确定问题及其性质。领导者也可以聘请顾问，由他们从组织成员那里获得信息，然后界定问题。

2. 分析

领导者要对诊断时收集的信息进行分析：下属认为哪些过程是关键的，这些问题以什么样的形式出现，等等。领导者把这些信息分成几个方面：主要关心的问题，要达到的目的，对未来状态的期望。并在此基础上制定出行动方案，决定干预技术和发展计划。

3. 动员

任何发展计划，都涉及资源分配和利益分割，领导者必须动员下属，协调各方，减少冲突和阻力，让下属明晓行动方案，进一步鼓励下属的发展热情。

4. 干预

领导者要贯彻发展思想，执行发展方案，同时采用一种或几种干预措施；同时要联合群体，进行指挥、沟通、协调和控制，确保发展计划的成功。

5. 评估

这是组织发展的最后阶段，领导者可建立评估机制，评价的目的是衡量组织发展的干预措施的有效性，在多大程度上达到了预定目标，还有哪些问题未解决。评估的结果将直接影响到下一轮组织发展。

讨论性案例

学习型组织的五个特征

学习型组织(learning organization)是美国学者彼得·圣吉(Peter M. Senge)在《第五项修炼》(the fifth discipline)一书中提出的管理观念,认为企业应建立学习型组织,其涵义为面临变化剧烈的外在环境,组织应力求精简、扁平化、弹性因应、终生学习、不断自我组织再造,以维持竞争力。学习型组织应具有以下五点特征:

1. 建立共同愿景(building shared vision):愿景可以凝聚公司上下的意志力,通过组织共识,大家努力的方向一致,个人也乐于奉献,为组织目标奋斗。

2. 团队学习(team learning):团队智慧应大于个人智慧的平均值,以做出正确的组织决策,通过集体思考和分析,找出个人弱点,强化团队向心力。

3. 改变心智模式(improve mental models):组织的障碍多来自个人的旧思维,例如固执己见、本位主义,唯有通过团队学习,以及标杆学习 ,才能改变心智模式 ,有所创新。

4. 自我超越 (personal mastery):个人有意愿投入工作,专而精的工作技巧和专业知识,个人与愿景之间有种"创造性的张力",这正是自我超越的来源。

5. 系统思考(system thinking):应通过资讯搜集,掌握事件的全貌,以避免见树不见森林,培养总观全局的思考能力,看清楚问题的本质,有助于清楚了解因果关系。

学习是心灵的正向转换,企业如果能够顺利导入学习型组织,不只能够达到更高的组织绩效,更能够激发组织的生命力。

复习题

1. 组织变革的动力来自哪些方面?
2. 组织变革的阻力来自哪些方面?
3. 创新有哪些类型?
4. 组织如何进行管理创新?
5. 未来组织有哪些特征?
6. 组织发展的方法有哪些?

分析性案例

微软的搜索创新——Bing

在 Bing 之前,微软在互联网搜索市场走了许多弯路。这个庞然大物终于意识到,相比抢夺市场份额,它更应该管好的是自己的创造力。

203 亿美元现金和 88.7% 的市场占有率(PC 操作系统)足以让任何一家公司强大得像只恐龙——当然你知道,这里说的是微软公司,并且恐龙最终灭绝了。

不一样的是，微软还有机会拯救自己，并向世界证明，它仍是世界上最聪明的公司之一。Bing是微软反击谷歌、拯救自己的最好例子。2009年6月2日，微软在全球推出了自己的独立搜索引擎Bing，在中国，它被翻译成“必应”——有求必应。这确实是一个吉利的名字。5月份微软在美国搜索市场占有率还仅有8%（用了4年时间才达到，中间还有过倒退），到新产品发布第一周就陡然升高到11.1%，接下来的第二周，比例又提高了1%。

这真让人耳目一新。差不多十年中，产品刚一出来就叫好声一片几乎已经成了谷歌、苹果等炫公司的专利，而微软的产品太复杂，要先试用半年再作评论。

Bing看起来确实不太一样。这可能是第一款与Windows切断联系的微软核心产品。程序员们被告知，可以抛开那些传统优势了，并按照一款真正的互联网产品那样去开发。作为产品本身，它处处和竞争对手针锋相对并避免雷同。最直接的变化是，在必应的搜索界面上每天都会有背景图片的更新——微软专门设立了一个小组来精心挑选这些图片。而无论谷歌还是它为数众多的模仿者，都信奉“少就是多”的美学原则，只在页面上放置最简单的搜索框。

当然，这不是新产品的唯一不同。在搜索结果页面，微软采取了三栏的结构——左侧是导航栏，中间是搜索结果，右侧没有广告，而且什么都没有。但是当鼠标移动到搜索结果上时，网页的预览会出现在右侧空白处。而当用户搜索一部电影时，微软不仅会在搜索结果中提供链接，还会依据清晰度和视频时长来分类；当鼠标放置在视频上时，它还会自动播放视频精华片段——让人们避免了经历漫长下载却发现电影是“枪版”之后的愤恨。

“在5年前，我们搜索引擎的第一代架构其实和任何一家做搜索引擎的公司都差不多，现在则不同。”微软亚洲研究院副院长马维英说。他用很多术语讲解这个新的搜索引擎的与众不同之处，如果说得通俗一点，就是他认为微软的架构是全新的，可以提供更多的专项搜索，并在无需过多改动底层架构的同时承载更多新应用。

用惯了谷歌的网民们开始感觉到，这款产品有些与众不同。并且所有的与众不同都指向一种贴心的特质，在很多容易被人忽略的小角落，微软的开发人员以其一贯的严谨都没有忽略，并经常给人惊喜。熟悉微软思路的观察家会发现，这种变化的意义在于，对一个互联网产品来说，性价比不再是核心——既然网络服务都是免费的——取而代之的是用户体验。同样因为免费，用户也不再忠诚，谁能给用户惊喜(哪怕很小)，谁就能一夜之间赢得市场。

“Dammed！微软真是不该放弃这场搜索游戏，尽管有人这样建议。让这些公司彼此为每个用户打来打去吧，我肯定我们会在这个领域看到更多的创新。”Irish programmer and SEO公司的Specialist Paul Savage在将Bing和Google做了比较之后说。

这正是微软想要的效果。微软CEO鲍尔默为这款新产品批准了1亿美元的推广费用，他说自己签字的时候手都在发抖。不过更大的支出还在后面，微软将在接下来的至少5年内每年向Bing投入5%至10%的运营利润。以微软2008年225亿美元的收入计算，微软会在未来5年内在Bing上投资56亿至113亿美元。

在被嘲笑了很久之后，微软这一次终于使足了力气。

几乎从谷歌诞生开始，微软的庞大、缓慢、正统甚至神圣的软件文化就成了整个IT界的嘲笑对象。整整十年中，来自互联网的新公司们不断用一些小创意去骚扰这个庞然大物，并在它伟大的Windows操作系统剩余的空间里穿梭——那里宽阔得能通过一艘航空母舰。可是哪怕那些SNS网站、Wiki网站、视频网站，以及所有能叫出名字来的Web 2.0的应用都取得了巨大的成功,微软仍然只把这些看做轻佻的挑逗。微软肯定深深相信,等到自己出手,互联网就会轻易收入囊中,不然就无法解释它在那些年里的迟钝。

直到2007年,微软才认识到,互联网可能成为自己光荣历史上最大的钉子,并由此开始了Bing的研发。这是一个挽救命运的时刻,微软意识到自己需要一个完全独立的搜索引擎,就像其他互联网竞争对手做的那样。更重要的是,微软终于意识到,自己的优势不在于那些固有的桌面市场份额,而在于永不停止创新的硅谷精神。相比抢夺市场份额,它更应该管好的是自己的创造力。

谈论Bing是否大获成功还为时过早,但鲍尔默(在参加芝加哥的一个商务宴会时)说得对,微软的重大失误是并没有及早进入搜索领域。而现在,尽管很晚,微软终于开始给自己治病了。

时尚总是在不断进化。当年谷歌用广告费取代了向用户收费是一种时尚,现在微软又证明帮用户通过搜索引擎赚钱可能是一种新潮。30年来,微软从来没放弃过向每一个用户收费的梦想,如果这个理想在互联网上复苏了——天哪,那将是多大的一个创新。

讨论题:

1. 案例中的微软公司的创新属于哪种创新类型?
2. 讨论微软与谷歌、苹果公司的产品与竞争策略。

参考文献

[1] [美]迈克尔·波特. 竞争优势. 北京:华夏出版社,1997

[2] [美]彼得S. 潘德,罗伯特P. 纽曼,罗兰R. 卡瓦纳. 6δ管理法——追求卓越的阶梯. 北京:机械工业出版社,2001

[3] [美] P. F. 德鲁克. 有效管理者. 北京:中国财政经济出版社,1988

[4] [美]斯蒂芬·P·罗宾斯. 管理学(第四版). 北京:中国人民大学出版社,1997

[5] [美]哈罗德·孔茨,海因茨·韦里克. 管理学(第九版). 北京:经济科学出版社,1993

[6] [美]安妮·玛丽·弗朗西斯科,巴里·艾伦·戈尔德. 国际组织行为学. 北京:中国人民大学出版社,2003

[7] [美]斯蒂芬·P·罗宾斯. 组织行为学(第七版). 北京:中国人民大学出版社,2002

[8] [美]弗雷德·R·戴维. 战略管理(第八版). 北京:经济科学出版社,2001

[9] [美]彼得·圣吉. 第五项修炼——学习型组织的艺术与实务. 上海:上海三联出版社,2000

[10] [美] D·A·雷恩. 管理思想的演变. 北京:中国社会科学出版社,1995

[11] [美]斯坦雷·M·戴维斯. 企业文化的评估与管理. 广州:广东教育出版社,1991

[12] [美] F·X·贝尔. 企业管理学. 上海:复旦大学出版社,1998

[13] [美]迈克尔·波特. 竞争战略. 北京:华夏出版社,1997

[14]徐康宁. 现代企业竞争战略——新的规则下的企业竞争. 南京:南京大学出版社,2001

[15]徐康宁. 网络环境下的企业兼并与营销研究. 南京:南京大学出版社,2005

[16]黄凯. 战略管理——竞争与创新. 北京:北京师范大学出版社,2008

[17]邱斌. 市场营销学——基本原理与经典案例. 南京:南京大学出版社,2005